ANNUAL REPORT ON CHINA'S STRATEGIC
COMMODITY DEVELOPMENT (2024)

中国战略性大宗商品发展报告

2024

主编 仰炬

中国金融出版社

责任编辑：张　铁
责任校对：刘　明
责任印制：陈晓川

图书在版编目（CIP）数据

中国战略性大宗商品发展报告 . 2024 ／ 仰炬主编 . —— 北京：中国金融出版社，2024. 8. —— ISBN 978 - 7 - 5220 - 2508 - 7

Ⅰ. F723.8

中国国家版本馆 CIP 数据核字第 2024SR5974 号

中国战略性大宗商品发展报告（2024）
ZHONGGUO ZHANLÜEXING DAZONG SHANGPIN FAZHAN BAOGAO (2024)

出版 发行	中国金融出版社
社址	北京市丰台区益泽路 2 号
市场开发部	（010）66024766，63805472，63439533（传真）
网上书店	www.cfph.cn
	（010）66024766，63372837（传真）
读者服务部	（010）66070833，62568380
邮编	100071
经销	新华书店
印刷	河北松源印刷有限公司
尺寸	185 毫米 × 260 毫米
印张	16.75
字数	332 千
版次	2024 年 8 月第 1 版
印次	2024 年 8 月第 1 次印刷
定价	98.00 元
ISBN 978 - 7 - 5220 - 2508 - 7	

如出现印装错误本社负责调换　联系电话（010）63263947

《中国战略性大宗商品发展报告（2024）》编委会

主　编　仰　炬

副主编　闫海洲　张铁铸

编　委（排名不分先后）

顾学明　李　军　耿洪洲　张　蕾　张有方
王凤海　周　惠　严赟华　王纪升　曹艳文
金志峰　刘　云　周　枫　顾良民　黄建忠
杨志江　朱军红　汪建华　陈其珏　董　颖
何　勇　孙　静　汪志新　傅少华　邱跃成

序　言

十年磨一剑。

一晃我们的蓝皮书《中国战略性大宗商品发展报告》已经编著并发布十年了。

书桌上放着历年出版的蓝皮书，随手翻阅，感慨万千。

第一版是2014年开始编著的，共59万字。报告由总报告、市场篇、理论篇、战略篇及结论与展望组成。总报告通过中国战略性大宗商品总揽阐述，明确本报告的研究范畴、定义及意义，之后通过构建中国战略性大宗商品指数，发现中国战略性大宗商品指数与CRB指数呈现较高的相关性及对CPI、PPI具有提前6个月的预测性、钢材指数对沪深300指数具有较高的预测性。之后，就中国战略性大宗商品市场格局及趋势做了总体预测（该部分由仰炬教授、邓鸣茂副教授等完成）。市场篇从能源类大宗商品、粮食及大宗农产品、基础金属类大宗商品、贵金属、工业类大宗商品及碳交易六个方面，分别对之前尤其是2013年生产消费、市场供需存、进出口、国内外竞争格局等方面展开较为深入的分析论述和概括梳理（该部分由仰炬教授带领研究生团队一起完成）。理论篇由多位术业有专攻的相关专家较为系统、全面地阐述了战略性大宗商品与宏观经济（赵红军教授）、战略性大宗商品与国家安全（郭学堂教授）、战略性大宗商品与金融市场（陈晶萍副教授）、战略性大宗商品法律制度及政府管制（倪受彬教授）、碳排放权交易与国际贸易、"碳交易"大宗商品属性与市场发展报告（闫海洲教授）、铁矿石价格影响因素研究（高运胜教授）、世界大宗商品市场发展及对我国的启示（仰炬教授）、战略性大宗商品定价权问题（仰炬教授）等相关重要问题。从理论上较为全面地诠释了战略性大宗商品系列相关问题。战略篇邀请了国内比较著名的专家就一些广受关注的问题展开深入的探讨，包括粮食问题（国务院发展研究中心学术委员会原秘书长程国强研究员）、大宗商品交易平台建设与服务功能拓展研究（上海社会科学院党委书记权衡研究员）、大宗商品融资及趋势（法国巴黎银行上海分行副行长张有方）、国内外大宗商品上市公司比较（中金公司投资银行部总经理魏德俊）。各位专家深邃的研究、高屋建瓴的分析以及对大宗商品领域相关问题的认识和看法，为业界提供了宝贵的思想和指引诤言。最后的结论与展望总结了本报告最核心的贡献及不足，并对之后政府相关管制政策、产（企）业相应应对策略及相关投资策略进行了总结。

第二版共126万字。理论篇由国内外宏观经济及大宗商品展望（仰炬教授），商品期货市场建设（新湖期货董事长马文胜），资源匮乏国家战略性大宗商品战略——以日本为例（陈子雷教授），我国战略性大宗商品流通、进出口贸易法律、法规、政策现状研究（蔺捷教授、倪受彬教授）构成。市场篇依然聚焦能源类大宗商品、粮食及大宗农产品、基础金属、贵金属、工业类及化工类大宗商品六个主要大宗商品，分别对之前尤其是2014年生产消费、市场供需存、进出口、国内外竞争格局等方面展开较为深入的分析论述和概括梳理（该部分由仰炬教授带领研究生团队一起完成）。理论篇聚焦中国商品现货电子交易市场发展现状与未来趋势展望（中国物流采购联合会大宗商品分会）及中国场外大宗商品衍生品中央对手清算业务发展研究（上海清算所）。

第三版开篇增加了创新篇，由时任上海市金融办副主任李军（现任海通证券董事、总经理）赐稿《上海发展绿色金融的现状、问题与展望》，且从2017年版开始，为确立《中国战略性大宗商品发展报告》在国内的权威性，市场篇中粮食及大宗农产品部分由我邀请国家粮油信息中心赐稿，能源类大宗商品部分由上海石油天然气交易中心赐稿，基础金属部分由中国金属矿业经济研究院赐稿，工业类大宗商品部分由上海钢联赐稿。上海对外经贸大学大宗商品研究院每年将最新的相关研究成果集合成理论篇。

由此，汇集国内经济、金融、大宗商品业内领导、顶尖学者、专家组成的编委团队逐步稳定，共同努力编撰全国领先、务实、前瞻的大宗商品年鉴级、专业化参考书成为我们共同的愿景目标。

《中国战略性大宗商品发展报告》出版发行后得到了国内外大宗商品界、学界的肯定和褒奖，被政府有关部委认定为继《中国能源发展报告》之后中国大宗商品界又一重量级蓝皮书。

十年树木，百年树人。

《中国战略性大宗商品发展报告》成为我主持的国家自然科学基金面上项目"基于GERT网络的我国战略性矿产资源政府管制策略研究"的阶段性成果，同时也成为时任校长孙海鸣教授成功领衔组团申请国家社科基金重大项目"全球大宗商品定价机制演进与国际经贸格局变迁研究"并顺利完成的支撑材料。有一批跟我一样醉心于大宗商品研究的年轻学者成为忠实的读者，并以我们的蓝皮书为基础，将研究延伸到多个细分领域并成功申请国家自然科学基金面上项目、青年项目，教育部项目以及上海市哲学社会科学项目。更有年轻学者以此为基础撰写专报获得党和国家领导人的批示，为国家建言献策。我本人也多次受邀完成上海市商务委员会、浦东新区商务委员会、上海清算所、浦发银行、法国巴黎银行等委托咨询项目。

序 言

在《中国战略性大宗商品发展报告》编著并发布的十年里，很多赐稿领导和专家走上重要领导岗位，讲师升任副教授、教授，参与的研究生大都找到了理想的工作并逐步成为所在单位的业务骨干。

我研究大宗商品近二十年，从最开始相对全面的学术基础研究，到结合实际、帮助企业解决实践问题，再到后来扩展了地缘政治理论，近年又拓展了周期理论，希望在有生之年能融会贯通，提炼出一些新的理论、新的方法。这应该是作为学者的终极使命。

在大宗商品研究上，我也一直在思考如何更好地服务国家、服务产业，这可能是我接下来需要不断思考和践行的。

路漫漫其修远兮……

愿上苍被我们对大宗商品的热爱和执着所感动，赐予我们智慧和力量，让我们开启一个全新的十年！

2024 年 5 月 1 日于上海

目　录

第一章　粮食及大宗农产品 ··· 1
第一节　稻米 ··· 1
第二节　小麦 ··· 7
第三节　玉米 ··· 15
第四节　大豆 ··· 26
第五节　棉花 ··· 36

第二章　能源类大宗商品 ··· 65
第一节　概述 ··· 65
第二节　原油 ··· 69
第三节　成品油 ··· 81
第四节　天然气 ··· 90
第五节　2024 年展望 ·· 101

第三章　金属类大宗商品 ··· 105
第一节　铜 ·· 105
第二节　铝 ·· 113
第三节　铅 ·· 120
第四节　锌 ·· 126
第五节　镍 ·· 134
第六节　锂 ·· 141
第七节　钴 ·· 150
第八节　钨 ·· 160
第九节　锑 ·· 167

· 1 ·

第四章 工业类大宗商品 …………………………………………………… 173
第一节 煤炭 …………………………………………………………… 173
第二节 焦煤、焦炭 …………………………………………………… 177
第三节 铁矿石 ………………………………………………………… 197
第四节 钢铁 …………………………………………………………… 210

第五章 人工智能在大宗商品期货价格预测中的应用 …………………… 225
第一节 前言 …………………………………………………………… 225
第二节 文献综述 ……………………………………………………… 226
第三节 理论模型 ……………………………………………………… 231
第四节 WTP–LSTM 模型构建 ……………………………………… 234
第五节 基于 WTP–LSTM 模型的期货价格预测结果分析 ………… 238
第六节 WTP–LSTM 小波降噪小结 ………………………………… 246
第七节 CEEMDAN—XGBoost 黄金期货价格预测模型实证 ……… 247
第八节 结论 …………………………………………………………… 251

第一章　粮食及大宗农产品

第一节　稻　米

一、全球大米产销区分布及贸易格局

全球主要大米生产区域集中在亚洲，产量排名位居前列的国家主要有中国、印度、越南、泰国、巴基斯坦等国，其中，中国和印度两个国家大米产量均超过1.3亿吨。全球大米消费区域与生产区域大体重叠，也基本集中在亚洲，世界稻米主要消费国有中国、印度、印度尼西亚、越南、菲律宾、泰国、缅甸等国。印度、泰国、越南、巴基斯坦等国大米产量大于国内消费量，是全球主要大米出口国，近年来印度大米出口量持续保持在2000万吨以上，远高于其他国家。美国农业部估计，2022/2023年度印度出口大米2025万吨，泰国为768万吨，越南为823万吨，巴基斯坦为376万吨，上述四国出口合计超过全球大米出口量的70%。相比出口国集中的特点，全球大米进口国家相对分散。全球主要大米进口国和地区有中国、菲律宾、尼日利亚、欧盟等，全球排名前五的进口国和地区，其进口量之和不足全球大米进口总量的三分之一。中国国内稻谷供大于求，但由于国内外大米价差长期存在，近年来进口量持续处于高位；其余进口国家和地区大多是因为产量不能完全满足消费，需要从别国进口大米以满足消费。

二、2023年以来我国稻米市场形势

2023年我国主动调整稻谷种植规模，播种面积稳中略降，作物生长条件总体适宜，单产同比增加，总产量较上年小幅下滑。分品种看，新季早稻以及南方中晚籼稻生长形势均较好，东北部分粳稻产区遭遇台风，产情受到一定影响。随着部分不适宜食用

稻谷投放到饲料、工业领域数量的减少，我国稻谷消费较上年有所下滑。由于国内稻谷库存充裕，市场供应仍较为充裕。

2023年上半年国内稻谷价格整体弱势平稳，下半年国内稻谷价格呈整体上涨态势。其中，早籼稻、中晚籼稻在成本增加、最低收购价上调的双重支撑下高开，粳稻价格则在长粒品种价格显著上行的带动下小幅上涨。

（一）国内稻谷供给稳中略减，大米进口减幅较大

2023年的稻谷市场供给既有来自2022年的存量，也有2023年的新季供给。根据国家统计局数据，2022年我国稻谷播种面积2945万公顷，同比下降1.6%。2022年，全国主要农区大部分时段光温水条件匹配良好，病虫害偏轻发生，气象条件总体有利于粮食作物生长发育和产量形成，但夏季长江流域高温干旱，对稻谷生产造成一定影响。2022年稻谷单产7079.6公斤/公顷，同比下降0.5%；产量20849.5万吨，虽然同比下降2.0%，但仍保持在2亿吨以上。

2023年各地贯彻落实粮食安全党政同责，调整优化种植结构，稻谷播种面积稳中略降。国家统计局数据显示，2023年稻谷播种面积2895万公顷，比上年减少50万公顷，减幅为1.7%。其中，早稻播种面积略减，主要由于上年南方地区秋冬连旱，部分"稻稻油"产区油菜生育期推迟，茬口紧张，影响早稻适时移栽，农户改种其他作物；东北粳稻种植面积下降则受东北"水改旱""稻改豆"等种植结构调整的影响。尽管华北、东北部分地区发生洪涝灾害，但全国大部分农区光温水匹配较好，气象条件总体有利于粮食作物生长发育和产量形成。上年长江流域部分地区高温干旱导致秋粮减产，2023年农业气象年景正常，实现恢复性增产。全国稻谷单产7137公斤/公顷，每公顷产量比上年增加57公斤，增幅为0.8%。尽管单产增加，但受播种面积下降影响，2023年全国稻谷产量20660万吨，比上年减少189万吨，减幅为0.9%。2023年由于印度持续对大米出口进行限制，全球大米市场实际供给数量下降，价格上涨至近15年来的高位，国内大米价格低于进口米价，大米进口数量较上年大幅减少。根据海关总署数据，2023年我国进口大米263万吨，同比减少356万吨，减幅为57.5%。虽然国内产量略减，进口下降，但稻谷多年产需过剩，库存充足，国内稻谷供应仍较充裕。

（二）饲用消费需求较好，稻谷总消费延续增长趋势

国内稻谷消费包括食用、饲用、工业和种子用粮等。2023年稻谷食用消费稳中略降，同时仍有相当规模的定向稻谷销售给饲料企业，稻谷饲用消费虽较前些年下降，但依旧处于高位。根据国家粮油信息中心估计，2022/2023年度国内稻谷总消费20392万吨，比上年度下降1903万吨。考虑人口下降和老龄化、居民主食消费多样化等因素

影响，居民口粮消费呈现下降趋势，预计2022/2023年度稻谷食用消费15900万吨，比上年度下降100万吨，约占总消费的78%。2019年以来，由于玉米产需缺口扩大，为补充饲料用粮需求，部分不适宜食用的超期存储稻谷和部分进口低价大米（含碎米）流向饲料及工业消费领域，非食用消费需求占比有所扩大。但2023年由于进口碎米（大部分用于饲料）大幅减少，且考虑到8月初不宜存稻谷定向拍卖刚开始启动，加之出库和物流周期较长，绝大部分结转至下年度使用，预计饲料用量较上年度明显减少，工业用量基本稳定。目前估计2022/2023年度饲用、种用及工业等消费4491.5万吨，比上年度下降1803万。从营养角度看，由于蛋白质含量差异，稻谷利用率相对较低，稻谷虽可以作为饲料原料，但与玉米、小麦等品种相比，即便以同样价格用作饲料也没有成本优势。长期来看，随着超过正常储存期限稻谷存量的持续减少，稻谷在饲料和工业消费中仍会下降。总体上看，2022/2023年度全国稻谷供需结余691万吨，比上年度提高1099万吨。

（三）稻谷价格总体上扬，品种间略有差异

2023年上半年，三大稻谷品种以稳为主，新季上市稻谷价格总体呈现上行趋势，品种间走势略有差异。早籼稻价格呈现高开高走趋势。新季早籼稻价格开秤正值国际大米价格上涨阶段，且国内储备轮换需求强劲，带动市场价格高开，主产区高开幅度在50~100元/吨，后期维持上行趋势。由于价格大幅高于早籼稻最低收购价执行预案，各主产区均未启动预案。监测显示，2023年9月底，主产区集中收购期结束时，江西、湖南等地区早籼稻价格基本稳定在2800~2900元/吨。中晚籼稻价格高开稳走。中晚籼稻上年遭遇旱灾，企业稻谷存量总体低于上年，大多有建库需求，再加上早籼稻走势强劲，市场高开预期强烈。但由于2023年中晚籼稻恢复性增产，集中收购期结束后，市场购销活跃度下降，价格略有回调。12月底，湖南、安徽等主产区收购价基本在2760~2850元/吨，仍同比上涨80~200元/吨。粳稻价格高开，但南北区域走势出现分化。受水改旱、稻改豆等多种因素影响，2023年东北地区水稻种植面积稳中略减，种植结构上"圆粒稻略减、长粒稻和糯稻略增"，局部地区生长期虽短暂遭遇台风或洪涝天气，但影响有限，总产量有保证。12月底，黑龙江东部圆粒稻谷价格为2720元/吨，长粒稻谷价格为3360元/吨，同比均上涨60元/吨。受阴雨寡照天气影响，南方粳稻成熟期积温较低，出米率下降，区域和品种间价格分化明显。12月底，江苏中部粳稻收购价格为2900元/吨，"优质优价"特征明显。12月6日，黑龙江佳木斯地区启动最低价稻谷收购执行预案，最低收购价格为2620元/吨。

三、2023年以来国际大米市场形势

2023年全球第一大米出口国印度对大米出口限制持续加码，叠加厄尔尼诺天气导致泰国、印度等主要出口国降水偏少，引发市场对大米可持续供给的担忧，进一步激发了主要进口国采购需求，国际市场大米价格持续上涨至2008年粮食危机以来的最高值，并保持高位震荡态势。

（一）印度政府对大米出口限制持续加码，影响全球市场供给及预期

继2022年9月禁止碎米出口后，2023年7月20日印度又禁止非巴斯马蒂白米出口，2023年8月下旬印度政府再对另外两类大米出口品种采取限制措施，其中，对蒸谷米出口征收20%的出口关税，且限定巴斯马蒂香米出口的最低价格为1200美元/吨。10月印度政府虽然将巴斯马蒂香米出口底价从1200美元/吨下调至950美元/吨，但是延长了蒸谷米出口加征关税的政策期限，截止时间由2023年10月15日延长至2024年3月，且碎米和非巴斯马蒂白米出口禁止政策保持不变（与印度政府签署协议的除外）。

（二）天气因素引发市场对主产国大米供给全球能力的担忧

厄尔尼诺天气导致泰国、印度稻谷主产区降水减少，引发市场对泰国、印度新季稻谷产量的担忧。美国农业部曾一度预计2023/2024年度泰国大米产量同比下降7%，虽然泰国主季稻生长后期降水改善，叠加水库蓄水增加改善淡季稻生长预期，但因降水同比偏少，市场预计泰国大米产量同比仍将减少4%左右。而印度也曾在2023年7月发出东部和东北部降雨量比历史均值低19%，不利于水稻生长的信息，同样引发市场担忧。

（三）部分主要大米进口国加大采购力度，加剧供需紧张形势

主要大米进口国印度尼西亚因稻谷播种延迟，产量预计减少1.5%，为确保国内供给，加大进口采购。市场预计2023年印度尼西亚大米进口300万吨，同比增加226万吨，尤其是对越南和泰国大米加大采购，支撑泰国和越南大米出口高报价。菲律宾大米进口量保持高位，2023年更是反超中国成为全球大米第一进口国。

（四）全球大米价格逆势上涨至近15年新高

2023年以来在全球主粮市场上，大米价格走出了独立行情，不同于全球玉米、小麦、大豆价格的普跌，全球大米价格强势上涨。以芝加哥期货交易所（CBOT）主力合

约收盘价为例，2023年大豆价格全年下跌近13%，为近5年来首次年度下跌；小麦价格全年跌幅接近20%；玉米价格全年跌幅约为30%，结束此前连续5年上涨行情，跌至近3年低点。反观国际大米市场，主要出口国报价始终保持强势上涨，以5%破碎率大米FOB出口报价为例，全年价格涨幅超过30%，2023年底报价均保持在近15年以来的高位。其中，2023年全年泰国大米价格上涨38%、越南大米价格上涨42%、印度大米价格上涨41%、巴基斯坦大米价格上涨32%。从主要出口国的具体价格看，越南大米出口报价尤为抢眼，因2023年出口需求强劲，越南大米报价于2023年9月反超泰国，成为全球同类大米的报价高点，直至2023年12月底报价才略低于泰国大米。

四、2024年国内、国际稻米市场展望

受农业种植结构调整的影响，2023年我国稻谷总产量略有减少，但优质品种种植面积增加，品质普遍较好。考虑到我国稻谷多年来产大于需，库存充裕，而终端需求疲软，2023/2024年度国内稻谷市场仍将维持供大于求，价格预计偏稳运行。

（一）总产量略减但品质提高，供给充足有保障

如前文所述，2023/2024年度我国稻谷总产量较上年略减。但近年来受市场需求驱动，2023年品质更优的圆粒早籼稻、中晚籼香稻和长粒粳稻的种植面积均有所增加。其中，中晚籼稻质量较上年明显好转，单产恢复性增加，标准粮占比提高，区域间差异小。而受"水改旱""稻改豆"影响，东北地区粳稻种植面积减少，且生长前期短暂遭遇台风或洪涝天气，但总体影响有限，品质整体较好。

（二）大米终端消费疲软，供求宽松格局未变

我国稻谷消费仍保持稳中偏弱。考虑疫情后居民恩格尔系数回落，居民主食消费多样化，人均传统主食消费呈下降趋势，结合人口下降和老龄化趋势持续加剧，全国稻谷食用消费量将有所下降（如表1-1所示）。预计2023/2024年度国内稻谷食用消费量为15800万吨，同比下降100万吨，降幅为0.6%。由于政策性稻谷投放规模逐渐缩减，预计饲用稻谷用量同比小幅下降；随着米制品加工和酿酒、酿醋等行业的发展，稻谷工业消费预计小幅增长。预计2023/2024年度国内饲用、种用和工业用稻谷消费4421万吨，同比下降71万吨，降幅为1.6%；国内稻谷总消费量为20221万吨，同比下降171万吨，降幅为0.8%。预计国内稻谷市场供求仍较宽松，2023/2024年度全国稻谷结余539万吨，比上年度减少151万吨。如果剔除超过正常储存年限稻谷用于饲用，当年新增稻谷产需结余仍在800万吨以上。

表 1-1　　2021—2023 年度中国稻谷市场供需平衡分析　　单位：千吨

年度[1]	2021/2022	2022/2023	2023/2024[3]
生产量	212842	208495	206603
进口量[2]	9193	4694	4000
年度新增供给	222035	213189	210603
食用消费	160000	159000	158000
其中：大米	110400	109710	109020
其中：糠麸	49600	49290	48980
饲用、种用及工业消费	62820	44915	44210
年度国内消费	222820	203915	202210
出口量	3178	2367	3000
年度总消费量	225998	206282	205210
年度节余量[4]	-3963	6907	5393

注：1. 稻米市场年度为当年 10 月至次年 9 月，除进出口外，其他数据均来自粮油信息中心；

2. 表中进出口数据引自海关总署，并将大米除以 70% 折合稻谷；

3. 2023/2024 年度数据为预测数；

4. 结余量为当年新增供给量与年度需求总量的差额，不包括上年库存。

（三）利好因素有限，价格以偏稳运行为主

2022 年以来，国内化肥、农药等农资价格上涨，加上 2023 年新季中晚籼稻价格高开，叠加国际大米价格持续走高，提振了稻谷市场预期。2024 年 3 月，国家有关部门宣布 2024 年国家继续在稻谷主产区实行最低收购价政策，并综合考虑粮食生产成本、市场供求、国内外市场价格和产业发展等因素，确定 2024 年生产的早籼稻（三等，下同）、中晚籼稻和粳稻最低收购价分别为每 50 公斤 127 元、129 元和 131 元。与 2023 年相比，早籼稻每 50 公斤上涨 1 元（连续 5 年上调），中晚籼稻和粳稻保持平稳。这对于稳定 2024 年稻谷生产具有积极作用。但从供需角度看，我国稻谷产量已连续多年稳定在 2 亿吨以上，供给充裕、需求稳定，供大于求仍是市场主要特征。受供需关系宽松等因素影响，预计 2024 年国内稻谷价格仍以稳为主，但在集中上市期仍可能造成阶段性供需过剩，从而导致价格回落。

（四）全球大米产需同增，价格预计存在下跌风险

美国农业部预计 2023/2024 年度全球大米产量为 5.137 亿吨，创历史新高，且全球

大米已经连续4个年度超过5亿吨。全球大米消费量为5.20亿吨,同比略减。大米期末库存有所下降。预计2024年国际大米价格存在下跌风险,节奏上前高后低。从目前看,印度的大米出口政策仍是影响国际大米价格走势变动的关键因素。印度大选来临前,执政当局为安抚民意、抑制国内通胀将继续实施大米出口限制,对国际大米价格形成支撑。但本轮国际大米价格上涨与历史上国际粮价上涨的最大区别在于其他粮食价格均大幅下跌,也就意味着大米价格上涨的基础要弱于以往。预计在2024年上半年印度大选落地后,政策对粮价的影响减弱,国际米价高位回落是大趋势。

(撰稿人:国家粮油信息中心 周 惠)

第二节 小 麦

一、小麦概况

小麦是全球最重要的粮食作物之一,是世界上大多数国家的基本粮食作物,是保证全球粮食安全的基础。小麦营养丰富、经济价值较高,其籽粒中含有丰富的淀粉、较多的蛋白质、少量的脂肪,还有多种矿物元素和维生素B。全球小麦的主要产地集中在亚洲、北美洲和欧洲,主产国(地区)有中国、印度、俄罗斯、美国、加拿大、巴基斯坦、澳大利亚、乌克兰及欧盟等。近年来,排名前十位的主产国小麦产量占全球总产量的比例基本在70%以上。从单产水平看,欧洲国家的小麦单产明显高于其他国家。

我国是全球最大的小麦生产国。为保障农户种植收益,提高粮食安全水平,自2006年起,我国开始实施小麦最低收购价政策,小麦产量稳定在1亿吨以上,并呈增加趋势,2015年以来保持在1.3亿吨以上。2023年我国小麦产量达到1.37亿吨,比排名第二位的印度高出2604万吨,占全球小麦产量的17.4%。

我国小麦种植区域遍及全国。根据小麦的不同特点,可以将其分为不同的类别。

按播种季节划分,可以分为冬小麦和春小麦两类。冬小麦是指当年秋冬季播种,次年夏季收获的小麦。冬小麦在生长过程中抗寒能力极强,播种区域较为广泛,生育期长,且区域间差异较大,生育期为230~280天。春小麦主要是在冬季温度较低的区域种植,因为冬季温度低,所以播种期在开春后进行,一般在2月底至5月初由南向北依次播种,成熟期在7月中旬至9月上旬,生育期大约为100天。

按小麦皮色划分,可以分为白小麦和红小麦。白小麦呈黄色或乳白色,皮薄,胚乳含量多，出粉率较高。红小麦呈深红色或红褐色，皮较厚，胚乳含量少，出粉率较低。北方冬小麦以白麦居多，南方冬小麦以红麦为主。

按小麦品质、用途划分，可分为强筋小麦、中筋小麦和弱筋小麦。强筋小麦是指质地较硬，面筋含量高且面筋强度较强的小麦，用于生产较高档次的面包或与其他类型配麦使用，多为硬质小麦。弱筋小麦是指蛋白质和面筋含量较低、面筋强度弱的小麦，适于制作饼干、糕点类食品。我国淮河以南特别是长江中下游地区和西南麦区此类小麦较多。中筋小麦面筋含量及面筋强度均属于中等水平，适合加工面条和一般的饺子粉。

按小麦籽粒胚乳结构呈角质或粉质的多少划分，可以分为硬质小麦和软质小麦。硬质小麦是指角质率不低于70%的小麦，胚乳结构紧致，为半透明状的角质。硬质小麦蛋白质含量较高、容量较大、出粉率较高，面粉面筋含量较多，延伸性和弹性较好，适于做馒头、面包等发酵食品。软质小麦是指粉质率不低于70%的小麦，胚乳结构疏松，为石膏状的粉质，其面粉只适于生产饼干、糕点等食品。

二、2022/2023年度国际小麦市场回顾

2022/2023年度全球小麦产量呈增加趋势，消费量略有下降，供需偏紧格局有所好转。美国农业部2024年1月农产品供需报告估计，2022/2023年度全球小麦产量为7.89亿吨，同比增加912万吨，其中俄罗斯、加拿大、哈萨克斯坦、澳大利亚、巴西等地产量增加弥补了乌克兰、印度、欧盟等地的减产有余。多数国家（地区）小麦产量变化主要受播种面积及气候因素影响，部分国家（如乌克兰）还受到地缘政治因素影响。全球小麦总消费量为7.91亿吨，同比减少23万吨，主要是因为小麦饲用消费下降，食用消费仍随全球人口增长而有所增加。全球小麦进口量为1.98亿吨，同比增加379万吨。全球小麦出口量为2.20亿吨，同比增加1740万吨（因统计口径、统计时间和损耗等原因，全球小麦进口和出口数量不一致）。2022/2023年度全球小麦产量虽有增加，但低于消费量，期末库存2.72亿吨，同比减少176万吨；小麦库存消费比为34.3%，比上年度下降0.2个百分点，仍处于历史较高水平。

2023年全球小麦价格高位回落。俄罗斯和乌克兰是全球小麦主要生产国和出口国，两国小麦出口量占全球总贸易量近三成。2022年俄乌冲突爆发后，乌克兰小麦出口阶段性中断，全球小麦价格迅速冲高，但2023年小麦价格表现为"高位回落"。从美国芝加哥商品交易所价格看，2023年12月29日，CBOT软红冬小麦期货收盘价为628.50美分/蒲式耳（约合231美元/吨），比年初下降151.00美分/蒲式耳，降幅为19.37%。小麦价格下降的主要原因：一是高价刺激生产，全球小麦增产。尽管俄乌冲突导致2022/2023年度乌克兰小麦减产至2150万吨，同比减少1151万吨，但上年小麦

价格大涨对生产具有提振作用，加上气候条件较好，加拿大、澳大利亚等主产国降水增加，2022/2023年度全球小麦产量增至7.89亿吨，创历史新高。二是俄罗斯小麦价格屡创新低。2023年俄罗斯小麦产量为9200万吨，同比增加1684万吨，增幅为22.4%。受产量大幅增加、欧美制裁等因素影响，俄罗斯小麦出口压力较大，价格显著下降。2023年3月，俄罗斯农业部建议小麦出口FOB报价不低于275美元/吨，6月下调至240美元/吨，贸易商最低报价降至229美元/吨，俄罗斯小麦成为全球最便宜的小麦。

三、2023年国内小麦市场供需形势及价格走势

（一）2023年我国小麦播种面积增加、单产和总产量减少，质量有所下降

2023年，党中央、国务院高度重视粮食生产，各地区各部门严格落实耕地保护和粮食安全责任，持续加大对粮食生产的支持力度，有力克服黄淮罕见"烂场雨"、华北东北局部地区严重洪涝、西北局部干旱等不利因素影响，全年粮食产量再创历史新高。2023年全国粮食总产量6.95亿吨，比2022年增加888万吨，增长1.3%，粮食产量连续9年稳定在6.5亿吨以上。

2023年小麦播种面积小幅增加。我国自2006年开始实施小麦最低收购价政策，有效保护了农户种植收益，提振了种植积极性，保障了小麦的种植面积。2023年国家继续在小麦主产区实行最低收购价政策。综合考虑粮食生产成本、市场供求、国内外市场价格和产业发展等因素，经国务院批准，2023年生产的小麦（三等）最低收购价为每50公斤117元，比上年提高2元。2023年，全国小麦播种面积3.54亿亩，比上年增加163万亩，增幅为0.5%。2023年小麦单产和总产下降。由于收获期受严重"烂场雨"天气影响，小麦单产385.4公斤/亩，每亩产量比上年减少5.0公斤，下降1.3%。尽管小麦播种面积小幅增加，但单产水平降幅更大，全年小麦产量13659万吨，比上年减少113.5万吨，下降0.8%。

2023年小麦质量较上年有所下降。根据河南省粮食和物资储备局、河南省农业农村厅《2023年河南省收购小麦质量品质报告》，受小麦收获期连阴雨天气影响，2023年河南小麦品质有所下降，主要表现在容重较低、不完善粒较高、部分籽粒发芽率高。河南省小麦容重均值为755克/升，三等以上小麦占总量的64.4%。水分均值为11.9%，较上年增加0.2个百分点；不完善粒均值为34.6%，较上年增加31.7个百分点；千粒重均值为41.3克，较上年下降5.5克。江苏省粮油质量监测中心对新小麦质量进行检验，通过对小麦多项质量指标和等级占比的分析发现，2023年新小麦质量较2022年有所下降。另外，市场机构调研结果显示，安徽西北部、湖北中南部、陕西中

南部、山西南部等地受降雨影响，也出现不同程度的芽麦，造成新麦品质分化。河北、山东大部分地区新麦质量较好。

2006—2023 年我国小麦最低收购价及产量变化情况如图 1-1 所示。

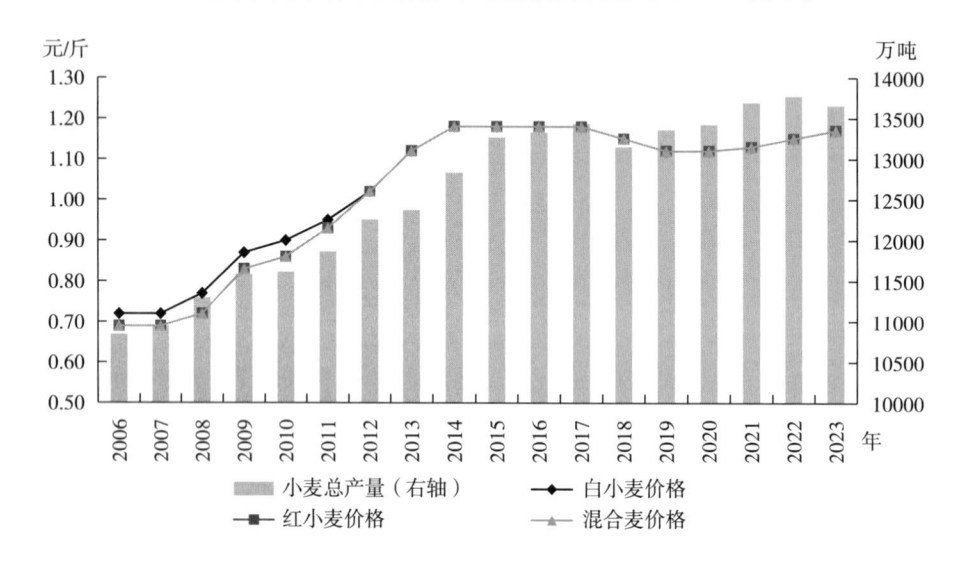

图 1-1 2006—2023 年我国小麦最低收购价及产量变化情况

（数据来源：国家发展改革委、国家统计局）

（二）2023 年我国进口小麦 1210 万吨，为近 31 年来新高

我国小麦自给率一直保持较高水平，进口量占比较低。2000—2019 年我国小麦年均进口量为 235 万吨，与同期年均产量的比值为 2.1%。从 2020 年开始，受国内需求增加（尤其是饲用需求强劲）、进口小麦具有成本优势以及中美签署第一阶段经贸协议影响，我国小麦进口量开始大幅增加。2020 年我国进口小麦 815.2 万吨，比上年提高 154%，创 1996 年以来新高，相当于全年配额 963.6 万吨的 85%。2021 年以来，国内小麦与玉米价格倒挂（小麦价格低于玉米价格），小麦饲用优势增强，需求进一步增加，小麦进口量增至 971.8 万吨，较 2020 年增长 19.2%，高于 963.6 万吨的年度关税配额；2022 年进口小麦 996 万吨，再次超出小麦配额。2023 年我国进口小麦 1210 万吨，同比增长 21.5%，为 1992 年以来新高（见图 1-2）。此前进口小麦主要是优质强筋小麦及弱筋小麦，用于生产专用粉，满足多样化制粉消费需要，2020 年以来我国进口小麦中饲用小麦明显增加，用于补充国内饲料原料需求。

从进口来源地看，2023 年我国进口小麦主要来自澳大利亚，进口量为 694 万吨，占全年进口总量的 57%；其次是加拿大，进口量为 255 万吨，占比为 21%；第三大来源国为美国，进口量为 93 万吨，占比为 8%；第四大来源国为法国，进口量为 82 万吨，占比为 7%。从上述四国进口小麦的数量占年度进口总量的比例达 93%。此外，从哈萨克斯坦、俄罗斯等国还有少量小麦进口。

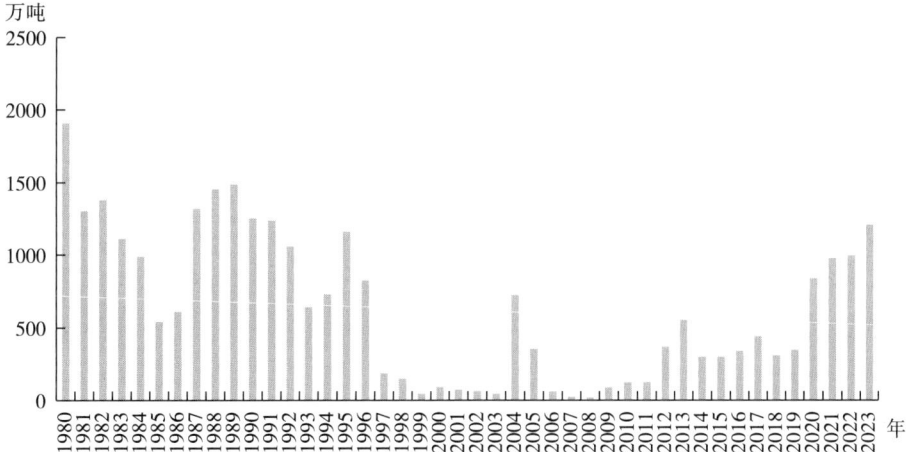

图 1-2 1980—2023 年我国小麦进口量变化

(资料来源：海关总署)

(三) 2023 年政策性小麦成交量大幅减少

我国小麦实施最低收购价政策以来，部分年份启动了最低收购价预案，国家收购了一定数量的政策性小麦。这些小麦主要通过国家粮食竞价交易平台投放市场，是用粮企业采购粮源的渠道之一。根据国家粮食交易中心公开信息，2023 年我国政策性小麦竞价交易累计成交 167 万吨，同比大幅减少 599 万吨，成交价格在 2400~2960 元/吨区间，较上年 2600~3050 元/吨的高位水平有所下降（见图 1-3）。

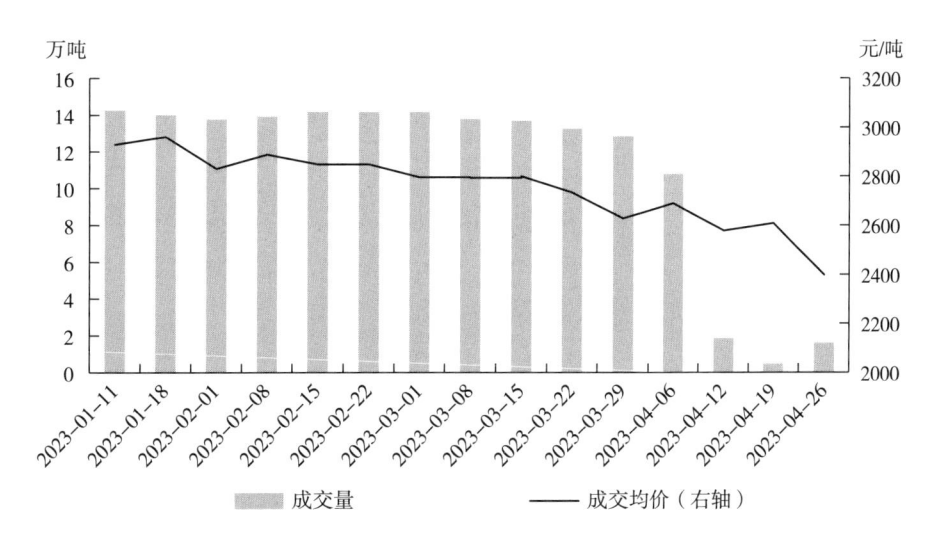

图 1-3 2023 年我国政策性小麦成交情况

(资料来源：国家粮食交易中心)

（四）2022/2023 年度我国小麦需求有所下降，主要因为饲用消费减少

小麦首先主要用作口粮，食用消费占大头；其次是用于饲料生产，为畜禽养殖企业提供饲料原料；再次是工业消费，比如酿酒、酒精、调味品等；最后还有少部分用作种子及出口。

从小麦各种用途数量及占比情况看，国家粮油信息中心估计，2022/2023 年度我国小麦食用消费量为 9380 万吨，同比增加 20 万吨，占年度总需求的 73.4%，比上年提高 9.5 个百分点；饲用、种用及工业消费量为 3395 万吨，同比减少 1889 万吨，占年度需求总量的 26.6%，比上年度下降 9.5 个百分点，主要因为饲用消费需求从上年度的 3500 万吨下降至 1700 万吨。

小麦食用消费需求与人口数量及结构密切相关，在人口状况变化不大时，食用消费需求总体较为稳定。随着人口总量下降且呈老龄化趋势，未来小麦食用消费需求可能逐步下降。近年来，小麦消费总量变化更多源自饲料消费。除玉米外，小麦是重要的能量饲料原料，其用量主要与价格密切相关。在玉米价格高于小麦价格的时候，小麦凭借成本优势大量替代玉米用于饲料；反之，小麦饲用需求将减少。2022/2023 年度大部分时间，国内小麦价格明显高于玉米价格，替代优势削弱，饲用消费锐减。

（五）2023 年国内小麦价格走势分析

2023 年小麦价格总体呈现先跌后涨的"V"形走势，年底再度回落。

第一阶段：2023 年 1—5 月，小麦价格下跌。以河南郑州为例，2023 年 1 月 3 日国标二等小麦出库价为 3150 元/吨，5 月最低降至 2700 元/吨，下降 450 元/吨，降幅为 14.3%。主要原因是 2022 年产小麦价格高开高走，持续高于玉米 150 元/吨以上，一直没有饲用优势，供给明显大于需求。2023 年春节后面粉消费持续低迷，制粉企业面粉、副产品走货滞缓，不断下调开机。同时，政策小麦持续投放市场，市场粮源供应充足。

第二阶段：2023 年 5—10 月，小麦价格上涨。以河南郑州为例，2023 年 10 月国标二等小麦出库价最高上涨至 3040 元/吨，较 5 月低点上涨 340 元/吨，涨幅为 12.6%。2023 年 5—6 月小麦收获之际，河南、江苏等主产区经历连续降雨天气，芽麦数量大幅增加，可以用于生产面粉的食用麦供应减少，市场一致性看涨食用麦，7 月和 8 月小麦价格迅速上涨。

第三阶段：2023 年 10—12 月，小麦价格再次回落。以河南郑州为例，2023 年 12 月 29 日，国标二等小麦出库价为 2830 元/吨，比 10 月高点下降 210 元/吨，降幅为 6.9%。国庆节后小麦价格震荡走弱，一是面粉需求持续疲软，难以提振小麦需求；二是玉米价格持续大幅下降，小麦饲料替代无优势，小麦的主要走货渠道回归制粉企业（见图 1-4）。

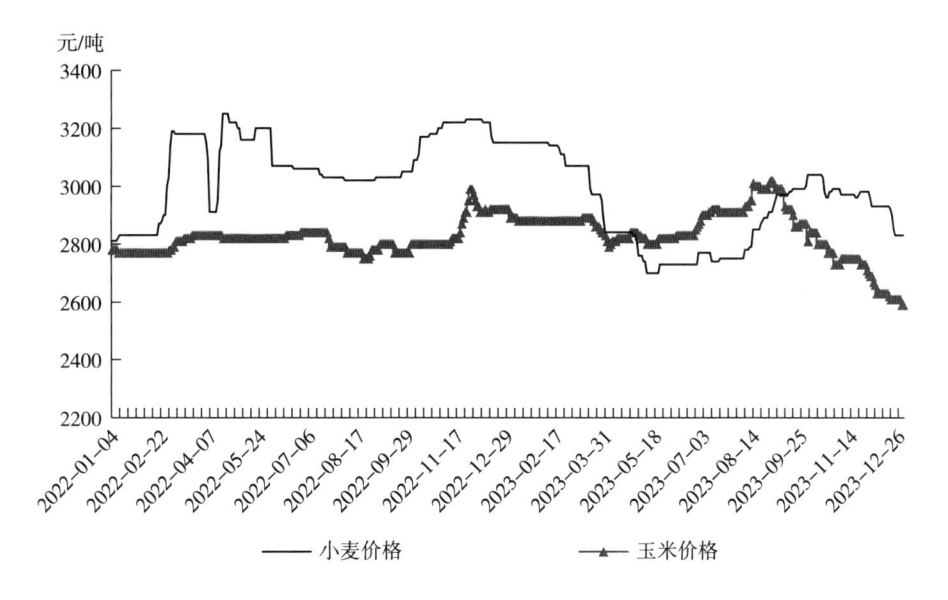

图 1-4　2022—2023 年河南郑州普通小麦和玉米价格走势

（资料来源：国家粮油信息中心）

此外，值得注意的是，由于 2023 年小麦市场价格基本在 2700 元/吨以上运行，明显高于 2340 元/吨的最低收购价水平，年内主产区均没有启动小麦最低收购价预案。

四、2024 年小麦市场展望

（一）国际市场

2023 年小麦价格从高位回落，市场普遍预计 2023/2024 年度全球小麦播种面积和产量有所减少，而消费需求继续增加，只是不同机构对于增减幅度预估存在分歧。联合国粮农组织预计，2023/2024 年度全球小麦产量为 7.89 亿吨，同比减少 1740 万吨；消费量为 7.94 亿吨，同比增加 1540 万吨；贸易量为 1.97 亿吨，同比减少 260 万吨；期末库存 3.20 亿吨，同比减少 340 万吨，供需形势转向趋紧。美国农业部预计，2023/2024 年度全球小麦产量为 7.83 亿吨，比上年度减少 616 万吨；消费需求为 7.95 亿吨，比上年度增加 373 万吨；期末库存 2.58 亿吨，比 2022/2023 年度下降 1336 万吨；小麦库存消费比为 32.5%，比上年度下降 1.8 个百分点，但仍远高于 18% 的国际安全线水平。

由于全球小麦库存仍处于较高水平，预计 2024 年美国芝加哥交易所小麦期货价格将弱势震荡，但小麦产量预期减少将制约价格下降空间，预计波动区间为 450～750 美分/蒲式耳，而上年为 540～798 美分/蒲式耳。

（二）国内市场

1. 预计 2024 年我国小麦面积稳定、单产增加，产量恢复性增加

2023 年 9 月底，国家发展改革委公开发布，2024 年国家继续在小麦主产区实行最低收购价政策。综合考虑粮食生产成本、市场供求、国内外市场价格和产业发展等因素，经国务院批准，2024 年生产的小麦（三等）最低收购价为每 50 公斤 118 元，比上年增加 1 元，对未来小麦市场价格形成提振，有利于增强农户种植信心，保障小麦种植面积。此外，2023 年中央经济工作会议明确提出，毫不放松抓好粮食等重要农产品稳定安全供给；中央农村工作会议强调，稳定粮食播种面积，推动大面积提高粮食单产，确保 2024 年粮食产量保持在 1.3 万亿斤以上。

从对部分主产区的调研情况来看，虽然冬麦播种期及越冬期存在冷暖天气转换快、适期晚播情况等因素，但 2023 年冬小麦播种依旧具有播种面积稳定、播种质量好于上年、出苗情况普遍良好等特点，奠定了 2024 年小麦的丰收基础。预计 2023/2024 年度小麦播种面积将保持在 3.5 亿亩左右，小麦单产或呈恢复性提升，预计小麦总产量在 1.37 亿~1.38 亿吨之间。小麦的总体质量情况将取决于生长过程期间的气候和收获时期的天气情况。

2. 预计 2023/2024 年度国内小麦食用消费下降，饲用消费增加

小麦食用消费需求与人口总量变化密切相关。国家统计局数据显示，2023 年末全国人口 140967 万人，比上年末减少 208 万人（全年出生人口 902 万人，死亡人口 1110 万人）。由于人口下降并伴随老龄化趋势，预计口粮消费将呈下降趋势。国家粮油信息中心预计，2023/2024 年度国内小麦消费总量为 1.36 亿吨，比上年度增加 835 万吨，增幅为 6.5%。其中食用消费为 9200 万吨，比上年度减少 180 万吨。预计 2023/2024 年度我国小麦饲用消费为 2700 万吨，同比大幅增加 1000 万吨，主要原因是 2023 年小麦收获上市期间遭遇"烂场雨"天气，发芽的小麦数量明显增加，这部分小麦大多不能用于生产面粉，只能转为饲用消费。从小麦玉米价差角度看，预计 2023/2024 年度小麦价格将大概率持续高于玉米价格，成本优势削弱，达到制粉标准的小麦进入饲用的数量非常有限。除此之外，小麦工业消费、种用消费将大体保持稳定。

3. 预计 2024 年国内小麦价格整体低于 2023 年水平

2024 年春节后中央和地方储备轮换小麦将陆续供应市场，进口小麦到港量也处于高位，小麦市场供给充足，预计上半年小麦价格回落；下半年新麦上市以后，预计开秤价格在 2400~2600 元/吨之间，市场主体将积极入市收购，小麦市场价格低开高走，最低收购价预案启动的可能性仍然不大；国庆节后随着小麦需求进入旺季，预计小麦价格可能上涨至 2800 元/吨左右，但总体低于 2023 年同期价格水平。

（撰稿人：国家粮油信息中心　胡文忠）

第三节 玉 米

一、2023年度国际玉米市场简介

根据2024年1月美国农业部预测，2022/2023年度全球玉米期初库存为310518万吨，比上年增加1757万吨；全球玉米产量为115563万吨，比上年下降6027万吨，其中美国减产3473万吨，减幅为9%；乌克兰减产1513万吨，减幅为36%；巴西增产2100万吨，增幅为18%；中国增产465万吨，增幅为2%。全球玉米进口量为18052万吨，比上年减少1317万吨，主要进口国（地区）包括欧盟（2315万吨）、墨西哥（1936万吨）、日本（1493万吨）、韩国（1110万吨）和埃及（622万吨）。消费总量为115699万吨，比上年减少1919万吨，其中饲料消费72826万吨，比上年减少1490万吨；食用、种用和工业消费为42873万吨，比上年减少429万吨。全球玉米出口量为18052万吨，比上年减少1317万吨，主要出口国包括美国（4283万吨）、阿根廷（2574万吨）、巴西（5329万吨）和乌克兰（2712万吨），巴西超越美国成为第一大玉米出口国。全球玉米期末库存300556万吨，比上年减少996万吨。美国农业部预计，2022/2023年度美国玉米期初库存为3498万吨，比上年增加362万吨；美国玉米产量为34674万吨，比上年减少3473万吨；进口量为98万吨，比上年增加37万吨；国内消费量为30595万吨，比上年减少971万吨；期末库存3455万吨，比上年减少42万吨。

2023年国际玉米市场价格明显下跌。上半年，黑海粮食出口协议继续签订，乌克兰谷物出口常态化供应市场，供需结构性矛盾明显弱化；同时美联储采取激进的紧缩货币政策以抑制国内高通胀，大宗商品价格普跌，国际玉米期价走弱。6月底，CBOT玉米主力合约报收493美分/蒲式耳，比年初下跌27.2%。之后，俄罗斯退出黑海谷物出口协议，引发玉米价格小幅反弹。但由于美国、巴西等国玉米丰产预期强，俄乌冲突影响减弱，短期冲高后玉米价格又迅速回落。7月CBOT玉米主力合约最高达到572.25美分/蒲式耳，比6月底上涨79.25美分/蒲式耳，涨幅为16%，8月底又回落至479.25美分/蒲式耳，比7月高点下跌16.3%。9—12月，国际市场缺乏关注热点，玉米价格跟随多空因素小幅波动，震荡走低。一方面，巴西天气持续干旱，不利于首季玉米播种以及初期生长，这促使玉米市场建立天气升水，推动玉米期价上涨；另一方面，2023年全球玉米丰收，供应充足持续压制玉米价格。2023年底，CBOT玉米主力合约报收470.75美分/蒲式耳，比年初下跌207.75美分/蒲式耳，跌幅为30.6%

(见图 1-5)。

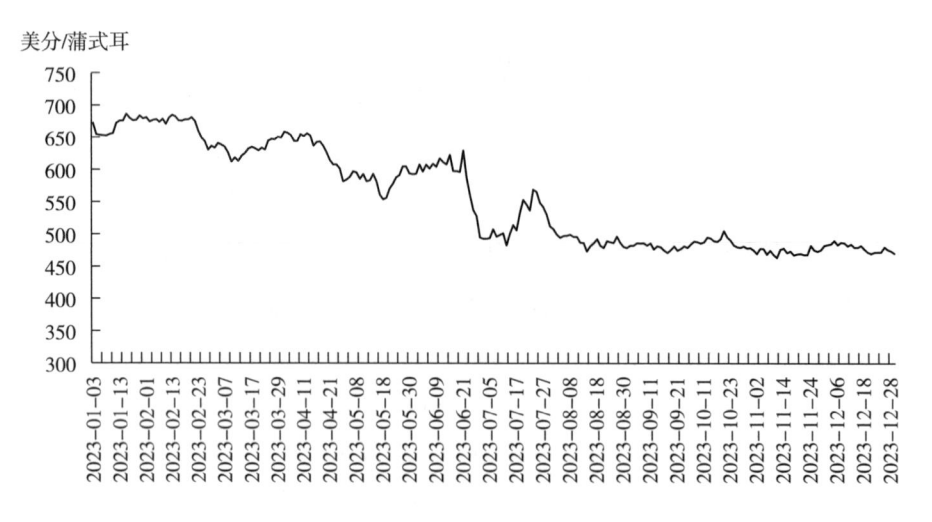

图 1-5　2023 年 CBOT 玉米主力合约收盘价

(资料来源：美国芝加哥期货交易所)

二、2023 年国内玉米市场供需形势

(一) 2023 年国内玉米供应稳中有增

2023 年玉米新增供应主要来自 2022 年 10 月前后收获的玉米。国家统计局公布的全国粮食生产数据显示，2022 年全国玉米播种面积为 6.46 亿亩，比上年减少 381.1 万亩，降幅为 0.6%。光温水匹配良好，病虫害偏轻发生，气象条件总体有利于粮食作物生长发育和产量形成，但夏季长江流域高温干旱，东北地区南部农田渍涝灾害偏重，对粮食生产造成一定影响。全国玉米单产 429.1 公斤/亩，每亩产量比上年增加 9.7 公斤，增长 2.3%。2022 年中国玉米产量为 27720 万吨，比 2021 年增加 465 万吨，增长 1.7%（见图 1-6）。海关数据显示，2022/2023 年度我国玉米进口量为 1871 万吨，同比减少 317 万吨，减幅为 15%。年度玉米新增供应量为 29592 万吨，同比增加 148 万吨，增幅为 0.5%。

(二) 玉米及替代品进口量有所增加

2023 年国际玉米价格大幅回落，部分时段价格大幅低于国内，进口利润丰厚，玉米及其替代品进口有所增加。海关总署数据显示，2023 年我国累计进口玉米 2714 万吨，同比增加 652 万吨，增幅为 32%（见图 1-7）。分国别看，从巴西进口 1281 万吨，占比为 47%；从美国进口 714 万吨，占比为 26%；从乌克兰进口 553 万吨，占比为

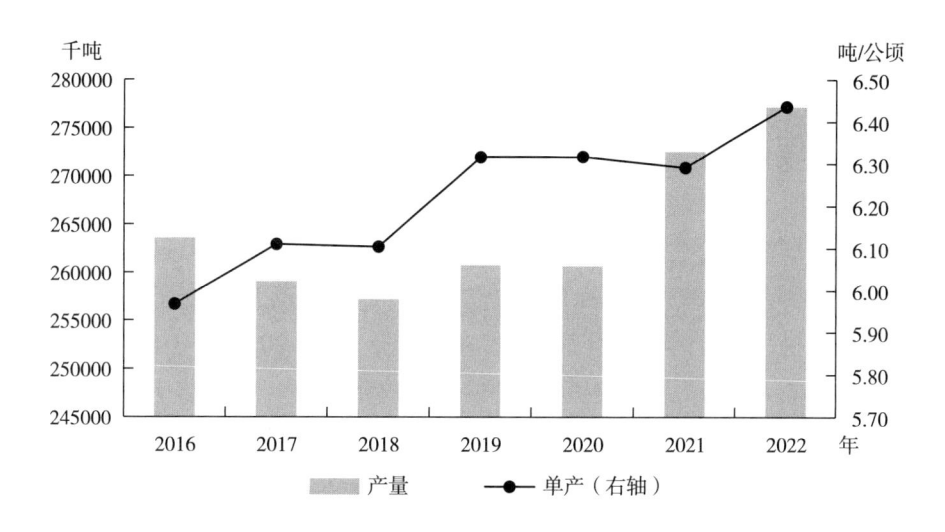

图 1-6　2016—2022 年中国玉米产量状况

（资料来源：国家统计局）

20%；三国合计占比为 93%，巴西取代美国成为我国第一大玉米进口来源国。2023 年还首次从南非批量进口玉米，进口量为 16 万吨。此外，从俄罗斯、保加利亚和缅甸等国有少量玉米进口。2023 年我国进口高粱 521 万吨，同比减少 49%。其中，从美国进口 250 万吨，占比为 48%；从阿根廷进口 83 万吨，占比为 16%；从澳大利亚进口 188 万吨，占比为 36%。

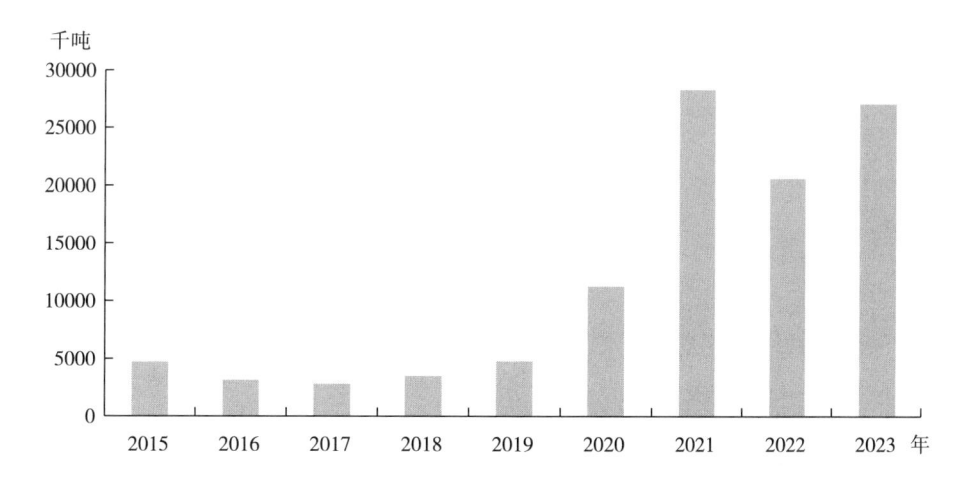

图 1-7　2015—2023 年中国进口玉米数量

（资料来源：海关总署）

澳大利亚是全球大麦的主要生产国和出口国，正常情况下产量和出口量分别占全球的 10% 和 25% 左右。2020 年以前，我国大麦进口绝大部分来自澳大利亚，2017 年进口占比最高超过70%。2020年5月18日，商务部决定对原产于澳大利亚的进口大麦征收反倾销税和反补贴税，实施期限自2020年5月19日起5年。至此之后我国从澳大利亚进口大麦迅速下降，2021年以来没有进口，大麦进口需求转向加拿大、法国、阿根廷等国。2022年受俄乌冲突影响，进口乌克兰大麦数量也明显减少，全年大麦进口总量为576万吨，同比减少54%。2023年8月4日，商务部发布2023年第29号公告称，鉴于中国大麦市场情况发生变化，对原产于澳大利亚的进口大麦继续征收反倾销税和反补贴税已无必要。自2023年8月5日起，终止对原产于澳大利亚的进口大麦征收反倾销税和反补贴税。国内用粮企业开始询价澳大利亚大麦，2023年10月我国进口澳大利亚大麦31万吨，占比为26%，是近三年来首次批量进口。2023年全年进口大麦1133万吨，同比增加557万吨，增幅为97%。其中，从法国进口367万吨，占比为32%；从加拿大进口227万吨，占比为20%；从阿根廷进口214万吨，占比为19%；从澳大利亚进口153万吨，占比为14%。

2023年1月11日，国务院关税税则委员会根据商务部的建议作出决定，对原产于美国的进口玉米干酒糟继续征收反倾销税和反补贴税，反倾销税率和反补贴税率分别为42.2%~53.7%和11.2%~12.0%，实施期限自2023年1月12日起5年。进口美国玉米干酒糟仍受到反倾销、反补贴措施影响，2023年我国进口玉米干酒糟仍然保持较低水平，为13.7万吨。总体来看，2023年我国饲料谷物进口量有所增加，累计进口玉米、高粱、大麦（未剔除酒用大麦）共4368万吨，同比增长20%。近年玉米相关替代品进口量如图1-8所示。

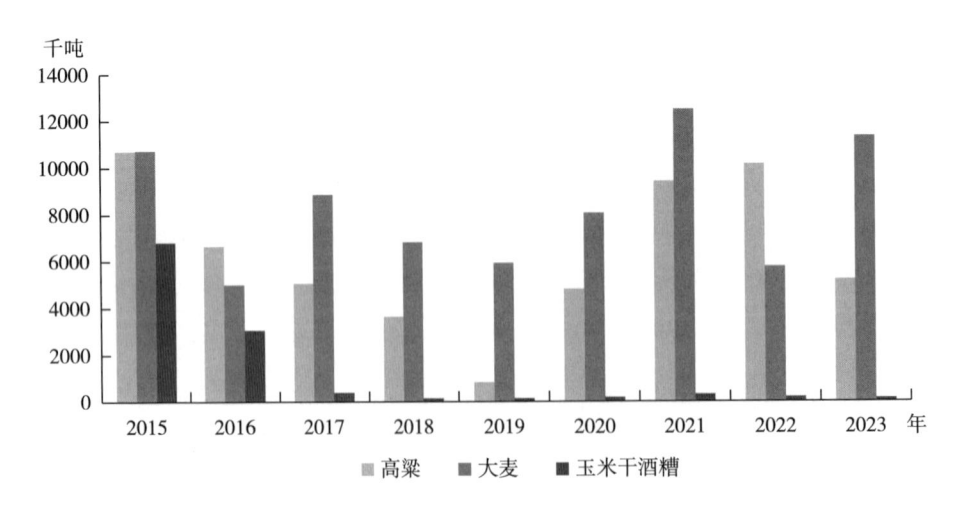

图1-8 2015—2023年玉米相关替代品进口量

（资料来源：海关总署）

(三) 工业消费有所下降，饲料消费增加

1. 玉米工业消费有所下降

2023年，经济恢复不及预期，淀粉、淀粉糖等深加工产品消费低迷，企业加工利润降低，开工率同比下降。根据国家粮油信息中心监测数据，2022/2023年度全国淀粉行业开工率为55%，同比下降5个百分点。虽然深加工产能略有增加，部分抵消行业开机率下降的影响，但全年玉米工业消费有所下降。国家粮油信息中心预计，2022/2023年度玉米工业消费7500万吨，同比下降200万吨（见图1-9）。

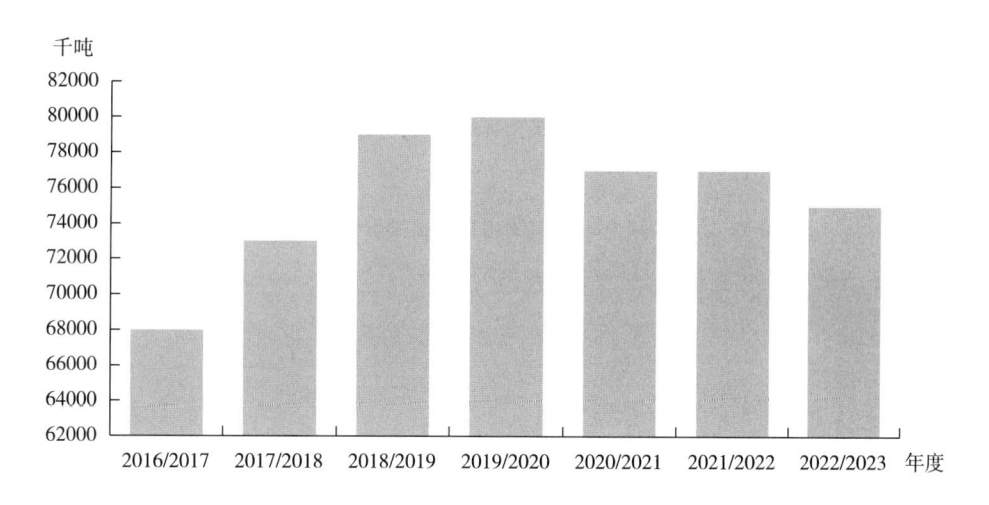

图1-9 2016—2022年度国内玉米工业消费情况

（资料来源：国家粮油信息中心）

2. 替代品消费下降，玉米饲料消费结构性增加

2022年底生猪养殖进入亏损周期，2023年生猪价格持续处于低位。国家发展改革委监测数据显示，12月27日全国大中城市生猪出场价格为14.71元/公斤，同比下降4.28元/公斤，降幅为22.5%。全国猪粮比价为5.66，处于过度下跌二级预警区间（见图1-10）。2023年下半年生猪存栏开始环比下降，但整体仍处于较高水平，全年出栏数量增加，饲料粮消费同比增加。国家统计局数据显示，2023年末全国生猪存栏43422万头，比上年末减少1834万头，同比下降4.1%（见图1-11）。2023年，全国生猪出栏72662万头，比上年增加2667万头，同比增长3.8%。2023年全年猪牛羊禽肉产量9641万吨，比上年增长4.5%。2023年，国内小麦遭遇"烂场雨"灾害，芽麦等不符合制粉需求的小麦数量增多，小麦饲用量有所增加。高粱、糙米等替代谷物饲用数量明显减少，玉米饲用消费结构性增加。国家粮油信息中心2024年1月估计，2022/2023年度玉米饲料消费18600万吨，同比增加1600万吨，增幅为9.4%。

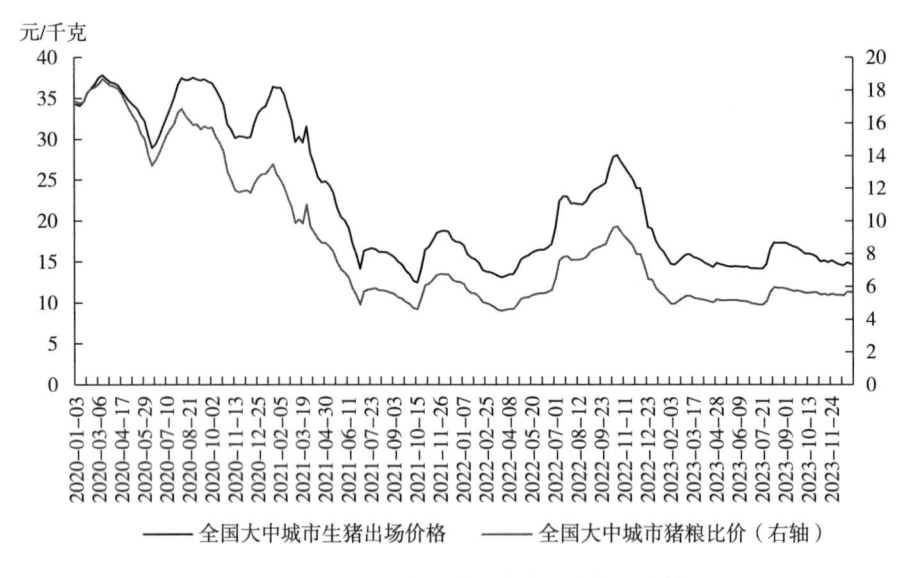

图 1-10　2020—2023 年国内生猪出场价格及猪粮比价

(资料来源：国家发展改革委)

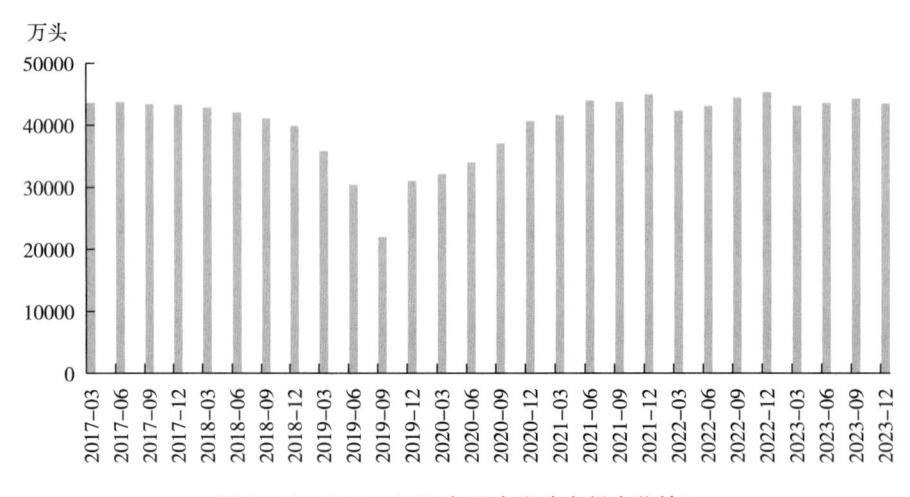

图 1-11　2017—2023 年国内生猪存栏变化情况

(资料来源：国家统计局)

(四) 玉米市场供需结余量小幅增加

总体来看，2022/2023 年度我国玉米总消费量为 29017 万吨，同比增加 1304 万吨，增幅为 4.7%。玉米市场年度供需结余 575 万吨，同比减少 1156 万吨。

三、2023 年玉米市场价格走势

2023 年，全国玉米价格整体呈现震荡下跌走势，受国际市场影响较大。2022 年 10

月国内玉米大范围收获上市后，产量形势较好，用粮企业积极收购，但雨雪天气影响物流运输，导致玉米价格连续走高。2022年12月，东北气温下降，玉米上冻后农户售粮积极性有所提高，基层售粮进入高峰期，玉米上市量明显增加，供应压力下玉米价格开始走低。2023年1月，由于临近春节假期，市场购销清淡，价格基本平稳。2月开始（春节后）至5月，玉米价格明显下跌。主要原因：一是供给方面，农民手中地趴粮加快出售，进口玉米集中到货，总量超过1000万吨，创历史同期最高水平，市场供应充足；二是需求方面，饲料及工业需求均处于季节性淡季，需求恢复不及预期，销区市场采购东北玉米并不积极；三是替代谷物方面，国内小麦供给充足，新季小麦生长形势良好，价格连续大幅下跌给玉米带来了利空影响；四是国际市场方面，美联储激进加息，CBOT玉米期货持续走低，带动进口玉米及替代谷物价格明显下降，给国内市场带来较强的利空预期，国内玉米期货价格跟随大幅走低。5月31日，国内玉米期货主力合约报收2633元/吨，比年初下跌196元/吨，跌幅为7%；华北玉米现货平均收购价格为2782元/吨，比年初下跌93元/吨，跌幅为3.2%；东北玉米现货平均收购价格为2575元/吨，比年初下跌147元/吨，跌幅为5.4%。

6月初，河南南部小麦遭遇严重"烂场雨"灾害，小麦价格止跌快速反弹，带动玉米价格止跌趋稳。7—8月国内玉米市场供应明显下降，巴西二季玉米尚未收获上市，进口到港明显减少，同时深加工消费进入传统旺季，市场进入青黄不接时期，供需偏紧推动玉米价格持续上涨。8月31日，国内玉米期货主力合约报收2733元/吨，比5月底上涨100元/吨，涨幅为3.8%，比年初下跌96元/吨，跌幅为3.4%；华北玉米现货平均收购价格为2806元/吨，比4月底下跌28元/吨，比年初上涨83元/吨，涨幅为3%；东北玉米现货平均收购价格为2639元/吨，比4月底下跌53元/吨，比年初上涨181元/吨，涨幅为7.4%。

经历7—8月的价格上涨后，国内外价差明显拉大，超过800元/吨，处于历史高位。一方面，导致进口利润丰厚，刺激国内进口增加，第四季度进口量超过1000万吨；另一方面，国际低价进口谷物给市场带来了较强的看空预期，企业收粮存粮谨慎。因此，9—12月国内玉米陆续收获上市，叠加进口数量明显增加，市场有效需求不足，呈现出明显供大于求的特征，价格持续大幅下跌。9月，河南、山东早熟玉米上市，有效补充市场供应，价格开始走低。从10月开始，华北、东北玉米大规模收获上市，产量创历史新高，供应压力下玉米价格大幅下跌。11月东北地区出现连续暴雪天气，影响物流运输，玉米价格短暂企稳。12月，东北农民进入传统售粮高峰，并且市场看跌预期较重，企业收粮、存粮积极性低，玉米价格继续大幅下跌。2023年12月底，国内玉米期货主力合约报收2413元/吨，比8月底下跌320元/吨，跌幅为11.7%，比年初下跌411元/吨，跌幅为14.6%；华北玉米现货平均收购价格为2521元/吨，比8月底下跌470元/吨，比年初下跌254元/吨，跌幅为12.3%；东北玉米现货平均收购价格为 2312 元/吨，比 8 月底下跌 375 元/吨，比年初下跌 410 元/吨，跌幅为 15%。2021—2023 年国内主产区玉米深加工企业收购价格如图 1-12 所示。

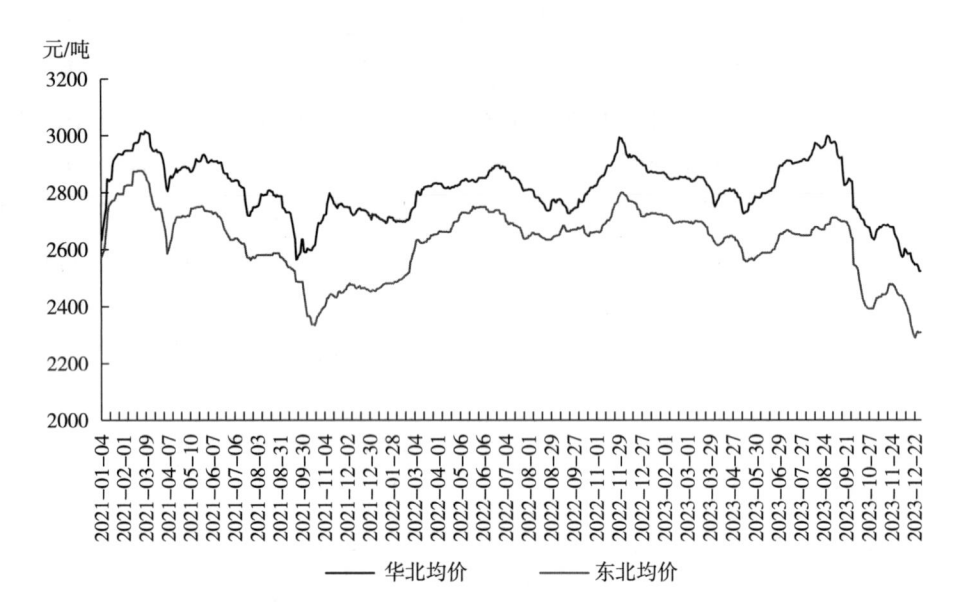

图 1-12　2021—2023 年国内主产区玉米深加工企业收购价格

（资料来源：国家粮油信息中心）

四、2023 年玉米价格主要影响因素分析

（一）国际粮价大幅下跌，国内外价差扩大带来较强利空预期

美国是主要的玉米出口国，我国是全球最大的玉米进口国，国际粮价的变动直接影响国内市场价格。2023 年，全球玉米产量、库存、出口"三增加"，基本面供应宽松，叠加美联储激进加息，宏观流动性收紧，美国 CBOT 玉米期货价格全年下跌 30.6%。国际玉米价格下跌导致国内外价差拉大，给国内市场带来了较强的利空预期。2023 年，国内玉米平均价格比进口到港完税价格高 388 元/吨，与之对比，2022 年为低 111 元/吨。

（二）养殖持续亏损，影响收粮积极性

根据中国畜牧业协会监测数据，2023 年全国生猪养殖利润自繁自养生猪为 -226.4 元/头，同比下降 388 元/头；外购仔猪为 -261 元/头，同比下降 567 元/头（见图 1-13）。饲用需求占玉米需求总量的 65% 左右，但饲用养殖从年初以来持续亏损，导致部分企业现金流紧张，原料采购补库意愿低，维持低库存运行，导致玉米上市初期供应充足

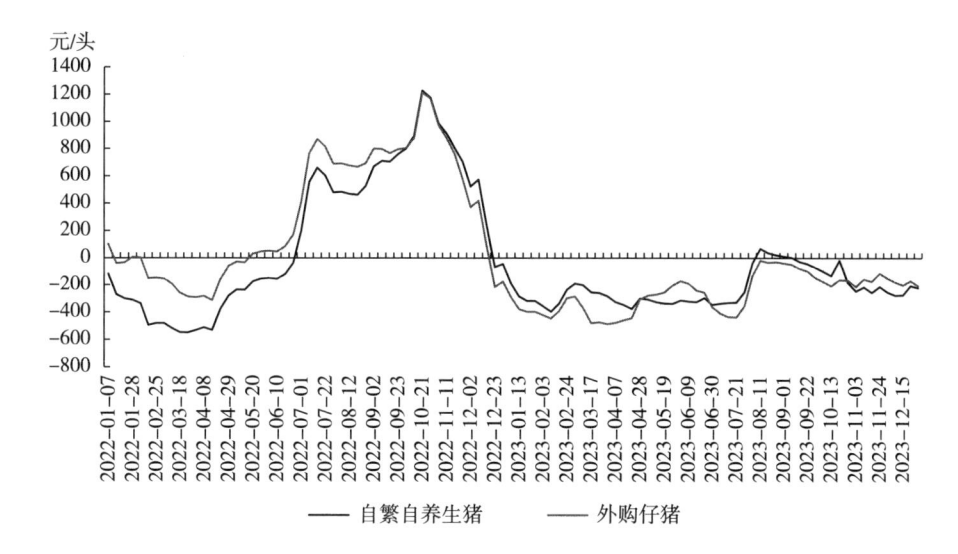

而有效需求不足，价格连续大幅下降。

图 1-13　2022—2023 年国内生猪养殖平均利润

（资料来源：中国畜牧业协会）

（三）进口巴西玉米数量大增，补充国内市场供应

2022年5月23日，中国商务部发布中国与巴西召开中巴（西）高委会第六次会议成果清单，其中包括中国海关总署与巴西农业部签署的《巴西玉米输华植物检疫要求议定书》（修订版）。巴西是玉米主产国和主要出口国。虽然巴西玉米早已在《我国允许进口粮食和植物源性饲料类及输出国家地区名录》中，但受植物检疫要求和转基因等多重因素影响，我国企业极少从巴西进口玉米。2023年1月7日，我国首次散船进口6.8万吨巴西玉米在广东麻涌港靠岸停泊，标志着巴西玉米输华走廊正式打通。海关总署数据显示，2023年我国进口巴西玉米达1067万吨，占全年进口总量的47%，巴西超越美国成为我国进口玉米的第一大来源国，同时在国际上巴西也超越美国成为全球第一大玉米出口国。

（四）国内小麦价格波动，比价关系影响玉米价格

小麦是玉米的主要饲用替代谷物，价格高于玉米使得玉米价格具备一定的上涨空间，而价差缩小时比价关系也直接压制玉米市场价格。2023年6月之前，小麦市场丰收预期较强，因此可替代玉米饲用数量预期充足，小麦价格下跌也直接带动玉米价格走低。而6月初突如其来的"烂场雨"灾害改变了小麦市场的丰收预期，小麦价格止跌反弹，迅速上涨，玉米价格也随即止跌趋稳。2021—2023年华北地区玉米和小麦平均价格如图1-14所示。

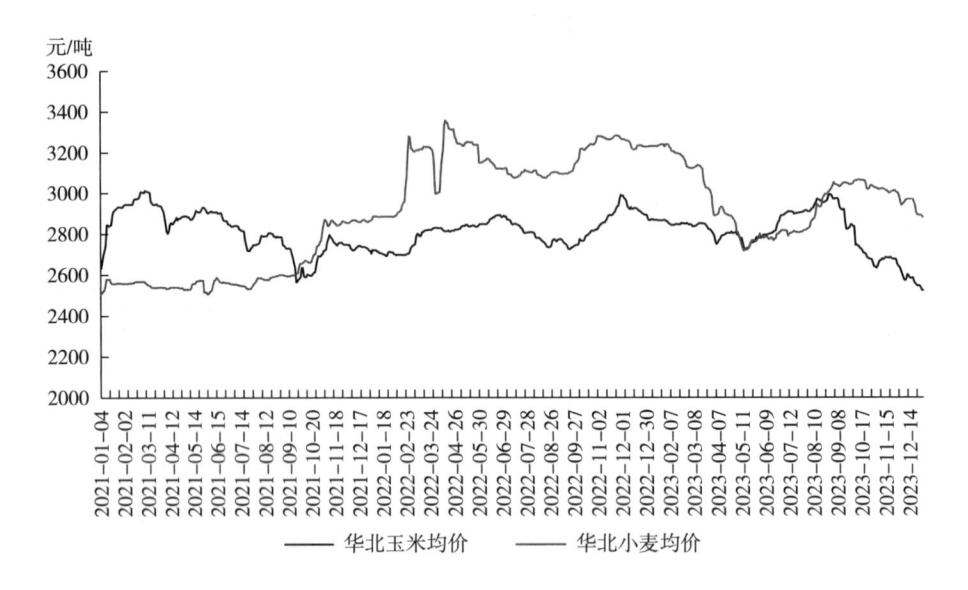

图 1-14　2021—2023 年华北地区玉米和小麦平均价格

(资料来源：国家粮油信息中心)

五、2024 年玉米市场展望

(一) 2024 年全球玉米市场展望

美国农业部 2024 年 1 月预计，2023/2024 年度全球玉米播种面积增加，玉米产量预计达到 12.36 亿吨，同比增加 8010 万吨，增幅为 6.9%。美国、欧盟和阿根廷等国玉米产量增产较为明显，分别增产 4296 万吨、770 万吨和 2100 万吨，增幅分别为 12.4%、14.7% 和 61.8%。巴西在上年创纪录的产量水平上下降 1000 万吨至 1.27 亿吨，仍为历史次高水平。全球范围内玉米总消费量也有所增加，由于产量大幅提高，期末库存同比增加。预计 2023/2024 年度全球玉米消费量为 12 亿吨，同比增加 4395 万吨，增幅为 3.8%；期末库存 3.25 亿吨，同比增加 2466 万吨，增幅为 8.2%。2023/2024 年度美国玉米产量为 3.9 亿吨，同比增加 4296 万吨；消费量为 3.17 亿吨，同比增加 1068 万吨；出口量为 5334 万吨，同比增加 1115 万吨；期末库存 5491 万吨，同比增加 2036 万吨。

(二) 2023 年国内玉米产量再创历史新高

2023 年，国内玉米种植效益较高，农民种植玉米意愿较强，部分地区玉米播种面积持续增长。国家统计局关于 2023 年粮食产量数据的公告显示，2023 年全国玉米播种面积为 6.63 亿亩，比上年增加 1723.2 万亩，增长 2.7%。2023 年，尽管华北、东北部分地区发生洪涝灾害，但全国大部分农区光温水匹配较好，气象条件总体有利于粮食作物生长发育和产量形成。全国玉米单产 435.5 公斤/亩，每亩产量比上年增加 6.4 公斤，增长 1.5%。全国玉米产量 28884 万吨，比上年增加 1164 万吨，增长 4.2%，再创历史新高。

（三）玉米及替代品进口数量有所增加

2023/2024 年度国内产量增加，国内外玉米价差处于高位，玉米及替代品进口数量保持较高水平，有效保障了国内饲料粮市场供应。

从全球玉米出口格局看，由于产量大幅增加，全球玉米出口供应明显增加，预计 2023/2024 年度全球玉米出口量为 1.98 亿吨，同比增加 1795 万吨，增幅为 9.9%。其中，美国玉米出口 5400 万吨，同比增加 1117 万吨，增幅为 26%；阿根廷玉米出口 3400 万吨，同比增加 826 万吨，增幅为 32.1%；巴西玉米出口 5800 万吨，同比增加 472 万吨，增幅为 8.9%。

从我国进口情况看，2022/2023 年度我国进口玉米 1871 万吨，同比减少 317 万吨；进口高粱 486 万吨，同比减少 613 万吨；进口大麦 858 万吨，同比增加 30 万吨，合计进口达到 3216 万吨，同比减少 900 万吨。预计 2023/2024 年度我国玉米及替代谷物进口量有所提高。一是国际玉米价格大幅下跌，国内外价差扩大有利于进口；二是全球玉米产量丰收，美国高粱恢复性增产，全球饲料粮供应充足，我国饲料粮外采难度降低；三是虽然 2023 年 7 月俄罗斯退出黑海地区粮食出口协议，但乌克兰谷物仍通过多瑙河、黑海临时走廊顺利出口。国家粮油信息中心 2024 年 1 月预计，2023/2024 年度玉米及替代谷物进口量为 3400 万吨，同比增长 5.7%。

（四）2023 年国内玉米需求有所增加

2023 年国内生猪价格低迷，生猪养殖持续亏损，促进国内生猪产能逐渐去化，但当前生猪养殖集团化规模化水平提高，抗风险能力增加，产能去化速度较慢，存栏仍处于较高水平，预计全年饲料粮消费保持稳定。小麦、稻谷等替代谷物饲用消费量下降，新年度玉米饲用消费量有所增加。国家粮油信息中心 2024 年 1 月预计，2023/2024 年度玉米饲料消费 19700 万吨，同比增加 200 万吨。近年来，国内玉米深加工产能继续扩张，当前加工产能处于历史高位。2023 年第四季度新季玉米上市以来，价格连续大幅下跌，玉米淀粉价差扩大，加工利润好转，开工率有所回升。监测显示，1 月玉米淀粉行业平均开机率为 65%，月环比提高 1 个百分点，同比提高 13 个百分点。截至 1 月底，2023/2024 年度开工率为 63%，同比提高 8 个百分点，预计全年玉米工业消费量稳中有增。国家粮油信息中心 2024 年 1 月预计，2023/2024 年度全国玉米工业消费 7600

万吨，同比增加 100 万吨。

（五）2024 年国内玉米市场价格震荡下行

综合来看，2023/2024 年度我国玉米总消费量为 29317 万吨，同比增加 300 万吨，增幅为 1.0%。玉米市场年度供需结余 1267 万吨，同比增加 693 万吨。从全年来看，综合考虑国内外宏观经济环境、大宗商品价格周期、国际国内玉米供需基本面等情况，2024 年国内玉米价格保持震荡下行态势。一是 2023 年国内玉米产量创历史最高纪录，产量增幅超过需求增幅，市场结余量增加；二是国际玉米市场大丰收，全球玉米价格下行趋势明显，进口玉米明显增加，2023 年第四季度到港量超过 1000 万吨，创历史同期最高水平，有效补充国内市场供应，带来较强利空影响；三是当前国内外玉米价格联动性加强，国际市场价格变化对国内玉米价格走势的影响加大，国际粮价下跌传导国内造成价格跟随下行。

（撰稿人：国家粮油信息中心　齐驰名）

第四节　大　豆

一、大豆概况

大豆通称黄豆，属一年生豆科草本植物，大豆不仅是重要的粮食作物，更是植物蛋白和食用油的主要来源，是世界上产量和贸易量最大的油料作物。大豆起源于中国，有 5000 多年种植历史，全国广泛种植，主要集中在东北、黄淮海和四川等地。19 世纪后期大豆从我国传出并呈迅速扩张趋势，20 世纪 30 年代大豆栽培已遍布世界各国。20 世纪 90 年代以来，由于人口增长，蛋白和植物油需求量不断增加，推动大豆种植面积和产量迅猛增长。大豆是当前国际大宗农产品贸易中最活跃的商品之一，巴西、美国和阿根廷是世界上最大的大豆主产国，在国际供给中扮演着重要的角色。

1995 年前中国一直是国际上最重要的大豆生产国和出口国之一，最高年份的大豆出口量曾超过百万吨。由于对蛋白需求的高速增长以及大豆加工工业的快速发展，1996 年中国由大豆净出口国转变为净进口国，其后进口量逐年增长，2020 年首次突破 1 亿吨，近三年虽有所回落，但仍处于历史高位。中国是全球最大的大豆进口国，占全球贸易量的 60% 左右。由于国内畜禽养殖存栏高企，蛋白粕需求增加，2022/2023 年度我国大豆进口量为 9799 万吨，较上年度增加 766 万吨，增幅为 8.5%。2023 年下半年以来，国内生猪养殖持续亏损，能繁母猪存栏高位回落，大豆消费需求预期小幅下降。预计2023/2024年度我国大豆进口9700万吨，同比减少99万吨，减幅为1%。

二、国际大豆市场

美国农业部公布的数据显示，2023/2024年度全球大豆总产量为39898万吨，较上年度增加2358万吨。大豆占世界主要油料作物产量的60%以上，巴西、美国和阿根廷是全球前三大主产国，中国位居第四，四国的大豆产量之和占世界总产量的86%。近30年这四个国家的大豆产量比例发生了巨大变化，30年前美国大豆产量在世界大豆产量中占据绝对的主导地位，但随着巴西和阿根廷大豆种植面积不断扩大，南美大豆产量迅速增长，在国际大豆市场中的地位不断提高，2002/2003年度巴西和阿根廷两国的大豆产量之和首次超过美国；2017/2018年度巴西大豆产量超过美国，成为全球第一大生产国。2023/2024年度，巴西大豆产量占全球总产量的39%，美国占28%，阿根廷占13%，中国占5%。随着我国经济社会不断发展，居民生活水平不断提高，对肉蛋奶需求增长，推动大豆进口量迅猛增长，2002/2003年度我国成为全球第一大大豆进口国，此后总体保持快速增长态势。国际大豆生产和贸易情况深刻影响着中国大豆产业的发展。

（一）全球大豆产量再创新高

从全球大豆产量情况看，总体呈波动增长态势。美国农业部数据显示，2022/2023年度全球大豆产量37540万吨，较2020/2021年度增加1499万吨，增幅为4.2%，是2000/2001年度的2.1倍。2022/2023年度美国大豆种植面积略微下滑，为3487万公顷，较上年度略减5万公顷；大豆单产较上年度下降4.3%至3.33吨/公顷；大豆产量为11622万吨，较上年度减少528万吨，减幅为4.3%。2022/2023年度巴西大豆播种面积继续增长，较上年度增加270万公顷至4430万公顷；单产从上年度因干旱减产大幅提升15%至3.61吨/公顷，使大豆产量增加2950万吨至16000万吨，增幅为22.6%。受干旱天气影响，2022/2023年度阿根廷大豆播种面积和单产继续下滑，其中面积下降9.4%至1440万公顷，单产下降37%至1.74吨/公顷，使大豆产量大幅下降1890万吨至2500万吨，为1999/2020年度以来最低水平。虽然美国和阿根廷大豆产量下滑，但巴西等国大豆产量增长带动全球大豆增加，大豆供需格局逐渐向宽松转变，叠加国际地缘政治、资金以及天气炒作等因素，2023年CBOT美国大豆价格重心下移，整体呈震荡下滑趋势。

2023/2024年度美国大豆播种面积继续下滑，比上年度减少155万公顷至3333万公顷；大豆单产为3.4吨/公顷，较上年度增长2.1%；大豆产量为11334万吨，较上年度减少288万吨，减幅为2.5%。当前，巴西大豆已进入收获期，由于部分产区天气干旱，产量可能小幅下降。2023/2024年度巴西大豆种植面较上年度增加130万公顷至4560万公顷，再创历史新高；大豆单产为3.44吨/公顷，较上年度下降4.7%；大豆产量为15700万吨，较上年度减少300万吨，减幅为1.9%。阿根廷大豆处于生长期，天气条件良好，产量预期从上年因干旱减产中恢复性增长。2023/2024年度阿根廷大豆面积恢复性增长210万公顷至1650万公顷；大豆单产为3.03吨/公顷，较上年度大幅增长74.1%；大豆产量为5000万吨，较上年度大幅增加2500万吨，增幅为100%。此外，巴拉圭、乌拉圭等国大豆产量也预计增加，尽管巴西产量可能低于上年，但南美大豆丰产的格局基本奠定。2023/2024年度全球大豆产量继续增长，大豆供应进一步向宽松转变，南美大豆集中上市后，预计价格将弱势运行。

从全球大豆消费量情况来看，随着畜禽养殖对蛋白需求的刚性增长，全球大豆消费量保持增长。自2000/2001年度以来，大豆消费年均增长率为3.6%。2022/2023年度全球大豆消费量为36473万吨，较上年度略增79万吨，增幅为0.2%。由于大豆产量增幅远大于消费增幅，2022/2023年度全球大豆库存较上年度增加384万吨至10187万吨，全球大豆库存消费比上升1个百分点至27.9%。全球经济逐渐复苏，生物柴油需求增长，新年度大豆压榨量大幅增加带动总消费增长。预计2023/2024年度全球大豆消费量为38366万吨，较上年度增加1892万吨，增幅为5.2%，但仍低于本年度的产量增幅，库存将增加1273万吨至11460万吨，库存消费比将继续回升至29.9%，为21世纪以来次高水平（见图1-15）。

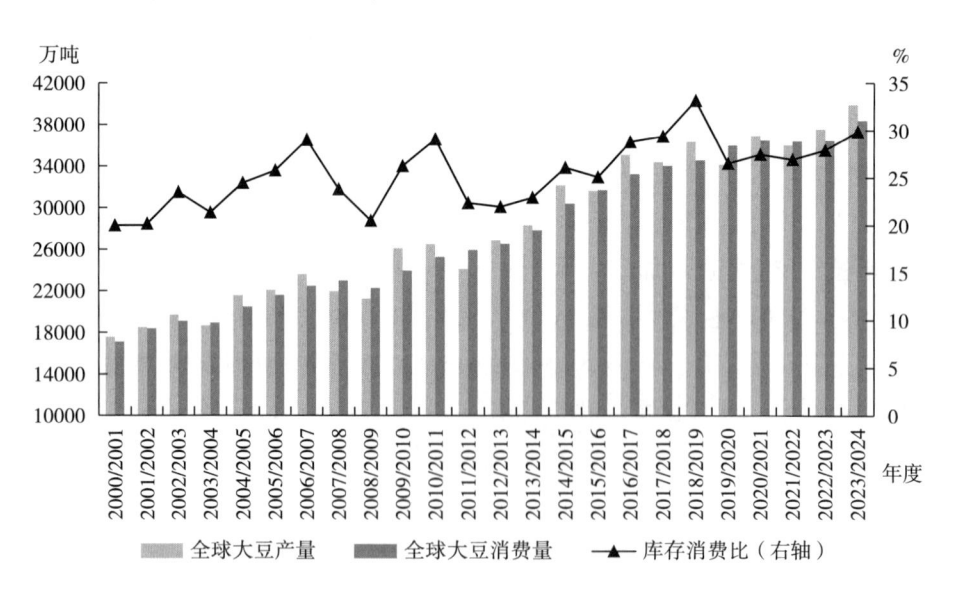

图1-15　2000—2023年度全球大豆产量和消费量及库存消费比

（资料来源：美国农业部）

（二）全球大豆贸易量稳步增长

21世纪以来，全球大豆贸易快速发展，贸易量稳步增长，但近几年增速逐渐放缓。2022/2023年度全球大豆产量回升，需求回暖，大豆贸易止降转升。美国农业部数据显示，2022/2023年度全球大豆进口量和出口量分别为16484万吨和17166万吨，分别占全球大豆总产量的43.9%和45.7%，较2000/2001年度分别增长210%和219%。2023/2024年度全球大豆贸易量窄幅波动，其中进口量将增加至16835万吨，出口量略降至17094万吨（见图1-16）。

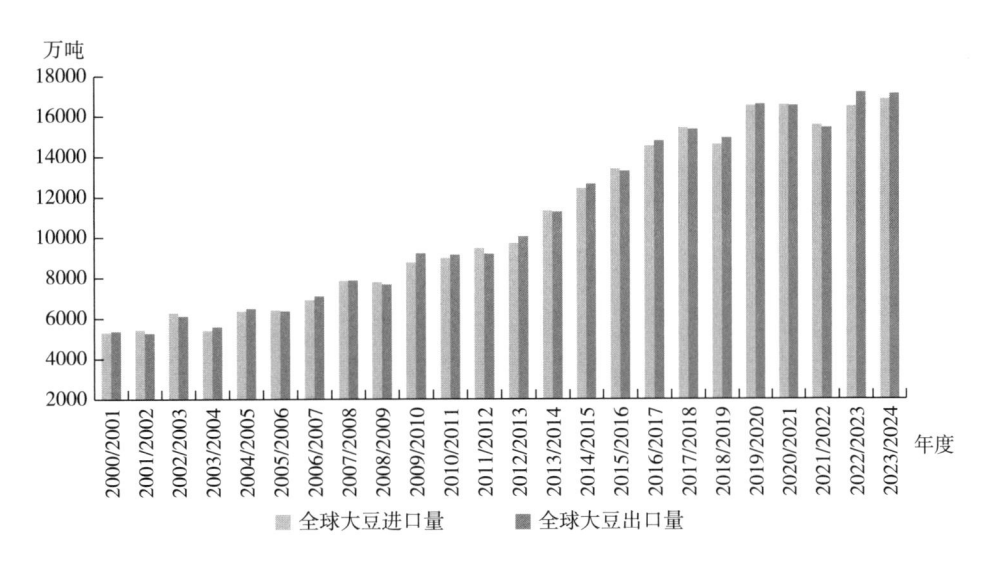

图1-16　2000—2023年度全球大豆进口量和出口量

（资料来源：美国农业部）

世界大豆出口国主要有巴西、美国和阿根廷，三国的大豆出口量占全球大豆出口总量的90%左右。其他较大的大豆出口国有巴拉圭和加拿大等。随着南美大豆产量持续增长，美国大豆出口数量和比重逐渐下降，南美各国在大豆出口市场中扮演越来越重要的角色。2012/2013年度巴西超越美国，成为全球第一大大豆出口国。2022/2023年度美国大豆出口量为5421万吨，较上年度减少436万吨，占全球大豆出口总量的31.6%；由于2023/2024年度美国大豆产量下滑、国内压榨需求增加，加之巴西大豆出口增长挤占，大豆出口量将降至4776万吨。2022/2023年度巴西大豆出口量较上年度大幅增加1644万吨至9551万吨，占全球大豆出口总量的比重高达55.6%；由于新年度巴西大豆产量仍将保持高位，预计2023/2024年度大豆出口量将升至9950万吨。由于阿根廷本国的大豆加工用量较大，主要以出口豆粕、豆油为主，因此，阿根廷大豆出口量相对较低，2022/2023年度大豆出口量较上年度增加132万吨至419万吨；预计2023/2024年度大豆出口量为460万吨。

世界大豆的进口国（地区）主要有中国、欧盟、墨西哥和日本。目前，上述四国（地区）的大豆进口量占全球大豆进口总量的75%左右，其中，中国占比高达60%左右。1995年以前中国还是大豆净出口国，此后成为大豆净进口国。1999/2000年度我国大豆进口量首次突破1000万吨，2002/2003年度中国大豆进口量超过欧盟，成为世界上最大的大豆进口国（地区）。海关总署数据显示，2022/2023年度中国大豆进口量为9799万吨，较上年度增加766万吨，增幅为8.5%。由于畜禽养殖利润不佳，存栏高位回落，国内大豆消费需求预期小幅下降，预计2023/2024年度我国大豆进口9700万吨，同比减少99万吨，减幅为1%。相对而言，欧盟、墨西哥和日本的大豆进口量较为稳定。21世纪以来，欧盟大豆年度进口量基本上维持在1200万~1800万吨，预计2023/2024年度欧盟大豆进口量为1380万吨；墨西哥大豆年度进口量基本维持在400万~650万吨，预计2023/2024年度墨西哥大豆进口量为640万吨；日本大豆年度进口量基本维持在200万~400万吨，预计2023/2024年度日本大豆进口量为350万吨。近几年，泰国、埃及、印度尼西亚和越南等国大豆进口增长较为明显，预计2023/2024年度泰国大豆进口量为390万吨，埃及为310万吨，印度尼西亚为265万吨，越南为260万吨。

（三）全球大豆主要主产国情况

1. 美国

美国大豆生产主要集中在中西部大平原地区，与玉米种植区高度重合，两者为竞争性种植作物，农民根据大豆玉米比价关系调整两者的种植面积。美国主要有18个大豆主产州，其中伊利诺伊、爱荷华、明尼苏达、印第安纳是美国大豆产量最大的四个州，种植面积占全国的40%左右，产量占全国的45%左右。美国农业部数据显示，2023/2024年度美国大豆种植面积为3333万公顷，较2022/2023年度减少155万公顷；单产小幅上升，大豆产量降至11334万吨，较上年度减少288万吨（见图1-17）。21世纪以来，美国大豆产量总体保持增长态势，其中最大的原因是转基因技术刺激大豆单产水平不断提高。受土地及竞争性作物等因素影响，近几年，美国大豆种植面积增长乏力，产量基本在1.13亿~1.22亿吨区间内波动。未来，美国大豆种植面积增长和单产提升的空间有限，而南美地区尤其是巴西大豆未来扩面增产潜力巨大，美国大豆将面临更加激烈的竞争。

2. 巴西

自20世纪70年代末以来，巴西开始种植大豆并迅速扩张。经过50多年的发展，巴西已超越美国，成为世界第一大大豆生产国，同时也是世界上最大的大豆出口国。2022/2023年度巴西大豆产量占全球的比重首次超过40%，达42.6%，出口量占比高达55.6%。巴西大豆的种植起源于南部的南大河州，之后往北发展到巴拉那州。由于

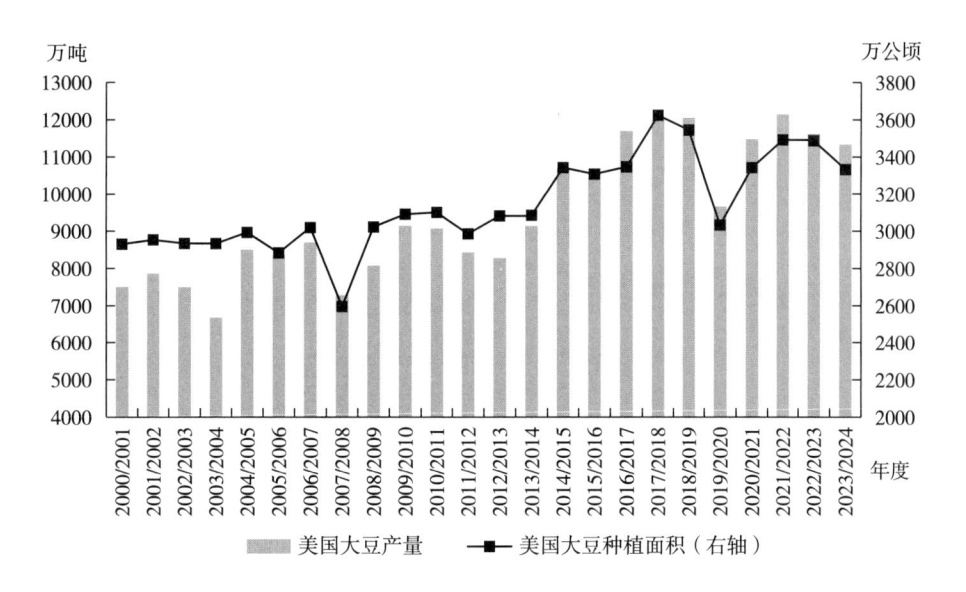

图 1-17 2000—2023 年度美国大豆产量和种植面积

（资料来源：美国农业部）

南部地区人口较为密集，农场规模普遍较小，不适合大规模生产，也容易出现干旱天气。因此，在巴西政府的鼓励下，部分南部农民移民到中北部的马托格罗索、南马托格罗索和戈亚斯等州大规模种植大豆，目前马托格罗索、南里奥格兰德和巴拉那州是巴西大豆产量最大的三个地区，产量分别占全国产量的 27.2%、13.7% 和 13.6%。21 世纪以来巴西大豆种植面积持续扩大，2000/2001 年度种植面积为 1393 万公顷，2022/2023 年度年达到 4430 万公顷，增幅为 218%，年均增长 5.4%。巴西地广人稀，耕地开发潜力巨大；巴西大豆生产季节与美国错开，在全球大豆供应中形成互补；近几年，巴西货币雷亚尔兑美元汇率高企，农户种植大豆收益良好，刺激大豆种植面积持续扩大，推动大豆产量增长。美国农业部数据显示，预计 2023/2024 年度巴西大豆种植面积为 4560 万公顷，较 2022/2023 年度增加 130 万公顷；受厄尔尼诺天气影响，巴西部分产区天气干旱，影响大豆生长，大豆产量小幅下降 300 万吨至 15700 万吨，为历史次高（见图 1-18）。

3. 阿根廷

阿根廷大豆产区主要集中在中东部平原地区，布宜诺斯艾利斯、科尔多瓦和圣达菲是最主要的大豆主产州，三州产量占全国总产量的 90% 以上。阿根廷是全球第三大大豆生产及出口国，是全球最主要的豆油和豆粕出口国。阿根廷大面积种植大豆始于 20 世纪 70 年代，此后迅速扩张，进入 21 世纪后种植面积基本稳定在 1000 万~2000 万公顷，产量在 3000 万~5000 万吨之间。天气干旱，加上大豆及副产品出口税率高于谷物，制约农户种植积极性，2022/2023 年度阿根廷大豆种植面积为 1440 万公顷，较上

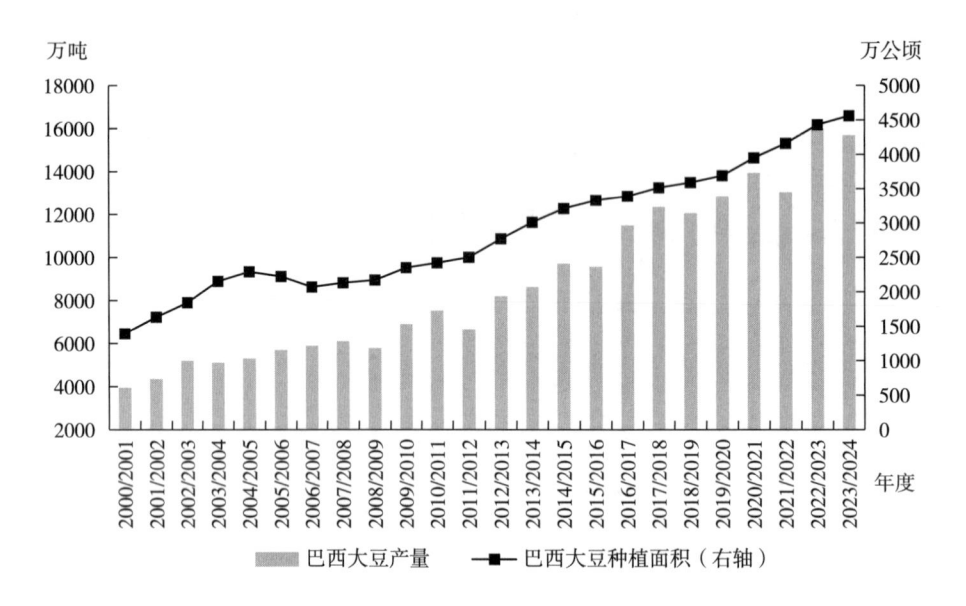

图 1-18　2000—2023 年度巴西大豆产量和种植面积

（资料来源：美国农业部）

年度减少 150 万公顷。得益于良好的天气，2023/2024 年度阿根廷大豆种植面积回升，大豆生长状况良好，产量有望恢复性增长。美国农业部数据显示，2023/2024 年度阿根廷大豆种植面积为 1650 万公顷，较上年度增加 210 万公顷；大豆单产 3.03 吨/公顷，远高于上年度的 1.74 吨/公顷，大豆产量大幅增长 2500 万吨至 5000 万吨（见图 1-19）。

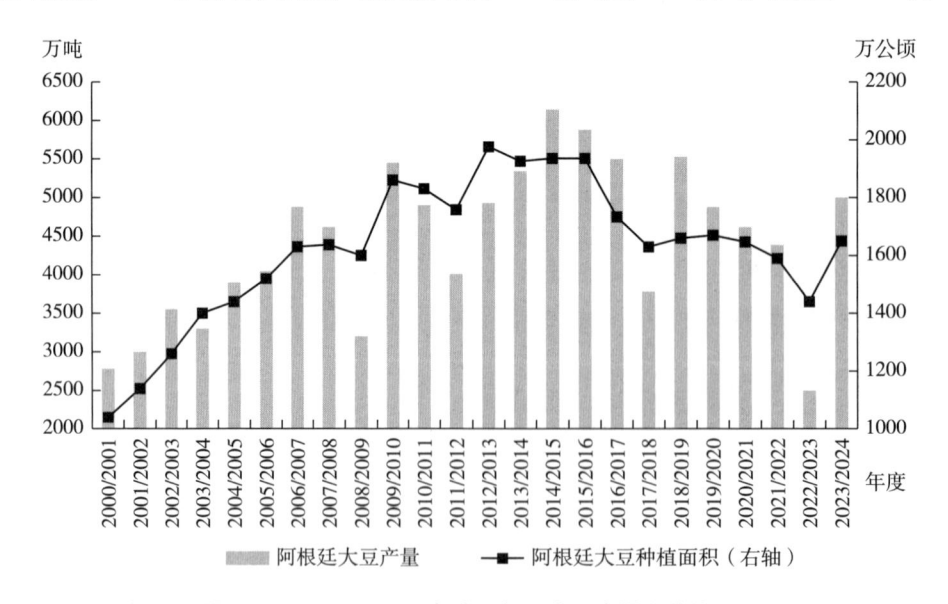

图 1-19　2000—2023 年度阿根廷大豆产量和种植面积

（资料来源：美国农业部）

(四) 2023 年 CBOT 大豆价格走势回顾

2023 年全球大豆供需格局逐渐转向宽松，叠加国际地缘政治、资金以及天气炒作等因素，价格重心整体下移，总体呈震荡下滑趋势。2023 年底，美国大豆主力合约价格收盘于 1297.5 美分/蒲式耳，较上年底下跌 14.6%（见图 1 – 20）。

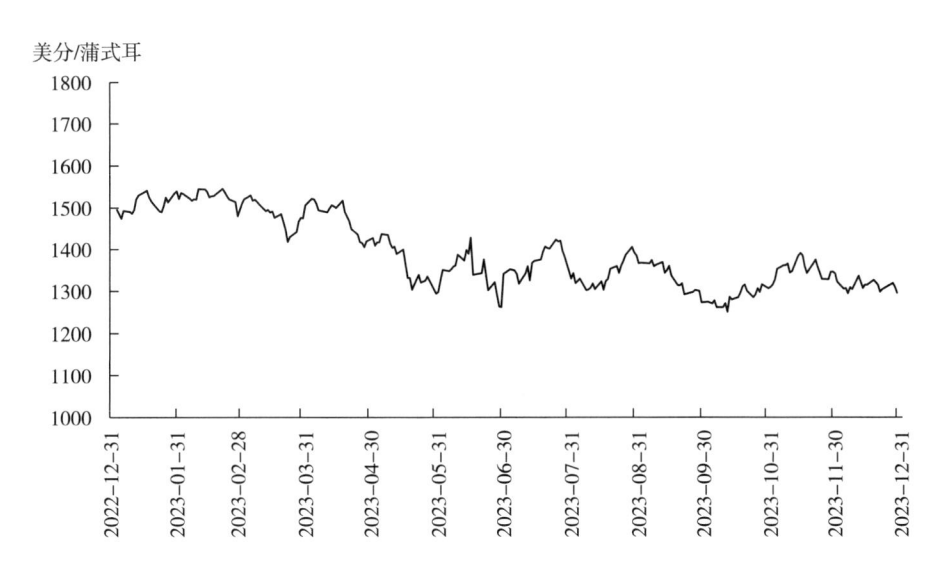

图 1 – 20　2022 年底至 2023 年底 CBOT 大豆价格走势

（资料来源：芝加哥商品交易所）

第一阶段：2022 年 1—5 月，美国大豆期货价格震荡下跌。1—2 月阿根廷遭遇持续干旱天气，大豆产量预估不断下调；但巴西大豆丰产预期强烈，国际大豆价格震荡调整。2 月 13 日，CBOT 大豆期货主力合约盘中触及 1555.5 美分/蒲式耳的年内高位。2 月后，巴西大豆集中收获上市，丰产预期兑现，且增产幅度足以弥补阿根廷减产部分，全球大豆供应充裕；另外，美联储持续加息、美国硅谷银行倒闭引发信贷危机等加重全球经济悲观预期，大宗商品价格普跌拖累大豆价格。5 月 30 日，美国大豆期货价格跌破 1300 美分/蒲式耳，收盘于 1299.5 美分/蒲式耳。

第二阶段：2023 年 6—8 月，美国大豆期货价格震荡调整。巴西大豆丰产利空逐渐出尽；美国大豆播种面积下滑，生长期遭遇干旱天气，引发市场对单产前景的担忧；6 月美国农业部发布的供需报告将大豆种植面积调减 5%，并下调大豆单产预期，美国大豆供需格局趋紧，对美国大豆期货价格形成支撑。此阶段美国大豆价格整体在 1260 ~ 1430 美分/蒲式耳内区间震荡，8 月 28 日，美国大豆期货价格收盘于 1406 美分/蒲式耳。

第三阶段：2022 年 9—12 月，美国大豆期货价格震荡下行。9 月美国大豆陆续收获上市，收获压力逐渐显现，美国大豆价格快速下跌。10 月 12 日，CBOT 大豆期货主力合约盘中跌至 1250.5 美分/蒲式耳的年内低位，创 2021 年 12 月以来新低。10 月中旬，进入南美大豆种植季，巴西部分大豆产区高温干旱，大豆播种进度偏慢，天气炒作支撑美国大豆价格反弹，11月14日，价格反弹至1391.25美分/蒲式耳。随着巴西大豆产区天气条件改善，加之厄尔尼诺天气模式下，巴西南部及阿根廷等地降雨预期增加，这有利于大豆播种和生长，市场机构普遍认为本年度南美大豆产量将大幅增加，全球大豆供需将进一步趋于宽松，美国大豆价格再度下行。12月29日，美国大豆期货价格收盘于1297.50美分/蒲式耳。

（五）2024年度CBOT大豆价格展望

从供给端看，当前巴西大豆收获工作已经展开，受干旱天气影响，大豆产量可能低于上年，但整体仍处于历史高位。阿根廷大豆处于生长期，天气条件良好，产量有望大幅回升，市场机构普遍预期在5000万吨以上，显著高于上年的2500万吨。此外，巴拉圭、乌拉圭等国大豆产量也预计增加，南美大豆丰产格局基本奠定，全球大豆供应将进一步增加。虽然美国大豆价格持续回落，但大豆玉米比价仍具优势，预计2024年美国大豆播种面积将增加，大豆产量有望增加。从需求端看，巴西、阿根廷等国上调生物柴油掺混比例，美国生物柴油产能持续扩张，大豆压榨利润良好，生物柴油消费需求增加，均有利于大豆压榨消费增长。整体上看，2024年全球大豆供应充裕，预计大豆价格继续承压。但全球经济仍然疲软，多国将迎来大选换届，美联储降息政策何时兑现还不确定，后期天气、地缘政治、财政货币和贸易政策也存在较大不确定性，将为全球大豆供需形势和价格走势增添变数。

三、我国大豆市场

（一）我国大豆连年增产，价格震荡下行

国家统计局数据显示，2023年我国大豆产量达到创纪录的2084万吨，同比增长2.8%，连续两年超过2000万吨。国产大豆继续增产主要有两个方面原因：一是面积增加。2023年，国家出台稳定大豆生产一揽子支持政策，提高大豆生产者补贴，加大金融信贷支持，推广大豆玉米带状复合种植，引导新型农业经营主体种植大豆，稳定大豆种植规模，2023年国内大豆播种面积1.57亿亩，比上年增加345.1万亩，增长2.2%，连续两年稳定在1.5亿亩以上。二是单产增加。2023年尽管华北、东北部分地区发生洪涝灾害，但全国大部农区光温水匹配较好，气象条件总体有利于粮食作物生长发育和产量形成。同时，开展粮油等主要作物大面积单产提升行动，重点推广耐密品种，集成配套栽培技术，实施效果明显。2023年我国大豆单产132.7公斤/亩，每亩产量比上年增加0.7公斤，增长0.5%。

2022年我国大豆产量增加较多，而市场需求疲软，且黑龙江大豆质量偏差，蛋白含量同比下降2~3个百分点，下游厂商采购意愿下降。2023年1—2月，国产大豆价格持续走弱。3月以后，国家和地方启动大豆收储，对稳定市场价格起到托底支撑作用，价格持稳。但随着收储结束，市场价格继续走弱，7—8月，新豆上市前市场余豆数量不多，带动价格小幅回升。9月新季大豆陆续收获上市，价格低开低走，主要因为大豆产量再创新高，供应端压力较大，而需求未见明显起色。10月底中储粮开库收购，挂牌价格为5010~5040元/吨，由于对蛋白含量没有要求，利好低蛋白大豆价格，但收购数量有限，难以消化庞大的产量增量。12月底，黑龙江国产大豆食用收购价格为4780~4980元/吨，较年初下跌9.9%。

（二）大豆进口量大幅增加

2023年我国大豆进口量为9941万吨，同比增长11.4%。大豆进口量增加主要原因：一是全球大豆连年增产，市场供应充足。2022/2023年度全球大豆产量达到3.74亿吨，同比增加1396万吨；预计2023/2024年度达到3.99亿吨，同比增加2449万吨，全球大豆期末库存升至1.14亿吨，同比增加1229万吨，再创历史最高纪录。其中2023年巴西大豆产量达到1.62亿吨，同比增加3150万吨，出口量达到创纪录的1亿吨，为全球供应增加奠定基础。二是国内生猪存栏规模较大，豆粕消费需求较好。2023年我国生猪存栏持续处于高位，尽管养殖亏损严重，但产能下降缓慢，增加饲料消费需求。中国饲料工业协会数据显示，2023年全国工业饲料产量达3.22亿吨，同比增长6.6%，有力拉动豆粕消费需求。三是进口成本持续走低。美国CBOT大豆期货价格累计下跌15%，进口大豆成本同比下滑。海关总署数据显示，2023年我国进口大豆平均价格为4224元/吨，低于前一年的4485元/吨，成本降低有利于刺激油厂增加进口，年末各类企业大豆库存明显高于上年。

（三）生猪存栏维持高位，带动大豆消费需求

我国大豆消费市场基本形成了国产大豆食用，进口大豆油用的格局。近年来，我国大豆消费需求高位震荡，预计2022/2023年度大豆消费量为1.14亿吨，同比增加485万吨，比2021/2022年度减少270万吨，仍为历史次高。其中大豆食用消费量每年在1500万~1700万吨之间，年际间变化不大，以国产大豆为主，少量俄罗斯、贝宁非转基因大豆为辅。油用消费量多年维持在9000万吨以上，几乎全部为进口大豆，国产大豆因成本高、含油率低，基本退出油用消费领域。预计2022/2023年度我国大豆油用消费9730万吨，同比增加460万吨，油用消费变化主要受畜禽养殖影响，肉蛋奶消费需求增加是推动大豆需求的主因。

国家统计局数据显示，2023年生猪出栏保持增长，牛羊禽生产稳定发展。全年猪

牛羊禽肉产量为 9641 万吨，同比增加 414 万吨，增幅为 4.5%；禽蛋产量为 3563 万吨，同比增加 107 万吨，增幅为 3.1%；牛奶产量为 4197 万吨，同比增加 265 万吨，增幅为 6.7%。年末能繁母猪存栏 4142 万头，同比下降 5.7%，连续 12 个月回调，但全年都维持在正常保有量 4100 万头以上。当前生猪存栏仍偏高，受养殖持续亏损的不利影响，豆粕在配方中添加比例下调，导致豆粕消费需求疲软，市场期待 2024 年生猪养殖拐点的到来。另外，小麦玉米价差高企，新季小麦饲用量预期下滑，可能给豆粕带来需求机会，预计 2023/2024 年度我国蛋白粕饲用消费 10062 万吨，同比增长 2.3%，其中豆粕消费 7610 万吨，同比增长 3.5%。

四、2024 年大豆市场展望

美国农业部预计，2023/2024 年度全球大豆产量接近 4 亿吨，再创历史新高，南美大豆大幅增产，不仅抵消了美国大豆减产损失，而且进一步改善全球大豆供应。截至 2024 年 1 月上旬，巴西大豆播种已经超过九成，气象机构预报，1 月巴西中北部降雨将增多，单产潜力有望改善，预计巴西大豆产量将达 1.57 亿吨，略低于上年的 1.60 亿吨。阿根廷大豆播种进度近八成，主产区降雨充沛，作物生长良好，预计大豆产量恢复至 5000 万吨，同比增加 2500 万吨。此外，巴拉圭、乌拉圭产情良好，预计大豆产量分别为 1030 万吨和 290 万吨，同比增加 125 万吨和 220 万吨。整体来看，在厄尔尼诺天气模式下，南美大豆产量大幅增加概率极高，随着南美大豆上市，全球大豆供应将由紧转松，届时全球大豆价格重心将下移。

我国大豆产量连续两年增加，但国产大豆年度消费量相对稳定，形成了"食用为主、少量压榨，深加工为特色"的消费格局。食用和蛋白加工用量变化不大，油脂压榨年度间存在波动，但性价比制约榨油消费大幅提升，短期难以消化增产大豆。中储粮政策性大豆轮入收购期间，大豆价格受到一定支撑，但由于储备收储数量有限，集中轮入期结束后，国产大豆供过于求的格局难以改变，价格走势或稳中偏弱，市场等待政策指引。2024 年南美大豆预期增产 2000 万吨以上，美国大豆播种面积预期增加，全球大豆供应将进一步宽松，我国大豆进口来源有保障。

（撰稿人：国家粮油信息中心　王辽卫　郑祖庭）

第五节　棉　花

本节介绍棉花基本面情况，主要包括全球棉花供需平衡表、中国棉花供需平衡表、外围市场棉花供需平衡表、中国棉花产业政策、纺织产业链状况，同时介绍棉花长周期估值水平和生产成本。

一、全球供需平衡表

2016年度和2017年度全球棉花产量连续两年呈两位数增长（分别增长10.94%和16.59%），2018年度降幅为4.73%，2019年度增产0.53%，2020年度降幅为4.30%，2021年度增幅为0.44%，2022年度仍是微幅增长1.55%，2023年度降幅为2.84%；2012—2017年度需求连年增长，2018年度降幅为3.0%，2019年度消费再降12.43%（即324万吨），2020年度消费增长18.28%（即418万吨，恢复甚至略超2017年水平），2021年度下降6.49%，2022年度再度下降4.26%，2023年度增长1.60%；全球供需缺口也由2015年度、2016年度的372万吨、209万吨缩窄到2017年度的过剩17万吨，2018年度缺口再度达到30万吨，2019年度过剩308万吨（历史第三高过剩），2020年度缺口222万吨（历史次高缺口），2021年度缺口缩窄至36万吨，2022年度过剩111万吨，2023年度供需基本平衡（供需缺口为0）；全球库存消费比水平由2014年度开始持续下降，由当年的95.21%下降至2017年度的66.93%，2018年度微幅升高至68.82%，2019年度库存消费比再达历史纪录附近83.89%（2023年10月，USDA调整了巴西年度平衡表与全球年度平衡表时间的对应关系，导致期末库存和库存消费比发生数据对应关系调整），2020年度库存消费比下降至62.56%，2021年度至2022年度库存消费比连续两年攀升（至74.63%），2023年度库存消费比微幅下降至73.79%，但仍属于历史高位水平（见表1-2和图1-21）。

表1-2　　　　　　　　2001—2023年度全球棉花产销存状况　　　　　　单位：万吨、%

年度	2001/2002	2002/2003	2003/2004	2004/2005	2005/2006	2006/2007	2007/2008	2008/2009	2009/2010	2010/2011	2011/2012
期初库存	1076	1187	1037	1047	1319	1348	1356	1326	1340	1027	1097
全球产量	2149	1981	2106	2647	2535	2652	2605	2335	2237	2547	2778
全球消费量	2056	2142	2135	2375	2543	2696	2692	2398	2589	2497	2264
全球进出口	635	663	723	762	977	828	856	666	800	793	988
全球期末库存	1187	1037	1047	1319	1348	1356	1326	1340	1026	1097	1611
库存消费比	57.70	48.40	49	55.50	53	50.30	49.30	55.90	39.30	43.00	71.16
供需缺口	93	-161	-29	272	-8	-44	-87	-63	-352	50	514

续表

年度	2012/2013	2013/2014	2014/2015	2015/2016	2016/2017	2017/2018	2018/2019	2019/2020	2020/2021	2021/2022	2022/2023	2023/2024
期初库存	1611	1976	2243	2327	1964	1748	1801	1796	1917	1691	1664	1806
全球产量	2694	2621	2596	2094	2323	2708	2580	2593	2482	2493	2531	2459
全球消费量	2344	2394	2444	2465	2531	2691	2610	2286	2704	2528	2420	2459
全球进出口	1012	897	785	772	825	905	925	887	1059	936	821	941
全球期末库存	1976	2243	2327	1964	1748	1801	1796	1917	1691	1664	1806	1815
库存消费比	84.32	93.69	95.21	79.65	69.07	66.93	68.82	83.89	62.56	65.82	74.63	73.79
供需缺口	350	227	152	-372	-209	17	-30	308	-222	-36	111	0

注：USDA 统计口径，截至 2024 年 3 月数据。

资料来源：USDA、中州期货研究所。

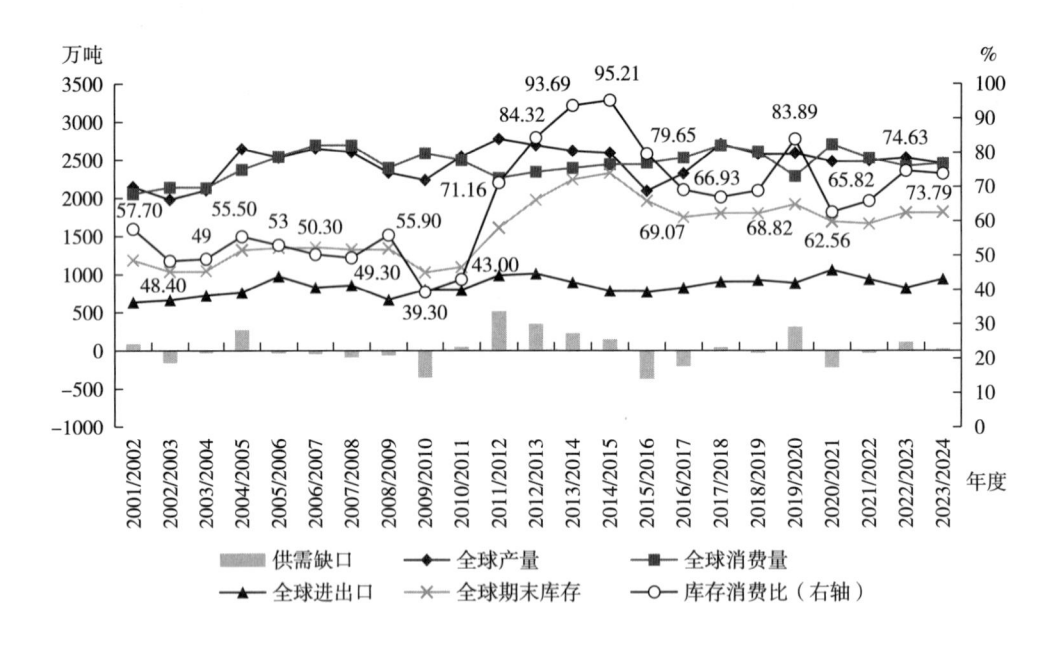

图 1-21 2001—2023 年度全球棉花供需及进出口

(资料来源：USDA、中州期货研究所)

二、中国供需平衡表

市场一般会看两个中国供需平衡表，一个是美国农业部（USDA）口径的平衡表（见表 1-3），另一个是中国棉花信息网（BCO）口径的平衡表（见表 1-4）。USDA 口径的中国平衡表的绝对数不要太计较，主要是为了用 USDA 统一口径与中国以外市场对比使用；BCO 口径的中国平衡表的绝对数可以作为判断国内供需水平的重要依据，平衡表中各项数据和月度调整相对能经得起行业推敲和产业认可。

（一）美国农业部口径中国平衡表

中国经历 2013—2015 年度连续三年减产，2016—2018 年度连续三年产量增长（2016 年度增长 3.4%，2017 年度增长 20.88%，2018 年度小幅增长 1.82%），此后开始呈现隔年增减的特征，即 2019 年度小幅减产 1.95%，2020 年度产量增长 7.83%，2021 年度减产 9.46%，2022 年度增产 14.55%，2023 年度减产 10.43%；2010—2013 年度连续四个年度消费下降，2014—2017 年度连续四个年度消费增长，2018 年度消费下降至 860 万吨（降幅为 3.66%），低于正常年份的平均水平（正常年份平均水平为 899 万吨），2019 年度消费下降 13.29% 至 746 万吨，2020 年度增长 20.59% 至 893 万吨（恢复至 2017 年度水平），2021 年度消费下降 18.18% 至 735 万吨，2022 年度消费增长 11.12% 至 817 万吨，2023 年度消费与上年度持平，仍为 817 万吨；考虑进口，近年缺口逐年缩窄，2018 年度缺口为 41 万吨（进口 210 万吨），2019 年度过剩 7 万吨（进口 155 万吨），2020 年度过剩 27 万吨（进口 280 万吨），2021 年度过剩 19 万吨（进口 171 万吨），2022 年度缺口 12 万吨（进口 136 万吨），2023 年度过剩 63 万吨（进口 281 万吨）；2015—2018 年度中国期末库存和库存消费比持续降低，2019 年度库存消费比快速飙升至 105.39%，2020 年度下降但 2021 年度库存消费比再度升至 112.79% 的高位水平，2022 年度库存消费比下降后 2023 年度再度攀升至 100% 以上的水平，达 107.34%（见表 1-3 和图 1-22）。

表 1-3　　　　　　　　　　2001—2023 年度中国棉花产销存状况

单位：万吨、%

年度	2001/2002	2002/2003	2003/2004	2004/2005	2005/2006	2006/2007	2007/2008	2008/2009	2009/2010	2010/2011	2011/2012
期初库存	429	410	381	413	400	491	447	446	465	310	231
产量	531	549	518	660	618	773	806	799	697	664	740
进口	10	68	192	139	420	231	251	152	237	261	534
总供给	970	1027	1091	1212	1438	1495	1504	1397	1399	1235	1505
消费	571	651	697	838	980	1089	1110	958	1089	1002	827
出口	1	1	1	1	1	1	1	1.16	1.52	1.85	1.47
期末库存	410	381	413	400	491	447	446	465	310	231	677
库存消费比	71.80	58.53	59.25	47.73	50.10	41.05	40.18	48.54	28.47	23.05	81.86
缺口2	-30	-34	13	-39	58	-85	-53	-7	-155	-77	447

续表

年度	2012/2013	2013/2014	2014/2015	2015/2016	2016/2017	2017/2018	2018/2019	2019/2020	2020/2021	2021/2022	2022/2023	2023/2024
期初库存	677	1097	1365	1446	1235	1000	827	782	786	812	829	814
产量	762	713	653	479	495	599	610	598	645	584	668	599
进口	443	308	180	96	110	124	210	155	280	171	136	281
总供给	1882	2118	2199	2021	1839	1723	1647	1535	1711	1566	1633	1694
消费	784	751	751	784	838	893	860	746	898	735	817	817
出口	1.09	1.09	1.09	1	1	1	1	2	3	4	5
期末库存	1097	1365	1446	1235	1000	827	782	786	812	829	814	876
库存消费比	139.92	181.77	192.51	157.50	119.28	92.66	90.92	105.39	90.41	112.79	99.73	107.34
缺口2	421	269	82	−209	−233	−170	−41	7	27	19	−12	63

注：1. USDA 统计口径，截至 2024 年 3 月数据。

2. 缺口 2 = 产量 + 进口 − 消费。

资料来源：USDA、中州期货研究所。

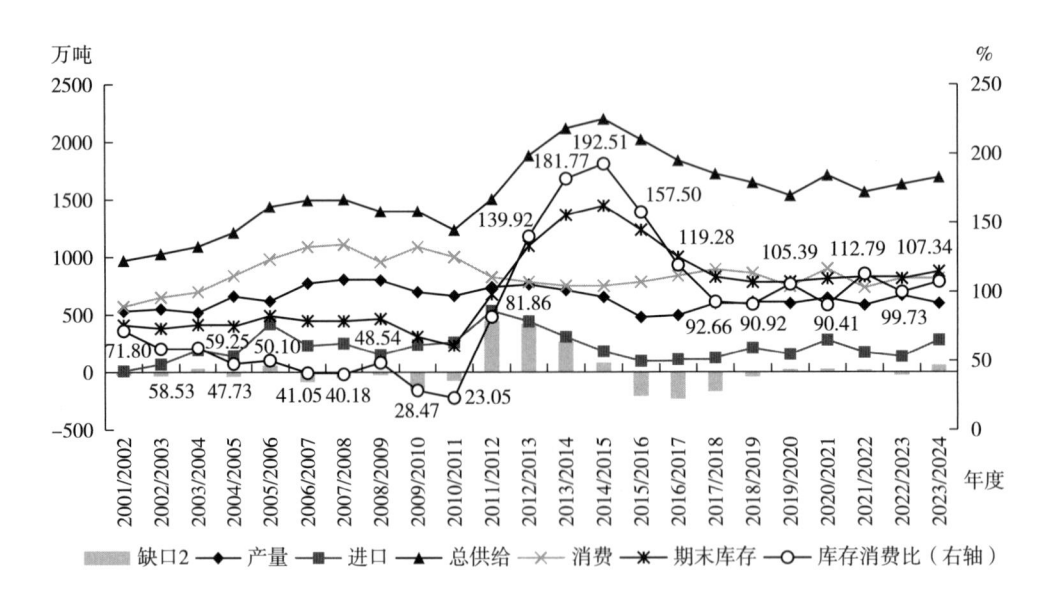

图 1 − 22　2001—2023 年度中国棉花供需及进出口

（资料来源：USDA、中州期货研究所）

（二）中国棉花信息网口径中国平衡表

根据中国棉花信息网口径，2023 年度国内产量下降 11.49% 至 601 万吨，进口大增至 230 万吨，年度库存达 585 万吨（含国储库存），库存消费比为 71.78%，属于较高水平；新年度（2024 年度）植棉面积缩减 3% 左右，导致产量下降至 586 万吨，进口小幅下降，新年度期末库存 556 万吨，库存消费比将略降至 69.07%。

国储库存是非流动库存，期末库存减去估算的国储库存就是可满足社会需求的流动库存（表 1-4 中用期末库存 2 表示），按照流动库存计算 2023 年度库存消费比 R2 为 34.92%，较上年度略有增长，但新年度该库存消费比有所下降。

表 1-4　　　　　　　2012—2024 年度中国棉花供需平衡表　　　　　　单位：万吨、%

年度	2012/2013	2013/2014	2014/2015	2015/2016	2016/2017	2017/2018	2018/2019	2019/2020	2020/2021	2021/2022	2022/2023	2023/2024	2024/2025
期初库存	569	935	1202	1270	1042	775	592	543	524	562	581	569	585
产量	757	692	629	453	469	572	577	575	633	583	679	601	586
进口量	440	300	167	96	111	133	203	160	274	174	143	230	190
总供给	1766	1927	1998	1819	1622	1480	1372	1278	1431	1319	1403	1400	1361
消费量	805	724	728	777	855	888	829	754	869	738	817	815	805
出口量	1	1	3	2	4	4	5	4	0	2	2	2	2
期末库存 1	935	1201	1270	1042	775	592	543	524	562	581	569	585	556
库存消费比 R1	116.15	165.88	174.45	134.11	90.64	66.67	65.50	69.50	64.67	78.73	69.65	71.78	69.07
国储库存	700	1095	1089	885	557	288	172	184	219	200	325	300	300
期末库存 2（除国储）	235	106	181	157	218	303	371	340	343	381	244	285	256
库存消费比 R2	29.19	14.64	24.86	20.21	25.50	34.12	44.75	45.13	39.52	51.69	29.82	34.92	31.75
供需缺口 1	-48	-32	-99	-324	-386	-316	-252	-179	-236	-155	-138	-214	-219
供需缺口 2	392	268	68	-228	-275	-183	-49	-19	38	19	5	16	-29

注：1. BCO 口径，截至 2024 年 3 月数据。

2. 库存消费比 R1 = 期末库存/消费，库存消费比 R2 = （期末库存 - 国储库存）/消费，供需缺口 1 = 产量 - 消费，供需缺口 2 = 产量 + 进口 - 消费；国储库存数据为中州期货研究所根据公开数据逻辑推算的预估数字（估算推理过程见后文的棉花进口部分）。

资料来源：中国棉花信息网、中州期货研究所。

三、外围市场供需平衡表

我们把全球棉花市场分为两个部分：中国市场和外围市场（中国以外的市场称为外围市场）。把全球棉花市场分为两个部分进行分析，既有利于客观看待国内市场状况，也能清晰透视国际市场供需格局。本部分平衡表数据均采用美国农业部（USDA）统计口径。

(一) 外围市场总体平衡表

2018年度外围市场产量下跌6.59%，2019年度增长1.28%至1996万吨（近23年平均水平为1825万吨），2020年度减幅为7.93%至1837万吨，2021年度增幅为3.91%至1909万吨，2022年度下降2.43%至1863万吨，2023年度产量与上年度基本持平，为1861万吨；外围市场消费2012—2017年度基本持续增长，2018—2019年度消费连续两年下降至1540万吨（近23年平均水平为1600万吨），2020年度消费增长17.24%至1805万吨，2021年度消费小幅下降0.67%至1793万吨，2022年度消费下降10.56%至1604万吨，2023年度消费增长2.41%至1643万吨；外围市场绝大部分情况是产量大于需求量，经中国因素（中国进口）调整后，外围市场期末库存基本平稳（700万~1000万吨），2019年度期末库存1132万吨（历史最高库存水平），2020—2021年度期末库存连续下降至835万吨，2022年度期末库存又上升至992万吨，2023年度再度小幅下降至938万吨；外围市场正常年份平均库存消费比为53%左右，2019年度库存消费比攀升至73.48%（历史最高水平），2020年度库存消费比降至48.70%，2021—2022年度存库消费比连续攀升至61.86%，2023年度库存消费比再度降至57.12%；2016—2019年度外围市场连续四年过剩，2019年度过剩量为300万吨（历史次高过剩量），2020年度缺口量为248万吨（历史最大缺口量），2021年度缺口量缩小至55万吨，2022年度过剩量为123万吨，2023年度缺口量再度达到63万吨（见表1-5和图1-23）。

表1-5　　　　2001—2023年度外围市场产销存状况　　　　单位：万吨、%

年度	2001/2002	2002/2003	2003/2004	2004/2005	2005/2006	2006/2007	2007/2008	2008/2009	2009/2010	2010/2011	2011/2012
期初库存	647	777	656	634	919	857	909	880	875	717	866
外围产量	1618	1432	1588	1987	1917	1879	1799	1536	1540	1883	2038
外围消费量	1485	1491	1438	1537	1563	1607	1582	1440	1500	1495	1437
外围进出口	625.2	595	531	623	557	597	605	514	563	532	454
外围期末库存	777	656	634	919	857	909	880	875	716	866	934
库存消费比	52.32	44.00	44.09	59.79	54.83	56.57	55.63	60.76	47.73	57.93	65.00
供需缺口1	133	-59	150	450	354	272	217	96	40	388	601
供需缺口1占比	8.96	-3.96	10.43	29.28	22.65	16.93	13.72	6.67	2.67	25.95	41.82
中国进口	10	68	192	139	420	231	251	152	237	261	534
供需缺口2	123	-127	-42	311	-66	41	-34	-56	-197	127	67
供需缺口2占比	8.30	-8.52	-2.92	20.23	-4.22	2.55	-2.15	-3.89	-13.13	8.49	4.66

续表

年度	2012/2013	2013/2014	2014/2015	2015/2016	2016/2017	2017/2018	2018/2019	2019/2020	2020/2021	2021/2022	2022/2023	2023/2024
期初库存	934	879	877.7	880.5	729.1	748.6	974	1014	1132	879	835	992
外围产量	1932	1908	1942.5	1614.6	1827.3	2109.2	1970	1996	1837	1909	1863	1861
外围消费量	1560	1642.9	1692.4	1681.6	1693.2	1798.2	1750	1540	1805	1793	1604	1643
外围进出口	569	589.5	604.8	675.8	715	780.3	715	731	779	765	685	661
外围期末库存	879	877.7	880.5	729.1	748.6	973.7	1014	1132	879	835	992	938
库存消费比	56.35	53.42	52.03	43.36	44.21	54.15	57.96	73.48	48.70	46.57	61.86	57.12
供需缺口1	372	265	250	−67	134	311	220	456	32	116	259	218
供需缺口1占比	23.85	16.14	14.78	−3.98	7.92	17.30	12.58	29.59	1.77	6.46	16.14	13.27
中国进口	443	308	180	96	110	124	210	155	280	171	136	281
供需缺口2	−71	−42	70	−163	24	187	10	300	−248	−55	123	−63
供需缺口2占比	−4.55	−2.58	4.12	−9.69	1.45	10.38	0.58	19.49	−13.75	−3.06	7.68	−3.83

注：1. USDA 统计口径，截至 2024 年 3 月数据。

2. 供需缺口 1 = 产量 − 消费；供需缺口 2 = 产量 − 消费 − 中国进口。

资料来源：USDA、中州期货研究所。

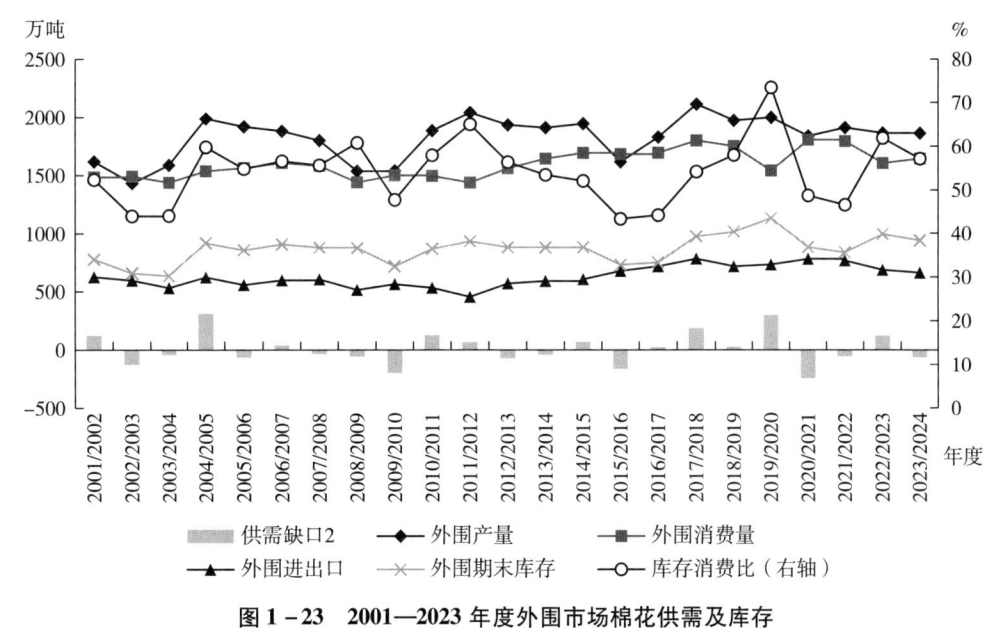

图 1 − 23　2001—2023 年度外围市场棉花供需及库存

（资料来源：USDA、中州期货研究所）

（二）外围市场国别平衡表——美国

美国是全球第三大棉花生产国和第一大棉花出口国。2008—2016 年度美国棉花产量基本维持在 265 万~375 万吨之间，2017 年度美国产量创造历史次高产量 456 万吨后总体开始处于下降趋势，2020 年度产量下滑到 318 万吨，2021 年度产量反弹到 382 万吨后再度持续下滑，2023 年度美国产量达到 263 万吨的近 20 年最低水平。美国棉花消费在 2015 年度之前相对平稳，从 2015 年度开始，美国消费也出现持续下滑趋势。美国是全球第一大棉花出口国，美国棉花出口与其产量呈完全正相关关系，因此核算美国总消费用其"消费量＋出口量"，核算美国库存消费比用期末库存与总消费的比值。数据显示，2023 年度美国出现供需缺口，同时其库存消费比处于历史低值区域（见表 1-6 和图 1-24）。

表 1-6　　　　　　　　2006—2023 年度美国棉花产销存状况　　　　　　单位：万吨、%

年度	2006/2007	2007/2008	2008/2009	2009/2010	2010/2011	2011/2012	2012/2013	2013/2014	2014/2015
期初库存	382	206	219	138	64	57	73	83	51
产量	470	418	279	265	394	339	377	281	355
消费	107	100	77	77	85	72	84	84	82
出口	282	297	289	262	313	255	284	229	245
期末库存	206	219	138	64	57	73	83	51	80
库存消费比1	52.98	55.17	37.73	18.92	14.22	22.31	22.52	16.70	24.33
库存/消费	192.18	219.24	178.99	83.05	66.67	101.53	98.92	66.24	97.07
供需缺口1	80	21	-87	-74	-4	12	10	-26	29
供需缺口	363	318	202	188	309	267	293	204	273
产量变化	-9.62	-11.06	-33.25	-5.02	48.68	-13.96	11.21	-25.44	26.44
消费变化	-16.28	-7.08	-22.75	0.26	9.83	-15.43	16.43	1.44	-2.50
总需求变化1	0.00	1.77	-8.42	-7.78	14.70	-21.76	11.00	-17.35	4.22
年度	2015/2016	2016/2017	2017/2018	2018/2019	2019/2020	2020/2021	2021/2022	2022/2023	2023/2024
期初库存	80	83	60	91	106	158	69	88	93
产量	281	374	456	400	434	318	382	315	263
消费	78	72	70	63	44	51	47	33	34
出口	199	325	355	323	338	356	315	278	268
期末库存	83	60	91	106	158	69	88	93	54
库存消费比1	29.81	15.10	21.56	27.38	41.41	16.84	24.37	29.77	18.04
库存/消费	105.89	83.43	131.51	168.42	362.16	133.46	189.27	282.01	161.42
供需缺口1	3	-23	32	14	52	-89	20	4	-38
供需缺口	203	302	386	337	390	267	335	282	230
产量变化	-21.02	33.21	21.86	-12.21	8.43	-26.64	19.93	-17.43	-16.38
消费变化	-4.64	-8.07	-3.20	-9.78	-30.46	17.89	-9.34	-29.61	2.74
总需求变化1	-17.81	30.06	6.46	-9.93	-1.15	6.41	-12.57	-16.48	-3.05

注：1. USDA 统计口径，截至 2024 年 3 月数据。
　　2. 总需求1＝消费＋出口；供需缺口1＝产量－（消费＋出口）；库存消费比1＝期末库存/（消费＋出口）。
资料来源：USDA、中州期货研究所。

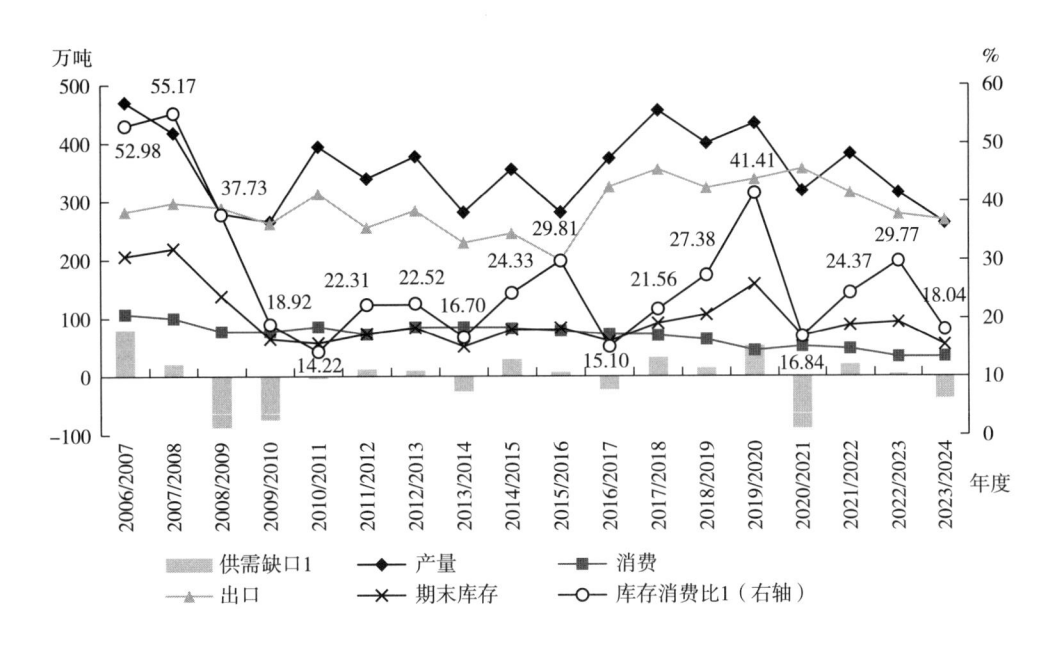

图 1-24　2006—2023 年度美国棉花供需及库存

（数据来源：USDA、中州期货研究所）

2023 年度美国棉花产量低的主要原因之一在于其较高弃收率，根据 2024 年 3 月底美国植棉面积意向调查报告，2024 年度美国植棉面积略增 4% 左右，同时预计新年度弃收率相对没有那么悲观，因此，2024 年度美国产量大概率会恢复到接近平均水平。①

（三）外围市场国别平衡表——印度

印度是全球第二大棉花生产国和第二大棉花消费国，出口不太稳定，曾经长期位列全球第三大棉花出口国，但近年来出口量跌落，出口国地位下滑。印度棉花产量绝大部分时间维持在 500 万~650 万吨之间，2013 年度是历史最高产量，为 675 万吨，近 10 年来最低产量是 2021 年度的 529 万吨，2023 年度产量为 555 万吨，在印度棉花产量历史上属于均值偏下水平（近 10 年印度产量平均水平为 587 万吨）。2006—2020 年度印度棉花消费量总体呈现增长趋势（2020 年度受新冠疫情影响，全球棉花消费量出现较大回落），且于 2020 年度达到历史最大消费量 566 万吨后，消费开始总体回落，2023 年度消费量稍回升至 523 万吨。2006—2023 年度，印度几乎持续年度过剩（除 2021 年度出现供需缺口外），2023 年度印度库存消费比为 51.35%（近 10 年印度平均库存消费比为 45.51%）（见表 1-7 和图 1-25）。

---

① 近 18 年美国产量平均水平为 356 万吨。

表1-7　　　　　　　2006—2023年度印度棉花产销存状况　　　　　单位：万吨、%

年度	2006/2007	2007/2008	2008/2009	2009/2010	2010/2011	2011/2012	2012/2013	2013/2014	2014/2015
期初库存	176	155	123	232	204	243	237	260	250
产量	475	523	492	518	575	631	621	675	642
进口	—	—	—	—	10	13	26	15	27
消费	394	405	387	430	437	424	454	506	533
出口	106	163	51	143	109	241	169	202	91
供需缺口	81	118	105	88	138	207	167	169	109
期末库存	155	123	232	204	243	237	260	250	294
库存/消费	39.34	30.37	59.95	47.44	55.67	55.90	57.28	49.41	55.06
产量变化	14.46	10.11	-5.93	5.28	10.95	9.80	-1.58	8.68	-4.84
消费变化	8.24	2.79	-4.44	11.11	1.51	-2.86	7.05	6.79	5.42
年度	2015/2016	2016/2017	2017/2018	2018/2019	2019/2020	2020/2021	2021/2022	2022/2023	2023/2024
期初库存	294	216	172	188	187	342	258	183	257
产量	564	588	631	566	621	599	529	573	555
进口	23	60	37	39	50	19	22	38	22
消费	539	530	539	529	446	566	544	512	523
出口	126	99	113	77	70	135	82	24	44
供需缺口	25	58	93	37	174	33	-15	61	33
期末库存	216	172	188	187	342	258	183	257	268
库存/消费	40.16	32.37	34.85	35.40	76.52	45.54	33.58	50.30	51.35
产量变化	-12.21	4.26	7.40	-10.34	9.61	-3.51	-11.63	8.2	-3.04
消费变化	1.03	-1.61	1.64	-1.82	-15.65	26.84	-3.85	-5.99	2.11

注：USDA统计口径，截至2024年3月数据。

资料来源：USDA、中州期货研究所。

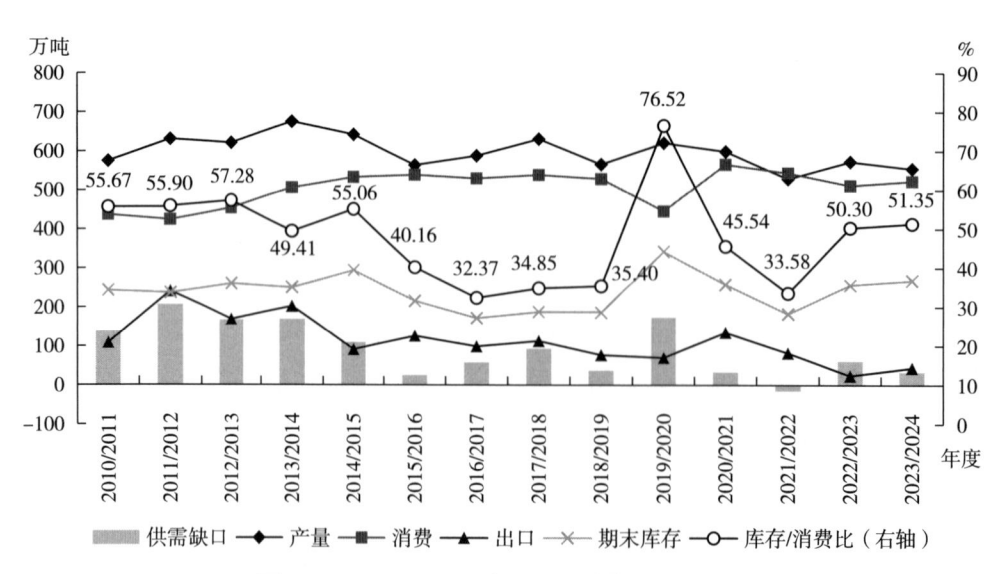

图1-25　2010—2023年度印度棉花供需及库存

（资料来源：USDA、中州期货研究所）

四、中国棉花产业政策

本部分主要介绍新疆棉花目标价格直接补贴政策、棉花进口滑准税政策和棉纱进口政策。了解这些政策有助于我们认识棉花供需格局的演进过程及深入理解棉花产业的相关问题。

(一) 新疆棉花目标价格直接补贴政策

国储棉连续三年（2011—2013年）执行敞开无限量临时收储政策后，国家储备库积累了巨量国储棉花资源量。2014年度国家开始改变棉花补贴方式，并执行新疆棉花直接补贴政策。

1. 2014年度新疆棉花直接补贴政策

根据2014年中央一号文件关于启动新疆棉花目标价格改革试点的要求，2014年4月5日（棉花种植过程中）国家发展改革委、财政部、农业部联合发布2014年棉花目标价格，该价格为19800元/吨，对新疆地区的棉花生产者实行差价补贴。生产者按市场价格出售棉花，当市场价格低于目标价格时，国家给棉农发放补贴，以保护棉农棉花种植的基本收益；当市场价格高于目标价格时，国家不发放补贴。

2. 2015年度新疆棉花直接补贴政策

2014年4月7日（棉花种植过程中）相关部门出台2015年度实施方案，目标价格为19100元/吨；根据上年度执行过程中出现的问题，提出改进入库流程及手续，在提高效率的同时降低成本。

3. 2016年度新疆棉花直接补贴政策

2016年3月18日（棉花种植前）相关部门出台2016年度实施方案，目标价格为18600元/吨；新疆地区按产量进行补贴，南疆四地州按面积进行补贴。

4. 2017—2019年度新疆棉花直接补贴政策

目标价格水平三年一定，2017—2019年度目标价格水平为18600元/吨；对新疆享受目标价格补贴的棉花数量进行上限管理，超出上限的不予补贴，补贴数量上限是基期（2012—2014年度）全国棉花平均产量的85%（国家统计局口径）（见表1-8）。

按照上述规定，新疆棉花目标价格补贴的数量上限为547万吨，2017年度新疆棉花产量为500万吨，2018年度新疆棉花产量为510万吨，2019年度新疆棉花产量为500万吨左右，2017—2019年度新疆棉花产量一直未超过直补政策数量上限。

表 1 – 8　　　　　　2012—2014 年度全国及新疆棉花产量　　　　单位：万吨、%

项目	全国	新疆	新疆/全国
2012 年度	683	353.4	51.74
2013 年度	630	351.8	55.84
2014 年度	616.1	367.7	59.68
全国平均产量	643	358	55.68
全国平均产量的 85%	547	—	—

资料来源：国家统计局、中州期货研究所。

5. 2020—2022 年度新疆棉花直接补贴政策

2020 年 3 月 25 日，国家发展改革委和财政部联合下发《国家发展改革委、财政部关于完善棉花目标价格政策的通知》，棉花目标价格水平按照近三年生产成本加合理收益确定，从 2020 年起，新疆棉花目标价格水平为 18600 元/吨，同步建立定期评估机制，每三年评估一次，根据评估结果视情况调整目标价格水平。如遇棉花市场发生重大变化，报请国务院同意后可及时调整目标价格水平。[1]

6. 2023—2025 年度新疆棉花直接补贴政策

2023 年 4 月 14 日，国家发展改革委和财政部联合下发《国家发展改革委、财政部关于完善棉花目标价格政策实施措施的通知》，继续按照生产成本加合理收益的作价原则确定目标价格水平，2023—2025 年度新疆棉花目标价格水平为 18600 元/吨，如遇棉花形势重大变化，报请国务院同意后可及时调整价格水平。固定补贴产量为 510 万吨，引导新疆棉花种植退出次宜棉区，鼓励优质优价。[2]

（二）棉花进口滑准税政策

中国对棉花进口实施配额政策，不同条件下进口的棉花执行不同的进口关税税率。

1% 关税配额数量 89.4 万吨（每年数量固定），配额外关税 40%（配额外数量放开），从 2005 年开始执行至今；从 2005 年 5 月开始，中国对超 1% 关税配额进口的棉花实行征收滑准税政策，即按照国内实际情况，在高于 1% 税率但低于全关税 40% 税率的税率水平下发放一定数量的滑准税配额，滑准税税率水平在 5% ~ 40% 之间（见表 1 – 9）。滑准税是从量税和从价税的结合体，当进口棉价格高于基准价时适用于相对较低的从量税，当进口棉价格低于基准价时适用相对较高的从价税，滑准税率实际上是调节税率；1% 关税配额和滑准税配额以外的棉花执行 40% 全关税税率，这个税率条

---

[1] 2022 年度新疆棉花加工量为 623 万吨。
[2] 2023 年度新疆棉花加工量为 558 万吨（截至 2024 年 3 月 29 日），按照政策补贴产量上限 510 万吨进行补贴。

件下进口数量不受限制，敞开进口。

表 1-9　　　　　　　　　　　2005—2024 年滑准税税率表

年份	基价准	高于基准价从量税率	低于基准价从价税率
2005	10.029 元/公斤	5% 计征	Ri = INT{[Pt/(Pi×E) - 1]×1000 + 0.5}/1000
2006	10.746 元/公斤	5% 计征	Ri = INT{[Pt/(Pi×E) - 1]×1000 + 0.5}/1000
2007	11.397 元/公斤	6% 计征	Ri = INT[(8.8/Pi×E + 2.526%×Pi×E - 1)×1000 + 0.5]/1000
2008	11.397 元/公斤	0.570 元/公斤	Ri = 8.686/Pi + 2.526%×Pi - 1
2009	11.397 元/公斤	0.570 元/公斤	Ri = 8.686/Pi + 2.526%×Pi - 1
2010	11.397 元/公斤	0.570 元/公斤	Ri = 8.686/Pi + 2.526%×Pi - 1
2011	11.397 元/公斤	0.570 元/公斤	Ri = 8.686/Pi + 2.526%×Pi - 1
2012	14.000 元/公斤	0.570 元/公斤	Ri = 8.23/Pi + 3.235%×Pi - 1
2013	14.000 元/公斤	0.570 元/公斤	Ri = 8.87/Pi + 2.908%×Pi - 1
2014	15.000 元/公斤	0.570 元/公斤	Ri = 9.337/Pi + 2.77%×Pi - 1
2015	15.000 元/公斤	0.570 元/公斤	Ri = 9.337/Pi + 2.77%×Pi - 1
2016	15.000 元/公斤	0.570 元/公斤	Ri = 9.337/Pi + 2.77%×Pi - 1
2017	15.000 元/公斤	0.570 元/公斤	Ri = 9.337/Pi + 2.77%×Pi - 1
2018	15.000 元/公斤	0.570 元/公斤	Ri = 9.337/Pi + 2.77%×Pi - 1
2019	15.000 元/公斤	0.300 元/公斤	Ri = 9.450/Pi + 2.60%×Pi - 1
2020	15.000 元/公斤	0.300 元/公斤	Ri = 9.000/Pi + 2.69%×Pi - 1
2021	14.000 元/公斤	0.280 元/公斤	Ri = 9.450/Pi + 2.60%×Pi - 1
2022	14.000 元/公斤	0.280 元/公斤	Ri = 9.450/Pi + 2.60%×Pi - 1
2023	14.000 元/公斤	0.280 元/公斤	Ri = 9.000/Pi + 2.69%×Pi - 1
2024	14.000 元/公斤	0.280 元/公斤	Ri = 9.000/Pi + 2.69%×Pi - 1

注：Ri 为暂定关税率，高于 40% 时取值 40%；INT 为取整函数；Pt = 年度基准价×(1+5%)；E 为美元汇率；Pi：2007 年前是关税前价格，单位为美元/吨；2007 年后是完税价格，单位是元/吨。

资料来源：国家税务总局、中州期货研究所。

进口到港的棉花，还要缴纳 9% 的增值税和港口费；从 2019 年 4 月 1 日开始进口增值税税率由 10% 下调至 9%，棉花进口的港口服务费一般为 200～250 元/吨。

（三）棉纱进口政策

中国对棉花进口实行配额政策，对棉纱进口没有配额限制，且税率极低（见表 1-10）。

表 1-10　　　　　　　　　　中国进口棉纱区别税率　　　　　　　　　单位：%

国家（地区）	棉纱进口税率	国家（地区）	棉纱进口税率
巴基斯坦	0（2020年1月实施）	韩国	3.5
孟加拉国	3.5	美国	5
印度	3.5	乌兹别克斯坦	5
越南	0	印度尼西亚	0
中国台湾	0	泰国	0
缅甸	0	柬埔寨	0

资料来源：海关总署、中州期货研究所。

中国对进口棉纱没有配额限制，进口关税税率在 0~5% 之间，对东盟国家执行零关税政策；对巴基斯坦进口棉纱征收 3.5% 的关税，其中，从 2019 年 1 月起对白名单企业实行零关税试点，从 2020 年 1 月起巴基斯坦进口棉纱关税全免；对印度进口棉纱征收 3.5% 的关税，需要提供原产地证明；对乌兹别克斯坦等其他国家进口棉纱征收 5% 的关税；进口到港需要清关的棉纱，还要征收 13% 的增值税，港口服务费一般为 300~400 元/吨。

五、纺织产业链状况

（一）棉花进口

1. 棉花进口状况

中国常年需进口棉花补充缺口，中国是棉花净进口国。中国对棉花进口实施配额制度，配额内的 89.4 万吨加征 1% 进口关税，配合外 40% 全关税税率下敞开进口，每年发放关税税率在 1% 配额内和 40% 全关税之间的不定数量的滑准税配额（滑准税税率见上文）。

2015—2017 年度进口配额均为 89.4 万吨的固定滑准税配额，因此进口量显著下滑至 100 万吨左右水平。2018 年 6 月 12 日国家发展改革委发放 80 万吨滑准税配额，2019 年 4 月 12 日国家发展改革委发放 80 万吨滑准税配额，2020 年 8 月 31 日国家发展改革委发放 40 万吨滑准税配额，2021 年 4 月 30 日国家发展改革委发放 70 万吨滑准税配额，2022 年 3 月 11 日国家发展改革委发放 40 万吨滑准税配额，2023 年 7 月 20 日国家发展改革委发放 75 万吨滑准税配额。原则上当年申请的滑准税配额当年使用完毕，当年年底没有使用完毕的滑准税配额最长可延期到次年 2 月底（截至 2024 年 3 月底，2024 年滑准税配额通知尚未发布）（见表 1-11 和图 1-26）。

表1-11　　　　　　　　　2018—2023年滑准税配额发放数量

时间	滑准税配额发放数量	发放对象
2018-06-12	80万吨	全部为非国营贸易配额
2019-04-12	80万吨	全部为非国营贸易配额
2020-08-31	40万吨	全部为非国营贸易配额（限定为加工贸易方式）
2021-04-30	70万吨	全部为非国营贸易配额（40万吨限定为加工贸易+30万吨不限定贸易方式）
2022-03-11	40万吨	全部为非国营贸易配额（限定为加工贸易方式）
2023-07-20	75万吨	全部为非国营贸易配额（不限定贸易方式）

资料来源：国家发展改革委、中州期货研究所。

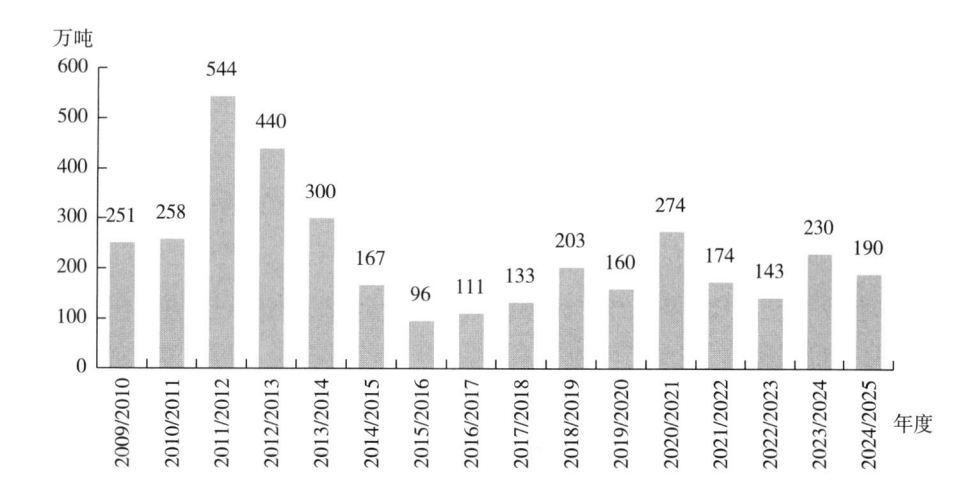

注：2023年度和2024年度是预估值。

图1-26　2009—2024年度中国棉花进口量

（资料来源：中国海关、中州期货研究所）

2. 内外棉价差

内外棉价差在2012年6月上旬达到5400元/吨以上，且相当长时间内维持在4000元/吨以上，在此期间中国棉花进口同步增长，2011年度棉花进口创造历史纪录，达到544万吨；2013年1月中旬，内外棉价差再次达到5300元/吨以上，维持4000元/吨以上的时间仍旧较长，2012年度棉花进口再次达到440万吨的天量；2013年11月下旬，内外棉价差再度超过5700元/吨，在4000元/吨以上也持续了相当长的时间，2013年度棉花进口再次达到300万吨。中国棉花进口数量与内外棉价差关系密切。

2017年4月下旬至10月下旬，内外棉价差震荡走高，2017年10月下旬价差达到3136元/吨后开始回落；2018年6月上旬至8月中旬价差一度倒挂最多1000元/吨以上；2018年8月下旬内外棉价差开始回升，至2018年12月底价差再度达到1700元/吨

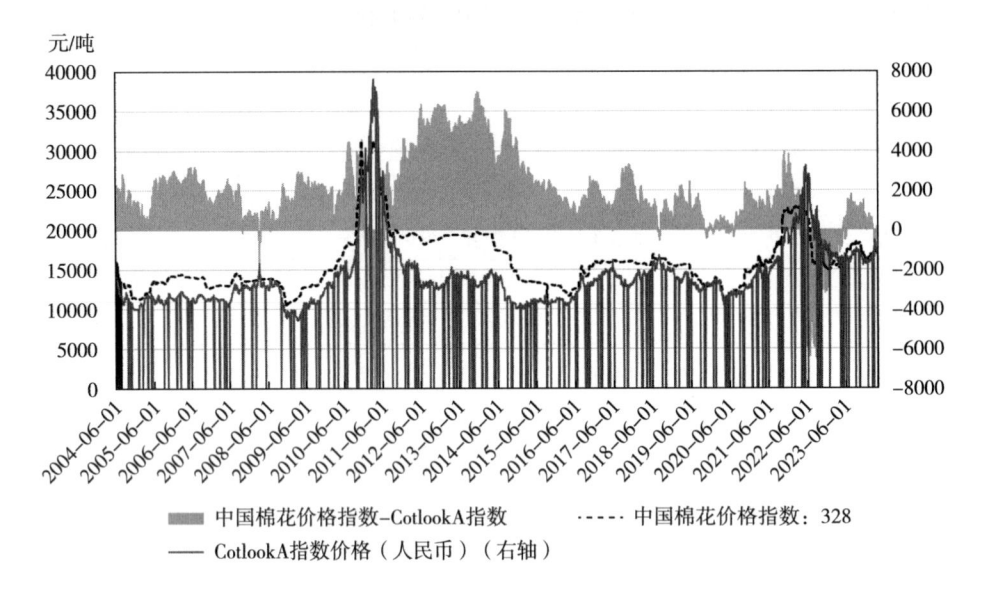

图 1-27　内外棉价差（2004 年 6 月 1 日至 2024 年 3 月 29 日）

（资料来源：Wind、中州期货研究所）

以上。2018 年 9 月至 2019 年 2 月，在内外棉价差走低和走高的过程中，中国进口月度数量仍同比增速较大，主要是因为国家增发 80 万吨滑准税进口配额，进口配额政策的调整对棉花进口数量也有较大影响。2019 年 9 月至 2020 年 8 月，内外价差都处于偏低位置甚至倒挂，在新冠疫情影响下国内消费乏力，缺乏进口棉动力，2019 年度滑准税配额都没有使用完毕。2020 年度内外棉价差总体维持在 800~2200 元/吨范围；2021 年 10 月至 12 月中旬，内外棉价差持续维持在 3000 元/吨以上，一度超过 4000 元/吨水平，2021 年 12 月下旬价差开始下降，2022 年 3 月中旬内外棉价差开始倒挂，2022 年 8 月底内外价差一度倒挂 6866 元/吨，此后倒挂幅度开始持续缩窄，2023 年 6 月初倒挂水平开始维持平水，之后不断扩大（即 2022 年度绝大部分时间内外价差处于倒挂状态）；2023 年 7 月中旬价差达到 1852 元/吨高点后开始持续缩窄，2024 年 2 月中旬重新进入倒挂状态，2024 年 2 月下旬至 3 月上旬倒挂水平一度超过 1000 元/吨。

因此，中国棉花进口量与内外棉价差和配额发放密切相关。

3. 国储棉花存量测算

理论上超过 1% 关税定额和滑准税配额以外的棉花进口需要执行 40% 全关税，跟踪 2018 年至 2023 年底内外棉价差状况可知，这段时间内执行全关税并无进口利润，因此，我们把 2018 年以来超过 1% 关税定额和滑准税配额以外的进口数量暂且定义为国家储备进口（特别是内外棉价差倒挂阶段）。根据这样的定义，超额进口部分即为国家储备部分（见表 1-12）。

表 1-12　　　　　　　　2018—2023 年国储棉花存量测算　　　　　　单位：万吨

自然年份	2018年	2019年	2020年	2021年	2022年1—3月（正常）	2022年4—12月（内外倒挂）	2023年1—4月（内外倒挂）	2023年5—12月（配额用完）
中国棉花进口	157	185	216	215	63	132	38	164.4
1%关税配额数量	89.4	89.4	89.4	89.4	22.4	67(无用)	0(无用)	89.4(用完)
滑准税配额数量	80	80	40	70	0(未发)	40(无用)	0(未发)	75(用完)
差额=进口-配额	-12.4	15.6	86.6	55.6	40.6	132	38	0
备注	配额没用完	超额进口	超额进口	超额进口	超额进口	超额进口	超额进口	正常进口

资料来源：国家发展改革委、海关总署、中州期货研究所。

上述超额进口部分累计数量为 15.6+86.6+55.6+40.6+132+38=368.4 万吨。根据 2008 年至 2023 年 8 月底的收储和抛储数据，显性国储棉存量已接近零库存，因此，超额进口部分加上抛储过程中有至少 20 万吨的重复计算部分，截至 2023 年 8 月底国储库存棉花数量应该在 390 万吨以上。2023 年 9—11 月国储棉抛售 63 万吨后停止抛储，因此，目前国储棉保守估计应该在 330 万吨左右。国储库存仍是调节国内棉花供给水平的重要力量。

（二）棉纱进口

1. 棉纱进口状况

中国是棉纱净进口国，2011—2014 年度中国棉纱进口量同比增幅较大，因为这几年国家连续执行临时收储政策，并且刚执行新疆直补政策，内外棉价差较大，因棉花进口有配额限制和关税税率调控，而棉纱进口仅征收极低关税且敞开进口（见前文棉纱进口政策部分），在此期间棉纱作为棉花的替代品源源不断进口中国，连续多年保持高速增长。

2015 年棉纱进口量仍保持 200 万吨以上，主要是中国政府取消滑准税配额发放，棉花进口量减少，刺激进口棉纱增长；2016—2018 年度内外棉价差处于相对正常合理水平，棉纱进口保持在 200 万吨上下，相对平稳；2019 年度（2020 年 1 月底）新冠疫情暴发，全球棉花和棉纱消费受到冲击，棉花和棉纱进口都出现下降；2020 年度消费回升，内外棉价差重新开始扩大且高启，2021 年棉花和棉纱进口增长；2021 年度内外棉价差和内外纱价差都出现大幅倒挂，导致棉纱进口大幅降低；2022 年度相当长时间内外棉价差倒挂，进口棉纱量依然相对较低；从 2023 年 6 月开始，内外棉价差恢复正常，2023 年 9 月至 2024 年 2 月初内外棉价差保持较高水平（2 月下旬至 3 月底内外棉价差重新进入倒挂波动区间），这段时间棉纱进口同比增长幅度较大（2023 年 9 月至

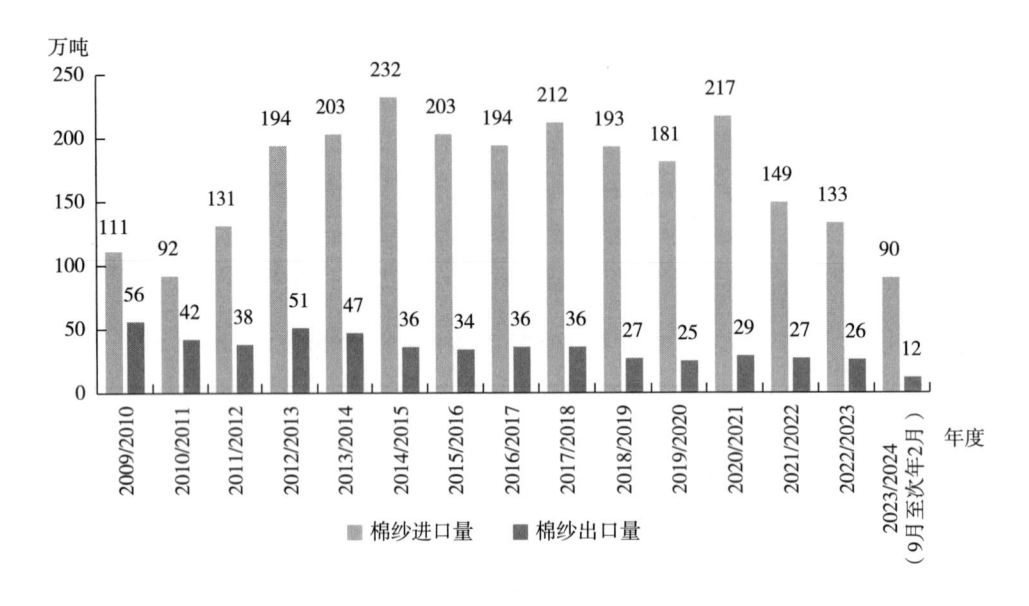

2024年2月棉纱进口同比增长94.35%)(见图1-28和表1-13)。

图1-28 2009—2023年度中国棉纱进出口量

(资料来源：海关总署、中州期货研究所)

注：棉纱进出口折算成棉花年度。

表1-13　　　　　　2009—2023年度中国棉纱进出口情况　　　　　单位：万吨、%

年度	2009/2010	2010/2011	2011/2012	2012/2013	2013/2014	2014/2015	2015/2016	2016/2017
棉纱进口	110632	916509	1313018	1943501	2025277	2324752	2034854	1939581
进口增长率	—	-17.48	43.26	48.02	4.21	14.79	-12.47	-4.68
棉纱出口	562585	419628	382208	505457	467774	360953	337663	361176
出口增长率	—	-25.41	-8.92	32.25	-7.46	-22.84	-6.54	7.06

年度	2017/2018	2018/2019	2019/2020	2020/2021	2021/2022	2022/2023	2023/2024 (9月至次年2月)
棉纱进口	2116826	1933415	1812692	2165498	1486858	1334426	902648
进口增长率	9.14	-8.66	-6.24	19.46	-31.34	-10.25	94.35
棉纱出口	356790	267289	246296	288564	272590	260043	117626
出口增长率	-1.21	-25.09	-7.85	17.16	-5.54	-4.60	-17.96

注：棉纱进出口折算成棉花年度。
资料来源：海关总署、中州期货研究所。

2. 内外纱价差

棉纱进口是棉花进口的直接替代品，内外棉价差直接决定内外纱线竞争力，外纱进口增减幅度可直接反映国内需求和内外棉价差情况。

2011—2013 年中国临时收储，内外棉价差巨大，由于棉花和棉纱进口存在巨大的关税差异，中国大量纱厂大规模向东南亚国家转移，导致逐渐形成了后来国内大量进口棉纱的局面。中国主要从印度、巴基斯坦和越南等国进口棉纱，棉纱进口替代棉花进口，进口棉纱是弥补国内棉花供需缺口的重要途径。

如图1-29和图1-30所示，中国进口棉纱以中低支纱为主，2021年12月下旬纯棉普梳32支进口纱开始出现价格倒挂，2022年12月上旬倒挂幅度一度超过1300元/吨的历史水平；此后，倒挂水平开始缩窄，但截至2024年3月底纯棉普梳32支进口纱倒挂水平仍在550元/吨左右（纯棉普梳32支进口棉纱内外价格倒挂维持超过27个月）。2022年6月下旬纯棉普梳21支进口纱开始出现价格倒挂，2022年11月上旬倒挂幅度超过3000元/吨历史水平后开始缩窄，截至2024年3月底纯棉普梳21支进口纱倒挂水平仍在500元/吨左右（纯棉普梳21支进口棉纱内外价格倒挂维持超过16个月）。

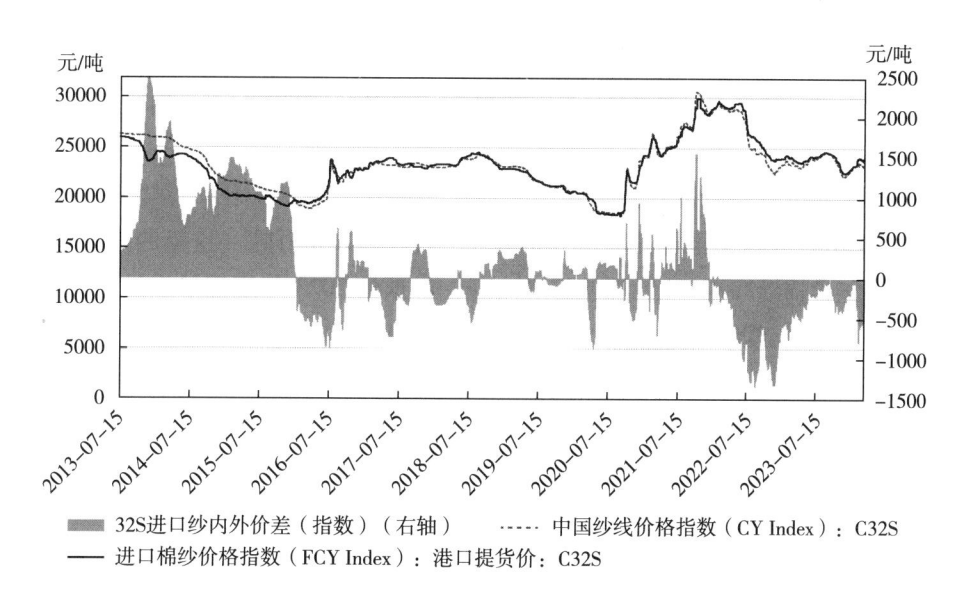

图1-29 中国32支普梳纱进口价差（2013年7月15日至2024年3月29日）

（资料来源：海关总署、中州期货研究所）

3. 根据棉花和棉纱净进口测算中国棉花总需求

中国棉花需求远大于国内产量，中国是棉花净进口国，中国年度直接棉花消费在750万~850万吨区间，近年来国内棉花年度产量在570万~680万吨区间，中国每年要进口150万~250万吨棉花用于弥补国内棉花供需缺口（见前文棉花进口部分）。中国又是棉纱净进口国，由于棉花进口与棉纱进口关税的差异，中国也进口棉纱用于替代国内棉花缺口（见前文棉纱进口部分）。因此，核算国内棉花需求时，可以把棉纱净进口按一定的系数（按平均制成比1.1系数）折算成棉花进口，这样能更加客观地反映中国棉花总需求，我们将该棉花总需求定义为广义棉花总需求。

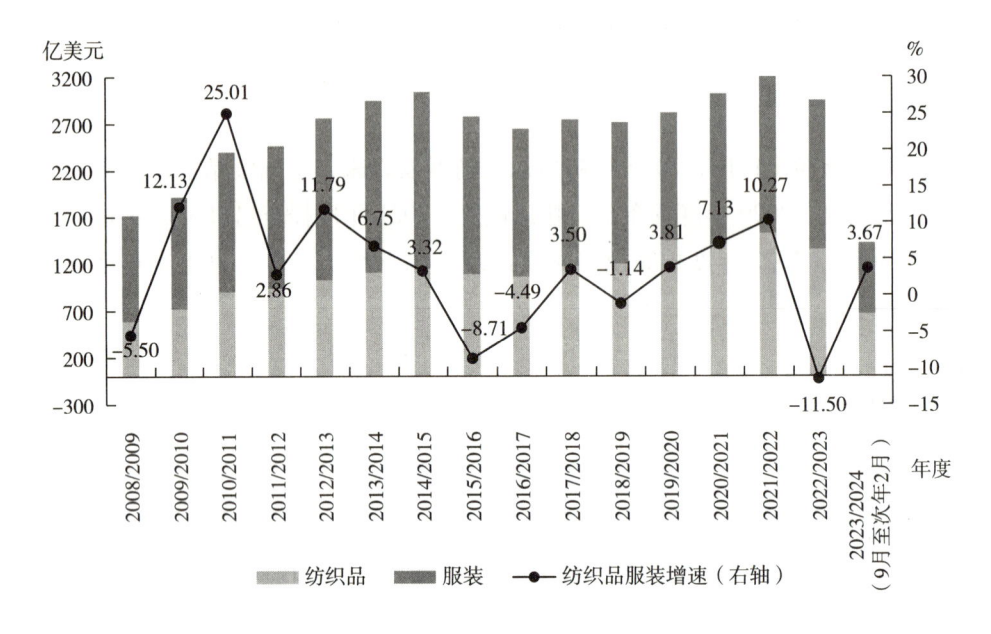

图 1-33 2008—2023 年度中国纺织品服装出口及增速

(资料来源:海关总署、中州期货研究所)

(五)棉花与替代品价差

纺织原料包括化学纤维(主要是聚酯纤维)、人工合成纤维(主要是粘胶纤维)和植物纤维(主要是棉、麻、丝等),棉花的主要替代品是聚酯纤维中的涤纶短纤和长丝,其中涤纶短纤在纺织环节直接对棉花形成替代。涤纶产量规模较大,远远大于粘胶产量规模,因此,应主要关注涤纶短纤对棉花的替代。

历史上棉花与涤纶短纤价差超过 10000 元/吨就属于高价差范围,历史上有三个时期价差超过 10000 元/吨且持续时间较长:(1)2010 年 9 月下旬至 2011 年 7 月中旬,其间价差最高一度达到 16350 元/吨(2011 年 3 月 14 日);(2)2021 年 7 月下旬至 2022 年 6 月下旬,其间价差最高达到 14836 元/吨(2022 年 4 月 2 日);(3)2023 年 6 月中旬至 10 月下旬,其间价差最高达到 10683 元/吨(2023 年 8 月 8 日)。截至 2024 年 3 月底,棉花与涤纶短纤价差为 9500 元/吨左右(见图 1-34)。

棉花与粘胶短纤的价差正常水平维持在 5000 元/吨以内,2021 年 8 月中旬棉花与粘胶短纤价差向上突破 5000 元/吨后一路上升,2021 年 12 月下旬一度扩大至 9600 元/吨以上,随后价差开始一路回落至 2022 年 7 月下旬的 700 元/吨以内;此后,棉花与粘胶短纤价差有所回升,截至 2024 年 3 月底,棉花与粘胶短纤价差维持在 3600 元/吨左右。

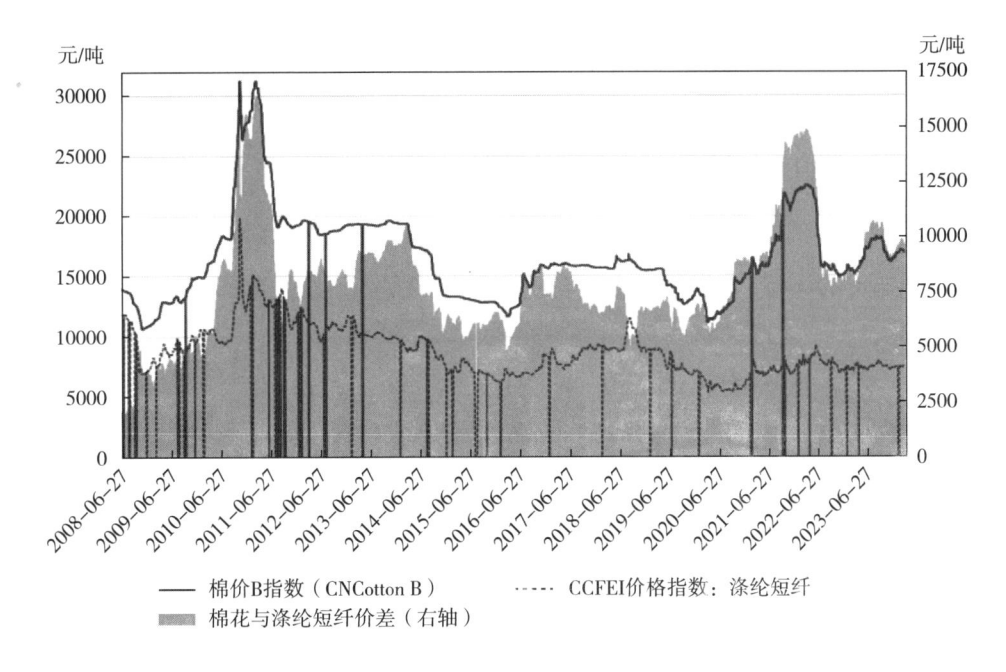

图 1-34　中国棉花与涤纶短纤价差（2008 年 6 月 27 日至 2024 年 3 月 29 日）

（资料来源：Wind、中州期货研究所）

六、棉花估值水平及植棉成本

商品估值是指观察其金融属性，即从估值角度观察该商品是否有投资价值。我们从三个方面观察商品估值水平：（1）横向的商品类别比较（因篇幅限制，不做分析介绍）；（2）纵向的历史价格比较；（3）生产成本的价值偏离度比较。

下文仅从纵向的历史价格比较和生产成本的价值偏离度比较做简单说明。

（一）纵向的历史价格比较

1975 年初至今，ICE 棉花价格绝大部分时间维持在 40~95 美分/磅区间波动，接近或低于 40 美分/磅是 ICE 棉花价格的绝对低价区，接近或高于 95 美分/磅是 ICE 棉花价格的绝对高价区。近 48 年来，高于 95 美分/磅且有持续时间的只有两个时间段：（1）2010 年 9 月中旬至 2011 年 11 月中旬；（2）2021 年 9 月下旬至 2022 年 9 月中旬。2024 年 3 月底 ICE 棉花价格在 90 美分/磅附近，从纵向的历史价格比较来看仍属于近 10 年来中轴价格稍偏上位置。

2000 年至今，中国棉花价格绝大部分时间维持在 10000~17500 元/吨区间波动，接近或低于 10000 元/吨是中国棉花的绝对低价区，接近或高于 17500 元/吨是中国棉花价格的绝对高价区。2000 年至今，高于 17500 元/吨且有持续时间的有三个时间段：

(1) 2018年8月下旬至2011年11月中旬（与ICE高价区时间相匹配）；(2) 2011年11月下旬至2014年3月中旬（2011年度至2013年度国家连续敞开收储导致国内棉价高启，2014年度开始执行新疆棉直补政策导致棉价跌破17500元/吨高价区；这个长期维持高价区的时间段是政策导致，非市场行为）；(3) 2021年8月上旬至2022年6月下旬。2024年3月底郑州棉花价格指数在16150元/吨附近，从纵向的历史价格比较来看属于近10年来中轴附近位置。

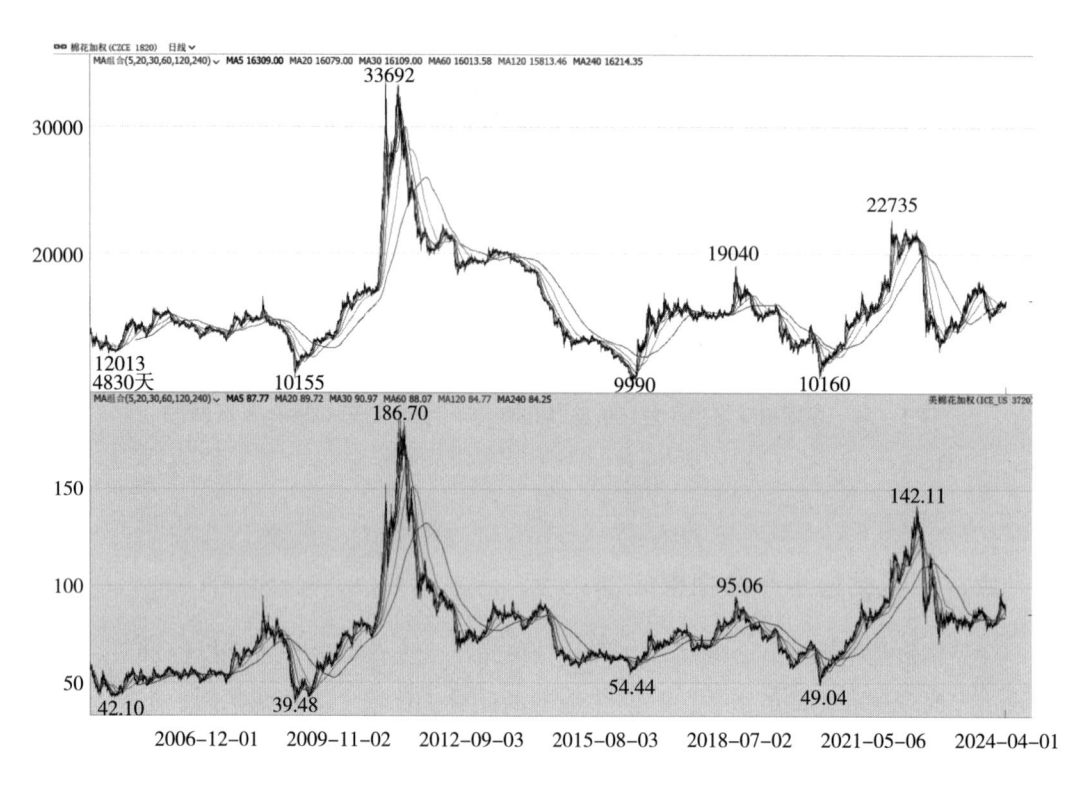

图1-35　纵向的历史价格比较（2006年6月1日至2024年3月29日）

（资料来源：文华财经、中州期货研究所）

综上所述，当前ICE棉花价格和中国棉花价格从纵向的历史比较来看都处于近年来价格运行区间的中轴附近位置，并非严重偏离中轴位置水平，估值水平的矛盾并不突出。判断棉花价格未来方向趋势的关键是基本面因素，即本节分析的棉花供需格局等因素。

（二）生产成本的价值偏离度比较

棉花价格长期维持在一定的价格区间，其内在逻辑是生产成本和利润制约，即棉花生产有相对稳定的成本，棉花价格长期高于生产成本导致高利润会刺激植棉面积增加从而抑制棉花价格继续上涨，棉花价格长期低于生产成本造成大亏损会刺激植棉面积减少从而阻断棉花价格持续下跌。因此，棉花价格偏离棉花生产成本的程度成为判断棉花估值高低的重要参考因素。

1. 新疆机采棉种植成本

中国棉花播种面积85%以上在新疆，新疆棉花产量的全国占比超过90%，因此，中国棉花种植成本的跟踪研究主要是对新疆棉花种植成本的跟踪研究。新疆地方棉花75%以上是机采棉，兵团棉花100%是机采棉，因此，中国棉花种植成本的跟踪研究主要是对新疆机采棉种植成本的跟踪研究。

表1-14　　　　　　　　2023年中国植棉成本调查表　　　　　　　单位：元/亩

项目	其他地区 手摘棉	其他地区 同比	新疆 手摘棉	新疆 同比	新疆 机采棉	新疆 同比	新疆兵团 机采棉	新疆兵团 同比
租地植棉总成本	1734	112	3436	-60	2721	-34	2932	-73
自有土地植棉总成本	1084	43	2300	-36	1585	-10	1775	-30
土地成本（租地费用）	650	69	1136	-24	1136	-24	1157	-43
生产总成本	705	57	933	7	933	7	1042	-6
其中：棉种	75	4	65	1	65	1	58	2
地膜	46	-1	64	-1	64	-1	113	-8
农药	140	11	120	-6	120	-6	146	-3
化肥	335	27	446	-2	446	-2	463	-1
水电费	109	16	238	15	238	15	262	4
人工总成本	212	-5	1108	-41	177	8	186	7
其中：田间管理费	151	-1	177	8	177	8	186	7
灌溉/滴灌人工费	62	-4	95	-3	—	—	—	—
拾花用工费	—	—	836	-46	—	—	—	—
机械作业总成本	84	-2	180	-1	396	-24	428	-29
其中：机械拾花费	—	—	—	—	211	-28	211	-31
其他成本	83	-7	79	-1	79	-1	119	-2

注：调查时间为2023年12月。

资料来源：国家棉花市场监测系统。

2023年新疆机采棉种植成本为2721~2932元/亩（平均成本为2827元/亩），新疆南疆机采棉籽棉单产为350~430公斤/亩，新疆北疆机采棉籽棉单产为420~500公斤/亩（北疆机采棉籽棉单产相对偏高一些），新疆机采棉籽棉单产总体在350~500公斤/亩之间，新疆机采棉籽棉平均单产为425公斤/亩。按上述数据，则2022年新疆机采棉籽棉种植保本成本在5.44~8.38元/公斤之间（平均为6.65元/公斤）。

按照机采棉籽棉得率48%、平均衣分38%、棉籽成本3.0元/公斤和加工费1000元/吨等条件核算新疆机采棉皮棉成本，则2023年新疆皮棉直接生产成本在11526~

19263 元/吨之间（直接生产平均成本在 14711 元/吨以内），再加上短途运输、入库公检、仓储费、收购人员工资、工厂折旧和资金利息等合计增加 1000 元/吨额外成本，2023 年新疆机采棉皮棉保本生产成本在 12526～20263 元/吨之间（平均保本成本为 15711 元/吨）。

值得注意的是，从 2014 年度开始，国家对新疆棉花种植户进行直接补贴，2023—2025 年度继续按 18600 元/吨对新疆棉花种植户直补（这三年固定数量为 510 万吨，总量超过不补贴）；在其他条件不变的情况下，按直补价格倒推籽棉补贴价应该在 8.13 元/公斤，这远高于新疆机采棉种植成本。因为近三年国家对新疆棉花种植有 510 万吨的上限数量限制，超过这个产量水平会稀释补贴水平。

2. 新疆机采棉加工成本

新疆棉花种植成本与新疆棉花加工成本是两个概念。种植成本代表新疆种植户在棉花种植过程中的直接投入，种植户通过售出籽棉兑现种植收益；加工成本代表新疆棉花加工厂的籽棉收购和皮棉加工的直接投入，是棉花加工厂从种植户手中收购籽棉加工成皮棉的资金投入。目前，新疆全疆皮棉加工产能超过 1300 万吨，而新疆皮棉年度加工量（产量）2023 年度达到 557 万吨。新疆棉花加工产能严重过剩，这导致每年 9 月中旬至次年 2 月新疆籽棉收购时节出现新疆加工厂籽棉抢收现象，2021 年度新疆籽棉抢收遭受到重大损失后，2022 年度和 2023 年度新疆籽棉收购相对理性。

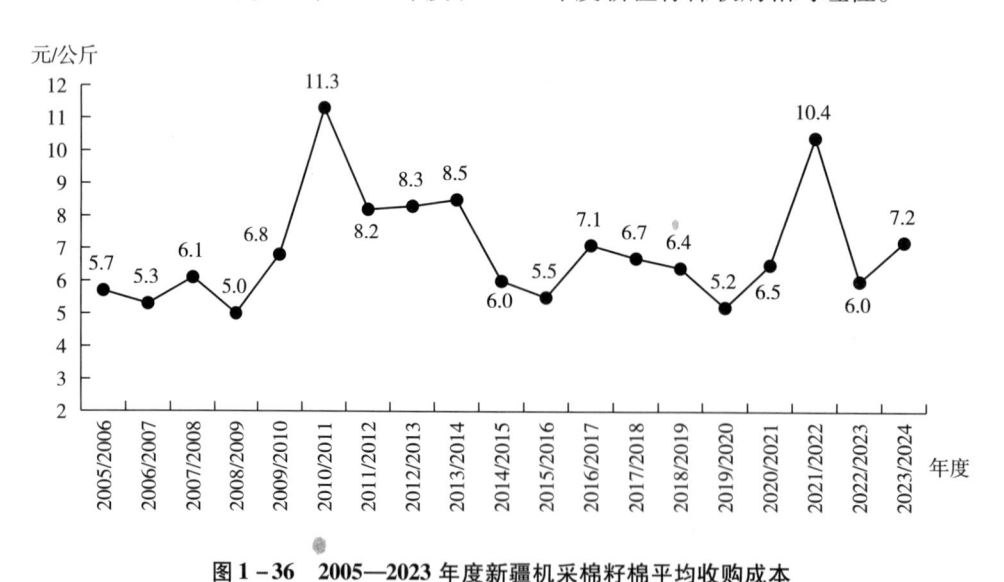

图 1-36 2005—2023 年度新疆机采棉籽棉平均收购成本

（资料来源：中国棉花信息网、中州期货研究所）

在 2005—2023 年度中，2010 年度全球棉花资源紧张，棉价创造历史高价，籽棉价格水涨船高超过 10 元/公斤；2021 年度新疆加工厂疯狂抢收籽棉，导致籽棉价格超过 10 元/公斤；2011—2013 年度国储棉进行敞开无限量收购的临时收储，导致籽棉价格连续三年相对偏高（2014年度至今持续实施对新疆棉花种植户直接补贴政策，籽棉价格和皮棉价格逐步恢复到市场定价）。在2005—2023年度，上述5个年度为特殊情况，需进行另类分析。

除了上述5个特殊年度外，其余14个年度籽棉价格基本维持在5.0~7.2元/公斤范围内。按照机采棉籽棉得率48%、平均衣分38%、棉籽成本3.0元/公斤和加工费1000元/吨等条件核算上述区间的皮棉成本，皮棉加工直接成本在10400~16160元/吨之间，若再加上短途运输、入库公检、资金利息、仓储费、保险费、收购人员工资等，则需再增加至少800元/吨，这样皮棉总成本区间就在11200~16960元/吨之间。

七、分析结论

2023年度全球棉花平衡表、外围市场棉花平衡表和中国棉花平衡表基本都演绎产量同比下降和需求略增或平稳的格局，从年度全球棉花价格和国内棉花价格走势来看，也基本演绎了低走后持续反弹走强的局面。从期末库存和库存消费比来看，全球库存和库存消费比水平都偏高，这主要是因为USDA将中国库存水平高估；外围市场的库存和库存消费比水平相对接近于常年均值或略偏高的水平；因为USDA将中国库存高估，我们采用中国棉花信息网口径中国棉花平衡表，2023年度国内棉花库存和库存消费比水平仍然达585万吨和71.78%的偏高水平（包含国储库存），即使除去预估的国储库存量，流动性较强的社会库存水平也处于非紧张状态。因此，从中国平衡表和外围市场平衡表来看，棉花市场总体都处于平衡略宽松的状态且外围市场偏紧于中国市场。

2023年度结束了上年度内外棉价差倒挂的状况，被压抑的棉花进口在年度内出现大增，这也调节了内外市场的平衡状况和库存水平；中国是棉纱净进口国，2023年度棉纱进口量同比增幅较大，棉纱进口也调节了内外棉花市场平衡状况和库存水平。2022年纺织产业链下游表现不佳，特别是棉布出口和纺织品服装出口降幅较大，2023年度上半年度在低基数基础上同比小幅增长，2023年度纺织产业链下游情况还有待持续跟踪关注。

从长周期棉花估值水平来看，ICE美国棉花价格在80~90美分区间和国内棉花价格在16500元/吨上下时，不存在较大的纵向估值偏离的矛盾；从国内植棉成本来看，由于存在新疆棉花直接补贴政策，植棉成本不成为调节新疆棉花种植面积的主要因素，因此，新疆植棉面积在直补政策实施期间会保持相对稳定。

综上所述，2023年度棉花基本面和估值水平都不存在较大的矛盾，因此，年度棉价大概率仍将在年度初期定义的高低价区间内运行，年度内难以逾越该区间价格。2024年度供需平衡表出现失衡基于两种情形：第一种情形是天气出现较大扰动（预计

2024年度全球植棉面积同比变化幅度不会太大），从供给端给全球棉花供应制造缺口；第二种情形比较复杂，即从需求端扰动全球棉花消费，这源于2024年度棉花需求跟随全球再通胀的逻辑还是跟随衰退预期变为现实的逻辑。因此，在2023年度棉花市场不存在大矛盾的情况下，未来是否存在大机会则取决于2024年度供给端或需求端会否出现较大变数。

简单表达一下我们对2024年度棉花市场的预期：在供给端，植棉面积大概率会增加，面积增加变数较大的是南半球的巴西；全球植棉面积确定后，2024年6月以后全球气候大概率从厄尔尼诺向拉尼娜转变，天气对单产的影响也是后期需关注的题材之一；在需求端，跟随再通胀逻辑大概率是阶段性情绪，即使炒作再通胀逻辑，人们对缺乏基本面支撑的大宗商品标的都会有畏高心理，仅靠通胀预期难以推动流畅牛市；需求端的衰退预期已经被多次提起，衰退"灰犀牛"横亘在投资市场超过一年有余，高通胀情况下宏观经济必须持续向上才能激发消费信心，宏观经济稍有重大困难就容易激活这头"灰犀牛"。因此，2024年度棉花市场存在较大波动机会，棉花价格波动具体的趋势和方向与宏观因素密切相关。[①]

（撰稿人：中州期货有限公司　杨志江）

[①] 这里非宏观经济专场，在此不做宏观经济方面的赘述；上述预期时间跨度超过一年，后期变数较大，请谨慎参考。

第二章　能源类大宗商品

第一节　概　述

一、石油、天然气行业概述

"回归理性"是 2023 年全球能源市场最显著的特征。2023 年随着俄乌冲突影响的边际效应递减，欧美采取激进加息政策、全球经济增长复苏不及预期等因素，以及政治因素引发的溢价正在快速消散，国际能源价格较上年大幅回落，市场运行持续整体好转，国际天然气价格回归理性常态，但油价波动仍较为剧烈，仍处于历史同期较高水平，国际能源市场"亚洲溢价"问题再度出现。随着新冠疫情政策的重新调整，叠加国际能源价格的回归，中国油气资源进口与消费的恢复与增长势头良好，中国液化天然气（LNG）进口量超过日本，再度成为全球最大 LNG 进口国。

欧洲采取积极有力的调控政策，天然气供应危机成功解除，带动全球能源市场定价重新回归供需决定的主旋律上。2022 年底，欧洲暴涨的天然气市场已经出现价格转势的现象，高价抑制工业需求，冬季气温高于历史同期抑制居民取暖用气需求，欧洲地下储气库保持近年的高位水平。在此背景下，欧洲采取积极有力的宏观调控政策，对干扰欧洲市场的过度投机行为和炒作力量进行彻底挤压。一是欧盟出台天然气限价机制。限价措施从 2023 年 2 月 15 日开始实施，在同时达到以下两个条件时会触发限价：欧洲 TTF（Title Transfer Facility）天然气交易枢纽月前天然气期货价格连续三天超过 180 欧元/兆瓦时；TTF 月前天然气期货价格连续三天超过国际 LNG 参考市场价格 35 欧元/兆瓦时以上。该机制是欧盟一次重要的行政调节市场行动，限价机制持续一年，向市场传递行政干预的决心，确保气价由供需基本面决定。二是欧盟启动天然气集中采购机制。欧盟于 2023 年 4 月 25 日上线联合采购平台 Aggregate EU，全年开展四轮集中采购。通过集中欧盟成员国企业及欧洲能源共同体缔约方的需求，以团购方式集中对外采购，从而获得价格更低的天然气资源。该过程是完全市场化行为，欧盟委员会全程不参与具体交易流程。国际资源方要求为非俄贸易商。该机制旨在更有效地利用能源基础设施，提高议价能力，使欧洲地区买家能在全球市场上以更低价格获得稳定的供应。

原油市场受多重因素综合作用，全年整体表现为"先跌后涨"。上半年，受俄乌冲突外溢、美联储（FED）持续加息导致金融机构承压、部分中小银行破产以及美国债务违约风险加剧等不利因素影响，国际油价承受下跌压力。2023年3月10日，硅谷银行因资不抵债被金融监管部门关闭导致国际油价大幅受挫，此后一周，叠加欧洲瑞士信贷银行股价断崖式下跌等事件的影响，布伦特（Brent）原油价格从每桶82.3美元跌至71.0美元，一周价格暴跌10%以上。2023年4月，在沙特阿拉伯等OPEC+成员国密集宣布自愿减产，以及第一季度新兴经济体经济数据向好等利好因素的支撑下，国际油价触底反弹，4月中旬，布伦特原油现货价格一度上涨至88美元/桶以上，但5月美欧银行业危机和美国债务违约风险加剧导致油价的新一轮下行。在多重利空因素的叠加下，上半年全球油价快速滑落。下半年，受多重国际因素刺激，能源价格开始反弹。受供应端沙特阿拉伯与俄罗斯等产油国集中减产收紧供应、美国加息见顶预期增强、巴以冲突、红海危机等因素影响，下半年能源市场价格保持高位震荡。下半年发达国家石油需求乏力，但新兴经济体石油需求增长明显。整体而言，全球原油市场消费情况较2022年有所好转。

全球能源市场重新由"欧洲溢价"向"亚洲溢价"转变，天然气市场正在由卖方市场向买方市场转变。以往亚太地区缺失区域定价中心，长期以来亚太地区进口出现"亚洲溢价"难题，由于欧洲能源危机引发的价格飙升，"欧洲溢价"一度替代"亚洲溢价"，但随着市场回归常态，该难题又重新困扰亚洲国家。随着天然气价格的回落，亚洲主要天然气进口大国中国、日本、韩国等国的现货进口量持续回升，全球LNG现货市场活跃势头有望保持强劲。随着天然气供应链的恢复与资源供给量的增多，之前一直由卖方主导的市场结构正在向买方市场转型。

油气贸易多元化币种结算正在成为国际贸易的新特点，中国积极主动建设国际化油气交易和定价中心。2022年12月9日，习近平主席在首届中国—海湾阿拉伯国家合作委员会峰会上提出"充分利用上海石油天然气交易中心平台，开展油气贸易人民币结算"。各方积极合作，在上海石油天然气交易中心顺利完成多船以人民币结算的进口油气交易试点。2023年3月28日，中国海油与法国道达尔能源达成我国首船以人民币结算的进口国际LNG交易。4月14日，中国石油与阿布扎比国家石油公司完成首船与海合会国家企业的直接人民币结算进口LNG交易。8月22日，中国海油与新加坡兰亭能源完成首船以人民币结算的国际LNG对境外销售交易。10月19日，中国石油在上海石油天然气交易中心成功完成一笔进口原油线上交易，并采用数字人民币完成结算，这是数字人民币在油气贸易领域跨境结算方面的突破，该事件被中国银行研究院、金融时报社评为"2023年国际金融十大新闻"，成为唯一入选的国内金融事件。

二、石油、天然气行业发展趋势

（一）世界石油、天然气发展趋势

随着2023年全球油气资源供应保障能力进一步增强，国际能源供应链韧性持续提升。国际市场将持续优化油气资源配置，能源新贸易格局将不断完善，能源价格也将继续向基本面回归。但值得注意的是，地缘政治风险、极端突发事件以及气候问题对能源价格的冲击正在成为能源市场的主要不确定因素。10月巴以冲突爆发后，巴勒斯坦伊斯兰抵抗运动哈马斯与以色列军队之间的战斗愈演愈烈，国际市场对冲突给中东国家原油供应带来影响的担忧正逐渐加强。

OPEC+联盟与IEA成员之间围绕能源定价话语权展开竞争，但OPEC+联盟较过往出现部分松动。OPEC+联盟中的主导者俄罗斯与沙特阿拉伯持续自愿减产原油，俄罗斯甚至在9月对汽油、柴油出口实施临时限制出口等措施，能源价格正在被多重因素持续影响。随着原油价格的波动，OPEC+联盟出现减产分歧。在OPEC+组织决定进一步削减2024年石油产量后，由于在产量配额问题上存在分歧，12月非洲国家安哥拉宣布退出OPEC。

国际天然气市场总体供需平衡，正在向供需宽松环境转变，呈现出明显的"旺季不旺"特征。值得注意的是，欧洲天然气供需平衡将是影响天然气市场价格波动的关键因素。受荷兰宣布格罗宁根大气田于2023年10月停止开采、澳大利亚天然气产业工人罢工等影响，欧洲气价短期内非理性暴涨。欧洲乃至全球油气市场越来越容易受到极端突发与不确定性事件的影响。2023年受厄尔尼诺现象的影响，全球冬季气温高于历史同期平均水平。欧亚地区是天然气主要消费地，冬季是天然气消费旺季，因气温因素导致的供热用气减少，相关国家地下储气库资源量大幅高于历史同期水平，导致旺季价格反而不旺。欧洲高库存抑制现货需求，亚洲天然气现货JKM价格表现较为平稳。

2023年全球上游勘探投资保持小幅增长，油气发现成本偏高。2023年全球常规油气勘探投资约为530亿美元，同比增长10.4%，但仍低于疫情前2019年近600亿美元的水平。其中，海上油气为勘探投资热点，同比增长22%。由于大型油气发现较少，2023年上半年全球油气发现成本约为5.2美元/桶油当量，略低于2022年全年6.2美元/桶油当量的水平，但显著高于前五年均值（4.3美元/桶油当量）。油气开发获批新建项目投资大幅增加，美洲项目领跑全球。2023年，全球油气资源并购市场呈复苏态势。尽管受前期地缘政治影响，以及市场对世界经济复苏前景预期悲观等因素综合影响，并购市场总体仍呈"量跌价涨"新态势，出现较大规模油气资产并购活动。

（二）中国石油、天然气发展趋势

随着全球能源价格回落，2023年中国油气供、需、进口呈现"三旺"态势，能源进口快速反弹。国家统计局数据显示，在进口方面，我国2023年全年原油和天然气的进口大幅增加，数量再创历史新高。其中，进口原油5.6亿吨，增长11.0%；进口天然气1.2亿吨，增长9.9%。在国内生产方面，原油连续两年稳产2亿吨以上，天然气连续七年增产超百亿立方米。油气增储上产深入推进，稳产增产势头良好，油气自主供给能力稳步提高。2023年，规模以上工业原油产量2.09亿吨，比上年增长2.0%；规模以上工业天然气产量2297亿立方米，比上年增长5.8%。在消费方面，原油消费量增加9.1个百分点，天然气表观消费量再创新高，达到3945.3亿立方米，同比增长7.6%。

受能源价格回落影响，我国化石能源消费情况持续好转，整体上看，我国能源绿色低碳转型发展成效显著，我国清洁能源消费量占能源总量的比重稳中有升，节能减排成果明显，单位GDP能耗持续降低，全国碳市场建设如火如荼。全年能源消费总量57.2亿吨标准煤，比上年增长5.7%。煤炭消费量增长5.6%，原油消费量增长9.1%，天然气消费量增长7.2%，电力消费量增长6.7%。煤炭消费量占能源消费总量的比重为55.3%，比上年下降0.7个百分点；天然气、水电、核电、风电、太阳能发电等清洁能源消费量占能源消费总量的比重为26.4%，上升0.4个百分点。重点耗能工业企业单位电石综合能耗下降0.8%，单位合成氨综合能耗上升0.9%，吨钢综合能耗上升1.6%，单位电解铝综合能耗下降0.1%，每千瓦时火力发电标准煤耗下降0.2%。初步测算，扣除原料用能和非化石能源消费量后，全国万元国内生产总值能耗比上年下降0.5%。全国碳排放权交易市场碳排放配额成交量为2.12亿吨，成交额为144.4亿元。

2023年，我国天然气市场整体快速复苏，其中结构性复苏特征较为明显。从全球贸易角度看，国际现货LNG进口较之前大幅增加，中俄东线气量供给增加明显。随着国内生产生活秩序的恢复，宏观经济恢复性增长，特别是消费和服务业增速大幅反弹，叠加气价下跌，交通、工商业和气电用气出现大幅增长。2023年上半年受中亚进口来源短供影响与需求高增长预期，中石油、中石化和中海油作为我国主要上游资源供应方，在上半年与下游用户年度合同签订中采取"减量提价"的策略。但随着国内LNG市场价格的持续回落，LNG与传统管道气的市场竞争加剧，部分企业通过外采LNG以降低运营生产成本。因LNG较汽柴油具有明显的经济性，由此带动LNG重卡市场火旺。根据相关统计数据，2023年全年我国重卡市场累计销售约91万辆，同比上涨35%，比上年同期净增加23.7万辆。随着天然气市场持续回归理性，2024年天然气消费量有望继续保持高位增长。

第二节 原　油

2023年，世界石油需求逐步复苏，地缘政治风险溢价的影响逐渐消退，石油库存持续处于低位，市场供需维持紧平衡，国际油价同比下降，但仍处于高位。上半年，在美联储连续加息的背景下，国际油价震荡下行；下半年，沙特阿拉伯、俄罗斯延续自愿减产至年底，导致国际油价先行高涨，但到年底进入石油需求性淡季，国际油价出现回落。展望2024年，预计世界石油需求增速放缓，供应增长大于需求增长，石油市场基本面过剩量有所上升，低库存对国际油价仍有支撑，预计中国石油需求也将进入低速增长阶段。

一、全球原油市场分析

（一）原油需求分析

2023年，地缘政治影响逐渐减弱，中国等国家进入后疫情时代，全球原油需求逐步恢复，需求面整体向好。根据OPEC+统计，2023年全球石油需求量为102.16百万桶/天，相对2022年的99.55百万桶/天增长2.62%，与2022年的2.62%相比增速持平。2023年第一季度至第四季度，全球原油需求量在第二季度相对偏低，第三季度、第四季度持续上涨（见图2-1），分别为101.57百万桶/天、101.47百万桶/天、102.12百万桶/天和103.28百万桶/天。

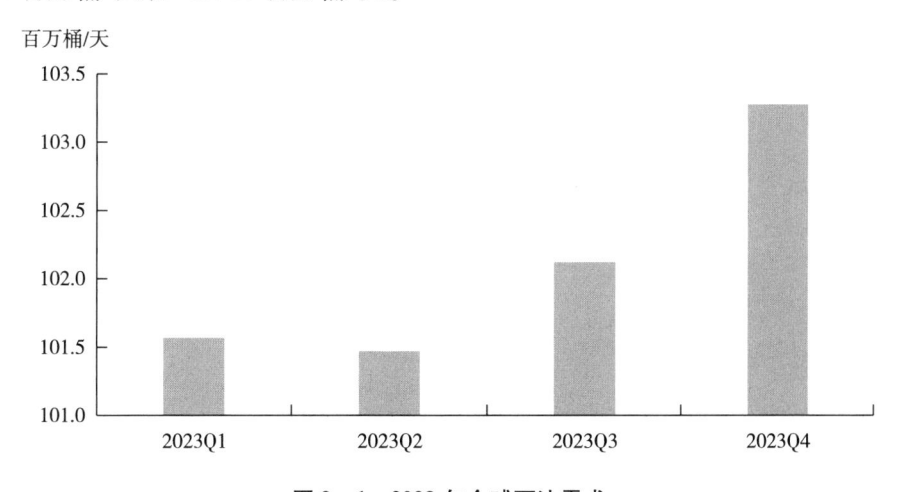

图2-1　2023年全球石油需求

（资料来源：OPEC）

分区域看,以中国为主的亚洲地区和以美国为主的美洲地区依然是 2023 年全球原油主要需求市场(见图 2-2),需求量分别为 25.47 百万桶/天和 25.01 百万桶/天,占总需求量的比重分别为 25% 和 24%,其中中国和美国的需求量分别为 16.19 百万桶/天和 20.30 百万桶/天。

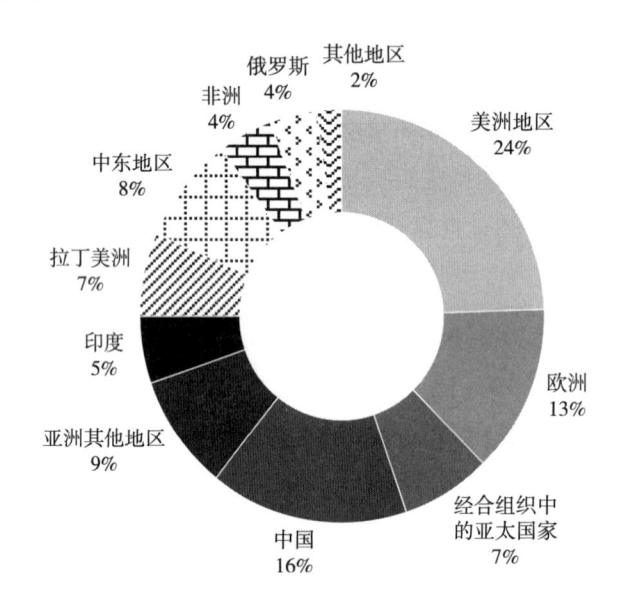

图 2-2 2023 年分区域石油需求占比

(资料来源:OPEC)

但从增量来看,在需求侧疲软态势下,全球多个国家和地区原油需求增量均不及 2022 年的水平,也有部分国家和地区逆势超过上年同期(见图 2-3)。2023 年中国成为

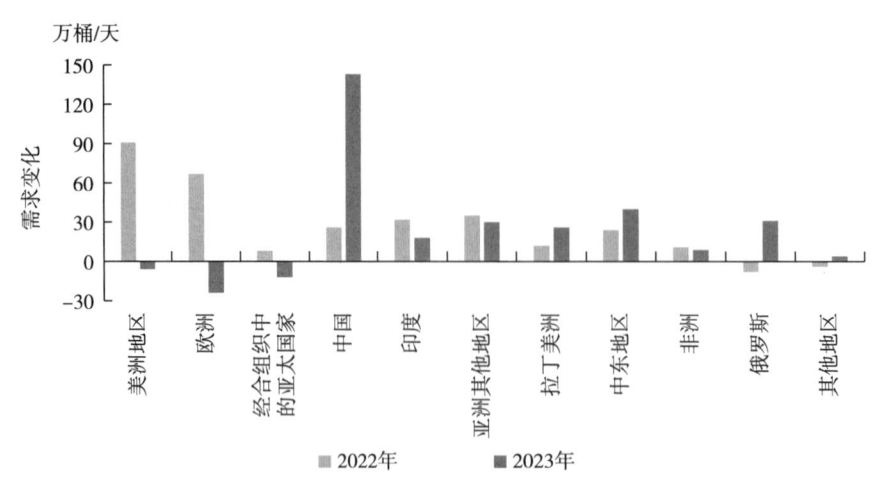

图 2-3 2022—2023 年世界主要地区石油需求增减情况

(资料来源:OPEC)

全球原油需求领涨国家,需求增加143万桶/天,合计占全球总增量的55.2%。中东、俄罗斯和拉美地区原油需求也超过2022年水平,分别增加40万桶/天、31万桶/天和26万桶/天,合计占全球总增量的37.5%。此外,美洲地区、欧洲、经合组织中的亚太国家、印度、非洲全年需求分别同比增长-6万桶/天、-24万桶/天、-12万桶/天、18万桶/天和9万桶/天。

(二)原油供给分析

2023年OPEC+主动执行多轮减产,特别是沙特阿拉伯和俄罗斯,下半年主动减产、降低出口,对油价起到明显的支撑作用。4月2日,OPEC+的9个成员国宣布自愿集体减产计划,共计166万桶/天,从5月生效至2023年底;6月4日,沙特阿拉伯在OPEC+第35次部长级会议后再次宣布额外自愿减产100万桶/天,其后多次延长并于9月宣布延长至年底,其他成员国则将已有的减产计划延长到2024年底;俄罗斯3月自愿减产50万桶/天至年底,并于8月削减50万桶/天出口量,9月改为削减30万桶/天出口并延长至2023年底;11月30日,OPEC+第36次部长级会议后,部分成员国宣布了规模达219.3万桶/天的自愿减产决议。2023年底,"OPEC+"艰难达成不具约束力的自愿减产协议,安哥拉宣布将退出OPEC,该组织的团结性和凝聚力将面临考验。在OPEC+连续减产的情况下,伊朗、美国等国则提升产量抢占市场份额。

总体来看,2023年全球石油产量(Liquids口径)为101.8百万桶/天,相较2022年的98.9百万桶/天有所提升,增加约290万桶/天(见图2-4和图2-5)。原油供应大幅增长的主力为美国、巴西、墨西哥和中国,分别为6490万吨、1919万吨、674万吨和655万吨(见图2-6)。受俄乌冲突的影响,俄罗斯减产1200万吨。

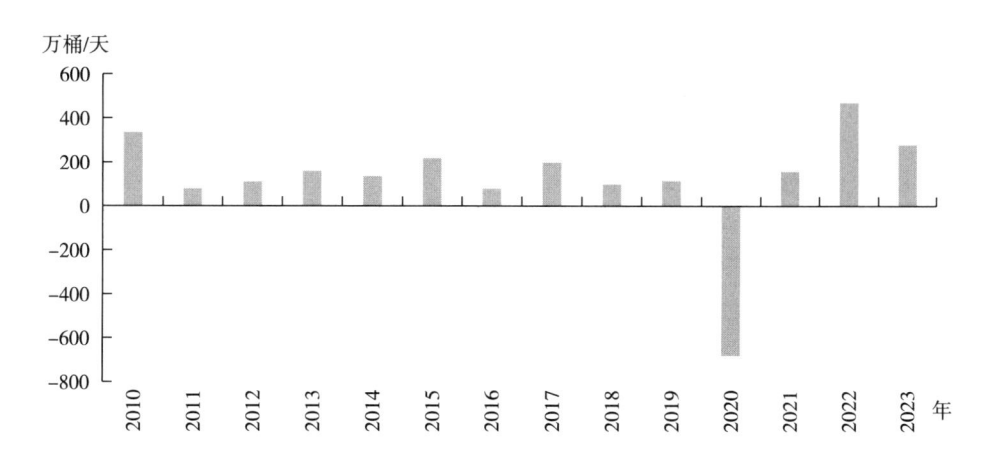

图2-4 2010—2023年全球石油供应增量

(资料来源:OPEC)

图 2-5　2022—2023 年全球石油产量

（资料来源：OPEC）

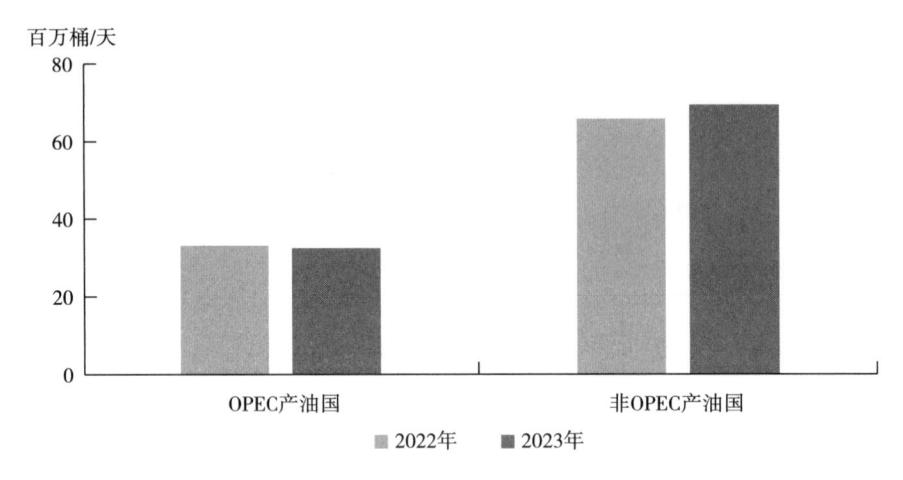

注：统计数据为 Liquids 口径。

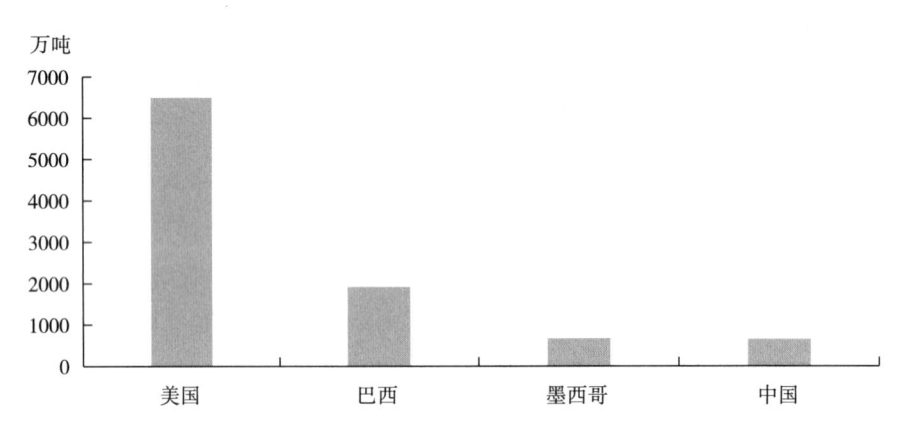

图 2-6　2023 年原油供应增量来源主要国家

（资料来源：中石油经研院）

（三）原油供需平衡

相比于 2022 年供需基本面维持紧平衡的状态，2023 年需求快速复苏，而 OPEC+ 主动执行多轮减产，原油需求增长快于供应增长，供需基本面紧平衡状态加剧（见图 2-7）。分季度看，第一季度至第四季度供需平衡差异分别为 0.40 百万桶/天、-0.10 百万桶/天、-0.84 百万桶/天、-1.50 百万桶/天，除第一季度供应高于需求水平外，后三个季度供应紧张程度逐步加重。

自 2022 年起，为抑制俄乌冲突爆发后飙升的国际油价，美国联合 IEA 盟国进行战略石油储备大规模释放，导致美国存储量降至 1987 年以来的最低水平。在 OPEC+ 深化及延长减产的情况下，2023 年全年经济合作与发展组织（以下简称经合组织）商业

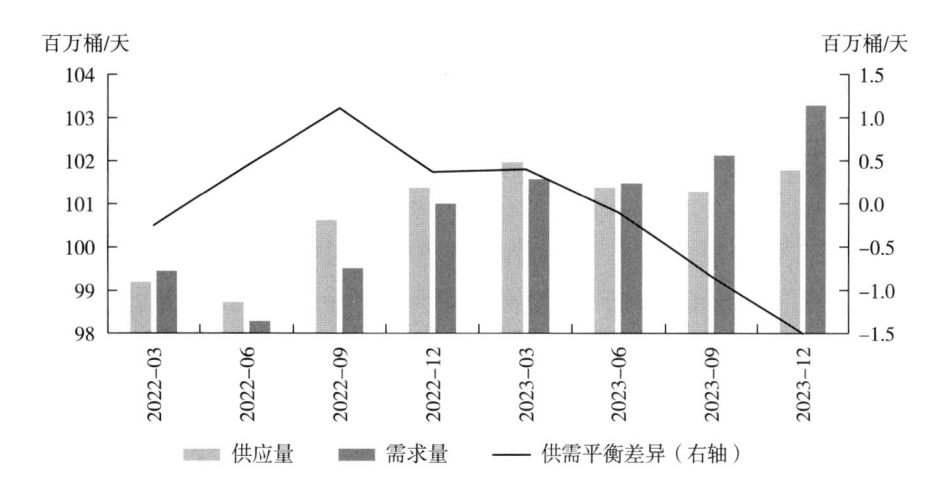

图 2-7　2022—2023 年世界石油市场基本面

(资料来源：Wind)

石油库存规模保持低位，补库状态下年底石油库存仍低于 2018—2023 年平均水平，但超过 2022 年同期水平。

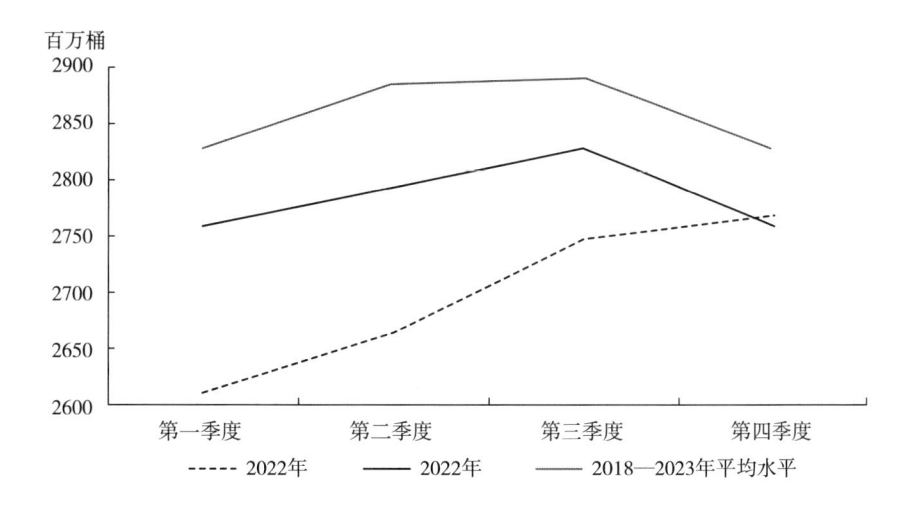

图 2-8　经合组织商业石油库存

(资料来源：Wind)

二、中国原油市场分析

(一) 中国石油储量现状

2023 年自然资源部发布的《中国矿产资源报告》显示出我国最新石油储备情况。

截至 2022 年底，我国石油剩余探明技术可采储量为 38.06 亿吨。全年油气地质勘查总投资 823.87 亿元，同比增长 3.1%。常规油气勘查主要在塔里木、准噶尔、渤海湾和四川等大型含油气盆地的新层系、新类型和新区带获得重大突破。在塔里木盆地富满油田东部发现富油气新区带，顺北油田多口井获高产油气流，落实两条亿吨级超深层凝析油气富集新区带。准噶尔盆地南缘中段 8000 米以深钻获高产油气流。渤海湾盆地保定凹陷浅层新区、杨武寨构造和葵花岛构造深层新层系获高产油气流。河套盆地开辟了临河坳陷中部油气增储新方向。琼东南盆地发现我国首个深水深层大型气田。珠江口盆地开平凹陷深水古近系开辟了勘探新区。非常规油气勘查在四川盆地及周缘页岩气新层系和深层取得新突破，在鄂尔多斯、渤海湾、苏北盆地和北部湾盆地非常规石油勘查取得新进展，在鄂尔多斯盆地东缘深层煤层气勘查取得重要突破。页岩气勘查在四川盆地及周缘威远渝西深层、普光气田浅层、井研－犍为寒武系、梁平和红星二叠系、新场复杂构造深层、丁山构造深层等取得新突破。在鄂尔多斯盆地、渤海湾盆地、苏北盆地、北部湾盆地等非常规石油新层系、新类型和新区勘查取得成效，将成为今后石油稳产的重要接替领域。鄂尔多斯盆地东缘临兴、神府等地区深层煤层气勘查获得重要突破。

2023 年，我国石油和化工行业效益有所下降。具体来看，上游油气开采业业绩表现不如 2022 年，营业收入和利润均有一定程度的降低，其中全年营业收入为 11857.9 亿元，同比下降 5.9%，利润总额为 2984.7 亿元，同比下降 16.0%（见图 2-9）。

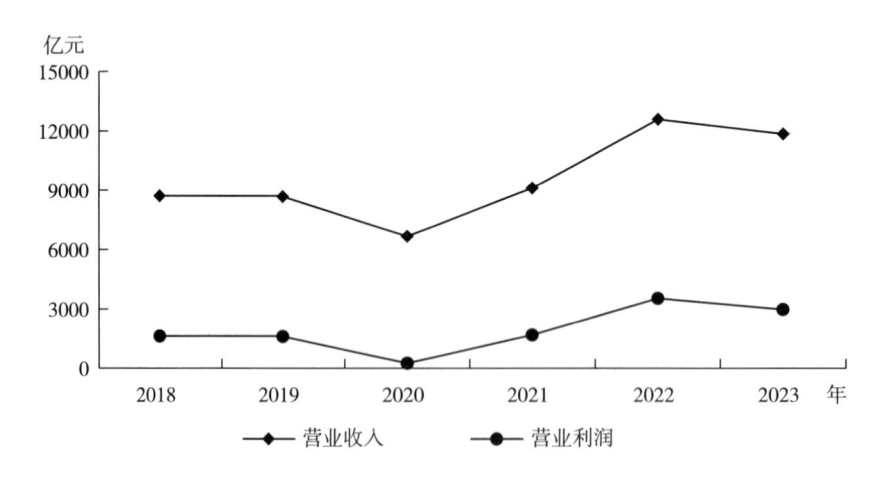

图 2-9 2018—2023 年中国石油和天然气开采业营业收入与营业利润

（资料来源：中商产业研究院大数据库）

（二）原油需求分析

海关总署统计数据显示，2023 年我国原油进口总量为 5.64 亿吨，同比增长

11.0%。根据中石油统计数据,得益于经济刺激政策落地和疫情结束后的市场快速修复,我国原油对外依存度回升至72.4%,原油消费量约为7.56亿吨(见图2-10),创历史峰值纪录。2023年是中国新冠疫情防控转段后经济常态化发展的第一年,全年GDP实现了5.2%的增长。全国范围内居民出行、工矿基建开工均有所复苏,带动国内石油市场快速回暖。受地缘政治影响,2023年国际油价同比回落,进口原油数量创历史新高,进口总金额达3375亿美元,约合23733亿元人民币,同比下降2.5%,占全年货物贸易进口总额的13%,与2022年基本持平。

图2-10 2010—2023年中国原油消费及进口情况

(资料来源:Wind、海关总署)

从贸易结构看,2023年我国主要的原油进口来源国及地区有49个,其中前十大来源国为俄罗斯、沙特阿拉伯、伊拉克、马来西亚、阿联酋、阿曼、巴西、安哥拉、科威特、美国,各自出口到我国的石油数量分别为10702万吨、8596万吨、5926万吨、5479万吨、4182万吨、3915万吨、3775万吨、3003万吨、2453万吨、1429万吨(见图2-11)。其中,俄罗斯、沙特阿拉伯、伊拉克、马来西亚四大供油国占据超半数进口原油份额。卡塔尔为第十一大进口来源国,出口到我国的原油总量为1046万吨,占比为2%。

2019—2022年,沙特阿拉伯连续四年占据我国第一大进口来源国的位置,主要由于沙特阿拉伯与中国多个炼油项目投产,供应增加。2023年在俄乌冲突影响之下,俄罗斯以较大的折扣力度向亚洲市场转移出口,俄罗斯超过沙特阿拉伯成为我国第一大进口来源国,对我国原油出口量同比增长24.1%,提升显著。马来西亚凭借低价优势,加大对我国的出口,进口量增长53.6%,在进口来源国中升至第四位。在主要进口来源国中,美国进口量增长幅度最大,增长81.1%,从巴西进口量增长51.4%。其中,马来西亚进口原油均价最低,仅为3669元/吨,而我国从俄罗斯和沙特阿拉伯购买原油均价分别为3993元/吨和4400元/吨,总进口原油均价为4208元/吨(见表2-1)。

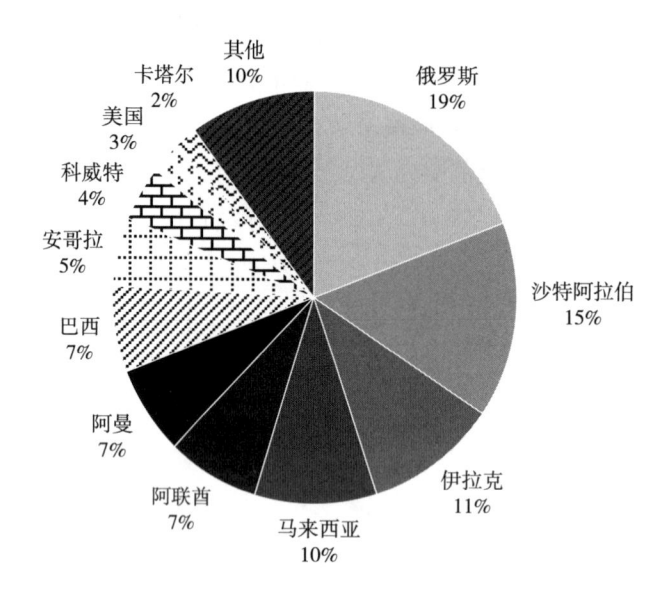

图 2-11 2023 年中国石油进口来源结构

（资料来源：海关总署）

表 2-1　　　　　　　　　　2023 年中国原油进口情况

排名	国家/区域	进口量（万吨）	进口金额（亿元）	进口均价（元/吨）
1	俄罗斯	10702	4273	3993
2	沙特阿拉伯	8596	3782	4400
3	伊拉克	5926	2474	4175
4	马来西亚	5479	2010	3669
5	阿联酋	4182	1871	4474
6	阿曼	3915	1759	4494
7	巴西	3775	1615	4278
8	安哥拉	3003	1307	4354
9	科威特	2453	1069	4356
10	美国	1429	638	4464
11	卡塔尔	1046	460	4393
	世界	56399	23733	4208

资料来源：海关总署。

（三）原油供给分析

2023 年，我国国内原油生产保持稳定，全年生产原油 20892 万吨，同比增长 2.1%（见表 2-2）。

表 2-2 2023 年原油月度生产情况

月份	产量（万吨）	同比增长（%）
1 月	3403	1.7
2 月		
3 月	1818	2.7
4 月	1728	1.7
5 月	1807	2.9
6 月	1753	1.9
7 月	1731	1.1
8 月	1747	3.1
9 月	1687	0.4
10 月	1733	0.6
11 月	1720	2.5
12 月	1765	4.6

注：因小数位数问题，部分偏差忽略不计。

资料来源：国家统计局。

2023 年，我国加工原油 73478 万吨，同比增长 8.7%。从趋势变化来看，前三个季度由于我国新冠疫情防控转段，经济恢复常态化，各行各业开工逐步复苏，原油加工量增长明显，超过 2022 年同期，其中 8 月原油加工量同比增长 20.6%。2023 年成品油出口管控松动，配额同比增长 7.4%，对全年原油加工量有所促进。2023 年全年共下发三个批次出口配额，第四季度未下发出口配额，导致第四季度炼油需求明显降低（见表 2-3）。

表 2-3 2023 年原油月度加工情况

月份	加工量（万吨）	同比增长（%）
1 月	11237	-0.5
2 月		
3 月	6329	8.0
4 月	6114	18.0
5 月	6200	15.0
6 月	6096	11.0
7 月	6313	18.7
8 月	6469	20.6
9 月	6362	12.0
10 月	6393	9.1
11 月	5954	-0.1
12 月	6012	0.4

注：因小数位数问题，部分偏差忽略不计。

资料来源：国家统计局。

三、原油价格体系进展

国际原油市场公信度最高的基准原油是美国西得克萨斯轻质低硫原油（West Texas Intermediate，WTI）和北大西洋北海布伦特基准原油。2018 年中国推出的上海原油期货在原油期货中市场规模仅次于 WTI 和布伦特原油期货，已成为全球第三大原油期货，但相较于这两大原油期货而言，上海原油期货在国际贸易合同定价参考方面的影响力还相对有限。

WTI 原油于 2023 年 6 月成为布伦特原油价格基准的组成部分。布伦特原油是全球重要的定价基准原油之一。根据"能源信息"（Energy Intelligence）提供的数据，全球约 78% 的实货原油交易，直接或间接地以布伦特原油价格为定价基准。布伦特原油的计价体系所涉及的原油由五种轻质低硫原油组成，包括英国布伦特和福蒂斯（Forties）油田生产的原油，挪威奥塞贝格（Oseberg）、埃科菲斯克（Ekofisk）油田生产的原油和挪威特罗尔（Troll）油田生产的原油，通常简称为 BFOET。

估价公司将 WTI 纳入布伦特计价体系的核心原因是，即期布伦特原油产量逐渐下降，而美国是全球第一大产油国，WTI 不断出口到欧洲，将 WTI 纳入能更全面地反映出全球的原油供需状况。WTI 原油加入布伦特价格篮子并成为其主要供应来源之后，现有的原油定价体系受到冲击，美国有望主导国际石油市场的价格体系。美国石油供需、进出口等数据的发布将对国际石油市场起到主导作用，直接和间接地决定国际石油市场全部三大价格标杆的变化趋势。布伦特原油价格受到美国石油生产及出口的影响，迪拜/阿曼原油价格标杆虽然位于中东，但其价格走势主要跟随布伦特原油，也将受其影响。

四、原油价格趋势分析

2023 年国际油价同比回落，全年呈现前低后高、冲高回落走势（见图 2-12）。2023 年，地缘溢价逐步消退，国际油价同比显著回落。上半年，在美联储连续加息以及欧美银行业动荡的背景下，宏观经济形势担忧主导市场情绪，国际油价震荡下行；第三季度，美国经济数据保持韧性，美联储加息周期接近尾声，宏观面压力有所减轻；同时，沙特阿拉伯、俄罗斯延续自愿减产至年底，导致市场供应显著收紧，石油库存降至低位水平，支撑国际油价连续冲高。第四季度，石油需求进入需求性淡季，石油降库速度放缓，国际油价出现回落。全年，WTI 和布伦特原油期货均价分别为 77.60 美元/桶和 82.17 美元/桶，同比分别下降 16.73 美元/桶（17.74%）和 16.88 美元/桶（17.04%）。

2023年布伦特—WTI价差收窄,布伦特—WTI原油期货价差为4.57美元/桶,同比收窄0.14美元/桶(见图2-13)。一方面,在俄乌冲突后,美国成为俄乌冲突和OPEC+减产后国际石油市场最大的受益者,不断加大对欧洲、亚洲等地的原油出口力度。与2022年相比,2023年美国的海运原油出口增加65万桶/天至402万桶/天;另一方面,随着WTI原油进入欧洲布伦特定价体系,美国生产的石油对国际石油市场价格体系的影响愈发显著。

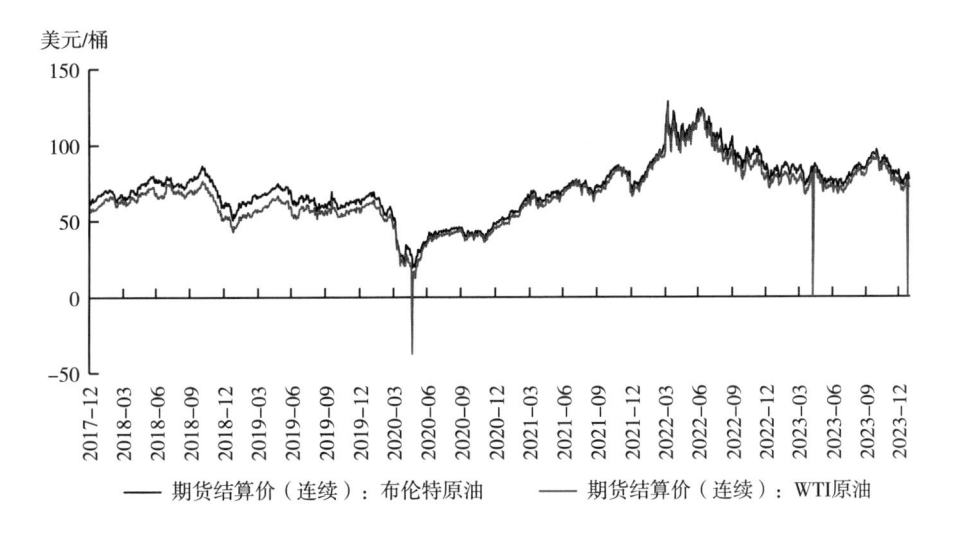

图2-12　2017年底至2023年底国际主要原油期货结算价

(资料来源:Wind)

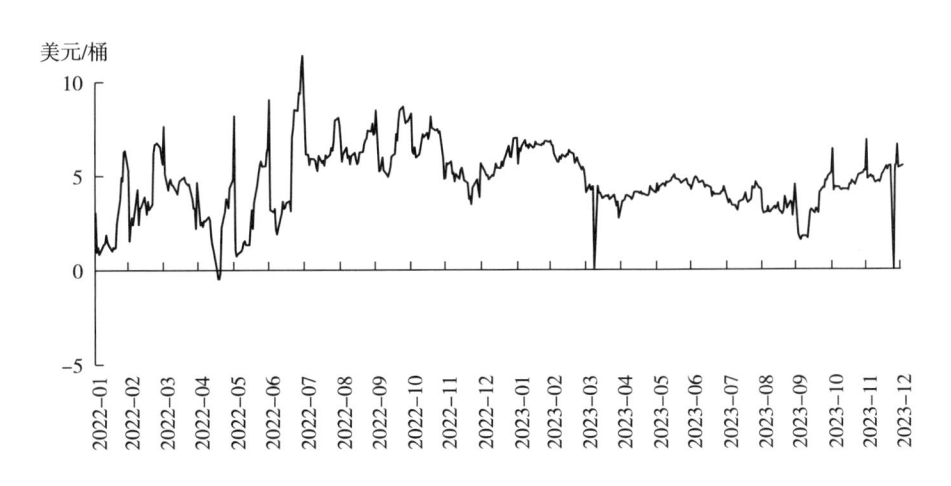

图2-13　2022—2023年布伦特—WTI期货结算价差

(资料来源:Wind)

2023年底,OPEC+艰难达成不具约束力的自愿减产协议,安哥拉宣布将退出OPEC+。沙特阿拉伯及OPEC+有望逐步退出减产以谋求石油收入最大化;以美国为首的非OPEC+国家石油产量将增加120万桶/天，其中美国原油产量增加20万桶/天，加拿大、巴西、圭亚那的石油产量均将有20万桶/天左右的增加。后疫情时代全球石油需求快速恢复时期将结束，电动车的迅猛发展对石油需求的影响加大。OPEC+预测2024年全球石油需求为1.044亿桶/天，同比增加224万桶/天（见图2-14）。

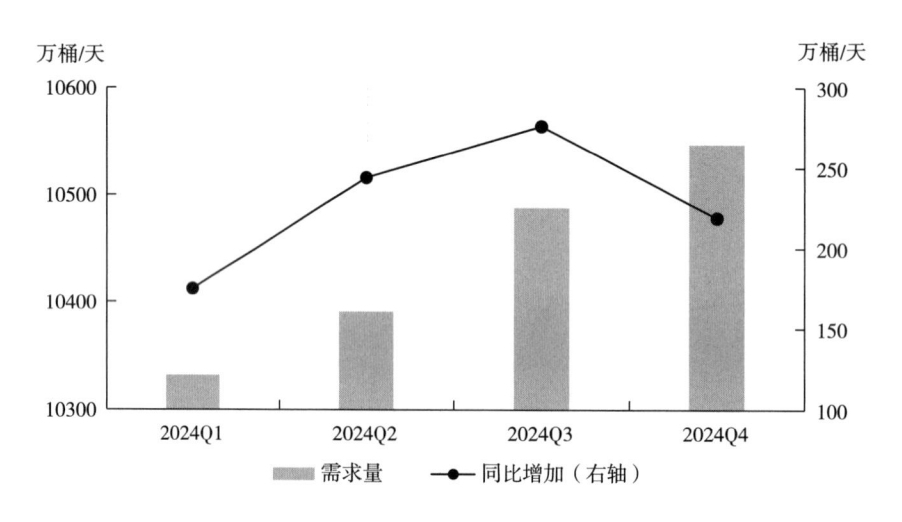

图2-14　2024年全球石油需求预测

（资料来源：OPEC）

高通胀和投资者对高利率的担忧可能会降低市场对宏观经济的预期，并可能对需求构成风险。2023年3月，美联储宣布加息以遏制通胀，联邦基金利率目标区间由4.5%~4.75%上调75个基点至5.25%~5.5%，达到2007年以来最高水平（见图2-15）。美联储预计，2024年核心通胀率同比将降至3%以下，联邦公开市场委员会2024年前瞻利率为4.25%~4.5%。预计美联储将在2024年下半年开始降息。从历史经验看，降息对油价的影响没有显著的规律性，但结束加息进程意味着对油价的压制作用将减轻。去通胀进程完成之后，美联储政策大概率将回到遵循规则的决策模式，货币政策与油价的相关性将降低，驱动油价的最主要因素仍是经济前景带来的需求变动。

尽管欧美通胀问题有望进一步缓和，但在高利率环境下，2024年全球经济增长仍面临挑战；全球石油需求新冠疫情后快速修复期结束，石油需求增长放缓；美洲几个主要产油国产量大幅提升，石油供应增长将快于需求增长；2024年市场基本面较2023年更为宽松，石油库存整体水平上升，但仍处于近5年较低水平，对油价带来一定支撑；欧美将启动降息，金融侧对油价的压力有望减轻，中石油经研院预测布伦特年均价为75~80美元/桶，价格中枢较2023年有所下移（见图2-16）。此外，2024年美国将举行大选，或将成为影响油市场的重要不确定性因素。除了地缘不确定性将上升外，通常来说，选举压力将使拜登政府在年内努力控制油价，这会对油价带来一定的压制。

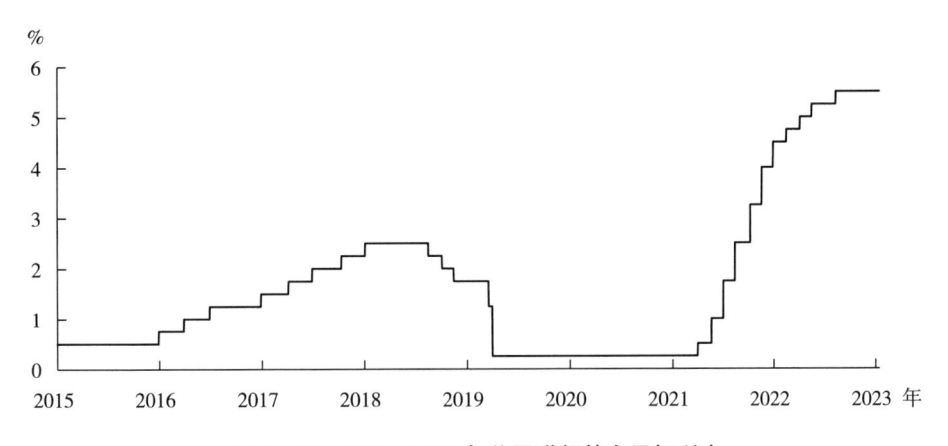

图 2－15　2015—2023 年美国联邦基金目标利率

（资料来源：Wind）

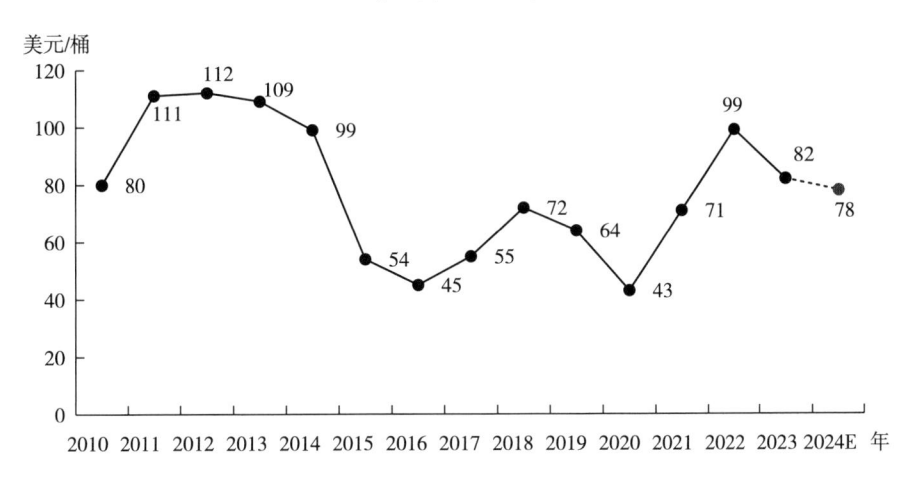

图 2－16　2010—2024 年布伦特年均价格走势

（资料来源：中石油经研院）

第三节　成品油

一、全球成品油市场分析

（一）全球成品油供需

2023 年，全球经济进一步从新冠疫情恢复，各国生产活动稳步推进，特别是中国经济恢复性增长推动汽柴煤油等主要成品油延续供需双升局面。全年供应总量为 9084 万桶/天，同比上涨 3.4%；全年需求总量为 8746 万桶/天，同比上涨 3.2%；供应富余

338万桶/天，差额进一步扩大（见表2-4和表2-5）。

表2-4　　　　　　　2022—2023年全球成品油供给量　　　　单位：万桶/天

成品油种类	2022年	2023年
汽油	2651	2692
柴油	2922	3034
航空煤油	714	733
残渣燃料油	673	674

资料来源：中石油经研院。

表2-5　　　　　　　2022—2023年全球主要油品需求量　　　　单位：万桶/天

成品油种类	2022年	2023年
汽油	2591	2622
柴油	2819	2910
航空煤油	676	723
残渣燃料油	645	637

资料来源：中石油经研院。

各油品供需关系如下：

在汽油方面，全球疫情基本控制，私人交通恢复迅速，但新能源汽车及替代能源的发展限制了汽油需求的增长。全球汽油供需均小幅上升，需求量为2622万桶/天，同比上升1.2%；供给量为2692万桶/天，同比上升1.5%，供应过剩70万桶/天。

在柴油方面，疫情后柴油需求恢复速度快于汽油，已回升至疫情前水平；俄乌冲突以来，欧洲柴油自俄罗斯进口量减少、自美国进口量增加，流向再平衡，但整体供应偏紧。全球柴油需求量为2910万桶/天，同比上升3.2%；供应量为3034万桶/天，同比上升3.8%，供应过剩124万桶/天。

在航空煤油方面，全球航空煤油供需维持高速恢复状态，需求已回升至疫情前九成。全球航空煤油需求量为723万桶/天，同比上升17.3%；供给量为733万桶/天，同比上升12.1%，供应过剩10万桶/天。

在残渣燃料油方面，全球燃料油需求小幅回落，全球消费量达637万桶/天，同比下降1.2%；全球产量为674万桶/天，同比基本持平，供应过剩37万桶/天。

2023年，全球不同区域油品供需关系变化有所不同，汽油主要流入拉美地区以及非洲地区，柴油则从过剩的北美地区、亚太地区、中东地区流入欧洲，航空煤油从亚洲流入欧洲、非洲和拉美地区（见表2-6和表2-7）。具体如下：

在北美洲方面，为满足欧洲市场需求，美国炼油商提高柴油产量，对欧洲出口柴油继续增加，馏分燃料油库存持续处于低位。

在亚洲方面，上半年中国油品需求快速恢复，下半年宏观预期转弱导致需求端承压，汽油市场行情整体偏弱。而持续的俄乌冲突使亚洲柴油流入欧洲，加之柴油生产的高利润性，亚洲诸多炼厂大幅增加柴油产量而控制航空煤油产量。

在欧洲方面，欧洲对俄罗斯的制裁使其柴油市场供应短缺情绪上升，这加大了其对北美与亚洲的柴油进口，同时中东柴油的涌入在一定程度上缓解了欧洲柴油供不应求的局面。

表2-6　　　　　　　　　2023年各地区成品油供给量　　　　　　　单位：万桶/天

成品油种类	北美洲	亚洲	欧洲	非洲
汽油	1005	811	378	45
柴油	622	1030	597	96
航空煤油	196	262	91	21

资料来源：IHS。

表2-7　　　　　　　　　2023年各地区成品油消费量　　　　　　　单位：万桶/天

成品油种类	北美洲	亚洲	欧洲	非洲
汽油	982	807	212	114
柴油	446	970	701	192
航空煤油	191	242	124	23

资料来源：IHS。

（二）全球成品油价格

1. 2023年三大市场汽油、柴油及航空煤油价格与国际油价走势基本一致，整体回落

2023年，国际油价整体回落，全球主要地区油品价格同步回落，汽柴油零售价格涨跌不一（见表2-8）。具体如下：美国方面，自出行高峰结束后，国际油价的持续下跌带动美国汽油价格不断走低；欧洲方面，自欧盟对俄罗斯石油产品的禁令生效以来，中东炼油厂成为替代俄罗斯柴油的主要供应商，加之俄罗斯—欧洲的柴油贸易短期内并无实质性脱离，欧洲柴油供应稳定，价格回落；亚洲方面，成品油价格随国际油价变动，其他因素影响相对较小。

表2-8　　　　　　　　2023年三大市场成品油平均价格　　　　　　单位：美元/桶、%

品种	成品油现货价格						原油现货价格			
	美国纽约港	同比	欧洲鹿特丹	同比	亚洲新加坡	同比	WTI	同比	布伦特	同比
汽油	124.75	-15.77	102.79	-14.56	94.04	-15.26	77.56	-3.36	82.81	-3.61
柴油	101.89	-21.28	111.07	-21.42	106.41	-21.47				
航空煤油	123.02	-23.53	111.55	-19.59	104.57	-17.59				

资料来源：路透社、Wind。

2. 部分国家和地区汽油、柴油零售价格下降

总体来看，2023年全球大部分国家和地区汽油、柴油零售价格小幅下降，汽油、柴油含税零售平均价基本持稳，汽油、柴油零售价格走势与原油价格走势基本一致（见表2-9）。

表2-9　　　　2022—2023年部分国家和地区汽油、柴油平均零售价　　　单位：元/升

国家/地区	规格品号	含税 汽油 2023年	含税 汽油 2022年	含税 柴油 2023年	含税 柴油 2022年
中国	92#V汽油/0#V柴油	7.75	8.25	7.53	7.96
韩国	92#汽油/超柴	8.86	9.32	8.4	9.47
日本	91#汽油/柴油	8.67	8.82	7.66	7.78
新加坡	95#汽油/超柴	14.06	13.51	12.85	12.82
美国	普通汽油/柴油	6.72	7.15	7.8	9.07
英国	95#汽油/柴油	12.92	13.61	13.86	14.66
平均价格	汽油/柴油	10.98	11.07	10.68	10.93

资料来源：部分国家和地区成品油零售价格官网。

国际成品油市场定价方式国际化程度相对较低，且进展、进程较慢。目前，国际上主要有三大成品油市场，即欧洲荷兰鹿特丹成品油市场、美国纽约商品交易所及新兴亚洲新加坡市场，各地区成品油国际贸易都主要以该地区的市场价格为基准作价。此外，最近发展起来的日本东京市场对远东市场贸易也有一定参考意义。

以新加坡市场为例，作为定价基准的成品油主要包括：

（1）汽油定价主要以石脑油或92号汽油为基准，也有个别交易以95号或97号汽油定价。

（2）柴油定价主要以0.5%含硫柴油为基准。其他不同等级规格的柴油可以此为定价基准，也可以其独立的报价定价，如0.25%和1.0%含硫的柴油。

（3）航空煤油、双用煤油及灯油的定价主要以煤油为基准。

（4）燃料油的定价主要以黏度为180或380的燃料油价格为基准。此外，也有个别交易以迪拜原油为基准定价。

二、中国成品油市场分析

（一）中国成品油生产供给

2023年，我国经济总体回升向好。随着大范围疫情过峰，自3月起，油品需求恢

复，带动炼油行业生产明显好转，原油加工量维持高位至年底。全年炼厂开工率达78.9%，汽油、柴油、煤油全部增产，产量共计4.44亿吨，同比增长11.1%。其中，煤油产量增幅显著，同比增长68.46%（见表2-10）。10月25日，国家发展改革委、国家能源局、工业和信息化部、生态环境部联合发布《关于促进炼油行业绿色创新高质量发展的指导意见》，确定炼油能力"天花板"，指导炼油行业向一体化、绿色、低碳、智能方向转型升级。预计2024年我国成品油供应将放缓。

表2-10　　　　　2019—2023年汽油、柴油、煤油产量及增速　　　　单位：万吨、%

年份	汽油 产量	汽油 增速	柴油 产量	柴油 增速	煤油 产量	煤油 增速	汽油、柴油、煤油合计 产量	汽油、柴油、煤油合计 增速
2019	14150	1.9	16620	-4.4	5290	10.9	36060	0.07
2020	13187	-6.8	15972	-3.9	4869	-8	34028	-5.6
2021	15457	17.4	16337	2.7	3944	-19	35738	5.0
2022	14536	-5.96	19126	17.1	2949	-25.2	36611	2.44
2023	16138	11.02	21729	13.61	4968	68.46	42835	17.00

资料来源：Wind、国家统计局。

（二）中国汽油、柴油市场消费

2023年国内汽油、柴油、煤油表观消费总量达3.99亿吨，同比增长9.5%（见图2-17）。其中，汽油表观消费总量为1.63亿吨，同比增长9.7%；柴油表观消费

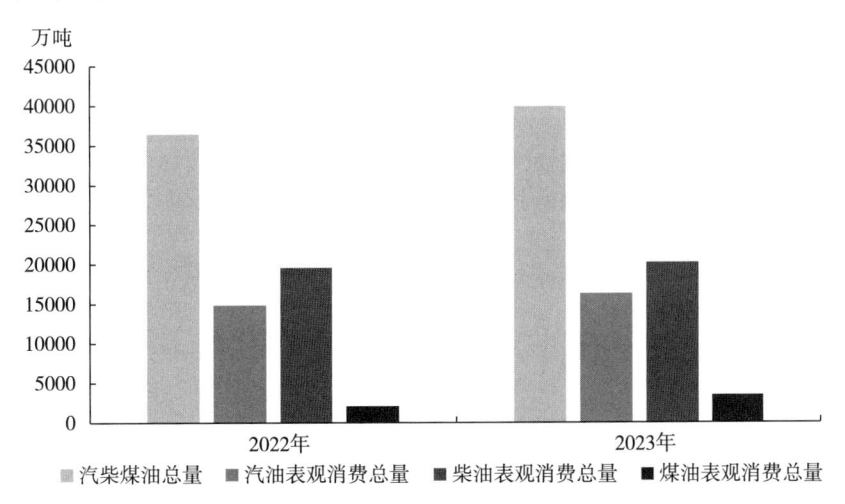

图2-17　2022—2023年成品油消费量对比

（资料来源：Wind、中石油经研院）

总量为 2.02 亿吨，同比增长 3.3%；煤油表观消费总量为 3475 万吨，同比增长 65.7%。

2023 年是疫情后经济常态化发展的第一年，全年 GDP 实现 5.2% 的增长，生产生活均有所复苏。得益于宏观的政策实施与市场的快速修复，国内成品油消费进一步回升，接近疫情前水平。汽油消费加速回暖，尽管新能源汽车销量再创新高，一定程度上拉低汽油消费。柴油消费稳中有进，工业领域用油增加，全年柴油消费基本恢复至 2019 年水平。随着商旅出行需求大幅提升，煤油消费触底反弹，同比增长 65.7%。随着全社会绿色、低碳转型进程深入，成品油消费增速将显著回落，总量接近达峰，预计 2024 年成品油同比增长 0.3%。

（三）中国成品油进出口分析

1. 进口分析

2023 年，中国成品油进口量达 4782 万吨，同比上升 81%；2023 年中国成品油进口金额为 2762151 万美元，同比上升 41%。成品油进口量及金额在年初快速上升，年中经历小幅下滑，后恢复涨势（见图 2-18）。

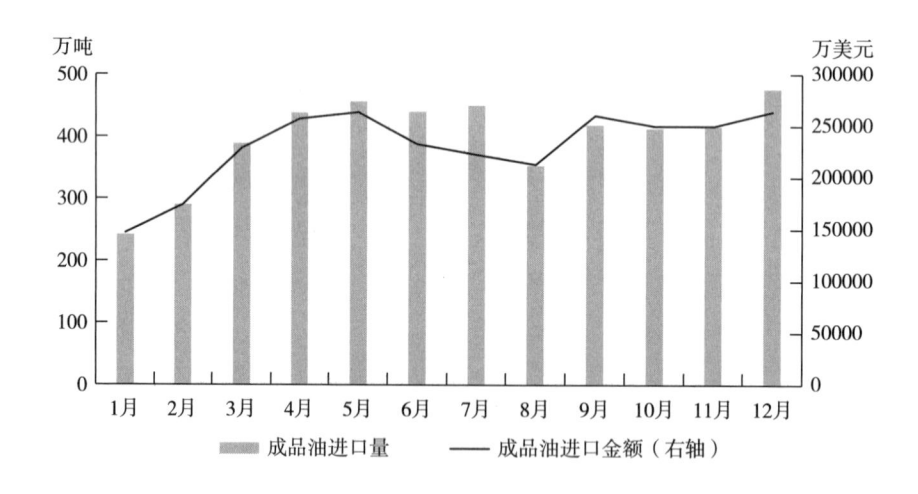

图 2-18　2023 年月度成品油进口量与进口金额

（资料来源：Wind、海关总署）

2. 出口分析

2023 年，中国成品油出口总量为 6269 万吨，同比上升 16.8%（见图 2-19）；其中汽油 1228 万吨（同比下降 2.3%），柴油 1377 万吨（同比增长 26.0%），航空煤油 1585 万吨（同比增长 45.3%）。

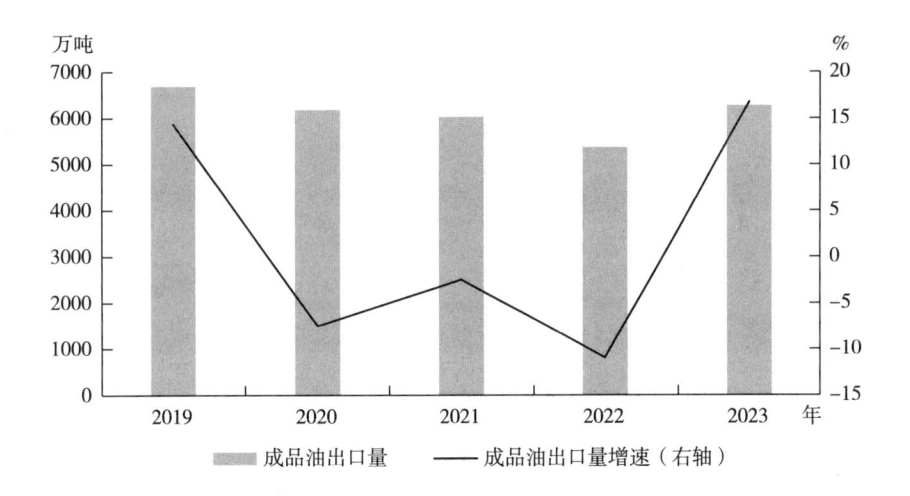

图 2-19　2019—2023 年成品油出口量及增速

（资料来源：Wind、海关总署）

（四）中国成品油价格分析

1. 成品油定价机制

根据中国现行的成品油价格形成办法，国内成品油价格选取国际市场原油价格作为基础，外加国内平均加工成本、税金、适当利润等因素确定。当国际市场原油连续 22 个工作日移动平均价格变化超过 4% 时，可相应调整国内汽油、柴油价格。

2016 年 1 月 13 日，国家发展改革委发布通知，决定设置成品油调控上下限。调控上限为每桶 130 美元，下限为每桶 40 美元。即当国际市场油价高于每桶 130 美元时，汽油、柴油最高零售价格不提或少提；低于每桶 40 美元时，汽油、柴油最高零售价格不降低；在每桶 40~130 美元之间运行时，国内成品油价格机制正常调整，该涨就涨，该降就降。

具体核算是，以布伦特（Brent）、迪拜（Dubai）和米纳斯（Minas）三地平均原油价格+成本+适当的利润率（按 2004 年行业平均利润率为 5% 左右）来确定成品油价格。其中，18~50 美元之间按照上述公式计算，50 美元以上开始扣减加工环节利润，每上涨 1 美元扣减 1% 的利润率，到 55 美元减为零，55~65 美元为零利润。

2. 成品油价格分析

综合来看，数据显示，截至 2023 年 12 月 31 日，汽油价格为 8630 元/吨，较年初下跌 0.58%；柴油价格为 7605 元/吨，较年初下跌 0.65%。

国内成品油价格主要参考国际原油定价，汽油、柴油价格受国际油价冲击较大。2023 年内共经历 25 轮调价周期，汽油、柴油各累计下调 50 元/吨（见图 2-20 和表 2-11）。

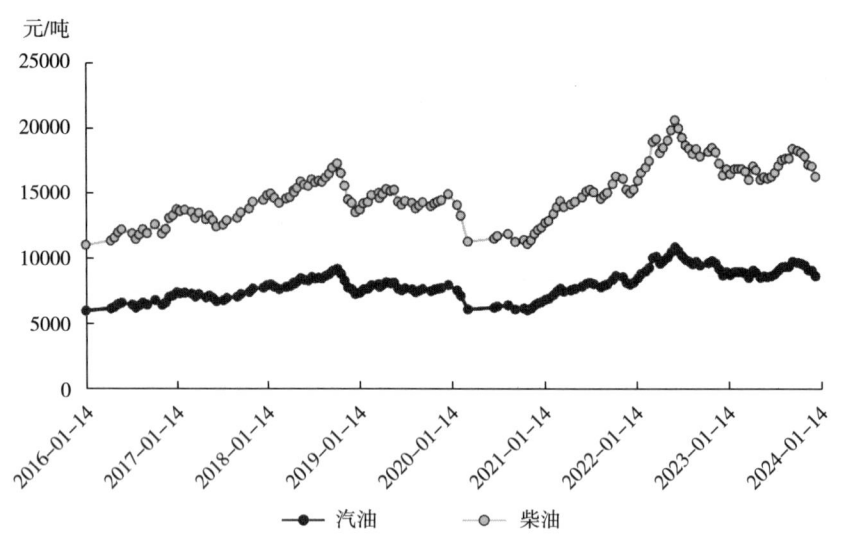

图 2-20 2016—2024 年国内汽油、柴油指导价变化情况

(资料来源：国家发展改革委)

表 2-11　　　　2023 年国家发展改革委汽油、柴油指导价统计表　　　　单位：元/吨

调整日期	汽油指导价	调整幅度	柴油指导价	调整幅度
2023-01-04	8930	250	7895	240
2023-01-18	8725	-205	7700	-195
2023-02-04	8935	210	7900	200
2023-02-18	8935	0	7900	0
2023-03-04	8935	0	7900	0
2023-03-18	8835	-100	7805	-95
2023-04-01	8500	-335	7485	-320
2023-04-18	9050	550	8010	525
2023-04-29	8890	-160	7855	-155
2023-05-17	8510	-380	7490	-365
2023-05-31	8610	100	7585	95
2023-06-14	8555	-55	7535	-50
2023-06-29	8625	70	7605	70
2023-07-13	8780	155	7755	150
2023-07-27	9055	275	8015	260

续表

调整日期	汽油指导价	调整幅度	柴油指导价	调整幅度
2023-08-10	9295	240	8245	230
2023-08-24	9350	55	8300	55
2023-09-07	9350	0	8300	0
2023-09-21	9735	385	8670	370
2023-10-11	9650	-85	8590	-80
2023-10-25	9580	-70	8520	-70
2023-11-08	9440	-140	8385	-135
2023-11-22	9100	-340	8055	-330
2023-12-06	9045	-55	8005	-50
2023-12-20	8630	-415	7605	-400

资料来源：国家发展改革委。

（五）中国成品油炼化市场现状

2021年是国内石油炼化市场加强整顿的开局之年，多部委联合全面展开了一系列市场整顿行动，包括核查原有配额、征收调和原料消费税、加强税收监管、加大环保督察力度等，整顿力度空前。2022年，为引导石油行业规范健康发展，国家部署开展新一轮成品油市场整顿行动，主要针对地方炼厂非税成品油资源，行业发展环境持续好转，同时柴油再次被列入危险化学品，不合规经营者将逐步被清退，提升市场经营的规范性。

经过两年的整顿，2023年行业监管政策进一步细化落地，表外资源进一步回归表内，推动成品油市场继续向有序、规范、公平发展。国内炼化行业进一步分化：炼油能力增长放缓，居民消费复苏带动成品油需求快速恢复，炼厂开工率上升，炼油效益有所改善；化工市场总体呈扩张态势，行业发展情况各异，下游需求普遍不佳，主要产品利润较低。

预计到2024年，我国国内炼油能力将达到9.61亿吨/年的规模，镇海炼化、裕龙岛石化将投产，净增产能2500万吨/年。预计全年原油加工量为7.52亿吨，成品油产量为4.51亿吨，产大于需约5000万吨，市场供应充足。化工市场产能投放将减少，总体景气度将小幅回升。

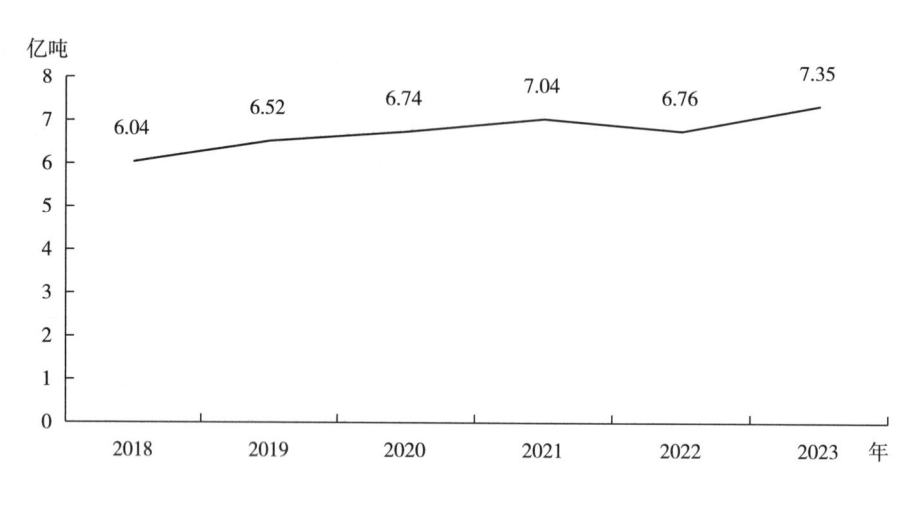

图 2-21　2018—2023 年国内原油加工量

（资料来源：Wind）

第四节　天然气

2023 年全球经济增速放缓，地缘格局却在加速震荡，地区冲突多点爆发，人道危机持续恶化，粮食、能源、灾害、生态等传统与非传统安全风险陡起壁立，交错叠加。分裂、对立、迷茫、徘徊、焦虑的表征突出，不稳定性、不确定性的心态普遍，变乱交织的世界面临新的抉择。国际金融市场复苏乏力，市场通货膨胀持续，全球经济增长缓慢。俄乌冲突仍旧持续，但对天然气市场的影响逐渐减弱，欧洲地区出台各项政策以弥补俄罗斯西行天然气管道供应缺口。欧亚地区库存维持高位，受天然气现货高价及温和天气影响，全球天然气下游需求疲软，国际贸易流动性减弱，国际天然气市场价格走势逐渐回归理性。另外，自由港复工、欧洲加大浮式接收站建设、欧盟强制缩减 15% 消费量缓解了短期供应紧张情绪；但在澳大利亚罢工事件、荷兰政府于 2024 年 10 月永久关闭格罗宁根气田事件，以及巴拿马运河、苏伊士运河交通受阻等多重影响下，市场从业者对后市较为担忧。国际天然气市场供应脆弱性凸显，价格震荡较为频繁。

一、全球天然气市场分析

（一）2023 年国际天然气市场价格走势回顾

2023 年全球经济整体格局依然疲软，中国市场放开后的逐步恢复、俄乌冲突引发的天然气危机缓和等多重因素影响国际天然气价格走势。整体来看，上半年 JKM 与 TTF 价格震荡下行，下半年维持拉升态势，HH 价格全年维持低位运行。从走势上看，JKM 和 TTF 基本相同，亚欧区域 LNG 市场竞争格局短期内将是国际市场的主旋律（见图 2-22）。

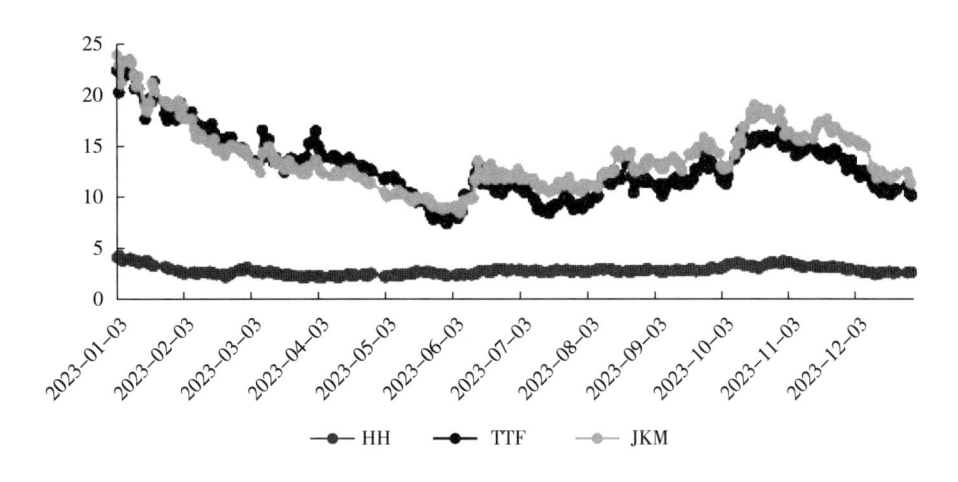

图 2-22　2023 年全球天然气主要价格指数走势

（资料来源：上海石油天然气交易中心）

1—6 月，由于上年冬季相对暖和、欧盟成员国自愿削减天然气需求增强储气、地缘冲突短暂冷却，TTF 小幅震荡下落，第一季度均价为 16.69 美元/百万英热单位，第二季度均价为 11.20 美元/百万英热单位。JKM 价格从 20 美元/百万英热单位左右高位逐步下降，5 月进一步下降到 9 美元/百万英热单位左右。HH 价格第一季度呈下降趋势，降幅相对较大。1 月，美国 48 个州大部分地区气温温和，与过去十年相比 HDD（取暖指数）减少 16%，需求缩小，同时天然气产量比五年平均水平高 11%。第二季度，价格相对平稳，4 月和 5 月维持在 2.5 美元/百万英热单位的低位以下。6 月波动上升，低气价削弱上游开采活动，钻机数量减少，且天然气库存增幅低于预期，带动价格低位反弹。

7—9 月，挪威管道检修扰动供应端，TTF 价格从低位震荡回升，第三季度均价为 10.56 美元/百万英热单位。JKM 价格 7 月在高库存和低需求的背景下稳定在 11 美元/百万英热单位。8 月，澳大利亚主要天然气项目罢工的不确定性导致价格小幅上涨，在 9 月实施罢工后 JKM 价格升至 15 美元/百万英热单位。HH 价格保持在 2.5 美元/百万英热单位上下。

10—12 月，澳大利亚工人罢工危机、巴以冲突加剧、红海局势严峻、采暖季供热需要导致 TTF 持续缓慢波动上行，第四季度均价为 13.57 美元/百万英热单位。10 月，JKM 价格升至 17 美元/百万英热单位。11 月地缘政治风险有所缓解，JKM 价格稳定在

14 美元/百万英热单位。12 月价格季节性波动，JKM 价格升至 15 美元/百万英热单位左右。HH 价格在 10—11 月呈 M 形态，北美地区存在降温预期，取暖用气需求增加，LNG 出口有所减弱。

（二）全球天然气供需分析

1. 全球天然气需求现状

2023 年，全球天然气市场缓慢恢复，估计全年消费量达 3.96 万亿立方米，同比增长 0.5%，上年增速为 -3.1%，主要原因：一是国际气价回落推升亚洲等市场需求；二是全球经济增长动能不足，工业用气需求疲弱；三是核电及风光等替代能源利用增加，抑制发电用气需求；四是冬季气温偏暖，采暖用气需求增幅有限（见图 2-23）。

2023 年，主要市场需求较为疲弱，亚洲拉动作用明显。其中，欧洲延续上年负增长态势。北美地区消费增速明显放缓，亚太地区需求显著增长。2023 年，北美天然气消费量为 1.1 万亿立方米，增速从上年的 4.7% 降至 1.2%。其中，加拿大消费量为 1230 亿立方米，同比增长 1.2%；墨西哥消费量为 982 亿立方米，同比增长 1.7%；美国消费量为 8910 亿立方米，同比增长 1.1%，增速较上年下降 4.3 个百分点，主要是由于暖冬、工业复苏缓慢、可再生能源利用增加等因素抑制用气需求。

2023 年，欧洲天然气消费量为 4679 亿立方米，同比下降 6.2%，上年增速为 -13.0%。一方面，欧洲主要经济体经济增长停滞，制造业持续处于收缩区间，抑制工业用气需求；另一方面，风光装机快速增长，水电回归正常水平，法国重振核电，叠加整体用电量下降，抑制发电用气需求。

2023 年，亚太天然气消费量为 9230 亿立方米，同比增长 1.8%，上年增速为 -3.2%。中国、印度贡献了主要增量。其中，中国天然气消费量为 3917 亿立方米，

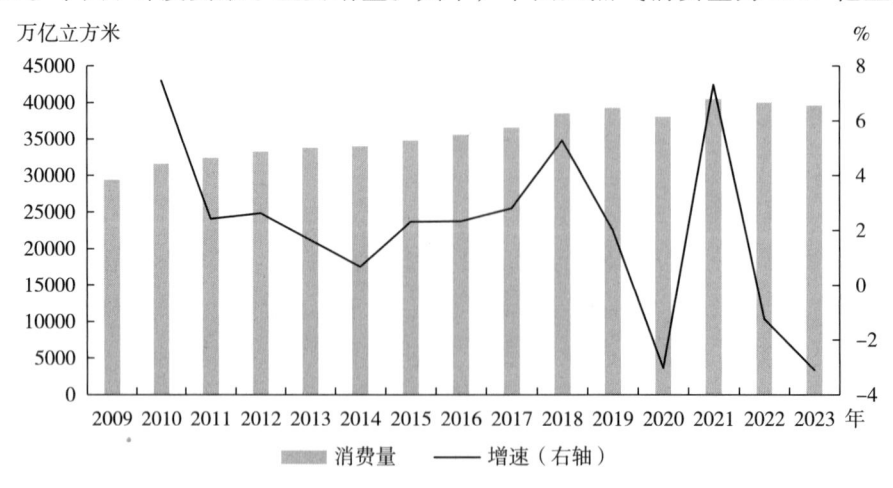

图 2-23 2009—2023 年全球天然气消费量及增速

（资料来源：BP）

同比增长6.6%；日本天然气消费量为915亿立方米，同比下降9.0%；韩国天然气消费量为580亿立方米，同比下降6.3%；印度天然气消费量为625亿立方米，同比增长7.4%；新兴国家天然气消费量为2263亿立方米，同比增长1.8%。

2. 全球天然气供给现状

2023年，全球加大上游油气投资，同比增长约11%，为2015年以来的最高水平，支撑天然气产量持续增长。由于国际油价高位震荡、能源转型步伐放缓，国际石油公司重新定位传统能源，天然气投资持续增长。2024年，估计全球天然气产量为4.37万亿立方米，增速为2.0%，增量主要来自北美、中东。全球天然气探明储量持续增加，前五大国家保持不变，依然为俄罗斯、伊朗、卡塔尔、土库曼斯坦和美国。

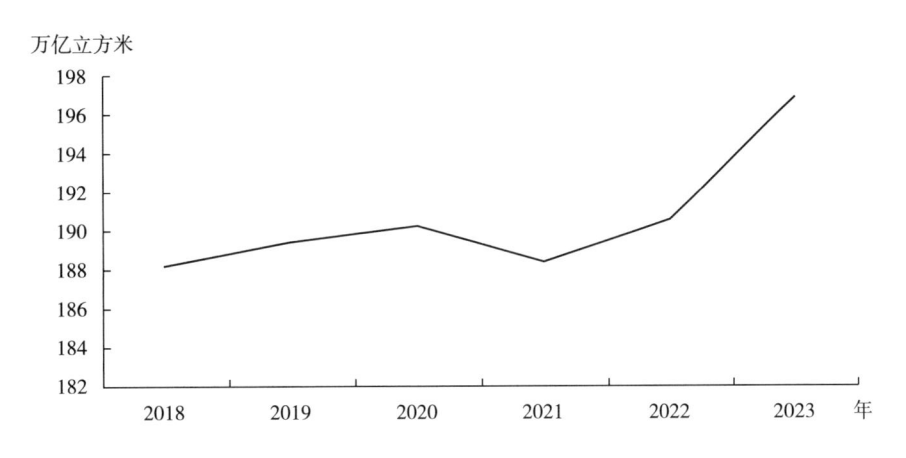

图2-24 2018—2023年全球天然气探明储量

（资料来源：BP）

2023年，全球天然气产量达4.28万亿立方米，增速由上年的0.4%增至0.8%。分地区看，北美天然气产量为1.36万亿立方米，同比增长3.4%，其中，美国产量为1.15万亿立方米，同比增长3.3%。中东产量为7388亿立方米，同比增长0.8%，上年增速为3.7%，其中，卡塔尔产量为1820亿立方米，同比下降0.7%。中亚产量为2173亿立方米，同比增长1.0%，上年增速为0.3%。俄罗斯产量为6420亿立方米，同比下降4.5%，上年增速为-12.7%。中南美天然气产量为1506亿立方米，同比增长0.5%，上年增速为1.6%。非洲天然气产量为2638亿立方米，同比增长3.0%，上年增速为-4.3%（见图2-25）。

全球LNG产能为4.57亿吨/年，增速由上年的2.9%下降至0.9%，为近10年最低增速。新增产能400万吨/年，较上年减少927万吨/年。分国家来看，美国是全球第一大LNG生产国，液化产能达9042万吨/年。澳大利亚、卡塔尔、马来西亚和俄罗斯分别位居第二位至第五位，产能分别为8780万吨/年、7740万吨/年、3200万吨/年和3040万吨/年（见图2-26）。

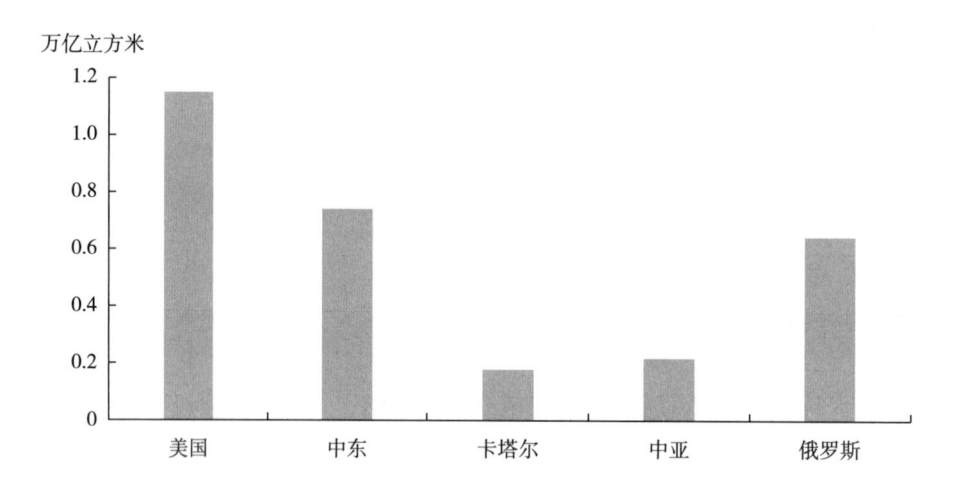

图 2-25　2023 年全球常规天然气产量

（资料来源：作者根据公开资料整理）

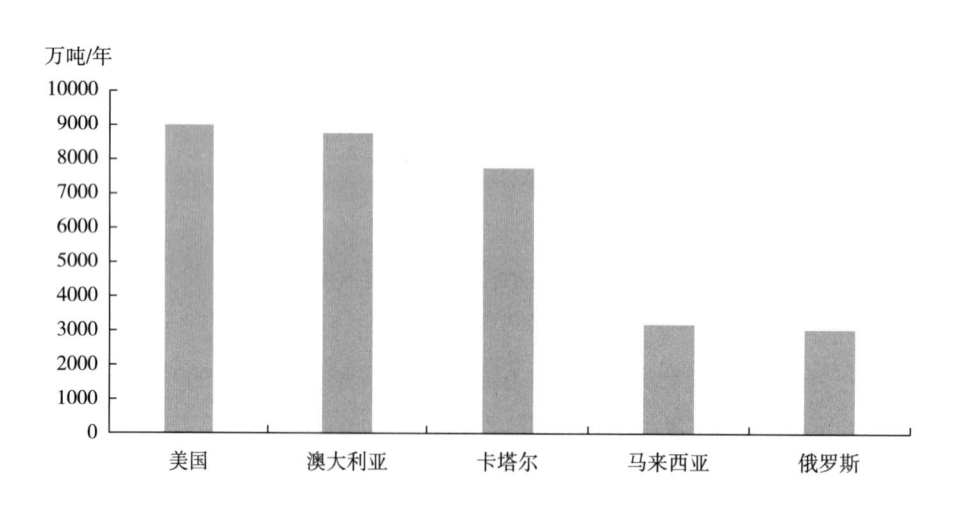

图 2-26　2023 年全球液化天然气产量

（资料来源：BP）

（三）全球天然气进出口分析

进口方面，2023 年以来，基于"俄乌冲突后时代"背景，欧洲 LNG 进口明显增加，全球天然气市场竞争更加激烈，由于欧洲 LNG 进口量仓促增加，脆弱性较为明显。目前东北亚地区仍为全球 LNG 主消费地，欧洲其次。中国 LNG 进口位列全球第一，LNG 进口量约为 9263.5 万吨，约占全球 LNG 总进口量的 23%；日本位列第二，LNG 进口量约为 6707.9 万吨，约占全球 LNG 总进口量的 17%；韩国位列第三，LNG 进口量约为 4517 万吨，约占全球 LNG 总进口量的 11%。整体来看，2023 年 LNG 主要进口国进口体量有所减少，进口下降2.63%，为近五年来首次负增长。LNG进口负增长主要是因为2023年整体气温保持温和，供暖季市场整体需求支撑较为脆弱，带动冬季LNG进口体量下降。

出口方面，2019—2023年，由于世界能源需求增速放缓，以及煤炭和其他相对低价的非化石能源竞争，全球LNG出口增速放缓。近五年，LNG出口量增速分别为11.01%、0.99%、5.27%、4.55%、3.18%。2023年，随着地缘政治影响逐渐消退，供需失衡的格局缓解。在大部分地区库存水平良好的情况下，全球LNG出口量增速下滑。

截至2023年12月31日，全球共有21个LNG主要出口国，主要分布在亚太、中东、拉丁美洲及非洲地区。亚太地区的LNG出口国包括澳大利亚、美国、俄罗斯、文莱、马来西亚、印度尼西亚、巴布亚新几内亚；中东地区出口国包括卡塔尔、阿曼、阿联酋；拉丁美洲地区出口国包括特立尼达和多巴哥、秘鲁；非洲地区出口国包括阿尔及利亚、尼日利亚、埃及、安哥拉、几内亚、莫桑比克、喀麦隆。欧洲仅有挪威、芬兰两个出口国。

二、中国天然气市场分析

2023年是全面贯彻党的二十大精神的开局之年，我国能源行业深入落实党中央、国务院决策部署，有力应对全球经济复苏乏力、能源市场深刻调整、能源价格大幅波动等多种挑战。面对全球地缘冲突持续、经济增速放缓、国际贸易发生结构性变化、能源格局重构加速演进等不确定因素交织的复杂环境，2024年，我国能源行业将继续积极向好发展。

数据显示，2023年水电、核电、风电、太阳能发电等清洁能源发电量为31906亿千瓦时，比2022年增长7.8%。初步核算，全年一次能源生产总量48.3亿吨标准煤，比2022年增长4.2%。2023年全年能源消费总量57.2亿吨标准煤，比2022年增长5.7%。煤炭消费量增长5.6%，原油消费量增长9.1%，天然气消费量增长7.2%，电力消费量增长6.7%。煤炭消费量占能源消费总量的比重为55.3%，比2022年下降0.7个百分点；天然气、水电、核电、风电、太阳能发电等清洁能源消费量占能源消费总量的比重为26.4%，上升了0.4个百分点。

天然气行业发展景气度维持在较高水平。一方面，经济持续稳步增长，国内工业、商业、发电用气呈稳定增长态势，整体需求有望持续提升；另一方面，国际天然气市场经过连续两年调整后，供需格局基本稳定，价格大幅波动概率降低，天然气贸易将维持稳定。

（一）中国天然气需求分析

2023年，受新冠疫情管控放开、宏观经济企稳回升、气价回落、煤炭和新能源供应充足等因素影响，全年天然气消费量为3917亿立方米，增量为242亿立方米，同比增长6.6%（见图2-27）。

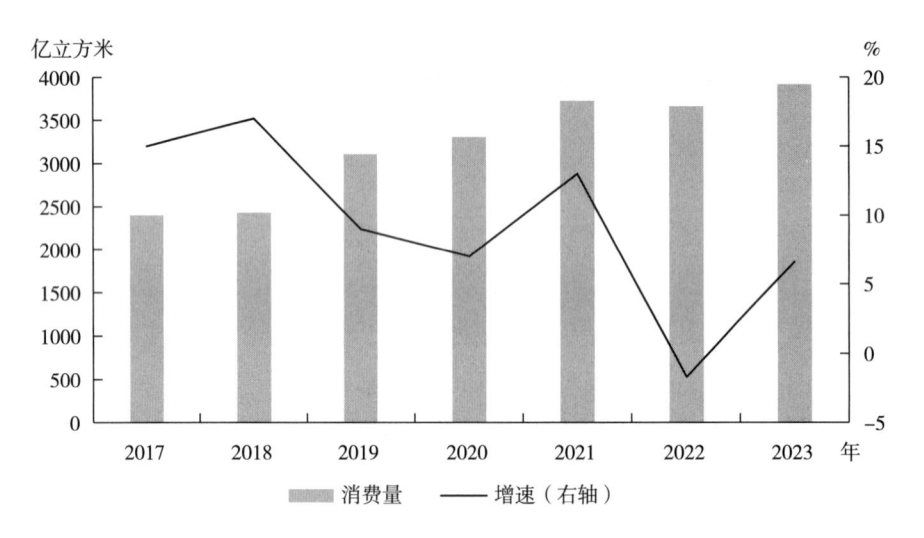

图2-27 2017—2023年中国天然气消费量及增速

（资料来源：BP、作者根据公开资料整理）

从消费结构看，2023年，城市燃气用气量为1277亿立方米，增幅为8.2%；工业燃料用气量为1543亿立方米，增幅为6.1%；发电用气量为710亿立方米，增幅为9.6%；化肥化工用气量为38亿立方米，增幅为-1.4%（见图2-28）。

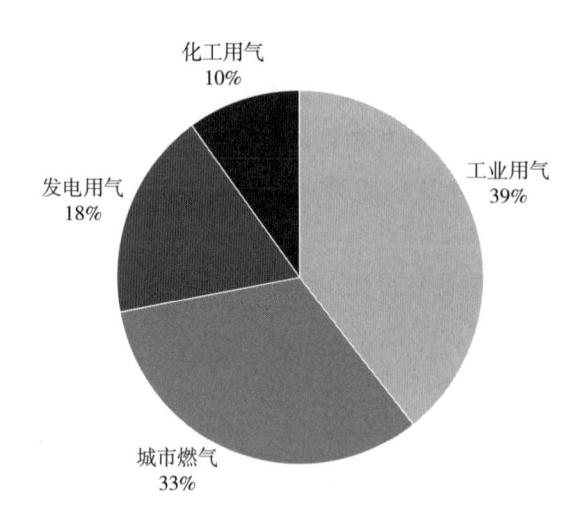

图2-28 2023年中国天然气消费结构

（资料来源：Wind、作者根据公开资料整理）

基建投资持续发力，天然气基础设施不断完善，城市燃气管道覆盖范围逐步扩大，全国用气人口稳定增长，城市燃气用气量将达到1277亿立方米；受宏观经济回升向好、气价下降等因素影响，工业企业生产积极性回升，2023年工业用气量为1543亿立方米，同比增长6.1%，高于上年0.2%的增速；全国电力需求快速增长，2023年发电气量达710亿立方米；化肥化工用气量小幅下降，约为387亿立方米。

（二）中国天然气供应分析

2023年，我国油气行业"增储上产"行动计划继续深入推进，全年天然气产量为2353亿立方米（含页岩气、煤层气与煤制气），同比增长5.7%，增量为126亿立方米，连续7年增产超100亿立方米（见图2-29）。其中，煤层气产量近140亿立方米，同比增长20.7%；页岩气产量约250亿立方米，同比增长4.5%。

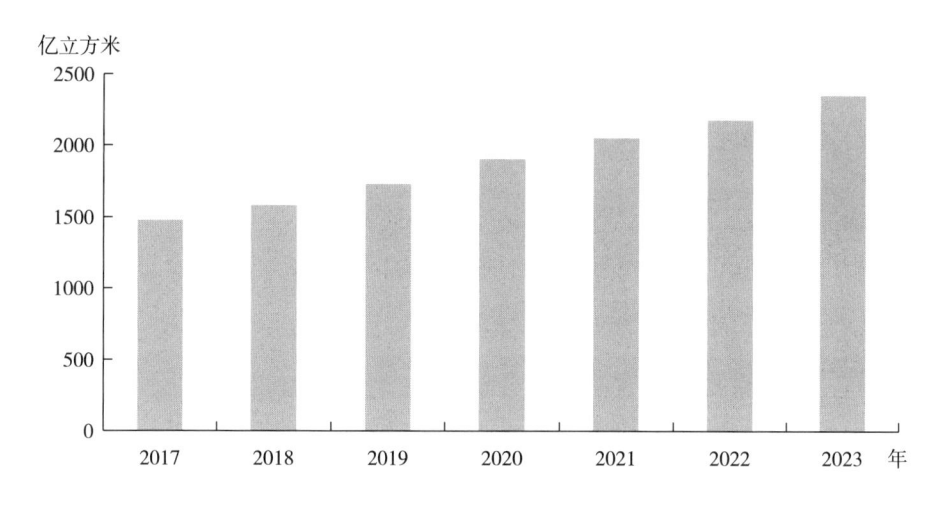

图2-29 2017—2023年中国天然气产量

（资料来源：Wind、中石油经研院）

2023年，全国天然气进口量为1656亿立方米，增速为9.5%。对外依存度为42.3%，较上年上涨1.1个百分点。其中，LNG进口量占比为59.4%，较上年上涨1.2个百分点；管道气占比为40.6%（见图2-30和图2-31）。

管道气方面，2023年全国管道气进口量为671亿立方米，同比增长6.4%。中俄东线供气量快速增加，全年进气量超220亿立方米（见图2-32）。

截至2023年底，全国天然气长输管道总里程8.7万千米（见图2-33）。省级天然气管网建设加快推进。山东、河北、江苏、上海、重庆、天津等多省份均提出加快天然气管网建设、完善主干管网布局、推动管网互联互通等目标。油气管网设施公平开放政策体系持续完善。国家围绕托运商准入、行业监管、管网建设等方面出台多项政策。《天然气管网设施托运商准入与退出管理办法（征求意见稿）》规定成为托运商的

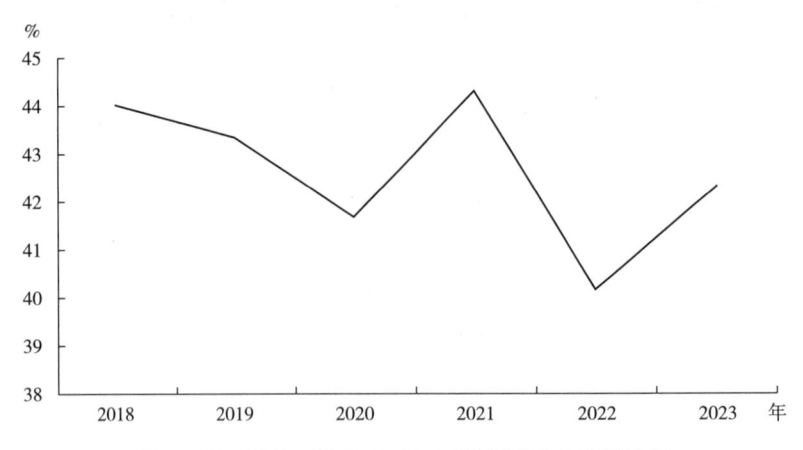

图 2-30 2018—2023 年中国天然气对外依存度走势

（资料来源：BP、作者根据公开资料整理）

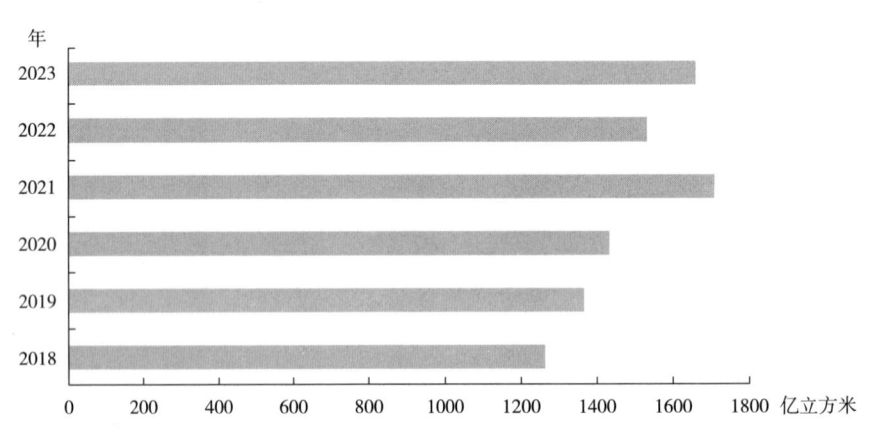

图 2-31 2018—2023 年中国天然气进口量

（资料来源：BP、作者根据公开资料整理）

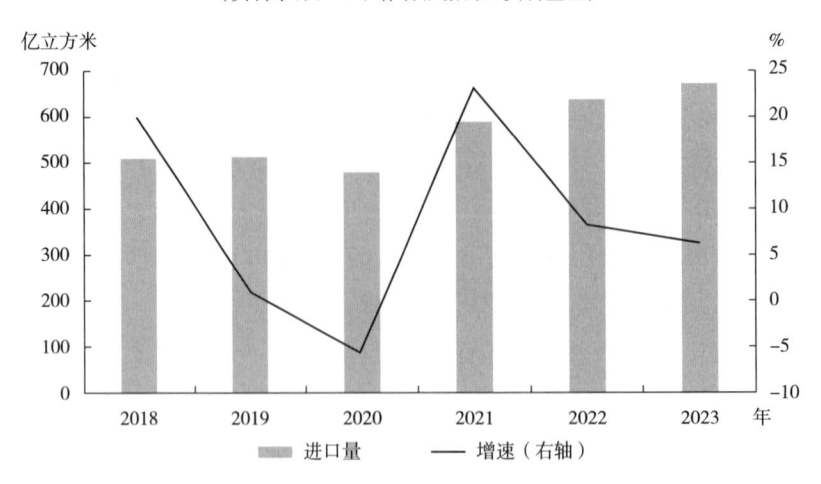

图 2-32 2018—2023 年中国管道气进口量及增速

（资料来源：Wind、海关数据、作者根据公开资料整理）

企业应具备的条件以及管网运营企业的相关职能。《2023年能源工作指导意见》提出完善油气管网设施容量分配相关操作办法，加强油气管网自然垄断环节监管，深入推进油气管网设施公平开放。2023年全国油气管道规划建设和保护工作会议提出年度工作重点是落实石油天然气"全国一张网"建设和油气管网重大工程。

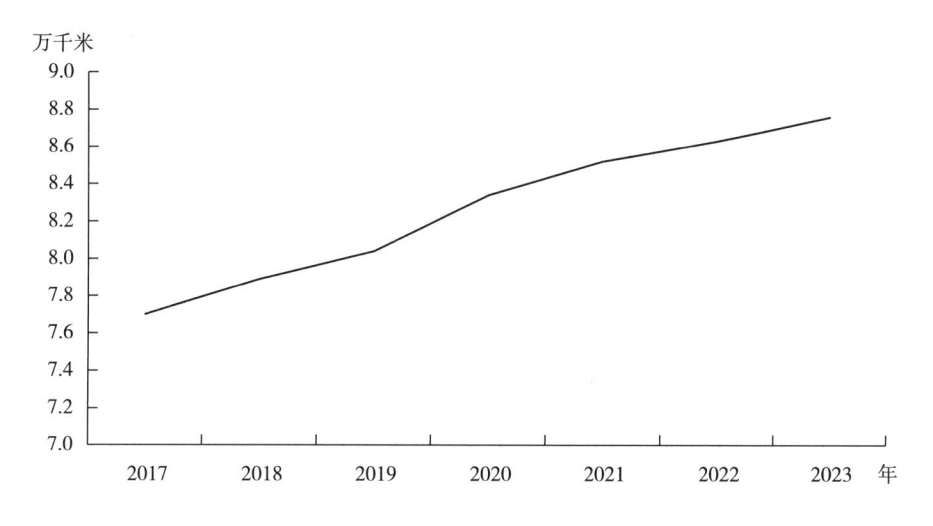

图 2-33　2017—2023 年中国天然气管道里程数

（资料来源：作者根据公开资料整理）

LNG方面，2023年LNG进口量为7132万吨（约984亿立方米），同比增长11.7%，增速由负转正，但仍低于2021年水平。其中现货LNG进口量同比增长27%（见图2-34）。

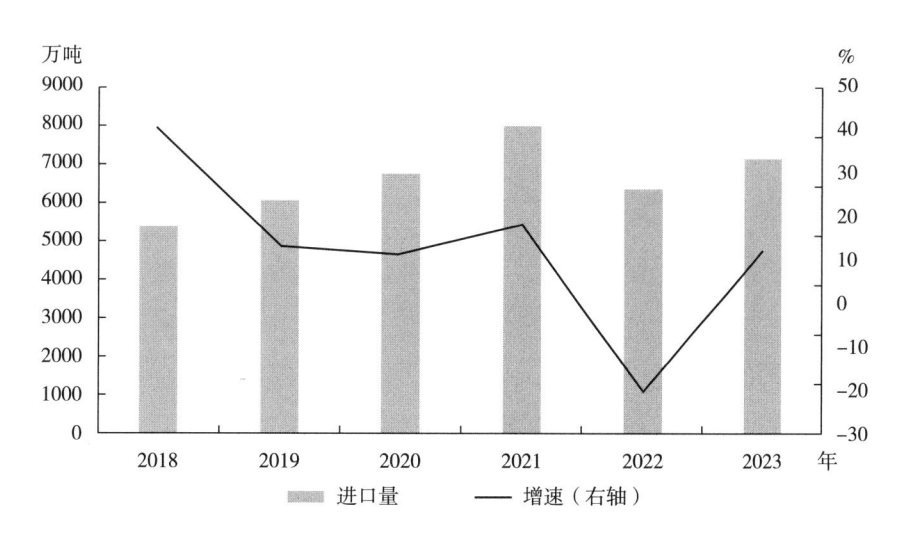

图 2-34　2018—2023 年中国液化天然气进口量及增速

（资料来源：Wind、海关数据、作者根据公开资料整理）

从来源国看,澳大利亚仍然是我国最主要的 LNG 进口来源国,进口量达 2416 万吨,同比增长 10.6%。卡塔尔进口量为 1666 万吨,占比降至 23%。俄罗斯的气源占比正在提升,2023 年俄罗斯进口量为 805 万吨,同比增长 23.8%,占比上升至 11%(见图 2-35)。

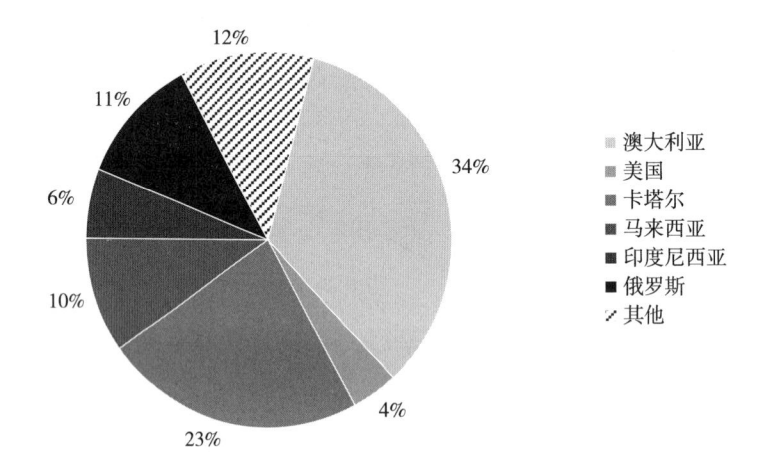

图 2-35　2023 年分国别进口液化天然气情况

(资料来源:Wind、海关数据、作者根据公开资料整理)

2023 年,全国新建 LNG 接收站 4 座,扩建 2 座,合计新增 LNG 接受能力 1880 万吨/年。截至 2023 年底,全国已投入运营的 LNG 接收站共计 28 座,总接受能力达 1.16 亿吨/年,其中,国家管网在营 LNG 接收站 7 座,接受能力为 2760 万吨/年,占比为 24%;中石油、中石化、中海油占比分别为 11%、15%、25%;二梯队企业 LNG 接受能力大幅提升,占比合计达 25%(见图 2-36)。在建 LNG 接收站超过 30 座,全部建成后接受能力预计将超过 2.2 亿吨/年。

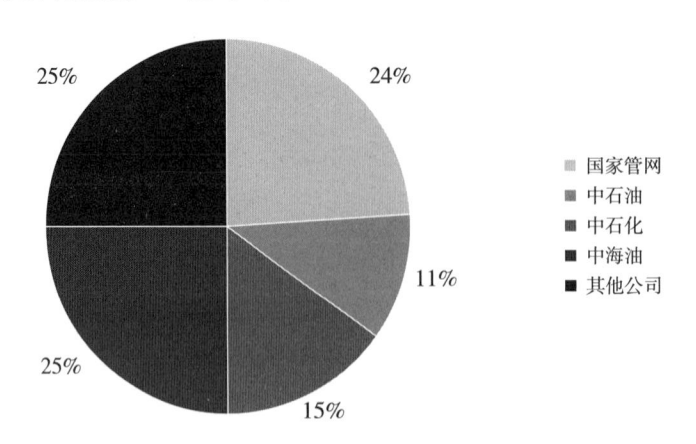

图 2-36　2023 年各公司液化天然气接收能力占比

(资料来源:Wind、海关数据、作者根据公开资料整理)

第五节　2024年展望

2023年，随着俄乌冲突等地缘政治以及疫情影响的减弱，供需关系错配引发的欧洲能源危机解除，全球能源市场价格持续回归理性。但是石油作为全球大宗商品，除商品属性外的金融属性也变得愈发重要，影响石油价格的因素与不确定性事件逐渐增多，巴以冲突、红海危机、澳大利亚天然气产业工人罢工事件、巴拿马运河水位下降引发的油气航运绕行等都会扰动全球能源市场，在短期内引起供应担忧。需要注意的是，能源价格暴涨首先引发欧美国家通货膨胀问题，尽管欧美国家采取激进的加息政策，但美国目前仍未完全实现将通胀控制在2%之内的目标，市场持续担忧美联储高息环境下全球经济增长面临的风险，2024年美联储降息的预期在不断加强，以原油为代表的全球价格将会因此受到剧烈干扰，预计在美联储降息政策确定后，以原油为代表的全球大宗商品价格有望继续上涨。

短期来说，油气行业，尤其是天然气，将在向碳中和目标转型的过程中发挥重要的作用。作为相对清洁的化石能源，天然气技术成熟且应用广泛。随着全球LNG供给持续增加，天然气市场买家议价话语权很有可能在2025年进一步提升。天然气产业的蓬勃发展，以及与清洁能源更好地结合，将为全球低碳发展作出积极贡献，共同推动全球能源安全发展。

一、全球石油、天然气市场展望

2024年，随着全球油气市场供应保障能力进一步提升，能源供给链韧性更足，供给宽松基本面有望继续保持，国际能源价格有望保持区间震荡。影响全球能源市场的因素将由基本面制约向经济宏观面、突发事件不确定性等方面转变。经合组织预测全球经济2024年将增长2.9%、2025年将增长3.0%，这两年亚洲将贡献全球经济主要增长部分。国际货币基金组织（IMF）上调了2024年中国经济和亚洲新兴经济体的增长预期。考虑到中国等主要经济体增长充满韧性，IMF将2024年全球经济增长预期上调0.2个百分点至3.1%，上调中国经济增长预期基于上年中国经济高于预期的增长，且增长势头将会延续，以及中国政府出台相关政策产生的带动作用。整体而言，全球经济增长压力较大，随着美联储降息措施的落地，全球主要央行采取宽松货币政策，全球经济持续恢复的态势有望继续保持，经济主要增长区域集中在亚太地区，该地区主导着油气消费主要增长，尤其是新兴国家。中国对全球油气的需求仍将是影响全球能源市场的一个重要因素。

全球主流机构对石油需求增长趋势预测基本一致，但预测值存在较大差异。OPEC +

预计2024年全球石油消费量将强劲增长225万桶/天，达到创纪录的1.045亿桶/天。OPEC+持2024年和2025年全球石油需求相对强劲增长的预测观点，认为2024年世界石油需求将增加225万桶/天，2025年将增加185万桶/天，并进一步提高了2024年的经济增长预测，认为全球经济仍有较大的改善空间，将2024年的GDP增速预期提高0.1个百分点。OPEC认为，印度、中国和美国未来两年经济增长轨迹可能会超出目前的预期。国际能源署（IEA）在2024年初再次调整2024年全球石油需求增长的预测，认为需求将增加124万桶/天，比之前的预测增加18万桶/天，总需求平均为1.03亿桶/天。相较于OPEC，IEA的需求预测趋势保守，但都是在全球经济增长变好的背景下作出的预判。而中石油经研院则认为，2024年全球石油市场总体宽松、价格保持下移，预计全球石油需求增速将放缓，同比仅增加95万桶/天至1.027亿桶/天。受OPEC+联盟的克制性增产影响，预计全球石油供应增加低于上年，同比增加130万桶/天，供应过剩进一步扩大至50万桶/天。但石油库存仍将保持低位，将对油价形成一定支撑。中石油经研院的核心判断依据包括：一方面，后疫情时代全球石油消费恢复性反弹阶段结束，将逐渐回归常态；另一方面，新能源汽车的迅猛发展对石油消费影响加大，中国石油消费增速明显放缓。整体而言，尽管各方都对全球经济增长保持乐观，看好亚洲市场的油气需求潜力，但2024年是美国总统大选年，美俄关系、中美关系以及俄乌冲突、中东地缘政治事件的不确定性，以及以美联储为首的各国央行货币政策等种种因素都会作用到石油市场，油气价格的宽幅剧烈波动正成为全球市场的新特点与新常态。

全球天然气市场供给宽松格局或提前到来。2021年下半年以来的欧洲天然气危机是一把"双刃剑"，造成全球能源局势紧张，抑制主要消费国压缩需求，同时刺激生产端加速扩张。欧洲主动降低天然气需求，欧盟委员会推出"REPower EU"能源计划政策，强调天然气领域要进一步节约利用和替代、供应多源化、内部统一市场建设，2022年欧盟内陆天然气需求大幅下降13.2%。荷兰国际集团统计数据显示，2023年欧元区天然气需求相较2022年下降7%，相较2017—2021年的平均水平下降16%。非俄天然气资源加快占领全球市场，尤其在欧洲地区，美国LNG资源加速取代传统俄罗斯管道天然气市场份额。根据能源巨头壳牌发布的2024年《液化天然气（LNG）前景报告》，2023年美国成为全球最大的LNG出口国，共出口8600万吨LNG，在全球总出口中的占比超过21%。

2024年以来，随着气温高于往年平均水平，主要消费国库存高企，制热用气需求减少，传统旺季出现明显价格偏淡的特点，欧洲TTF期货价格、美国HH期货价格、普氏日韩JKM现货价格、中国进口LNG现货价格（上海石油天然气交易中心发布）均出现大幅回落。受低价影响，美国最大天然气生产商EQT能源宣布减产计划。受寒流影响，美国海湾自由港LNG设施出现问题，自由港液化天然气公司（Freeport LNG）

关闭部分出口LNG生产线，仅剩一条生产线运营，美国LNG出口终端供应减少。3月中旬，"桑迪"和"梅根"飓风登陆澳大利亚北部北领地，导致戈尔贡、冥王星和西北大陆架LNG工厂出口受影响，这些因素叠加，导致欧洲TTF、普氏日韩JKM现货价格以及中国进口LNG现货价格出现反弹。整体上看，全球LNG供应进入宽松期，但是极端事件和气候问题仍是全球能源供给链安全的重要挑战。

全球能源绿色转型发展的脚步放缓，能源价格暴涨引发的能源安全风险与社会通胀压力迫使欧美国家重新调整绿色、发展与安全之间的关系，化石能源消费仍是中流砥柱。全球能源转型政策指导正在成为新特点，尽管欧美政府出台一系列能源转型政策，但其产业发展并没有一帆风顺。在新能源电动汽车与清洁能源产业方面，中国取得较快发展，欧美企业在市场竞争中优势不再明显，均深度调整企业发展战略规划。2024年以来，欧美市场接连传出新能源汽车项目折戟沉沙的消息，2月22日梅赛德斯—奔驰集团股份公司表示，由于电动汽车的普及速度未能达到预期，公司决定调整原先设定的目标，收回原定2030年不再推出燃油车的计划，放弃全面电动化，转而继续研发内燃机；2月28日，苹果公司突然宣布停止电动车造车项目，尽管之前苹果已经在造车项目上砸下百亿美元，但仍坚定地选择放弃。此外，大众和福特等国际知名车企的电动汽车及电池投产项目也纷纷推迟或放缓，这与中国新能源汽车产业的蓬勃发展局面形成了鲜明对比。2024年以来，美欧国家对中国新能源电动汽车、清洁能源产品等开启贸易保护举措，这将为全球能源绿色转型之路蒙上一层阴影。

二、中国石油、天然气市场展望

2023年，受中国经济增长持续向好发展的基本面影响，中国油气消费需求恢复增长。2023年中国GDP达126万亿元，同比增长5.2%，经济增量超过6万亿元。2023年中国经济增速高于全球3%左右的预计增速，在世界主要经济体中名列前茅，对世界经济增长贡献率有望超过30%，是世界经济增长的最大引擎。2024年中国政府工作报告指出，2024年经济增长目标为5%左右。基于中国经济长期向好的基本趋势没有改变，支撑中国经济高质量发展的要素条件在不断积累增多，中国油气能源市场仍将有望继续保持供需双旺格局。

随着全球价格的回归，我国能源工作重点由保供稳价向市场化保供思路转变，能源价格市场化改革持续加速。2023年7月11日，中央全面深化改革委员会第二次会议审议通过《关于进一步深化石油天然气市场体系改革提升国家油气安全保障能力的实施意见》，要进一步深化石油天然气市场体系改革，加强产供储销体系建设。要加大市场监管力度，强化分领域监管和跨领域协同监管，规范油气市场秩序，促进公平竞争。要深化油气储备体制改革，发挥好储备的应急和调节能力。国家能源局印发的《2024

年能源工作指导意见》明确指出，当前我国能源工作的重点任务是保障国家能源安全、坚持推进能源绿色低碳转型、依靠科技创新增强发展新动能以及深化改革开放激发发展活力。一是油气上游行业正在赋予"绿色"与"数智"新内涵。国家能源局发布《加快油气勘探开发与新能源融合发展行动方案（2023—2025年）》，助力油气在新型能源体系中发挥更大作用，推动油气行业增智扩绿，探索形成多能互补、融合发展新模式。二是中游环节，全国主干管网一张网建设持续深化，国网与省网融合工作正在持续推进；管网、接收站、LNG储罐以及地下储气库等基础设施建设仍如火如荼，供应保障、应急与调峰能力进一步加强。三是下游环节改革发展充满活力。市场体系改革进入深水区，价格市场化改革取得重要进展，天然气上下游价格联动机制已经由部分地区试点向全国推广。市场监管作为市场有序建设发展的重要保障手段，被赋予了新高度。通过发挥制度监管的作用，提高新质生产力，以此规范油气市场秩序，确保促进各类主体公平竞争，构建更加完善的油气要素市场化配置体制机制。

2024年，随着国内稳增长力度的加大，内生动力逐步增强，经济整体向好发展，对国内油气需求有较强支撑作用。随着油气市场化不断推进，能源统一大市场建设得以加快。上游主体会继续压实增储上产任务，煤层气、页岩气等非常规气源开采力度加大；天然气价格市场化改革进程加速，通过构建上下游联动机制模式，疏导气价倒挂难题，缓解当前城镇燃气企业面临的经营压力，油气贸易商主体与管网托运商主体将继续快速增长，天然气市场化改革向"气气竞争"时代稳步推进。根据相关机构预测，2024年，国内天然气需求将达到4175亿立方米左右，国内自产气量2435亿立方米左右，进口气量1870亿立方米左右。天然气主要需求增量仍集中在商业、工业、气电和交通等领域。因LNG较汽柴油有经济性优势，LNG重卡销量有望继续保持高速增长，为交通领域"减碳"作出积极贡献。

"双碳"目标提出以来，能源领域是重要的"减碳"和"碳中和"行业，国家统筹规划、顶层设计，按照"先立后破"的原则，有节奏地推动能源转型。短期看，传统化石能源仍将在我国能源系统中发挥中流砥柱的作用；中长期看，随着新型电力系统的建设，以及电动汽车产业的不断完善，我国清洁能源体系建设将突飞猛进，这对传统油气企业的战略发展提出了更高的要求，三大石油央企正在布局由油气企业向风光油气氢电综合能源企业转型发展。未来油气行业的竞争将日趋激烈，企业在追求"绿色"发展的同时，需要与时俱进推动自身"数智化"发展，只有通过提高新质生产力，才能应对复杂多变的市场。

（撰稿人：上海石油天然气交易中心　王连生　李　雷　杨驿昉

周广吉　李昊隆　薛慧勇　张思益）

第三章　金属类大宗商品

第一节　铜

2023年，全球铜价结束了过去几年的大起大落，转为窄幅震荡走势。伦敦金属交易所（LME）铜价震荡中枢为8500美元/吨，上下波动区间在500美元/吨附近，呈收敛三角形运行；上海期货交易所（SHFE）铜价运行中枢在68000元/吨附近，上下波动区间约为3000元/吨。市场间对比，国际铜价较国内铜价偏弱，究其原因，一方面，美联储高息抑制了LME铜价格，同时中国处于降息周期，对国内铜价形成一定支撑；另一方面，美联储加息和中国降息又影响了人民币汇率的贬值，从而对国内铜价构成相对支撑。2024年，全球铜市场供应边际收紧，叠加美联储进入降息周期，预期全球铜价支撑较强。

一、全球铜市场供给

按照产业链划分，全球铜市场供给主要包括上游铜精矿供给，中游粗铜、废铜、阴极铜（精炼铜）供给以及下游铜材供给几个部分，我们通常提到的基本金属铜指的是阴极铜，即精炼铜。精炼铜根据原料和冶炼工艺的不同，可分为原生铜和再生铜，其中原生铜主要由铜矿石和铜精矿经过火法冶炼或湿法冶炼制得，约占精铜总产出的85%，再生铜则以废铜为原料制得。

铜精矿方面，美国地质调查局（USGS）数据显示，全球铜矿资源主要分布在智利、澳大利亚、秘鲁、墨西哥、美国、俄罗斯以及中国、赞比亚、刚果（金）等国家。过去几年，全球铜矿供给经常受到疫情、罢工等意外因素扰动，产量增速大幅下滑，仅保持同比小幅增长。2023年，全球铜矿供应增量同过去几年一样，依然不及预期，矿石品位下降、气候、社区问题和计划外检修仍然是增量不及预期的主因。根据国际铜研究小组（ICSG）发布的数据，2023年全球铜矿供应量为2220万吨，同比增速仅为 1.4%。

分国别看,美国地质调查局数据(见表 3-1)显示,智利多年来一直是全球铜矿生产第一大国,全球占比约为四分之一,2022 年产量为 520.0 万吨,同比下滑 7.5%;秘鲁是全球铜矿生产第二大国,全球占比约为 10%,2022 年产量为 220.0 万吨,同比微降 0.5%;刚果(金)铜矿产量增长迅猛,2022 年超过中国成为全球铜矿第三大产出国,当年产量为 220.0 万吨;中国以 190.0 万吨年产量位居全球第四。此外,美国、俄罗斯和澳大利亚也是全球主要铜矿生产国,年产量均在百万吨左右。

表 3-1　2019—2022 年全球主要国家铜矿产量(金属量)变化　单位:万吨

国家/区域	2019 年	2020 年	2021 年	2022 年
智利	578.8	573.0	562.0	520.0
秘鲁	245.5	215.0	230.0	220.0
中国	160.1	172.0	191.0	190.0
美国	123.6	120.0	123.0	130.0
刚果(金)	143.8	160.0	174.0	220.0
澳大利亚	95.9	88.5	81.3	83.0
俄罗斯	76.3	81.0	94.0	100.0
加拿大	57.2	58.5	55.0	53.0
赞比亚	82.3	85.3	84.2	77.0
墨西哥	75.4	73.3	73.4	74.0
哈萨克斯坦	77.6	55.2	51.0	58.0
印度尼西亚	46.5	50.5	73.1	92.0
其他	310.8	327.7	328.0	383.0
全球合计	2073.9	2060.0	2120.0	2200.0

资料来源:USGS。

精炼铜方面,近几年全球精炼铜产量同比保持小幅增长,《有色金属统计》数据显示,2021 年、2022 年全球精炼铜产量分别为 2501.8 万吨、2578.6 万吨,同比分别增长 2.1%、3.1%。2023 年,虽然海外铜冶炼产能扩张速度相对缓慢,但中国随着大量新建、扩建铜冶炼项目的陆续投产,精炼铜冶炼产能进入精炼铜产能快速扩张周期,冶炼产量大幅走高。根据 ICSG 发布的数据,2023 年全球精炼铜供应量为 2692.7 万吨,同比增长 6.0%;其中中国精炼铜产量约为 1160 万吨,同比增长 12.7%。

分国别看,中国作为全球精炼铜生产第一大国,全球占比超过三分之一;智利作为全球精炼铜生产第二大国,全球占比超过 8%;日本以近 160 万吨年产量位居全球第三。此外,美国和俄罗斯也是全球主要铜矿生产国,年产量均在百万吨附近。从产量变化看,结合《有色金属统计》数据(见表 3-2),除中国以外国家中增速较快的是印度,2022 年产量为 54.6 万吨,同比增长 11.2%,但印度精炼铜产量基数较低,两位数的增长速度对全球精炼铜增长的贡献相对有限。除印度外,其他国家精炼铜产量鲜有增量,部分精炼铜主产国产量甚至出现不同程度下滑,其中降幅较大的是智利,2022年产量为214.9万吨,同比下滑5.5%。中国方面,根据《有色金属统计》公布的数据,2022年产量为1121.6万吨,同比增长6.9%。中国精炼铜产量大幅增长主要是因为国内大量新建及扩建铜冶炼项目进入密集投产期。

表3-2　　　　2019—2022年全球主要精炼铜生产国产量变化　　　　单位:万吨

国家/区域	2019年	2020年	2021年	2022年
中国	944.7	1002.6	1048.7	1121.6
智利	226.9	233.0	227.4	214.9
日本	149.6	158.3	151.7	155.6
美国	102.6	103.7	97.2	97.1
俄罗斯	99.6	102.4	104.2	104.2
印度	42.8	34.0	49.1	54.6
韩国	60.9	62.8	59.7	59.6
波兰	56.7	56.1	57.8	58.6
德国	61.7	62.7	61.6	61.6
赞比亚	52.9	36.1	23.8	23.8
墨西哥	41.6	45.4	15.8	15.8
澳大利亚	42.6	38.6	40.0	40.1
其他	472.2	513.8	564.9	571.1
全球合计	2354.8	2449.7	2501.8	2578.6

资料来源:《有色金属统计》。

二、全球铜市场需求

铜下游最终产品分为线杆材、管材、板材、型材四大类别,主要应用于电力工业、建筑/装修、工业设备、交通运输、家用电器和其他领域。ICSG数据显示,目前全球30%的铜被用于建筑/装修领域,而中国这一比例仅为6%左右。相对而言,中国电力工业用铜比重(31%)显著高于全球(12%)。

2023年全球精炼铜表观消费增速有所提升。根据ICSG数据,2023年全球精炼铜表观消费量达到2701.3万吨,同比上年增长2.5%。其中,海外精炼铜表观消费1091.3万吨,同比下滑2.3%;中国国内精炼铜表观消费1610万吨,同比增长9.8%,中国精炼铜表观消费量增长较快主要是因为光伏行业用铜需求大幅增长。

分国别看,根据《有色金属统计》数据(见表3-3),中国是全球最大的精炼铜消费国,全球消费占比超过一半;其次为美国,全球消费占比接近7%,2022年美国精炼铜表观消费量为171.7万吨,同比下滑2.8%。此外,德国也是全球排名前五的精炼铜消费国,年需求量在百万吨左右。全球前五大精炼铜消费国合计需求量全球占比超过75%。

表3-3　　　　　2019—2022年全球主要精炼铜消费国表观消费量变化　　　　单位:万吨

国家/区域	2019年	2020年	2021年	2022年
中国	1280.0	1452.7	1388.5	1483.8
美国	182.9	170.6	176.6	171.7
德国	101.7	105.4	95.8	100.8
日本	101.1	89.1	90.9	89.2
韩国	63.3	61.9	60.1	65.8
意大利	55.6	47.5	61.6	63.2
俄罗斯	35.5	35.8	42.0	42.0
其他	573.7	513.4	563.0	567.8
全球合计	2393.7	2476.4	2478.7	2584.2

资料来源:《有色金属统计》。

三、中国铜资源进出口

中国铜资源严重依赖进口。由于资源禀赋较差,中国是全球最大的铜资源进口国,进口产品形态包括铜矿(铜矿砂及精矿)、精炼铜(电解铜)、铜材、未铸造的铜、铜合金、废铜等。海关总署数据显示(见表3-4),2023年中国铜矿、精炼铜、废铜进口量分别为2753.6万吨(实物量,下同)、373.7万吨、198.6万吨,同比分别增长9.0%、-3.8%、12.1%,其中,废铜进口量连续三年保持增长,究其原因,一方面由于废铜自由进口政策顺利落地;另一方面也受废铜自身供需影响,国内较大的废铜缺口导致废铜大量流入;精炼铜进口量下滑则是国内精炼铜冶炼产能大幅增长,精炼铜成品对外依存度下滑的正常映射。

表3-4　　　　　　2020—2023年中国铜资源进口量变化　　　　　　单位:万吨

品种	2020年	2021年	2022年	2023年
铜矿	2176.5	2340.4	2527.1	2753.6
精炼铜	467	362.7	388.5	373.7
废铜	94.4	169.3	177.1	198.6

资料来源:海关总署。

中国铜资源进口区域较为集中。从资源区域进口分布来看（见表3-5），中国铜矿进口主要来自南美的智利和秘鲁，北美的美国、加拿大以及中亚周边的蒙古国、哈萨克斯坦、土耳其等国家和地区。2023年，铜矿进口增幅较大的国家是土耳其、墨西哥和秘鲁，增幅分别为78.5%、26.5%和15.7%。2023年前五大铜矿进口国家合计进口量为2009.3万吨，占总进口量的近四分之三。

中国精炼铜进口主要来自智利、秘鲁、澳大利亚、日本以及哈萨克斯坦等国家。2023年，精炼铜进口增幅较大的国家是澳大利亚和波兰，增幅分别为15.4%和14.5%；进口降幅较大的国家是智利、秘鲁和日本，降幅分别为17.0%、13.1%和11.8%。2023年中国从前五大国家累计进口精炼铜接近160万吨，占比超过总进口量的40%。

表3-5　　　　　　　　2022—2023年中国铜资源进口来源区域分布　　　　　　单位：万吨

铜矿			精炼铜		
国家/区域	2022年	2023年	国家/区域	2022年	2023年
智利	844.71	843.65	智利	91.2	75.7
秘鲁	626.5	724.9	秘鲁	16	13.9
蒙古国	131.8	142.0	日本	22.1	19.5
墨西哥	110.6	139.9	哈萨克斯坦	26.3	25.1
澳大利亚	0	1.0	澳大利亚	16.9	19.5
哈萨克斯坦	150.9	158.8	波兰	6.9	7.9
土耳其	10.7	19.1	韩国	20.7	16.2
美国	61.4	59.7	比利时	1.6	0.6
菲律宾	13.8	15.4	巴西	0.8	0
其他	576.7	649.2	其他	186.0	195.3
全球合计	2527.1	2753.6	全球合计	388.5	373.7

资料来源：海关总署。

四、市场均衡及价格

过去几年，全球精炼铜库存呈现宽幅震荡以及震荡中心逐渐下移走势。观察伦敦期货交易所、上海期货交易所、纽约金属交易所（COMEX）以及中国保税区库存（见图3-1），2016—2021年，全球精炼铜库存在60万~150万吨之间大幅摆动，平均每年经历一个完整的库存周期。从2021年下半年开始，全球精炼铜库存运行重心逐步下移，截至2022年底，全球精炼铜库存降至30万吨附近。2023年第一季度，全球铜库存进入季节性累库，库存由年初的30万吨攀升至最高65万吨附近；第二季度全球精炼铜库存再次回到下降通道，12月初降至9.3万吨最低点，年底的几周铜库存筑底小幅回收，截至 2023 年末全球精炼铜库存为 10.1 万吨，较年初下降 20 万吨，降幅超过三分之二。

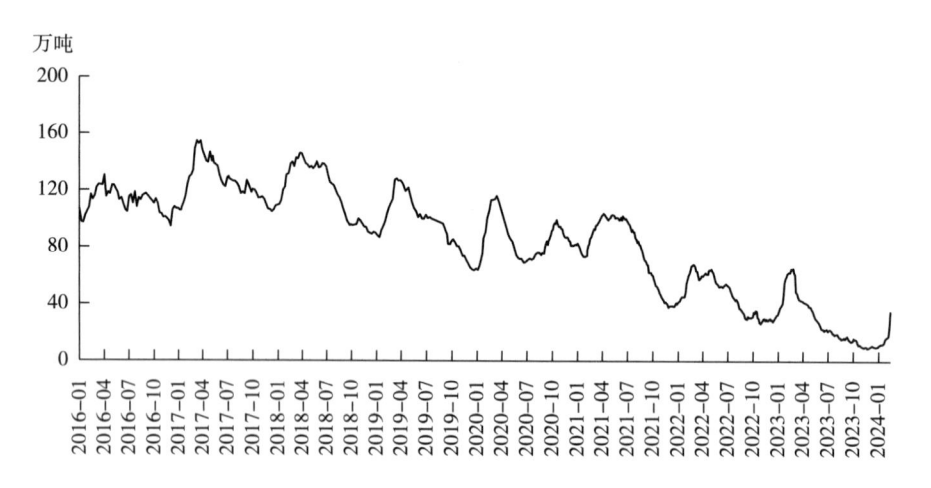

图 3-1 2016 年以来全球精炼铜库存变化

（资料来源：LME、SHFE）

从供需均衡角度看，2016—2018 年全球精炼铜市场供应长期处于紧平衡格局。2019 年受铜矿罢工等因素影响，全球铜供应增速放缓，由此导致全球精炼铜市场出现供应短缺。2020 年供应端受疫情影响导致全球精炼铜缺口扩大。2021 年疫情对供应影响边际减弱，供应缺口明显收窄。2022 年受铜矿供应扰动影响，全球精炼铜市场供应缺口再度扩大。2023 年，全球精炼铜供应短缺格局明显改善，由供应短缺转入紧平衡格局，结合世界金属统计局（WBMS）数据（见图 3-2），2023 年全球精炼铜供应短缺 6.6 万吨，缺口较前一年缩小了 84 万吨。

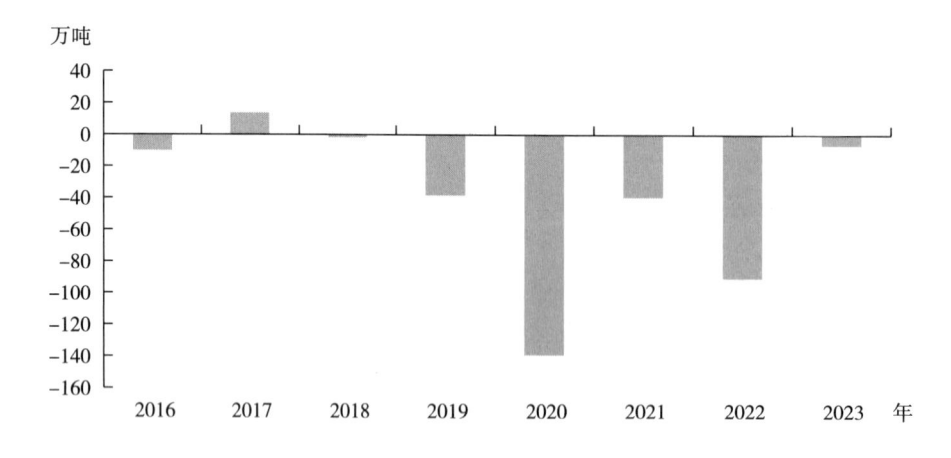

图 3-2 2016—2023 年全球精炼铜供需均衡变化

（资料来源：WBMS）

过去十几年间，铜价大多数时间处于熊市，牛市相对短暂。2018年之后，伴随美元走强和中美贸易摩擦加剧，铜价结束了短暂的牛市重回下行周期。2020年新冠疫情加速了铜价的探底，但是随着全球央行大量放水，铜价迎来了反转，在2020年第二季度到2021年第二季度持续一年多的时间里铜价大幅上涨。此后，在2021年下半年到2022年上半年长达近一年的时间中，全球铜价高位区间震荡，直到2022年6月在美联储鹰派加息预期影响下，铜价开始趋势级深度回调。2023年，全球铜价以高位震荡为主，LME铜价震荡中枢为8500美元/吨，上下波动区间在500美元/吨附近，呈收敛三角形运行；SHFE铜价运行中枢在68000元/吨附近，上下波动区间约为3000元/吨。市场间对比，国际铜价较国内铜价偏弱，究其原因，一方面，美联储高息抑制了LME铜价格，同时中国处于降息周期，对国内铜价形成一定支撑；另一方面，美联储加息和中国降息又影响了人民币汇率的贬值，从而对国内铜价构成相对支撑。2023年全年，LME铜价由年初的8320美元/吨上涨至年底的8562美元/吨，全年涨幅为2.9%；SHFE铜价由年初的65670元/吨上涨至年底的68970元/吨，全年涨幅为5.0%（见图3-3）。

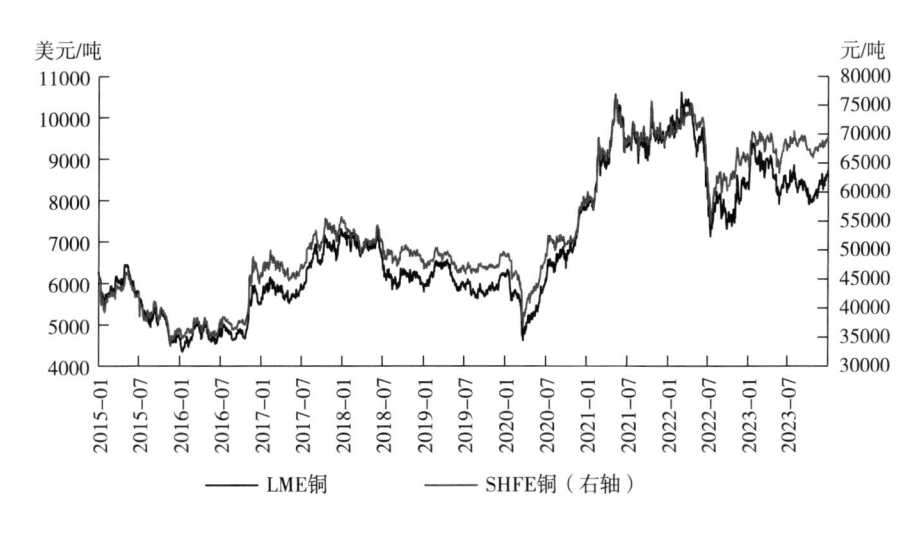

图3-3 2015—2023年国际及国内市场铜期货收盘价变化

（资料来源：LME、SHFE）

五、全球铜行业竞争格局分析

全球铜矿产能集中度相对较高，智利国家铜（Codelco）、嘉能可（Glencore）、自由港集团、必和必拓、南方铜业是全球五大铜矿生产企业。

2024年，全球铜矿产能仍处扩张周期，扩建和新增项目主要包括：英美资源（Anglo American）旗下Quellaveco矿山产能进一步释放带来的8万吨增量；紫金矿业Kamoa-

Kakula 三期投产带来的 4 万吨增量；紫金矿业塞尔维亚 Timok 项目和 Bor 项目产能进一步释放带来的 9 万吨增量；泰克资源（Teck Resources）旗下 Quebrada Blanca 二期产能进一步释放带来的 21 万吨增量；自由港（Freeport）旗下 Grasberg 矿山项目产能进一步提高带来的 2 万吨增量；五矿资源（MMG）旗下 Las Bambas 矿山扩建带来的 4 万吨增量；Baikal Mining 旗下位于俄罗斯的 Udokan 铜矿产能进一步释放带来的 5 万吨增量；除了新老项目的投扩建外，很多铜矿企业都在通过各种手段提升生产效能并降低干扰率，包括全球最大的铜矿 Escondida 矿山、自由港北美和秘鲁的铜矿项目以及淡水河谷（Vale）旗下项目等；此外，还有一些中小型矿山产能也有小幅扩张。湿法铜方面主要有洛阳钼业的 TFM 和 KFM 扩建以及俄罗斯的 Udokan 湿法铜项目。国内铜矿项目较少，增量主要集中在紫金矿业的驱龙铜矿。总的来看，在不考虑铜矿干扰率的情况下，预计 2024 年全球铜矿产能合计增长超过 90 万吨，较 2023 年产能扩张速度有所加快。

全球精炼铜产能超过 50 万吨/年的企业除了智利国家铜、嘉能可、自由港集团和南方铜业等资源型企业外，还有铜陵有色、江西铜业、奥鲁比斯（Aurubis）和住友金属四家加工型企业。2024 年，全球铜冶炼产能继续处于扩张预期，海外大型增产项目包括紫金矿业 Kamoa 配套冶炼厂、自由港在印度尼西亚的 Gresik 铜冶炼厂、印度阿达尼的 KLC 铜冶炼厂以及俄罗斯的 Udokan 配套冶炼厂等，以上项目多集中在 2024 年下半年投产。国内铜冶炼产能稳步扩张，主要项目包括广西南国铜业、楚雄滇中有色、恒邦股份、五矿铜业等扩建项目。总的来看，预计 2024 年精炼铜产能合计增长约 110 万吨，其中 40 万吨来自海外，70 万吨来自中国国内。

六、2024 年全球铜市场展望

从供应端来看，2024 年全球铜供应有望增长。具体铜矿方面，结合各大企业生产指引，按照中性预期考虑铜矿干扰率，预计 2024 年全球铜矿供应有望增加 55 万吨，同比增速约为 2.5%，其中海外增量约为 45 万吨，中国国内增量为 10 万吨。精炼铜方面，预计 2024 年全球精炼铜供应增量为 110 万吨，同比增速约为 4.2%，其中海外增量约为 40 万吨，中国国内增量为 70 万吨。

从终端需求来看，2024 年全球铜需求有望保持增长。海外方面，虽然美联储进入降息周期，但 2024 年美国高利率环境仍将维持，个人消费支出大概率趋势性放缓，并将引起经济走弱；此外，高利率环境下海外经济下行风险加大，历史上美国名义利率拉升至高位后都伴随美国经济或大或小的衰退，但从过去一年的数据看，美国经济明确强于此前市场的悲观预期，目前市场对 2024 年美国经济衰退的预期仍然存在分歧，对海外铜消费持谨慎偏中性的观点，表观需求增速预计较 2023 年小幅下滑至 2%。国内方面，2023 年拉动中国铜消费的主要驱动来自光伏行业的快速扩张，根据国家能源局相关数据测算，2023 年光伏风电带动中国国内铜消费增长约为 34 万吨，同时光伏组件出口也大幅拉动了国内的用铜需求。2024 年，成本下降和产能扩张仍将支撑中国光伏行业保持增长，但预计行业增长阻力将有所增加，一方面由于集中式光伏发电效率偏低，导致装机产能闲置率较高；另一方面分布式光伏也存在现有电网消纳能力不足的问题。结合相关机构预测数据，预计 2024 年国内光伏新增装机容量增幅可能降至 35 GW，全球增速降至 15%～20%。此外，另一项悲观数据来自国内的地产消费，按照新开工数据领先竣工 30 个月推算，2024—2025 年国内地产将由开工负增长传导至竣工负增长，从而拖累位于地产行业后端的有色金属消费。总的来看，预计 2024 年全球精炼铜消费量较 2023 年小幅增加 80 万吨，增幅为 3% 左右，增速较 2023 年有所回落。

综合来看，2023 年全球铜精矿和精炼铜供应均有所增长，但由于铜精矿供应增速低于精炼铜供应增速，预计铜矿供应总体偏紧。同时，精炼铜需求虽然受新能源汽车以及清洁能源行业拉动，但增速预计有所放缓，在全球精炼铜冶炼产能加速扩张周期中，全球精炼铜供需平衡有望由 2023 年的短缺转为小幅过剩。加总矿端和金属端，预计 2024 年全球铜元素供求总体平衡。

价格方面，根据供需平衡表，在不考虑表外流动性因素的情况下，全球铜基本面偏中性，超预期变量主要来自海外铜消费的强弱，而海外铜消费更多仍然取决于 2024 年发达经济体总体消费情况。从估值的角度看，相对其他有色金属品种，当前铜的相对估值偏高，表现在铜矿及铜冶炼的供应端利润及利润率均处于相对高位。总的来看，预计 2024 年市场反复交易美联储政策及美国经济预期，全球铜价高位宽幅震荡的可能性较大，但从长周期看，电气化趋势对铜价仍是支撑。预计 2024 年 LME 铜价运行区间为 7000～13000 美元/吨，SHFE 铜价运行区间为 55000～120000 元/吨。

第二节　铝

2023 年，全球铝价以窄幅震荡为主。伦敦金属交易所铝价震荡中枢为 2200 美元/吨，上下波动区间在 100 美元/吨附近；上海期货交易所铝价运行中枢在 18500 元/吨附近，上下波动区间约 1000 元/吨。上半年部分时间受地缘政治影响，全球能源价格大幅拉涨对铝价形成较强支持，但受累于美联储加息抑制，铝价未能形成向上突破；下半年全球铝价运行相对平淡，新能源需求拉动和国内云南电解铝复产构成供需双增格局，铝价延续了窄幅震荡运行。2024 年，全球电解铝供需相对平衡，铝基本面整体健康，美联储降息周期或推动铝价运行重心有所上移。

一、全球铝市场供给

按照产业链划分，全球铝市场供给主要包括铝土矿供给、氧化铝供给、原铝（电解铝）供给、废铝供给、铝材供给等几个部分。其中，氧化铝是铝土矿与原铝的中间产品，原铝是下游铝材加工的基础产品。

铝土矿供应方面，2023年全球铝土矿供应稳中有增，根据世界金属统计局的数据，2023年全球铝土矿产量为39013.9万吨，同比小幅增长约3%。

氧化铝供应方面，供应相对平稳，国际铝业协会数据显示，2023年全球氧化铝产量为1.42亿吨，与2022年基本持平；其中，中国氧化铝产量为8238万吨，同比增长3.3%。

原铝供应方面，中国是全球最大的原铝生产国，产量全球占比超过50%。中国以外原铝主要生产国家中，俄罗斯是全球第二大原铝生产国，近几年产量在400万吨左右，此外，加拿大、阿联酋、印度、澳大利亚和挪威也是全球主要的原铝生产国，近几年产量规模均在百万吨级别以上。2023年，中国国内电解铝产能接近4500万吨产能天花板，电解铝产能扩张速度明显放缓，产能增长更多来自已获得指标的置换产能重启，同时受云南枯水期影响，电解铝实际产量增长偏缓。海外方面，虽然欧洲电力价格高位有所回落，但由于电解铝冶炼的高能耗，欧洲铝企业利润依然微薄，从而影响冶炼产能的释放。根据世界金属统计局的数据，2023年全球原铝产量为6975.9万吨，较2022年增长146万吨，增幅为2.1%。

二、全球铝市场需求

铝下游最终产品分为线杆材、管带材、扁平板、箔材、型材等类别，主要应用于建筑/装修、耐用消费品、交通运输、电力、包装、机械设备等领域。全球原铝的三分之二被用于建筑/装修、交通运输、电力三大领域。与全球原铝消费产业结构对比，中国建筑领域消费占比（34%）明显偏高，而交通运输领域消费占比（17%）显著偏低，目前，中国汽车制造行业逐渐向轻量化发展，部分传统的钢铁制品，如发动机缸体和非核心受力的外壳结构正在逐步由铝制品取代，预计中国铝制品在交通运输行业中的消费占比将逐渐提高。

2023年全球原铝表观需求维持小幅增长。世界金属统计局数据显示，2023年全球原铝表观消费量为6975.9万吨，同比增长1.0%。分国别看，中国作为全球最大的原铝消费国，原铝消费全球占比超过一半；其次为美国，全球占比接近7%。此外，德国、日本、印度、韩国、土耳其、意大利也是全球主要的原铝消费国，各国年需求量均在百万吨左右。从需求变化角度看，发展中国家表观消费增速较快。其中，中国原铝消费增长驱动主要来自光伏行业，光伏用铝主要分为边框用铝和装机支架用铝两部分，国内装机数量主要体现在装机支架部分，根据中国光伏业协会测算，"十四五"期间，国内装机光伏规模在70~90GW。根据国家能源局数据，2023年国内新增光伏装机量216.9GW，同比大幅增长148%，几乎是过去四年光伏装机量之和。截至2023年末，国内光伏累计装机量达到609.5GW，较2022年底增长55%。光伏装机量大增对铝消费起到了极大的拉动作用。

三、中国铝资源进出口

中国是全球最大的铝资源进口国，进口产品形态包括铝土矿（铝矿砂及精矿）、氧化铝、原铝、铝材、未铸造铝、铝合金、废铝等。2023年，除氧化铝外，中国对其他铝资源及铝制品的进口均有所增加。海关总署数据显示（见表3-6和表3-7），2023年中国铝土矿、氧化铝、原铝和废铝净进口量分别为14138.3万吨、57.7万吨、139.2万吨和175.2万吨，其中铝土矿净进口量增长12.7%，原铝净进口量增长190.6%，废铝净进口量增长15.6%，氧化铝净进口量则下滑41.3%。除了大量进口资源，中国也是全球主要铝材出口国，2023年未锻轧铝和铝材（海关总署合并统计）净出口量为261.9万吨，同比大幅减少37.8%，铝材出口下滑较多主要是因为海外需求边际走弱及受到产业链回流影响。

表3-6　　　　　　2020—2023年中国铝资源进口量变化　　　　　　单位：万吨

品种	2020年	2021年	2022年	2023年
铝土矿	11155.8	10737.4	12547.1	14138.3
氧化铝	380.6	332.7	199.0	182.7
原铝	106.3	156.9	66.6	154.2
未锻轧铝和铝材	270.4	321.4	239.1	306.0
废铝	82.5	102.9	151.6	175.2

表3-7　　　　　　2020—2023年中国铝资源出口量变化　　　　　　单位：万吨

品种	2020年	2021年	2022年	2023年
氧化铝	15.5	12.0	100.7	125.0
原铝	0.7	0.0	18.7	15.0
未锻轧铝和铝材	485.7	561.9	660.4	567.9

资料来源：海关总署。

2023年中国铝土矿进口区域变化不大。从铝资源区域进口分布来看（见表3-8），近几年中国铝土矿进口主要来自几内亚和澳大利亚，其中几内亚是中国铝土矿进口第一大国家。2023年全年中国自几内亚进口铝土矿9913.1万吨,较2022年增长40.9%。此外,来自澳大利亚的进口量近几年一直维持在3500万吨附近。来自几内亚、澳大利亚两大的进口来源国的进口总量占全部进口量的85%,与上年基本持平。

2023年中国氧化铝进口量进一步下滑。其中来自澳大利亚的进口量下滑到84.1万吨,同比下降25.7%,但澳大利亚仍是中国氧化铝进口来源第一大国家;来自印度尼西亚的进口量增至60.8万吨,增幅为30.5%,连续两年保持增长,继续作为第二大进口来源国。美国是过去中国氧化铝主要进口国之一,受前几年贸易摩擦影响,连续五年进口量降至近乎为零。

表3-8　　　　　2022—2023年中国铝资源进口来源区域分布　　　　单位:万吨

铝土矿			氧化铝		
国家/区域	2022年	2023年	国家/区域	2022年	2023年
几内亚	7035.3	9913.1	澳大利亚	113.2	84.1
澳大利亚	3409.1	3455.6	印度尼西亚	46.6	60.8
印度尼西亚	189.8	183.0	印度	6.7	6.1
马来西亚	27.8	67.5	美国	1.7	1.8
巴西	—	145.3	日本	2.3	2.0
—	—	—	法国	0.3	0.5
其他	1885.1	373.8	其他	28.5	27.9
全球合计	12547.1	14138.3	全球合计	199.0	182.7

资料来源:海关总署。

四、市场均衡及价格

通过观察全球原铝库存[①]可以看到,2016年以来,全球原铝库存总体呈下行走势(见图3-4)。其中,2017—2021年间,全球原铝库存基本保持在150万～250万吨之间,并没有明显的去库,但从2021年下半年开始,全球原铝库存继2015—2017年后再一次开启去库趋势,直到2022年下半年,全球铝库存底部企稳。2023年全年,全球原铝库存基本在50万～90万吨之间波动,年初库存为54.3万吨,年底库存为64.8万吨,年底较年初增加了10.5万吨,增幅为19.3%。

分季度看,2023年第一季度虽然中国因春节出现累库,同时叠加海外库存回升,全球原铝库存第一季度增加25万吨,库存达到80万吨。第二季度随着国内需求发力,

---

① 这里观察的全球原铝库存为伦敦期货交易所库存、上海期货交易所库存,以及中国国内的社会库存。

全球库存有所下降，第二季度末全球原铝库存降至 64 万吨附近。下半年国内库存和海外库存基本都转入平稳运行阶段，全球原铝库存基本在 60 万吨上下波动。

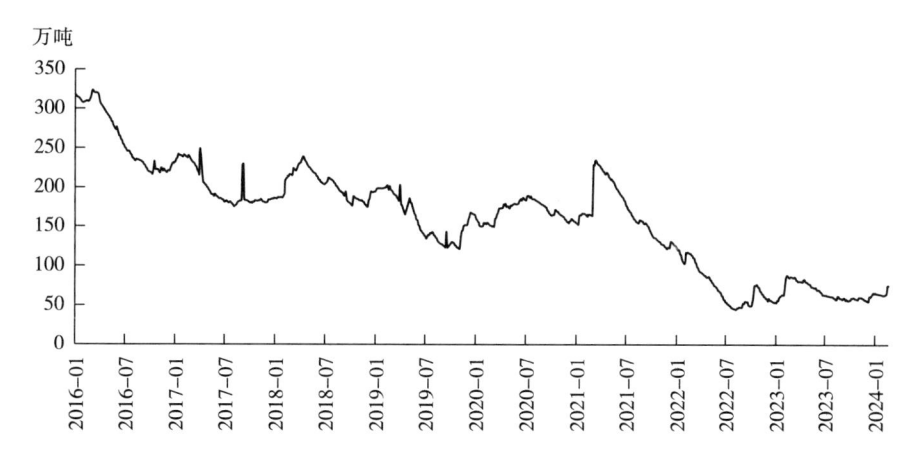

图 3-4　2016 年以来全球原铝库存变化

（资料来源：LME、SHFE）

从供需均衡角度看，自 2015 年中国电解铝行业推行供给侧改革以来，全球原铝市场长期处于供应短缺格局，2015—2018 年每年短缺量在 50 万~100 万吨之间。2019 年以后，随着中国电解铝产能置换项目陆续投产，全球原铝市场供应由短缺转为过剩，2020 年供应过剩规模进一步扩大，达到 154 万吨。2021 年，受中国电解铝产能天花板限制，全球原铝市场重回供应短缺格局。2022—2023 年，随着中国电解铝置换产能陆续投产，全球原铝供应短缺格局明显改善，回归紧平衡格局。世界金属统计局数据（见图 3-5）显示，2022 年全球原铝供应短缺量大幅收窄至 20.4 万吨，2023 年全球原铝供应由短缺转为紧平衡。

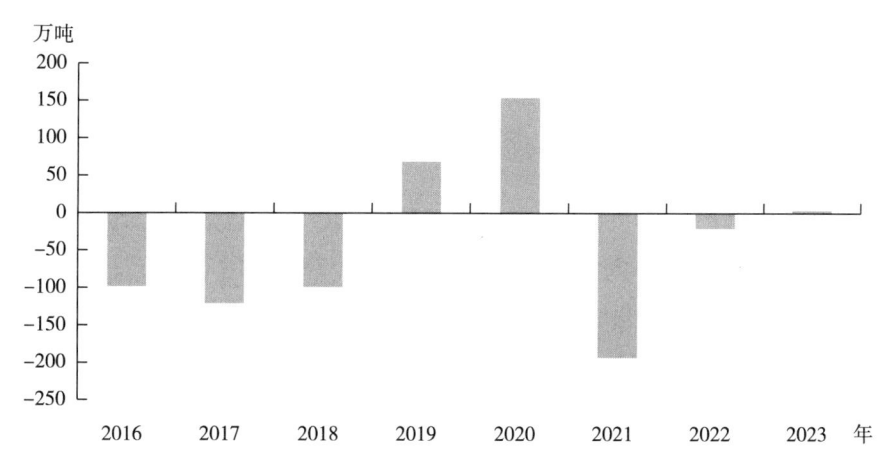

图 3-5　2016—2023 年全球原铝供需均衡变化

（资料来源：WBMS）

近年来，国际市场铝价走势和基本金属价格走势基本趋同（见图3-6）。2016—2017年由于中国电解铝行业供给侧改革的支撑，全球铝价开启牛市。2018—2019年随着供给侧改革去产能进入边际效用递减阶段，铝产业矛盾弱化，在宏观环境转向偏冷的大背景下，全球铝价转入熊市。2020年受新冠疫情引发的流动性泛滥影响，叠加新能源行业高速发展带来的电解铝消费预期增长，全球铝价再度开启牛市，且高点远超2017年。2023年，全球铝价以窄幅震荡为主。LME铝价震荡中枢为2200美元/吨，上下波动区间在100美元/吨附近；SHFE铝价运行中枢在18500元/吨附近，上下波动区间约1000元/吨。2023年全年，LME铝价由年初的2311美元/吨上涨至年底的2387.5美元/吨，全年涨幅为3.3%；SHFE铝价由年初的18270元/吨上涨至年底的19505元/吨，全年涨幅为6.8%。

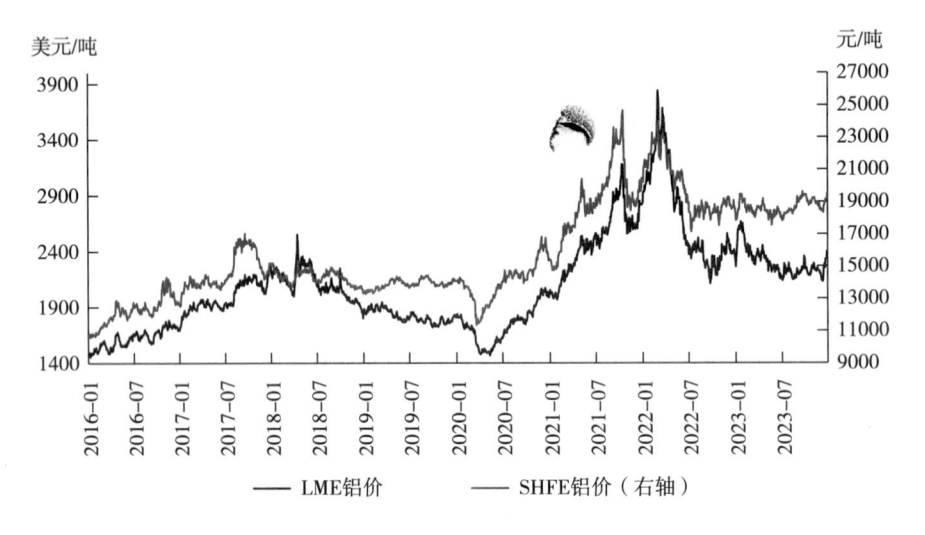

图3-6 2016年以来国际及国内市场铝期货收盘价变化

（资料来源：LME、SHFE）

五、全球原铝行业竞争格局分析

海外主要原铝生产企业包括俄罗斯铝业（UCRusal）、力拓集团（Rio Tinto）、美国铝业（Alcoa）、海德鲁（Hydro）、韦丹塔（Vedanta）、南方32（South32）等。2024年海外原铝增量主要将来自印度尼西亚华青铝业产能爬坡，以及美洲铝业位于西班牙的San Ciprian铝厂、世纪铝业Hawesville项目复产，此外，还有印度少量产能扩建计划。具体来看，在新增项目中，华青一期50万吨已于2023年6月投产，2024年该项目产能进一步释放将带来25万吨增量，2025年建成50万吨二期产能。此外，由印度尼西亚阿达罗能源控股、魏桥和力勤参股的200万吨产能的Inalum项目预计一期50万吨将在

2025 年达产。在复产方面，2020 年以来欧洲受俄乌冲突及欧洲自身能源转型策略等因素叠加引发的能源危机影响，除俄罗斯以外的欧洲电解铝企业近几年均出现了较大减产。即便部分受益于电力长协而未减产的企业，也因为长协到期面临较大的成本压力。目前，仅美洲铝业位于西班牙的 San Ciprian 铝厂由于签订新电力长协宣布复产，预计 2024 年将带来 23 万吨产能增量。另外，世纪铝业位于美国本土的 Hawesville 铝厂此前受到企业运营成本影响而停产的 10 万吨产能即将有序复产。此外，由于俄乌冲突已持续两年之久，且不确定性仍然存在，俄罗斯铝业减产扰动仍需关注。总的来看，预计上述项目合计释放增量约 45 万吨。

中国原铝行业近几年处于产能置换转移阶段，近两年电解铝产能持续从山东转移至云南，主要包括云南宏泰 108 万吨、贵州兴仁登高 12.5 万吨、内蒙古白音华 26 万吨、甘肃中瑞 11 万吨、贵州元豪 10 万吨、贵州华仁 10 万吨等新增项目。根据阿拉丁的初步评估，2024 年底国内电解铝运行产能将增至 4400 万吨以上，逐渐接近 4500 万吨产能天花板。

六、2024 年全球铝市场展望

从供应端来看，2024 年，全球氧化铝供应维持过剩局面，过剩体量预计与 2023 年相比变化不大，氧化铝基本面边际变化偏中性；电解铝供应方面，预计 2024 年国内电解铝产量仍将处于增长状态，在置换产能陆续投产以及云南复产预期的影响下，全年国内产量预计将增加 90 万吨，增幅为 2.2%。海外方面，随着欧洲天然气价格回落以及海外新增产能投放，预计海外电解铝产量将增加 45 万吨，增幅为 1.9%。总的来看，2024 年全球电解铝供应将持续增长，同比增速预计为 3.0% 左右，与前一年基本持平。

从需求端来看，2024 年海外整体消费保持温和扩张的可能性较大，但衰退风险仍不容忽视。国内原铝消费增速基本维持，一方面，"新基建"中光伏和风电仍能为铝需求带来一定的边际增量；另一方面，汽车车身轻量化趋势也在拉动铝需求。但是传统消费领域压力相对偏大，其中地产作为国内传统铝消费的支柱产业其恢复预期依然偏悲观。需关注保障房建设对传统用铝需求的稳定作用。预计 2024 年全球铝消费增速为 2.0%，与前一年基本持平。

综合供需两端，铝基本面在有色金属中属于比较健康的品种，在碳中和大背景下，电解铝产能天花板依然存在。从估值角度看，目前铝价亦偏低估，预计铝价运行重心将有所上移，LME 铝价格预计在 1800～3200 美元/吨之间，SHFE 铝价格预计在 16000～26000 元/吨之间。

第三节 铅

2023年，全球铅价走势有所分化。第一季度，在铅消费疲软压力下，LME铅价运行重心由2300美元/吨下移至2100美元/吨，同期SHFE铅价由16000元/吨上方下移至15300元/吨附近；第二季度产业基本面较为平淡，两市铅价窄幅震荡运行；进入下半年，国内外铅价走势开始分化，受原料紧张、再生铅利润收缩等多重因素影响，国内铅价大幅拉涨，由15300元/吨附近至9月拉涨至17500元/吨高点，涨幅超过14%，而同期国际铅价涨幅不到8%。2024年，全球铅供需仍处于过剩格局，但考虑到美联储进入降息周期，预计全球铅价运行重心与2023年基本持平，仍维持宽幅震荡格局。

一、全球铅市场供给

全球铅精矿供给区域高度集中。美国地质调查局数据（见表3-9）显示，全球铅矿资源主要分布在澳大利亚、中国、俄罗斯、秘鲁、墨西哥、印度、波兰和玻利维亚等国家。其中，中国产量全球占比接近45%，居世界第一位，除中国外，澳大利亚、美国、秘鲁、墨西哥和俄罗斯也是全球铅精矿主要生产国。2022年主要生产国多数产量有所下滑，除中国以外主要生产国家中，减产幅度最大的是澳大利亚，2022年铅精矿产量同比下滑9.3%；其次是秘鲁和美国，产量分别下滑5.3%和4.8%。在产量增长的国家中，增幅最大的是印度，2022年铅精矿产量同比增长11.6%。2022年中国铅精矿产量为200.0万吨，同比增长2.0%。2023年，受意外减产、生产事故、品味下滑等多重因素扰动，全球铅矿产量依然不及预期。根据世界金属统计局数据，2023年全球铅精矿产量为487.1万吨。

表3-9　　　　2019—2022年全球主要国家铅精矿产量变化　　　　单位：万吨

国家/区域	2019年	2020年	2021年	2022年
中国	200.0	190.0	196.0	200.0
澳大利亚	50.9	49.4	48.5	44.0
美国	27.4	30.6	29.4	28.0
秘鲁	30.8	24.2	26.4	25.0
墨西哥	25.9	26.0	27.2	27.0
俄罗斯	23.0	21.0	20.0	20.0
印度	20.0	20.4	21.5	24.0
其他	94.0	76.4	86.0	82.0
全球合计	472.0	438.0	455.0	450.0

资料来源：USGS。

近几年，全球精炼铅产量增长明显。分国别看，中国是全球最大的精炼铅生产国，产量全球占比接近50%，其次为美国和韩国，年产量规模均在百万吨级别。此外，墨西哥、德国和英国也是全球主要的精炼铅生产国，年产量规模均在30万吨级别。2023年全球原生铅产能相对平稳，根据世界金属统计局数据，2023年全球精炼铅产量为1466.2万吨。中国方面，由于过去几年再生铅冶炼产能扩张速度较快，铅产量保持较高的增长速度，根据国家统计局数据，2023年中国精炼铅产量为756.4万吨，同比增长11.2%。

二、全球铅市场需求

2023年全球铅消费整体维持平稳。分国别看，中国是全球最大的精炼铅消费国，中国精炼铅消费量全球占比接近50%；其次为美国，消费量超过100万吨。此外，韩国消费量也在50万吨以上，德国、西班牙、日本、意大利消费量也均在20万吨以上。根据世界金属统计局数据，2023年全球精炼铅消费量为1459.0万吨。

从铅的消费结构来看，85%以上的铅都用在铅酸蓄电池行业。铅酸蓄电池按照用途划分，可分为启动型蓄电池、动力型蓄电池和固定型蓄电池，三者用铅比重分别约为40%、40%和20%。其中，启动型蓄电池主要作为汽车启动电瓶使用，虽然新能源汽车快速发展使汽车生产商尝试用高压锂电池替代铅酸蓄电池作为电瓶使用，但鉴于技术成熟度，目前这种替代还未形成主流，短期我们认为也不会对铅酸蓄电池的使用造成严重冲击。但动力型蓄电池和固定型蓄电池的前景则不那么乐观，由于电动自行车新国标对电池轻量化的要求，越来越多的电动自行车将铅酸蓄电池替换成了锂电池，同时5G移动基站设备对电源的选择也倾向于选择回收的锂电池形成梯次利用，这两个行业锂电对铅酸蓄电池的替代压力正在增大。总的来看，铅作为传统的有色金属品种，整体消费将面临更大的下行压力。

三、中国铅资源进出口

2023年中国铅资源对外依赖程度有所增加。横向对比，中国铅资源对外依存度和进口规模相对于铜、铝要小很多，外贸领域业务主要为铅精矿（铅矿砂及精矿）进口，以及铅酸电池出口。海关总署数据（见表3-10）显示，2023年中国铅精矿进口量为114.0万吨，同比增长12.5%；精炼铅净出口量为18.6万吨，同比增长62.4%；铅酸电池净出口量为2.34亿个，同比增长10.2%。中国精炼铅进出口并不固定，2016年以前，中国精炼铅以净出口为主，2017—2020年则保持净进口，2021—2023年又重新回到净出口格局，沪伦比价是影响进出口格局变化的主要原因。

表 3-10　　2020—2023 年中国铅资源进出口量变化

品种	2020 年	2021 年	2022 年	2023 年
进口量				
铅矿砂及精矿（万吨）	133.5	120.2	101.3	114.0
精炼铅（万吨）	2.0	0.2	0.2	0.2
铅酸电池（万个）	586.3	581.6	357.0	286.1
出口量				
精炼铅（万吨）	0.4	9.5	11.7	18.8
铅酸电池（万个）	16943.4	19830.1	21633.9	23724.3

资料来源：海关总署。

从进出口区域分布来看（见表 3-11），中国铅精矿进口主要来自俄罗斯、美国、秘鲁和澳大利亚，铅酸电池出口主要面向印度、美国、孟加拉国和意大利。2023 年，俄罗斯继续作为中国铅精矿第一大进口来源国，进口量较前一年大幅增长；美国超过秘鲁和澳大利亚连续三年成为中国铅精矿进口第二大来源国，秘鲁则跌至第四位；此外，来自墨西哥的进口量也有所萎缩。

表 3-11　　2022—2023 年中国铅资源进口区域分布　　单位：万吨

国家/区域	2022 年	2023 年
俄罗斯	27.7	35.1
美国	11.7	13.9
秘鲁	4.6	3.7
澳大利亚	6.2	5.5
南非	3.0	3.0
墨西哥	1.4	0.1
波兰	0.1	0.1
其他	46.4	52.5
全球合计	101.2	114.0

资料来源：海关总署。

四、市场均衡及价格

近几年，全球精炼铅库存波动明显加剧（见图 3-7）。2016 年以来，全球铅锭库存总体呈现下滑走势，2020 年跌至 10 万吨以内，处于相对较低水平。2021 年由于中国国内再生铅产能扩张，全球铅市场供应过剩，铅库存出现较大规模上涨，由年初的不足 10 万吨上涨至 25 万吨附近，逼近 2017 年库存水平。2022 年随着中国再生铅产能扩张速度放缓，以及海外铅需求恢复，全球铅库存下滑较多。2023 年，由于精炼铅消费疲软，全球精炼铅库存大幅累积，截至 2023 年末，全球精炼铅库存累至 18.9 万吨水平，较年初增加 12.5 万吨，其中库存主要增加在海外，年底 LME 库存 13.6 万吨，较年初增加了 11.0 万吨，上海期货交易所库存 5.3 万吨，较年初增加 1.5 万吨。

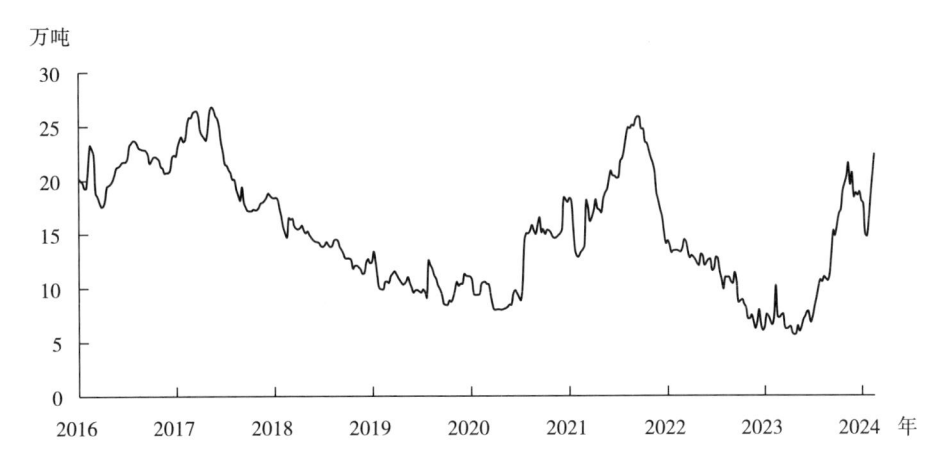

图 3-7　2016—2024 年全球精炼铅库存变化

（资料来源：LME、SHFE）

2017 年以来，全球精炼铅市场由供不应求逐渐向供过于求转变。2020 年受新冠疫情影响，全球精炼铅供应大幅过剩，2021 年随着疫情影响趋缓以及全球经济复苏，全球精炼铅供应过剩量有所缩小。从 2022 年开始，随着中国再生铅产能基数扩大，全球铅冶炼产能明显过剩，导致铅锭供应量逐渐扩大。国际铅锌研究小组（ILZSG）数据显示，2022 年全球精炼铅市场供应过剩 6.8 万吨，2023 年过剩量进一步扩大至 14.7 万吨（见图 3-8）。

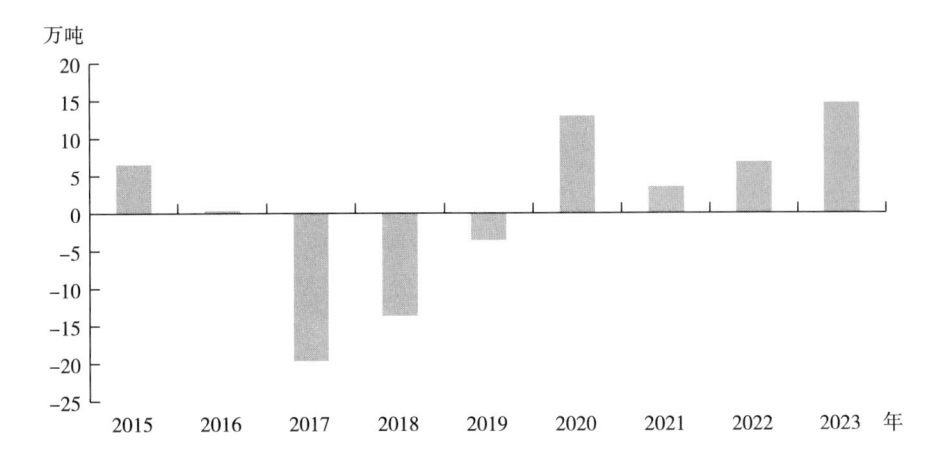

图 3-8　2015—2023 年全球精炼铅供需均衡变化

（资料来源：ILZSG）

从 2020 年第二季度开始,由于海外铅矿山产量受新冠疫情影响,铅精矿供应宽松环境逐步收紧,铅精矿加工费也从高位回落(见图 3-9)。2021 年,随着新冠疫情对全球矿山影响边际弱化,大量海外铅矿山复产增产,海外铅精矿加工费开始进入上行通道,截至 2021 年末,进口矿加工费(TC)由年初的 60 美元/干吨,上调至 100 美元/干吨,涨幅接近 70%。然而同期国产矿加工费价格则持续维持在 1200 元/金属吨附近,并未跟随进口矿加工费上调。主要是因为新冠疫情虽然对矿山生产的影响有所弱化,但对海运的影响仍然严重,海外增产的铅精矿向中国出口受到阻碍,国内铅精矿供需平衡并未向过剩扭转,全年国内铅精矿供应持续偏紧。2022—2023 年,国内铅精矿加工费长期维持偏低水平,主产地中只有云南个旧加工费经历过一段时间的上调,由 1000 元/吨上调至 1300 元/吨,但 2023 年初再度回归到 1000 元/吨附近,河南济源和湖南郴州加工费则长期维持 1000 元/吨附近,处于相对低位。

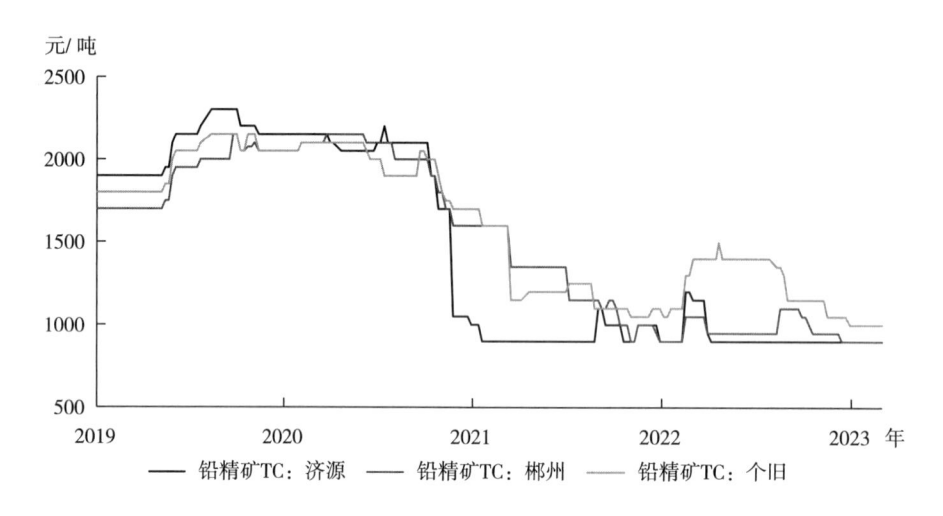

图 3-9 2019—2023 年国内铅精矿加工费走势

(资料来源:上海有色网)

2020 年以前,国际市场铅价同基本金属走势趋同。2016—2017 年,由于供应端收缩,特别是在锌价拉涨的支撑下,国际市场铅价迎来牛市。2018 年后,在海外铅锌矿山持续复产、增产导致供需缺口收窄,基本面边际转弱的影响下,铅价见顶回落,转入熊市。从 2020 年开始,国内和国际铅价开始分化,LME 铅价先扬后抑经历大起大落,SHFE 铅价则长期位于窄幅震荡区间横盘。第一季度,在铅消费疲软压力下,LME 铅价运行重心由 2300 美元/吨下移至 2100 美元/吨,同期 SHFE 铅价由 16000 元/吨上方下移至 15300 元/吨附近;第二季度产业基本面较为平淡,两市铅价窄幅震荡运行;进入下半年,国内外铅价走势开始分化,受原料紧张、再生铅利润收缩等多重因素影响,国内铅价大幅拉涨,由 15300 元/吨附近至 9 月拉涨至 17500 元/吨高点,涨幅超过 14%,而同期国际铅价涨幅不到 8%(见图 3-10)。

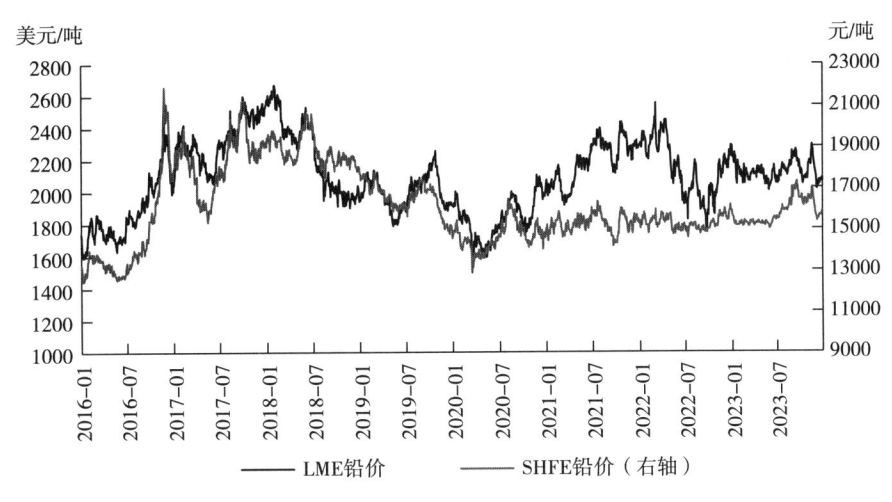

图 3-10　2016 年以来国际及国内市场铅期货收盘价变化

（资料来源：LME、SHFE）

五、全球铅行业竞争格局分析

在铅矿山方面，年产量超过 10 万吨的矿山企业主要是嘉能可、韦丹塔、泰科资源等。South32 旗下位于澳大利亚的坎宁顿矿山依然是全球最大的铅矿山之一，年产铅精矿超过 10 万吨；其次是泰科资源旗下位于美国阿拉斯加的红狗矿，年产铅精矿也在 10 万吨左右。中国铅矿山多以中小型矿山为主。

在铅冶炼方面，海外过去 5~10 年已经经历过原生铅冶炼产能向再生铅冶炼产能转移的过程，中国近几年正在经历这一过程。主要表现为再生铅合规规划快速扩张以及再生铅产业相互融合。相关国内机构数据显示，2020 年国内新增废电瓶处理能力达到 235 万吨，再生铅精炼产能达到 146 万吨；2021 年国内新增废电瓶处理能力和再生铅冶炼产能分别达到 250 万吨和 155 万吨，中国国内再生铅产能处于集中扩张期。2022—2023 年，国内新增 160 万吨废电瓶拆解产能投放，以及超过 200 万吨再生铅精炼产能投产。2024 年，预计国内再生铅产能将进一步扩张 190 万吨。目前中国再生铅冶炼产能占比已达到 50% 附近，按照全球平均水平来看，未来中国再生铅产能占比进一步扩大的空间已经不大。

六、2024 年全球铅市场展望

从供应端来看，虽然受新冠疫情、事故等各种因素影响，2022—2023 年全球铅精矿产量受到抑制，但从趋势来看，全球铅矿山仍处于增产周期中，预计 2024 年全球铅精矿产量有望重回正增长。精炼铅供应的扰动因素来自原料紧张和环保政策，但近几年环保政策对铅供应的影响较小，铅供应影响更多还是来自铅精矿和铅酸废电瓶等原料端。产业链格局方面，随着国内再生铅产能占比进一步提高，再生铅产能扩张空间也在逐渐收窄，而原生铅过剩产能退出缓慢，精炼铅总产能过剩较为严重，再生铅原料紧张依然是限制铅产能释放的主要瓶颈。2024年，由于铅精矿加工费仍居低位，炼厂利润空间有限，原生端冶炼增速或有回落，白银价格或为原生铅炼厂开工情况的边际指标。再生铅方面，由于废电瓶难以进口国内，国内废电瓶紧缺程度仍将延续，但再生铅厂利润已达历史低点，废电瓶价格支撑力度或相对有限。尽管再生铅锭产能大量投放后铅锭供给相对过剩，但考虑到交割品相对紧缺，内外盘结构或围绕铅锭进出口情况而出现波动。此外，废电瓶供应方面，由于再生铅产能的扩张速度放缓，对废旧铅酸蓄电池的需求增速也随之放缓，但由于存量产能巨大，铅酸蓄电池产业链的循环能力建设依然是亟待完善的产业链环节。根据相关机构统计数据，国内铅酸蓄电池产量峰值是2014年，而汽车用电池和自行车用铅酸蓄电池差报废期平均为4~6年，因此蓄电池报废高峰期可能在2020年前后，2023年废旧铅酸蓄电池供应压力较大，再生铅企业原料获取依然存在困难，从而限制再生铅产能利用率的提高。

从需求端来看，近几年锂电池对铅酸蓄电池替代压力逐年增加，尤其是锂电池经历了2023年的大幅降价后，对铅酸蓄电池的替换更多地被市场讨论，比亚迪年内已将锂换铅实现在其产出的汽车上。若碳酸锂长期维持在10万/吨左右的价格水平，铅酸蓄电池相对于锂电池的成本优势或将大大减弱。但是我们认为目前不宜过高估计锂电池对铅酸电池的替换速度，一方面由于锂电池稳定性较铅酸蓄电池略差，在某些领域铅酸蓄电池更让人放心，比如，汽车使用的电瓶是汽车的关键部件，如果使用锂电池，在极冷的气候条件下对整车设备的稳定性或将带来影响。因此，预计近几年电动自行车所用电池和移动基站设备电池是锂电池替代铅酸蓄电池的主要领域。由于终端消费行业增速放缓以及锂电替代压力，预计2024年全球精炼铅消费承压。

综合供求两方面考虑，虽然产能扩张较大，但受原料短缺抑制，预计2024年全球精炼铅产量增加有限，全球铅市场基本面供需两弱的趋势性格局将逐渐形成。此外，由于SHFE铅期货市场规模相对较小，大量再生铅不能用于交易所交割，若供应端受原料问题、环保或其他超预期因素影响，不排除国内市场铅期货价格短期大幅波动的可能性。价格方面，预计2024年LME铅价格运行区间为1800~2700美元/吨，SHFE铅价格运行区间为14000~20000元/吨。

第四节　锌

2023年，全球锌价先扬后抑，整体运行重心明显下移。上半年由于精炼锌需求释放低于预期，叠加宏观面氛围偏空，全球锌价单边下行，LME锌价由最高点3500美元/吨一路下探至 2500 美元/吨一线，同期 SHFE 锌价由 24000 元/吨高位一路下行至 18600 元/吨低点；下半年随着全球精炼锌需求改善，宏观面偏空氛围缓解，锌价获得底部支撑，止跌转入窄幅震荡运行。2024 年，全球锌市场矛盾加剧，表现为原料端锌精矿供应短缺和成品端精炼锌供应过剩同时并存，考虑到美联储进入降息周期，预计锌价整体运行重心有望上移。

一、全球锌市场供给

中国是全球最大的锌精矿供给国。美国地质调查局数据（见表 3-12）显示，全球锌矿资源主要分布在中国、澳大利亚、秘鲁、印度、墨西哥、加拿大和玻利维亚等国家。分国别看，2022 年中国精炼锌产量为 420.0 万吨，全球占比接近 40%。除中国外，澳大利亚、秘鲁、印度、美国、墨西哥和玻利维亚也是全球锌精矿主要生产国。2022 年，全球前五大锌精矿生产国合计产量全球占比超过 60%，占比与前一年基本持平。从产量变化看，除中国以外的国家中，增幅最大的是美国，2022 年累计产量为 77.0 万吨，增幅达 9.4%；其次是印度，增幅为 6.8%；墨西哥、玻利维亚和哈萨克斯坦供给量也有所增长。产量下滑的国家中，降幅最大的是加拿大，2022 年产量为 25.0 万吨，降幅为 19.4%；其次是秘鲁和澳大利亚，产量降幅分别为 8.5% 和 1.5%。

2023 年，受全球矿山品位下滑、矿山寿命结束和计划外的检修减产等因素影响，全球锌精矿供应增长大幅弱于市场预期，同比转入负增长。根据世界金属统计局数据，2023 年全球锌精矿产量为 1315.3 万吨。

表 3-12　　　　2019—2022 年全球主要国家锌精矿产量变化　　　　单位：万吨

国家/区域	2019 年	2020 年	2021 年	2022 年
中国	421.0	406.0	414.0	420.0
澳大利亚	133.0	131.0	132.0	130.0
秘鲁	140.0	133.0	153.0	140.0
印度	72.0	72.0	77.7	83.0
美国	75.3	71.8	70.4	77.0
墨西哥	67.7	63.8	72.4	74.0
玻利维亚	52.0	36.0	50.0	52.0
哈萨克斯坦	30.4	22.2	19.4	20.0
加拿大	33.6	21.1	31.0	25.0
其他	245.0	243.1	250.1	279.0
全球合计	1270.0	1200.0	1270.0	1300.0

资料来源：USGS。

全球精炼锌供应方面，分国别看，中国是全球最大的精炼锌生产国，产量全球占比超过40%；另一个产量百万吨级的国家是韩国，年产量在100万吨量级。此外，印度、加拿大也是全球主要的精炼锌生产国，日本、西班牙及澳大利亚的年产量规模也均在50万吨附近，全球前五大精炼锌生产国合计产量全球占比约为70%。2023年，欧洲精炼锌供应依然受高电价和能源危机影响，大量欧洲冶炼厂并未结束减停产状态，但考虑到高电价对冶炼产能抑制效果边际转弱，欧洲精炼锌供应企稳回升。中国国内进入锌冶炼产能快速扩张周期，精炼锌产量创下多年来新高。世界金属统计局数据显示，2023年全球精炼锌产量为1420.1万吨，同比有所增长。

二、全球锌市场需求

锌主要用于生产镀锌板、压铸合金、锌的氧化物以及青铜、黄铜、电池等产品，应用于建筑、交通运输、耐用消费品、电力等领域。目前，全球45%的精炼锌被用于建筑领域，其次是交通运输，消费占比为30%左右，而耐用品领域锌消费占比为20%左右。相对于全球锌下游行业消费结构，中国建筑领域消费占比偏高（50%左右），而耐用品领域消费占比偏低（15%左右）。

分国别看，中国是全球最大的精炼锌消费国，精炼锌消费全球占比超过50%；其次为美国，消费全球占比接近6%。此外，印度、韩国的精炼锌年消费量也在60万吨以上，日本和德国也是精炼锌的主要消费国。近几年，全球前五大精炼锌消费国合计需求量全球占比接近70%。

2023年全球精炼锌消费有所复苏，根据世界金属统计局数据，2023年全球精炼锌表观消费量为1418.0万吨。2022年中国锌消费受新冠疫情影响转为负增长，2023年已明显恢复，虽然房地产开工数据疲软，但锌消费对应的竣工端表现仍然较好，尤其是下半年竣工数据一路拉升有效提振了国内锌消费；此外，汽车产量同比增长较大也带动了中国锌消费的向好，我们跟踪的国内市场精炼锌表观需求增速甚至高达10%以上。

三、中国锌资源进出口

中国锌资源进口主要是锌精矿和精炼锌的进口，锌合金以及氧化锌、锌粉、锌末等商品进口规模相对较小，出口则以加工产品镀锌板为主。海关总署数据（见表3-13）显示，2023年，中国锌精矿进口量为471.3万吨（矿石量），较2022年增长14.2%；精炼锌进口量为38.0万吨，较2022年大幅增长381.0%；锌合金进口量为4.9万吨，较2022年减少22.2%。2023年镀锌板出口1073.5万吨，同比增长27.4%。其中锌精矿进口量进一步增长至470万吨以上，表明由于中国精炼锌冶炼产能不断扩张,对上游原料资源的依赖程度持续增加。精炼锌进口同比增幅巨大的主要原因是2022年进口基数过低,仅为7.9万吨,2023年精炼进口量有所恢复,但与2021年以前相比仍处于偏低水平。镀层板出口增加、进口减少,表明中国国内市场对锌成材的需求有所下滑,国内市场难以消化增长的成材,迫使成材更多地向海外市场转移。

表3-13 2020—2023年中国锌资源进出口量变化 单位:万吨

品种	2020年	2021年	2022年	2023年
进口量				
锌矿砂及精矿	382.2	364.1	412.8	471.3
精炼锌	54.1	43.4	7.9	38.0
锌合金	7.3	8.6	6.3	4.9
镀锌板	172.7	175.2	140.4	110.0
出口量				
精炼锌	2.9	0.5	8.1	0.8
镀锌板	765.6	1055.2	842.8	1073.5

资料来源:海关总署。

从区域进口分布来看(见表3-14),中国锌精矿进口主要来自澳大利亚和秘鲁。其中,澳大利亚是中国锌精矿进口第一大来源国,2022年自该国进口锌精矿106.9万吨,占总进口量的四分之一以上;2023年中国自澳大利亚进口锌精矿量为115.2万吨,较2022年增长7.8%。其他进口来源国进口量互有增减,下滑较大的是缅甸和摩洛哥,降幅分别为13.7%和11.9%;增幅较大的是哈萨克斯坦和秘鲁,增幅分别达到37.0%和31.6%,蒙古国、厄立特里亚和澳大利亚也分别有10%左右的增长。2023年中国自前五大锌精矿进口来源国的进口量占进口总量的60%以上,占比与前一年基本持平。

表3-14 2022—2023年中国锌资源进口来源区域分布 单位:万吨

锌精矿(原矿量)			精炼锌(金属量)		
国家/区域	2022年	2023年	国家/区域	2022年	2023年
澳大利亚	106.9	115.2	澳大利亚	1.6	10.7
秘鲁	66.8	87.9	哈萨克斯坦	1.0	12.2
俄罗斯	23.5	22.1	韩国	1.4	6.0
蒙古国	12.4	14.0	西班牙	0.0	0.2
厄立特里亚	19	20.5	印度	0.1	1.0
摩洛哥	4.2	3.7	日本	0.3	1.2
缅甸	5.1	4.4	纳米比亚	0.0	0.0
哈萨克斯坦	19.2	26.3	墨西哥	0.0	0.2
其他	155.7	177.2	其他	3.5	6.5
全球合计	412.8	471.3	全球合计	7.9	38.0

资料来源:海关总署。

中国精炼锌进口主要来自澳大利亚、哈萨克斯坦和韩国。2022年，海外锌市场受能源危机影响供应缺口较大，同时新冠疫情在2022年对中国国内消费市场冲击较大，从而使进口亏损扩大，中国精炼锌进口总量大幅萎缩，自哈萨克斯坦和澳大利亚的进口量分别下降至1.0万吨和1.6万吨，其余进口来源国的进口量更是直接萎缩至近乎为零。2023年，由于上述短期因素缓解，且中国精炼锌供需缺口并未从根本上消除，中国依然是精炼锌进口依赖国，精炼锌进口量有所恢复。2023年哈萨克斯坦超过澳大利亚成为中国精炼锌进口第一大来源国，2023年中国自该国进口精炼锌12.2万吨，进口量全球占比超过30%；其次是澳大利亚，2023年中国自该国进口精炼锌10.7万吨。

四、市场均衡及价格

2023年全球精炼锌库存低位回升。全球精炼锌锭库存（包括伦敦金属交易所、上海期货交易所、中国社会库存和中国保税区库存四个部分）从2016年初的接近90万吨持续下滑，至2020年初降至20万吨以下（见图3-11）。此后，受新冠疫情影响，全球精炼锌库存由降返升，累库一直延续到2021年第二季度，库存最高达到50万吨。从2021年第二季度开始，随着新冠疫情对全球精炼锌消费影响减弱，全球经济开始复苏，同时欧洲能源危机开始爆发，高电价导致欧洲锌冶炼企业纷纷减产，全球精炼锌库存转为下降走势，截至2022年底，全球精炼锌库存下滑至8万吨附近，处于多年来的绝对低位。2023年，随着中国锌冶炼产能扩张速度加快，以及高利润推动下的产能利用率整体走高，中国精炼锌产量创下多年来新高，但需求增长难以跟上，导致全球精炼锌库存低位返升。截至2023年末，全球精炼锌库存增加至25.5万吨，较年初增加17.6万吨，增幅超过220%。

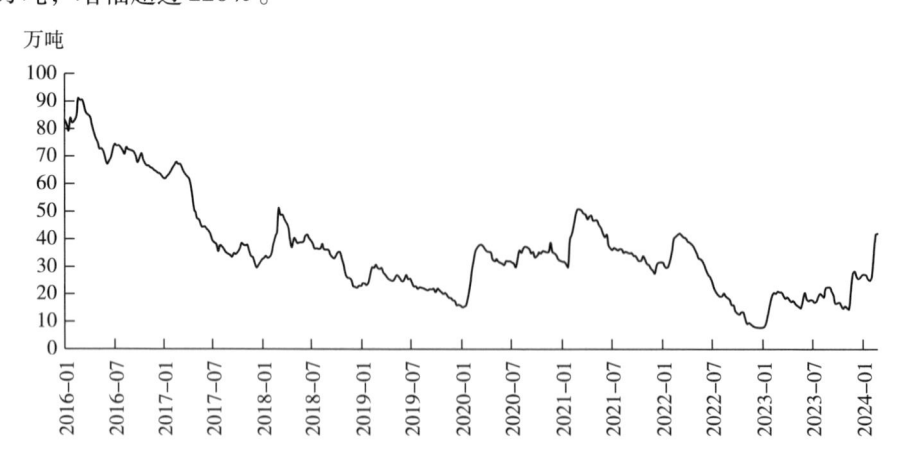

图3-11 2016年以来全球精炼锌库存变化

（资料来源：LME、SHFE）

从供需平衡角度看，2016—2019 年，全球精炼锌市场长期处于供应短缺格局，2017 年全球锌市场供应短缺加剧，截至 2018 年连续两年处于供应严重短缺格局。2020 年受新冠疫情影响，全球精炼锌需求下滑较供应下滑速度更快，全球精炼锌供应由短缺转为大幅过剩。但从 2021 年开始，欧洲电价引发的精炼锌减产使全球精炼锌供应再度回到短缺格局，2022 年全球精炼锌供应短缺规模进一步扩大。但 2023 年随着中国精炼锌产能创新高，同时海外锌表观消费大幅转弱，全球精炼锌供应由短缺转为过剩。根据国际铅锌研究小组（ILZSG）数据（见图 3-12），2020 年全球精炼锌市场供应过剩 34.7 万吨，为近年来过剩最大的一年；2022 年供应短缺 32.9 万吨，为 2017 年以来最短缺的一年；2023 年全球精炼锌供应由短缺转为过剩，过剩量为 12.7 万吨。

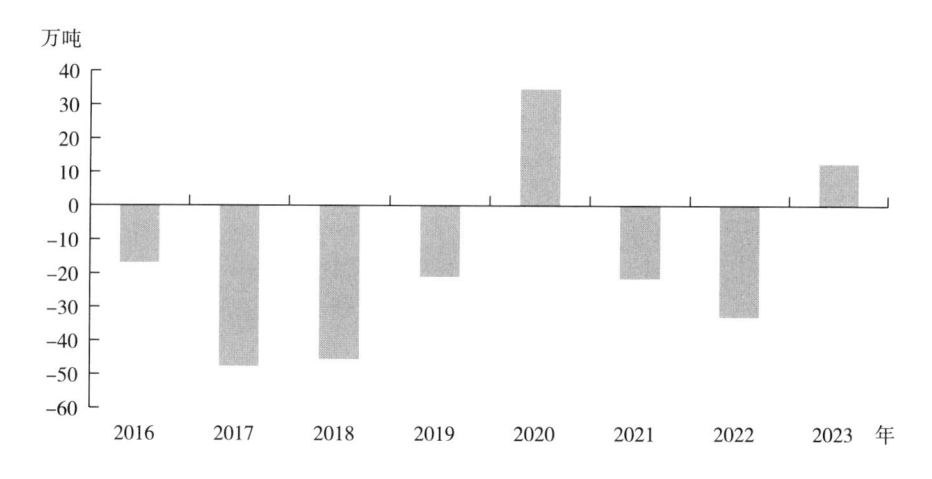

图 3-12　2016—2023 年全球精炼锌供需均衡变化

（资料来源：ILZSG）

2017—2018 年，由于锌价走高，产业利润修复，全球铅锌矿山处于复产、增产周期，全球锌精矿供应呈恢复性增长趋势，锌精矿加工费筑底回升，此后一直到 2020 年上半年，锌精矿加工费一直维持在相对高位。从 2020 年下半年开始，受新冠疫情暴发对矿山生产的影响，锌精矿加工费快速下调，截至 2021 年初，进口锌精矿加工费下跌至 100 美元/干吨以内，为 2018 年以来低位；国产锌精矿加工费跌至 4000 元/金属吨附近，同样为多年来低位，此后的一年锌精矿加工费一直企稳在底部。2022 年由于海外锌矿意外减产增加，以及欧洲冶炼企业减产对锌精矿需求减少，全球锌精矿加工费再度返升。2023 年，由于海外锌矿干扰率进一步上升，锌矿供应连续两年陷入负增长，而中国冶炼端产量创历史新高，对精矿需求大幅扩大，供减需增导致加工费快速下滑。截至 2023 年末，进口锌精矿加工费由年初的 250 美元/干吨下降至 80 美元/干吨附近，国产锌精矿加工费由年初的 5000 元/金属吨下滑至 4400 元/金属吨。

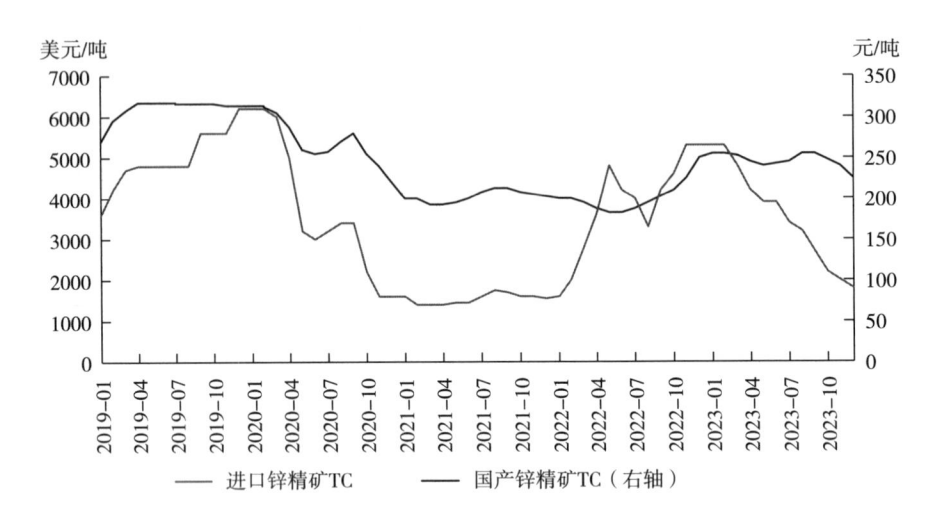

图 3-13 2019 年以来全球锌精矿 TC 走势

(资料来源：上海有色网)

2023 年全球锌价运行重心有所下移，上半年单边下行，下半年以低位震荡为主（见图 3-14）。国际市场锌价自 2020 年第二季度开启牛市以来，2021 年在新冠疫情影响边际弱化的背景下，锌价延续震荡偏强走势，但由于锌矿复产预期的压制，在相当长的一段时间内锌价处于横盘调整，9 月受到欧洲能源危机影响，多家大型精炼锌企业宣布大规模减产，全球锌价大幅上涨，涨势一直延续到 2022 年第一季度，其间 LME 锌价格最高冲破 4500 美元/吨，SHFE 锌价格冲破 28000 元/吨。从 2022 年第二季度开始，随着美联储加息预期走强，锌价跟随整个有色金属共振下跌，虽然锌价在 2022 年下半

图 3-14 2016 年以来国际及国内市场锌期货收盘价变化

(资料来源：LME、SHFE)

年一度企稳，但2023年由于疲软的海外消费和中国冶炼的高产出，锌价再度转入下跌趋势。截至2023年第二季度末，LME锌价由年初的3000美元/吨跌至2200美元/吨附近，SHFE锌价由年初的24000元/吨跌至20000元/吨以下，下半年全球锌价以窄幅震荡为主。从全年看，LME锌价由年初的2990美元/吨下跌至年底的2662美元/吨，全年跌幅达11.0%；SHFE锌价由年初的23455元/吨下跌至年底的21545元/吨，全年跌幅达8.1%。

五、全球锌行业竞争格局分析

矿山方面，2022—2023年罢工、品位下滑、生产事故、自然灾害、成本因素成为全球锌矿生产企业产量不及预期的主要原因。2024年，海外锌矿生产企业产能有望迎来增长，具体大中型增产项目包括嘉能可旗下Zhairem矿山产能进一步释放带来的5万吨增量、墨西哥集团（Grupo Mexico）Buenavista新建矿山项目投产带来的6万吨增量、奥泽尔矿业俄罗斯Ozernoye项目带来的10万吨增量、Polymetals旗下Endeavor矿山项目投产带来的6万吨增量、Adriatic Metals旗下Vares矿山项目投产带来的5万吨增量，Newmont旗下Penasquito矿山罢工结束带来的6万吨增量，Boliden旗下Tara矿山复产带来的5万吨增量，以及其他一些小型矿山项目也有一些增量。减产项目主要包括Almina旗下Aljustrel矿山因亏损减产导致8万吨减量，Nystar旗下Tennessee矿山因亏损停产导致4万吨减量。国内锌矿项目主要关注火烧云矿山投产进度。

冶炼方面，海外锌冶炼企业产能增长空间不大，2024年只有Boliden旗下Odda冶炼厂扩产带来6万吨增量，Russian Copper旗下Verkhny Ufaley冶炼厂投产带来3万吨增量。影响海外锌冶炼企业的关键因素还是电力成本。2022年能源价格上涨引起欧洲地区锌冶炼厂集中减产，托克旗下Nyrstar公司冶炼厂和嘉能可旗下冶炼厂均出现不同程度的减产，尤其是年产能16万吨的德国Nordenham冶炼厂2022年底直接关停，并且2023年这些减量依然没有恢复。2024年随着欧洲能源价格从相对高位有所回落，减产企业有望重启产能，但产能完全恢复到减产前状态的可能性相对较小。中国国内锌冶炼企业产能仍处扩张周期，2024年仍有包括广西誉升、西南能矿、梧州永鑫、金成锌业等企业在内的大量中小型企业扩产，此外，南方有色2023年底投产的30万吨精炼锌项目产能释放也将主要落在2024年。但是，由于加工费的快速下滑，冶炼利润对国内锌冶炼企业开工率的抑制作用有所增强，新增的产能并不一定带来相应的产量增加。

六、2024年全球锌市场展望

从供给端来看，锌精矿供应方面，每6~8年全球锌矿山会经历一个完整的供应周期（产能从增产到减产），过去 20 年分别经历了 2002—2009 年、2009—2016 年、2016—2020 年三次完整的全球锌矿供应周期，2016—2020 年周期只有 4 年，明显短于此前两个周期，主要原因是 2020 年新冠疫情对矿山生产造成扰动，同时锌价超跌打穿矿山利润，使这一轮供应周期提前结束。从 2020 年下半年开始，随着锌价转入牛市，全球锌矿开启新一轮供应周期，但 2022—2023 年受天气、事故、罢工等预期外扰动因素影响，全球锌矿供应并未沿着预期通道增长，反而有所下滑。2024 年矿山生产扰动因素有望边际转弱，加之新增及扩建产能陆续投产，全球锌矿供应有望重回增长。预计 2024 年全球锌精矿供应增量约为 22 万吨，增幅为 1.8%，海外和中国均有一定增量。精炼锌供应方面，随着欧洲能源危机缓解，各国政府对电价进行干预，欧洲锌冶炼利润已恢复至正常水平，且中国国内冶炼产能仍有进一步释放空间，全球精炼锌产量有望迎来增长，但炼厂利润下滑对增速预期起到一定的抑制作用。预计 2024 年全球精炼锌增量为 40 万吨，增幅约为 3%。其中海外增加 20 万吨，中国增加 20 万吨。

从需求端来看，锌消费主要集中在基建、房地产、汽车、家电等行业。2024 年海外锌消费不确定性较大，考虑到 2023 年海外锌消费表观需求下滑严重，2024 年海外锌消费存在一定的修复空间。中国国内锌消费整体承压，锌消费涉及的几个主要行业中，基建投资转向三大工程，房地产竣工面积累计同比存在由正增长转为负增长的压力，汽车作为周期性工业品消费其增速存在放缓压力。预计 2024 年全球精炼锌表观需求增加 35 万吨，增幅约为 2.7%。

综合供需平衡，预计 2024 年全球锌精矿供应由紧平衡转为短缺，短缺量约为 10 万吨；预计 2024 年全球精炼锌供应延续过剩，过剩量为 31 万吨，前一年过剩量为 21 万吨。超预期因素主要在于欧洲冶炼产能恢复情况以及中国冶炼厂减产情况。从元素平衡看，加总锌精矿和精炼锌，预计 2024 年全球锌市场总体处于紧平衡格局，2024 年 LME 锌价运行区间为 1800～3800 美元/吨，SHFE 锌价运行区间为 16000～30000 元/吨。

第五节 镍

2023 年，全球镍市场供过于求，导致镍价单边持续下行。年初受新能源增速放缓及不锈钢需求疲软拖累，镍价结束了前一年的大牛行情，高位开启下跌模式。此后，由于技术瓶颈被突破，镍产业链供应端相互打通，良好的替代性使过去镍行业的结构性短缺矛盾得以改善，全球镍市场供应明显过剩，抑制镍价持续下行。至 2023 年底，LME 镍价由年初的约 30000 美元/吨跌至 16000 美元/吨低位，跌幅接近腰斩；SHFE 镍价则由年初的 230000 元/吨跌至 130000 元/吨一线，跌幅高达 43%。2024 年，预计全球镍市场仍将处于供应过剩格局，镍价仍将承压，但考虑成本因素，镍价寻底概率增加。

一、全球镍市场供给

近年来，全球镍矿供给连续保持增长。分国家和区域来看，印度尼西亚是目前全球最大的镍矿供给国。美国地质调查局数据显示，全球镍矿资源主要分布在澳大利亚、巴西、法属新喀里多尼亚、俄罗斯、古巴、印度尼西亚、菲律宾、南非和加拿大等国家。2017年以前，菲律宾一直是全球第一镍矿生产国，但2018年印度尼西亚超越菲律宾，成为全球最大镍矿供应国，产量大约占全球的30%。除菲律宾和印度尼西亚外，俄罗斯、加拿大、澳大利亚、法属新喀里多尼亚也是全球镍矿主要的生产国。

表3-15　　　　2019—2022年全球主要国家镍矿产量变化　　　　单位：万吨

国家/区域	2019年	2020年	2021年	2022年
菲律宾	32.3	33.4	38.7	33.0
加拿大	18.1	16.7	13.4	13.0
俄罗斯	27.9	28.3	20.5	22.0
澳大利亚	15.9	16.9	15.1	16.0
法属新喀里多尼亚	20.8	20.0	18.6	19.0
印度尼西亚	85.3	77.1	104.0	160.0
中国	12.0	12.0	10.9	11.0
其他	48.7	46.6	51.8	0.1
全球合计	261.0	251.0	273.0	330.0

资料来源：USGS。

2023年，全球原生镍供应保持增长。结合相关研究机构数据，2023年海外原生镍供应247.5万吨，同比增长21.9%；中国国内原生镍供应105.7万吨，同比增长22.0%；加总海外和国内，全球原生镍供应353.2万吨，同比增长21.9%。镍产品方面，全球电解镍供应增长约4万吨，增量主要来自中国，除中国以外国家电解镍供应保持平稳；全球镍铁供应增量约为30万吨，其中印度尼西亚是镍铁供应增长的主要贡献国，中国国内镍铁供应小幅下滑，根据上海有色网统计，2023年中国镍铁累计产量为39.1万吨，同比下滑5.0%。

分国别来看，中国是原生镍主产国。除中国外，俄罗斯、日本、加拿大和澳大利亚也是全球原生镍生产大国，四国近年来产量均保持在10万吨以上。此外，挪威、巴西以及法属新喀里多尼亚、马达加斯加也是重要的原生镍生产国。

二、全球镍市场需求

2023年，全球原生镍表观消费量保持增长。结合相关研究机构数据，2023年海外原生镍表观消费量为 101.9 万吨,同比下滑 10.9%;中国国内原生镍表观消费量为 219.1 万吨,同比增长 21.1%,中国原生镍需求增长较快,主要是因为新能源汽车行业快速发展拉动;加总海外和国内,全球原生镍表观消费量为 320.9 万吨,同比增长 8.7%。

分国家/地区来看,中国是全球最大的原生镍消费国,近几年消费量全球占比超过一半以上,随着中国新能源汽车渗透率的持续提升,中国镍需求近几年保持两位数的快速增长,2023 年中国镍消费已经占全球的三分之二以上。美国、日本、韩国处于全球第二大原生镍消费阵营,年消费量均保持在 10 万吨左右。此外,意大利、德国也是原生镍的重要需求主体,年消费量维持在 5 万吨左右。全球前五大原生镍需求国家(地区)合计消费量全球占比超过四分之三,占比较前一年有所增加。

三、中国镍资源进出口

近两年,中国镍资源进口需求由原生镍向镍铁转移。中国镍资源进口主要表现为镍矿、原生镍和镍铁进口,氧化镍、镍粉、镍末等商品进口规模相对较小。海关总署数据(见表 3-16)显示,2022 年中国镍精矿、原生镍及合金、镍铁进口量分别为 4001.8 万吨、16.0 万吨和 591.5 万吨,镍资源(包括镍制品)出口规模微乎其微。2023 年全年累计,镍精矿进口量为 4446.6 万吨,较 2022 年同期增长 11.1%;原生镍及合金进口量为 9.5 万吨,较 2022 年减少 40.5%;镍铁进口量为 846.1 万吨,较 2022 年增长 43.0%。

表 3-16　　　　　2020—2023 年中国镍资源进口量变化　　　　　单位:万吨

品种	2020 年	2021 年	2022 年	2023 年
镍矿砂及精矿	3912.2	4354.1	4001.8	4446.6
原生镍及合金	13.2	26.3	16.0	9.5
镍铁	344.4	370.3	591.5	846.1

资料来源:海关总署。

从区域进口分布来看(见表 3-17),中国镍矿进口主要来自菲律宾,随着来自印度尼西亚的进口量大幅收缩,菲律宾进口量占比自 2021 年以来连续三年维持在 80% 以上,是中国镍矿进口第一大来源国。印度尼西亚镍矿进口到中国的数量则连续四年大幅下滑,2023 年进口量更是减少到仅 29.6 万吨,为数年来的低位。镍铁进口主要来自印度尼西亚,2022 年进口量占中国总进口量的 90% 以上。2023 年,来自印度尼西亚的镍铁进口数量进一步攀升至 792.6 万吨,较 2022 年同期增长 46.7%。中国自印度尼西亚进口镍矿减少、进口镍铁增加,主要反映了印度尼西亚国内镍产业链由以镍矿出口为主向以镍矿加工为主的转变。此外，来自法属新喀里多尼亚的进口量与前一年基本持平，来自日本和缅甸的进口量有所萎缩。镍铁进口量排名前五的国家占总进口量的90%以上，与2022年基本持平。

表3-17　　　　2022—2023年中国镍资源进口来源区域分布　　　　单位：万吨

镍矿（原矿量）			镍铁（实物量）		
国家/区域	2022年	2023年	国家/区域	2022年	2023年
菲律宾	3305.5	3834.1	印度尼西亚	540.2	792.6
印度尼西亚	108.7	29.6	法属新喀里多尼亚	15.2	15.1
法属新喀里多尼亚	269.3	319.9	哥伦比亚	7.2	7.9
澳大利亚	17.8	12.9	巴西	6.5	6.3
俄罗斯	23.5	20.6	日本	3.2	1.7
危地马拉	99.8	55.6	缅甸	3.2	1.7
其他	177.2	173.9	其他	16.0	20.8
全球合计	4001.8	4446.6	全球合计	591.5	846.1

资料来源：海关总署。

四、市场均衡及价格

2023年全球镍报告库存底部企稳回升。LME镍库存自2015年开始进入下滑通道，虽然在2017年有所企稳，但2018年再度回归去库存路径，至2019年12月降至6.8万吨低点（见图3-15）。2020年，受新冠疫情影响，全球镍消费陷入低谷，LME镍库存

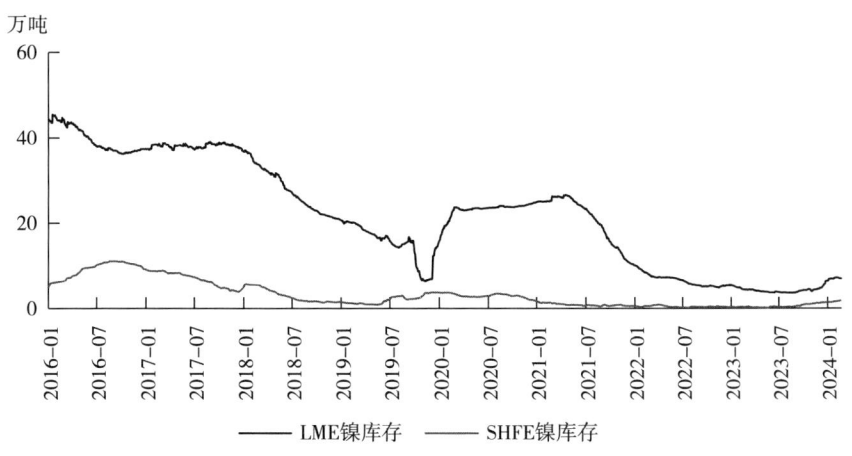

图3-15　2016年以来全球镍报告库存变化

（资料来源：LME、SHFE）

低位返升。2021—2022年，随着全球经济逐步恢复，以及新能源需求的高速增长，全球镍需求保持强劲，全球镍库存开始转入下行通道。2023年，随着镍产业链相互打通，镍供应端结构性矛盾明显改善，叠加新能源行业增速放缓，镍库存底部企稳回升。LME镍库存由年初的5.4万吨小幅增至年末的6.4万吨。SHFE报告库存自品种上市初期开始累积，2016年第三季度达到峰值11.2万吨，此后进入下滑通道。2021—2023年，SHFE镍库存同样经历了由累库到去库的完整周期。截至2023年底，SHFE镍库存由年初的0.2万吨增加至1.4万吨。加总两大交易所库存，2023年全球镍报告库存共增加2.2万吨，至7.8万吨。

全球电解镍供应短缺格局大幅缓解，原生镍供应持续过剩。近年来，由于受到中国新能源产业链快速发展以及印度尼西亚原矿出口禁令实施等因素的影响，全球镍资源供应整体呈现偏紧状态。但2022年以后，随着镍铁转产高冰镍产能陆续开始释放，以及不锈钢和新能源需求增长速度放缓，全球原生镍供应转入过剩。世界金属统计局数据显示，2023年全球镍市场供需表现为紧平衡（见图3-16）。

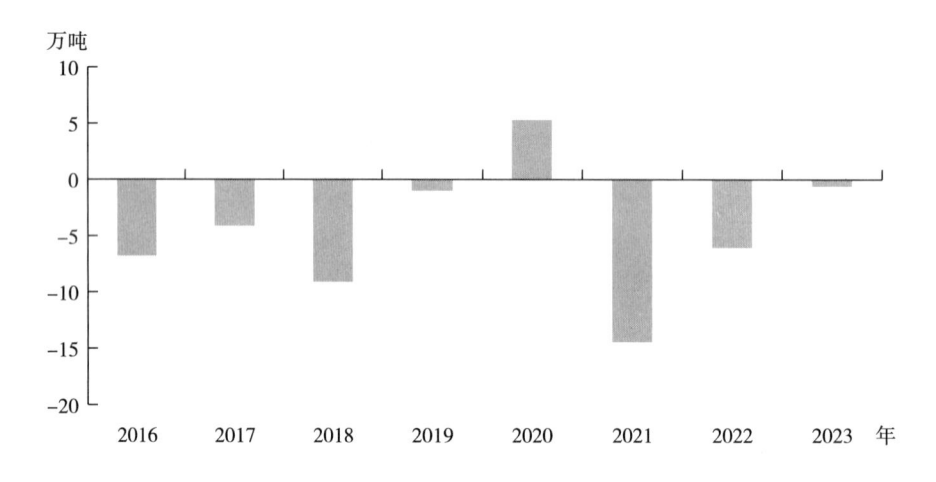

图3-16 2016—2023年全球镍供需均衡变化

（资料来源：WBMS）

国际市场镍价自2022年大牛市加速上涨后，运行重心大幅下移。2022年，国际和国内市场镍价受青山镍事件影响，3月LME镍价甚至创下历史纪录，突破50000美元/吨（见图3-17）。随着青山镍事件的结束，全球镍价重回基本面。2023年，镍市场供过于求抑制镍价单边下行，镍成为有色金属中运行较弱的品种。从全年看，LME镍价由年初的31335美元/吨下跌至年底的16620美元/吨，全年跌幅为47.0%；SHFE镍价由年初的228820元/吨下跌至年底的125210元/吨，全年跌幅为45.3%。

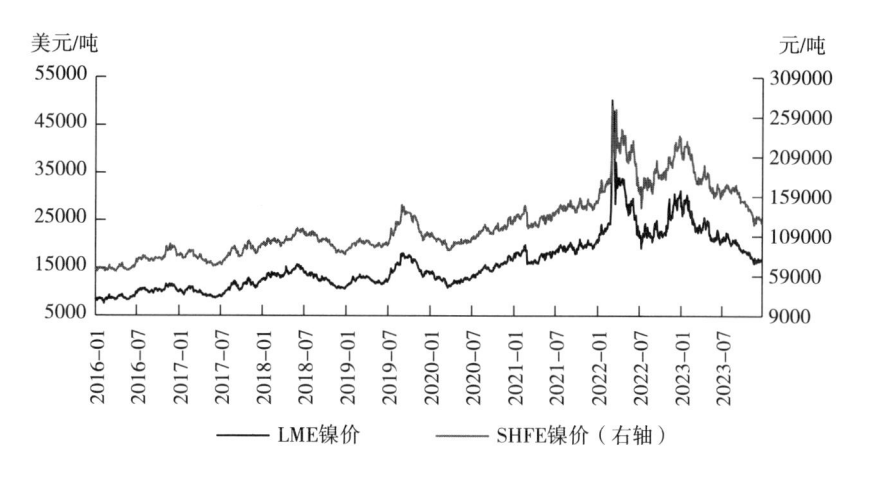

图 3-17 2016 年以来国际及国内市场镍期货收盘价变化

（资料来源：LME、SHFE）

五、全球镍行业竞争格局分析

全球镍资源开发与冶炼一体化程度较高，重点原生镍矿生产企业包括淡水河谷（Vale）、俄镍（Norilsk Nickel）、金川集团、嘉能可（Glencore）、必和必拓（BHP）、住友金属（Sumitomo Metal）、埃赫曼（ERAMET）、英美资源（Anglo American）等。

电解镍方面，俄镍和淡水河谷是最大的电解镍生产商。近几年，全球电解镍企业主要以发展电积工艺为主，2024 年包括印度尼西亚青山、华友、浦项等企业电解镍产能增加约 6 万吨。

镍铁方面，增量集中在印度尼西亚的镍铁项目上。印度尼西亚镍铁虽然已过投产高峰，进入爬产阶段，但仍有部分新增项目，如青岛中程、印度尼西亚德龙等，预计回流量将继续增加。其他海外传统镍企和国内镍铁企业新增项目较少，产量变动幅度较小。

近几年，随着冶炼技术的进步，镍产业链发生了较大的转变，除 NPI 项目大规模投产外，印度尼西亚高冰镍项目成功投产进一步加快了镍产业链的变迁。在过去传统镍产业链中，高冰镍主要是经由硫化镍矿冶炼产出，但印度尼西亚高冰镍项目打通了红土镍矿—镍铁—高冰镍—硫酸镍的产业链，极大地补充了硫酸镍的原料，从长期看也增加了镍的供应。湿法冶炼项目也将成为 2024 年印度尼西亚投资重点，已明确投产计划的 MHP 项目和高冰镍项目预计共新增产能 26 万吨，包括华山镍钴增加 12 万吨和华友 Pomalaa 项目新增 8 万吨等。印度尼西亚中间品的增加也将带动国内中间品进口量。2024 年国内硫酸镍增量主要来自湖南中伟新材料和宁德邦普循环科技新建项目。

此外，印度尼西亚预计有超过 17 万吨项目在 2024—2026 年投产，大部分项目集中在前驱体一体化企业的自产部分。

六、2024 年全球镍市场展望

2024 年全球原生镍和二级镍市场很有可能呈现全面过剩局面，即原生镍总量过剩叠加各产品线都过剩。具体来看，受国内电积镍产能增加和交割品扩容，预计国内纯镍仍维持增长节奏，而不锈钢需求萎缩叠加新能源对纯镍直接需求下滑影响，纯镍市场预计将由供需紧平衡转向小幅过剩。结合相关机构和上市企业公开数据，我们预计 2024 年全球纯镍供应增长 7 万吨，增幅为 9.5%；全球纯镍需求增长 1.7 万吨，增幅为 2.4%；预计全球纯镍供应过剩 6.7 万吨。

镍生铁是镍产业链中过剩幅度最大的部分，预计 2024 年仍将维持供给过剩。海外增量主要来自印度尼西亚镍铁产能增加，而国内镍铁生产仍处于亏损状态，预计产量将有所减少。需求方面，不锈钢同样产能过剩，且终端消费缺乏亮点，预计需求有所增加但增速将明显放缓。结合相关机构和上市企业公开数据，我们预计 2024 年全球镍铁供应增加 10 万吨，增幅为 4.6%；全球镍铁需求增加 8.5 万吨，增幅为 4.2%；预计全球镍铁供应过剩 14.1 万吨。

硫酸镍和镍盐方面，受新能源需求带动，供应和需求仍将保持同比增长。2024 年，新能源汽车电池仍然是硫酸镍需求的主要增长点，但由于中间品 MHP 和高冰镍 2024 年投产项目比较多，且近几年随着新能源汽车渗透率增至接近 40%，新能源汽车增长的速度预计将开始放缓，另外，新能源电池中磷酸铁锂正极材料占比逐渐增加，也在一定程度上抑制了镍钴锂三元电池的用量，预计 2024 年随着国内硫酸镍需求增速的放缓，国内硫酸镍市场将由供不应求向供过于求转变。

总的来看，2024 年镍基本面仍然偏弱，从驱动层面考虑，预计镍价运行重心可能进一步下探。考虑到 2023 年镍的估值已经大幅下修，从估值角度看，目前全球硫化矿火法镍仍然保持着成本较低的优势，印度尼西亚湿法项目综合成本约为 9 万元/吨，MHP 电积镍一体化成本约为 11 万元/吨，一体化高冰镍、电积镍成本年内最低约为 13 万元/吨。随着镍价进一步走弱，成本端支撑将逐渐发挥作用，抵制镍价深跌。预计 2024 年全年，LMF 镍价格运行区间为 12000～25000 美元/吨，SHFE 镍价格运行区间为 90000～200000 元/吨。

（撰稿人：侯亚鹏）

第六节 锂

2023年锂价格大幅下跌。上海有色碳酸锂现货（99.5%电池级，国产）价格年初为51.2万元/吨，1—4月快速下跌，最低跌至4月25日的17.65万元/吨，累计跌幅达到65.5%；随后迅速反弹，碳酸锂现货价格最高反弹至6月16日的31.4万元/吨，相比最低点反弹幅度达78%；此后，锂持续震荡下跌，到年底跌至9.69万元/吨。年初到年底，碳酸锂价格累计跌幅达到81%。碳酸锂期货自7月21日上线以来，从23.89万元/吨跌至最低8.565万元/吨，年底收盘于10.77万元/吨，累计下跌近60%。2024年，锂市场终端需求增速预计略好于2023年，但锂资源扩产放量进入高峰期，预计供应过剩将进一步加剧，并推动碳酸锂价格进一步回落（见图3-18）。

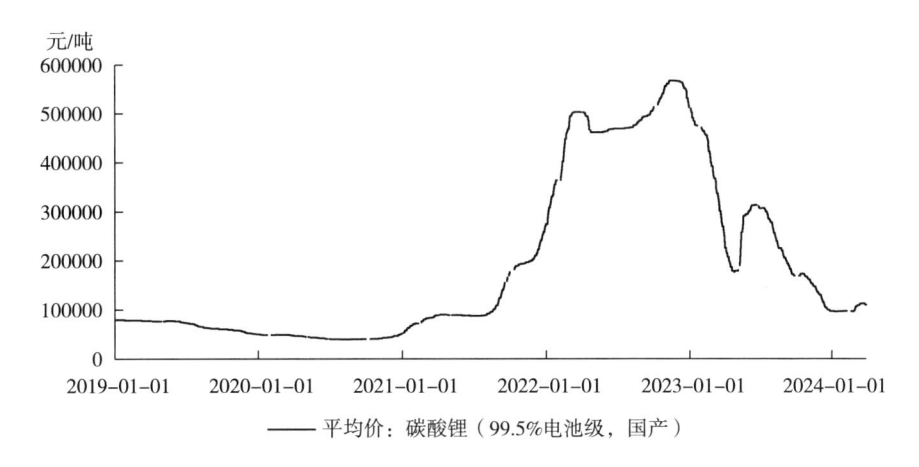

图3-18　2019年以来国内锂价格走势

（资料来源：同花顺iFind、中国金属矿业经济研究院）

一、锂资源分布及供给情况

（一）世界锂资源分布情况

锂（Li），原子序数排第三位，分子量6.941。锂是银白色软质金属，密度为0.534克/立方厘米，是世界上最轻的金属。锂被誉为21世纪的能源金属、白色石油，被各国视作重要的战略金属。

目前，在全球范围内，盐湖、矿石、黏土三种类型锂资源的占比分别为58%、26%、7%。全球最优质的盐湖锂资源集中分布在南美"锂三角"，最优质的锂矿山则集中分布在澳大利亚的西澳洲。根据美国地质调查局数据，2022年全球锂资源储量约为 2605 万金属吨 [折合 1.38 亿吨碳酸锂当量（Lithium Carbonate Equivalent，LCE）]。智利、澳大利亚、阿根廷、中国的锂资源探明储量居世界前列，占比分别约为 36%、24%、10%、8%。2023 年以来，全球不断有新的锂资源被发现，如伊朗西部、美国内华达州及非洲地区等（见表 3-18）。

表 3-18　　　　2019—2022 年全球锂资源储量分布情况　　　　单位：金属吨

国家/区域	2019 年	2020 年	2021 年	2022 年
智利	8600000	9200000	9200000	9300000
澳大利亚	2800000	4700000	5700000	6200000
阿根廷	1700000	1900000	2200000	2700000
中国	1000000	1500000	1500000	2000000
美国	630000	750000	750000	1000000
加拿大	—	—	—	930000
津巴布韦	230000	220000	220000	310000
巴西	95000	95000	95000	250000
葡萄牙	60000	60000	60000	60000
其他	1885000	2575000	2275000	3300000
总计	17000000	21000000	22000000	26050000

资料来源：USGS、中国金属矿业经济研究院。

（二）世界锂资源生产情况

根据美国地质调查局数据，2022 年全球锂资源产量约为 13 万金属吨（折合 69.2 万吨 LCE）。其中，硬岩锂矿产量约占 57%，盐湖锂产量约占 43%。从国别看，澳大利亚（硬岩锂矿）产量为 32.5 万吨 LCE，占比为 47%；智利（盐湖锂）产量 20.7 万吨 LCE，占比为 30%；我国产量 10.1 万吨 LCE，占比为 14%（见表 3-19）。

表 3-19　　　　2019—2022 年全球锂资源产量分布情况　　　　单位：金属吨

国家/区域	2019 年	2020 年	2021 年	2022 年
澳大利亚	45000	39700	55300	61000
智利	19300	21500	28300	39000
中国	10800	13300	14000	19000
阿根廷	6300	5900	5970	6200
巴西	2400	1420	1700	2200
津巴布韦	1200	417	710	800
葡萄牙	900	348	900	600
加拿大	—	—	—	500
其他	100			700
总计	86000	82585	103570	130000

资料来源：USGS、中国金属矿业经济研究院。

根据中国金属矿业经济研究院估算，2023年全球锂资源矿产供给约96万吨（LCE，下同）。海外锂矿石产量约45万吨，增加11万吨。其中，澳大利亚37万吨，增加约7万吨；非洲4万吨，增加约3万吨；巴西2.5万吨，增加约1.5万吨。海外盐湖锂产量约28万吨，增量3万吨左右，主要增量来自阿根廷和智利。国内产量约23万吨，增加约5万吨，主要来自盐湖，其中青海盐湖增加4万吨。

此外，我国锂电池回收量约为62.3万吨实物吨，估计回收锂带来再生原料约6万吨。

（三）全球锂行业竞争格局

从企业角度来看，全球锂资源的供应集中度较高，主要资源企业包括：澳大利亚的泰利森（由天齐锂业间接控股，美国雅宝公司参股），开采西澳大利亚州的格林布什矿，2023年产量为19万吨。智利的SQM公司，主要开采智利的Atacama盐湖，2023年产量为16万吨。美国雅宝公司，主要开采智利的Atacama盐湖、美国的银峰盐湖和澳大利亚的Wodgina锂矿（雅宝控股），2023年合计产量为12.5万吨。澳大利亚的Allkem公司，主要开采西澳大利亚州Mt. Cattlin矿和阿根廷的Olaroz盐湖；美国的Livent公司，开采阿根廷的Hombre Muerto盐湖。2023年，澳大利亚Allkem和美国Livent宣布合并为Arcadium Lithium，合计资源产量约8.5万吨。澳大利亚的Pilbara公司，开采西澳大利亚州的锂矿，2023年产量约为7.8万吨。RIM公司，由赣锋锂业和MRL公司各持50%权益，开采澳大利亚的Mt. Marion矿，2023年产量为7万吨（见表3－20）。

表3－20　　　　　　　　2023年全球企业锂资源产量排名（估算）

排名	企业名称	资源产量（万吨）
1	泰利森矿（天齐锂业间接控股51%，雅宝公司持股49%）	19
2	SQM公司—盐湖	16
3	雅宝公司—盐湖+Wodgina矿	12.5
4	Arcadium公司（盐湖+锂矿）	8.5
5	Pilbara公司—矿	7.8
6	RIM公司（赣锋锂业和MRL各持50%权益）	7
7	蓝科锂业—盐湖	3.6
8	永新材料—云母矿	2.5
9	九岭锂业—云母矿	2.5
10	中矿资源—云母矿	2.5

资料来源：中国金属矿业经济研究院。

我国国内已经工业化生产的盐湖包括西藏扎布耶盐湖以及青海东台吉乃尔盐湖、西台吉乃尔盐湖、察尔汗盐湖（蓝科锂业）和一里坪盐湖（五矿盐湖）等。我国盐湖相较于南美的智利和阿根廷的盐湖而言，规模偏小、品位偏低、镁锂比高，处理成本高。2023年，我国盐湖锂资源产量约为8.3万吨碳酸锂，其中规模最大的是盐湖股份旗下的蓝科锂业，锂盐产量为3.6万吨。

相较于澳大利亚矿山，我国锂辉石矿和锂云母矿开采处理成本也较高。四川锂矿资源的勘查程度和开发程度较低，有效产能还很小。江西的锂云母矿存在品质质量较低、杂质含量和处理成本高等问题，主要锂云母企业有永新材料、九岭锂业、江特电机、宜春钽铌矿等。2023年，锂云母及锂辉石矿贡献原料约13万吨碳酸锂当量。

二、锂资源消费状况

（一）2023年全球新能源汽车及动力电池需求增速放缓

新能源汽车动力电池是目前锂资源最大终端消费源。2023年，全球新能源汽车销量有望达到1370万辆左右，同比增长约31%，总体增速比较强劲，但增速与前两年相比有进一步的放缓。2023年，全球新能源汽车市场渗透率超过16%，其中，中国渗透率从前一年的26%上升至31.6%，美国从7%上升至10%，欧洲基本维持在24%左右的水平（见图3-19）。

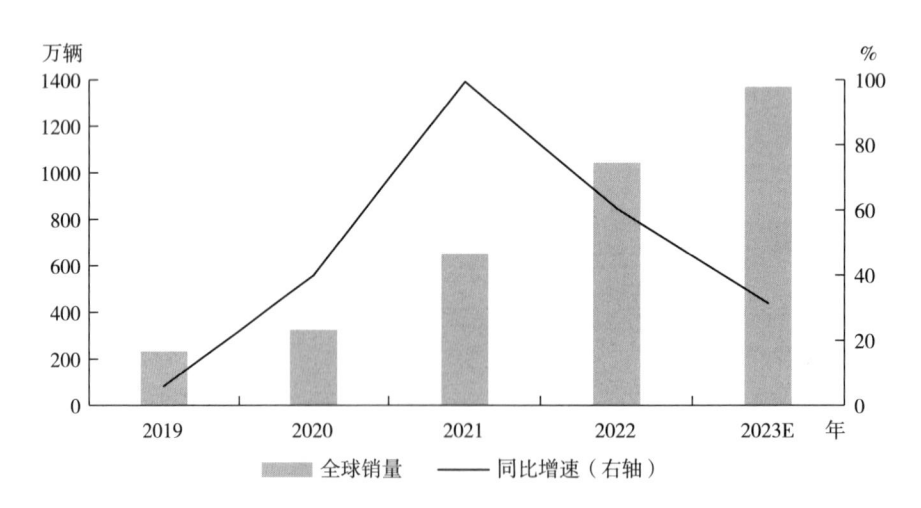

图3-19 全球新能源汽车销售情况

（资料来源：Insideevs、中国金属矿业经济研究院）

具体来看，中国国内销量增速明显放缓，但出口拉动力强劲带来一定支撑。2023年我国新能源汽车总销量为949.5万辆，同比增长38%，占全球总销量的69%。其中，国内销量为829万辆，同比增长33.5%，占全球的60.5%。出口量为120.3万辆，同比增长77.6%，出口在总销量中的占比从2022年的9.8%提升至12.67%。

欧洲销量增长受到德国补贴退坡的冲击。2023年,欧洲新能源汽车销售301.7万辆左右,同比增长16%,市场渗透率为24%。其中,德国因补贴退坡(1月取消插混车补贴,9月取消企业购买新能源汽车补贴,12月17日取消全部新能源汽车补贴),全年销量仅为70万辆,同比下滑16%,成为欧洲市场的最大拖累。德国以外欧洲国家销量同比增长约32%。

美国市场受《通胀削减法案》补贴提振,继续保持高增速。据Marklines统计,2023年,美国销售约148万辆,同比增长近50%。美国《通胀削减法案》从2023年1月正式生效,对满足条件的新能源汽车提供10年税收抵免补贴,单车最高补贴金额达到7500美元。

新能源汽车产品结构方面,虽然国内纯电动车占比大幅下滑,但从全球来看基本保持稳定,略有下滑。2023年,中国纯电动汽车销量占比为70.4%,下滑7.5个百分点。但欧洲纯电动汽车占比上升明显。综合来看,全球纯电动汽车销量占比为69.3%,比2022年71.4%下滑2个百分点,总体维持在70%左右的水平。

综合来看,全球动力电池装机总量增长放缓。根据官方数据,2023年,中国动力电池装机387.6GWh,同比增长31.5%,增速相比上年的90.7%有明显下滑;根据SNE Research统计,2023年,全球动力电池装机705.5GWh,同比增长38.6%,明显低于上年68%的同比增速。由于当前新能源汽车发展的根本逻辑是对传统燃油车的替代,随着新能源汽车渗透率的不断提升,降速是合理且必然的。

(二)新型储能的迅猛增长带来新希望,但规模相对有限

2023年,全球储能电池装机量估计达到95GWh左右,同比增长125%。其中,在强制配储政策叠加国内新能源发电高增长的情况下,中国迎来了新型储能的高增长。2023年,我国新增光伏装机216.88GW,同比增长148.12%,新增风电装机规模75.9GW,同比增长101.7%。在此背景下,2023年,中国新增投运新型储能装机46.6GWh,比2022年同比增长190%。同时,在《通胀削减法案》补贴的刺激下,美国新型储能也增长了一倍左右(见图3-20)。

(三)终端需求从暴涨到降速,加剧产业链产能过剩和去库存

2021—2022年,由于我国新能源汽车实现翻倍式的增长(增速分别为163%和96%),全球增速也分别达到109%和56%,从而刺激产业链中上游产能出现成倍的扩张。随着终端市场的降速,产业链中上游成倍扩张的产能面临需求急剧萎缩的打击。根据行业统计数据,全球锂电池及正负极材料的规划产能都超过2025年需求的5倍以上,产能过剩问题十分突出,且已经从结构性过剩演变为全面过剩。2023年上半年,龙头企业宁德时代电池系统产能利用率仅为60.5%,相比2022年下滑超过20个百分

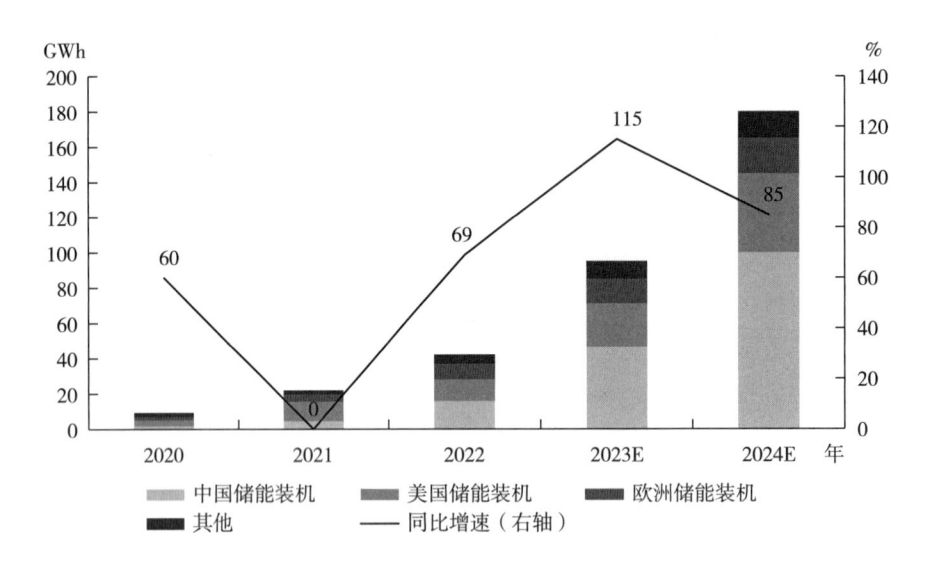

图 3-20　全球储能电池装机量及增长情况

（资料来源：中国金属矿业经济研究院）

点，全年产能利用率总体水平也仅为 70.47%。

随着产能过剩和锂价的持续下降，产业链持续推动去库存，进一步加剧了供需矛盾。为了直观展示产业链各环节的库存累积情况，可以追踪电池产量与装机量比值（前者）和正极材料产量与电池产量比值（后者）的变化趋势。2023 年，前者基本保持平稳，8 月和 9 月还有升高的现象，显示出电池企业为了抢占市场加大产量，电池库存有所累积；后者则显示出两轮明显的去库存过程，即 2—4 月的阶段性去库存和 8 月以后的持续去库存，与之基本对应的是，碳酸锂价格同期也出现了两轮下跌（见图 3-21）。

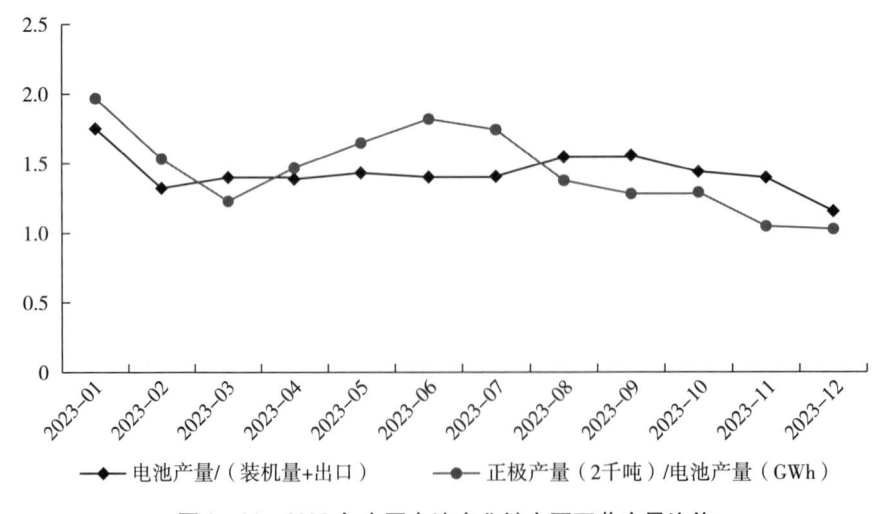

图 3-21　2023 年中国电池产业链主要环节产量比值

（资料来源：中国金属矿业经济研究院）

（四）2023 年全球锂资源消费增速放缓

综合来看，2023 年，估计全球锂资源消费量约为 94.7 万吨，同比增长 9.5%，增速相比 2022 年的 45.6% 有大幅的放缓。其中锂电池领域消费为 84 万吨左右，传统领域消费在 10.7 万吨左右。

三、中国锂资源进出口

我国是最大的锂资源消费国和进口国，大部分锂原料仍依赖于进口，特别是锂电池所需的锂资源绝大部分依赖于澳大利亚的锂矿山。

根据中国有色金属工业协会锂业分会援引海关数据的统计，2023 年 1—12 月，我国进口锂精矿约 401 万吨，主要来源于澳大利亚、巴西、津巴布韦等国，同比增长约 41%。在主要的锂盐方面，2023 年我国进口碳酸锂 15.87 万吨，出口 0.96 万吨，净进口 14.91 万吨，同比增长约 18.6%。2023 年，我国出口氢氧化锂 13 万吨，进口 0.38 万吨，净出口 12.62 万吨，同比增长约 39.8%。此外，净进口氯化锂 0.44 万吨（见表 3-21）。

表 3-21　　　　　　　　　2023 年中国锂产品进出口情况　　　　　　　　单位：万吨

产品名称	进口量	出口量	净进口量
锂精矿	401	—	401
碳酸锂	15.87	0.96	14.91
氢氧化锂	0.38	13	-12.62
氯化锂	0.48	0.04	0.44
金属锂	0.003	0.059	-0.056

资料来源：中国金属矿业经济研究院。

综合测算，2023 年我国锂资源自产约 21.9 万吨，锂原料净进口合计 47.6 万吨。由此估算，2023 年我国锂资源对外依存度约为 68.5%（见表 3-22）。

表 3-22　　　　　　　　2019—2023 年中国锂资源对外依存情况　　　　　　单位：吨、%

项目	2019 年	2020 年	2021 年	2022 年	2023 年
国内产量	213064	176961	280133	371740	476293
进口量	65400	86600	108100	181200	219413
资源供给总量	278464	263561	388233	552940	695706
进口占比	76.5	67.1	72.2	67.2	68.5

资料来源：中国金属矿业经济研究院。

四、市场均衡及价格

2019—2023 年，锂市场经历了过剩到短缺再到过剩的转变，锂价格也出现了下跌、暴涨再到暴跌的转变。2019—2020 年，在我国新能源汽车补贴政策大幅退坡的背景下，我国新能源汽车销量增速出现大幅下滑，甚至在 2019 年出现负增长，全球锂市场也走向供应过剩，碳酸锂价格持续回落，最低仅为 4 万元/吨左右。2021 年以来，随着电池包技术的进步，低成本磷酸铁锂电池性能得到大幅提升，足以支撑 500 公里以上续航的需要。在此背景下，我国新能源汽车市场再次迎来快速增长，同时欧美市场在新能源汽车高额补贴和积极政策推动的支撑下也迎来快速增长，全球新能源汽车再次迎来高速发展，锂市场趋于供应不足。在此期间，锂价格也出现了历史性的十倍上涨，最高涨至近 60 万元/吨。随着锂价格的暴涨，全球锂产业链产能成倍扩张，锂资源投资开发显著提速，并从 2023 年开始逐步进入放量高峰期。在终端需求降速的背景下，锂市场进入供应过剩阶段，而锂产业链积极推动去库存，进一步加剧了市场过剩（见图 3-22）。

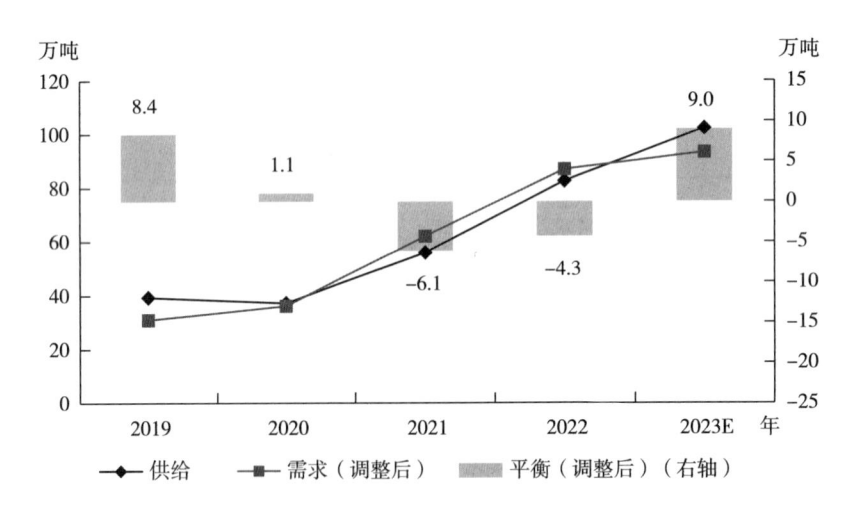

图 3-22 2019—2023 年全球锂市场供需平衡示意图

（资料来源：中国金属矿业经济研究院）

五、2024 年锂市场展望

（一）全球新能源汽车需求及动力装机增速有望总体保持稳定

首先，我国调整双积分政策，将倒逼车企大力发展新能源汽车。新能源积分比例要求从 2023 年的 18% 提高到 2024 年的 28%，提高 55.5%；同时，修改新能源积分计算公式，单车分值下调近 40%。这意味着新能源汽车最低销量比例为此前的 2.5 倍，有望倒逼国内新能源汽车的发展。预计 2024 年国内新能源汽车销量增速将与上年基本持平（见表 3-23）。

表 3-23　　　　2021—2025 年我国新能源汽车积分计算公式及达标要求

项目	2021 年	2022 年	2023 年	2024 年	2025 年
纯电动车积分	0.0056R + 0.4			0.0034R + 0.2	
插混车积分	1.6			1	
燃料电池车积分	0.08P			0.05P	
积分比例要求	14%	16%	18%	28%	38%

注：积分计算公式中的 R 代表车辆的续航里程，P 代表燃料电池的额定功率。
资料来源：中国金属矿业经济研究院。

其次，欧洲立法明确从 2035 年开始禁售新燃油轿车和小型客货车，2030 年轿车比 2021 年减碳 55%，货车减碳 50%，为欧洲新能源汽车的发展奠定了良好的制度基础。但德国补贴的完全退出（最高 3000 欧元/辆）势必带来短期冲击。预计 2024 年欧洲新能源汽车增速为 10%~20%，与 2023 年基本持平。

最后，美国市场受到《通胀削减法案》补贴的刺激，仍会延续较高增长，但由于本土化要求提高，且附带外国敏感实体（FEOC）要求，而许多车型短期内还难以与中国产业链脱钩，这将在一定程度上削弱补贴刺激效果。

综合来看，预计 2024 年全球新能源汽车销量将达到 1750 万辆以上，同比增长 28% 以上；动力电池装机量将超过 950GWh，同比增长 29%。

（二）全球储能电池装机有望延续高增长

在中国市场，国家明确新能源发电要成为增量的主体，叠加强制配储政策的持续实施及电池价格的持续下降，2024 年储能装机有望超过 100GWh，增长 1 倍以上；美国市场在《通胀削减法案》补贴刺激下，有望保持 80% 左右的增速；其他地区增速在 40%~50% 之间。

总体来看，预计全球储能装机有望达到 180GWh 以上，同比增长 85% 左右。预计在动力电池和储能电池的装机总量（预计达到 1160GWh）中，储能电池占比将从 12% 提升至 16% 左右。

（三）预计锂需求增速将有较大回升

随着三元电池的成本下降，预计三元电池的占比将趋于稳定。钠电池在 2023 年 12 月开始量产装车，2024 年有望突破 GWh 量级，向着 1% 的占比迈进，但对 2024 年锂电池需求的影响不大。同时，在行业内卷降本的大趋势下，产业链迅速向精益生产迈进，产业链库存有望持续保持较低水平。

综合来看，2024年锂需求总量预计达到118万吨，同比增长25%左右。其中全球锂电池领域消费107.5万吨，增长约28%。

（四）2024年锂资源供给大幅增加，供应过剩加剧

随着前期投资建设的锂资源项目进入放量高峰期，预计2024年锂资源可生产的总量超过140万吨，增长40万吨。其中，海外锂矿石产量增加约21.5万吨，其中澳大利亚增加约10万吨，非洲增加10万吨，巴西增加1.5万吨；南美盐湖增量约10万吨，其中阿根廷增加7万吨，智利增加3万吨；国内增加约7万吨，盐湖、锂云母矿、锂辉石均有增加。此外，电池回收初步估计带来约8万吨，增加约2万吨。

总体来看，2024年全球锂市场过剩进一步扩大到20万吨左右。在此情境下，锂价格总体仍将继续走低。从锂资源项目的成本支撑分析，预计全年碳酸锂平均价格为8万~10万元/吨。

第七节 钴

2023年，随着钴市场消费形势的下滑及供应的持续增长，钴价格持续震荡下跌。上海有色电解钴现货（不低于99.8%）从年初的32.45万元/吨震荡下跌至年底的22.25万元/吨，累计跌幅达到31.4%。钴价跌至历史底部区域。2024年，预计随着三元电池占比的回升，钴市场需求增速高于2023年，但钴资源重点项目扩产，预计钴市场供应过剩量仍将扩大。鉴于需求的好转和历史底部的支撑，钴价格仍有望底部企稳（见图3-23）。

图3-23 2018年以来国内钴价格走势

（资料来源：同花顺iFind、中国金属矿业经济研究院）

一、钴资源分布及供给情况

（一）全球钴资源分布情况

钴，元素符号 Co，是一种银灰色有光泽的金属，属于稀缺的小金属资源。钴因具有很好的耐高温、耐腐蚀、磁性性能而被广泛用于航空航天、机械制造、电气电子、化学、陶瓷等领域，是制造高温合金、硬质合金、陶瓷颜料、催化剂、电池的重要原料之一。钴被全球各国视为重要的战略金属。

钴主要以伴生矿形式存在。全球陆地钴资源储量较少，丰度仅为 0.0025%。钴在地球上的分布分散，全球的纯钴矿床（砷化钴、硫化钴、钴土矿）不足 8%，绝大部分都是以伴生矿的形式存在。在全球的钴矿资源中，大约 41% 为铜钴矿，36% 为镍铜钴硫化矿，15% 为红土镍钴矿。绝大部分铜伴生钴矿分布在刚果（金）、赞比亚，镍铜钴硫化矿主要在澳大利亚、加拿大、俄罗斯和美国，镍钴矿主要分布在澳大利亚及临近的岛国和古巴。

全球钴资源分布高度集中。根据美国地质调查局的数据，2022 年全球钴资源储量约 830 万金属吨（除特殊标注外，以下均为金属吨）。其中，刚果（金）储量为 400 万吨，占全球的 48%；澳大利亚储量为 150 万吨，占全球的 18%；印度尼西亚储量为 60 万吨，占全球的 7%（见表 3-24）。

表 3-24　　　　　　2019—2022 年全球钴资源储量分布情况　　　　单位：金属吨

国家/区域	2019 年	2020 年	2021 年	2022 年
刚果（金）	3600000	3600000	3500000	4000000
澳大利亚	1200000	1400000	1400000	1500000
印度尼西亚	—	—	—	600000
古巴	500000	500000	500000	500000
菲律宾	—	—	—	260000
俄罗斯	250000	250000	250000	250000
加拿大	230000	220000	220000	220000
中国	80000	80000	80000	140000
马达加斯加	—	—	—	100000
美国	55000	53000	69000	69000
其他国家	1085000	997000	1581000	661000
总计	7000000	7100000	7600000	8300000

资料来源：USGS、中国金属矿业经济研究院。

(二) 全球钴资源生产情况

根据美国地质调查局的统计，2022 年全球钴资源产量约 19 万吨。其中，刚果（金）产量约 13 万吨，占全球产量的 68%；其次是印度尼西亚，产量约 1 万吨，占全球产量的 5%（见表 3-25）。

表 3-25　　　　　　　2019—2022 年全球钴资源产量分布情况　　　　　　单位：金属吨

国家/区域	2019 年	2020 年	2021 年	2022 年 E
刚果（金）	100000	98000	119000	130000
印度尼西亚	—	—	2700	10000
俄罗斯	6300	9000	8000	8900
澳大利亚	5740	5630	5295	5900
加拿大	3340	3690	4361	3900
古巴	3800	3800	4000	3800
菲律宾	—	—	3600	3800
巴新	—	—	2953	3000
马达加斯加	—	—	2800	3000
土耳其	—	—	2400	2700
摩洛哥	2300	2300	2300	2300
中国	2500	2200	2200	2200
其他国家	18420	17380	5391	10500
总计	144000	142000	165000	190000

资料来源：USGS、中国金属矿业经济研究院。

2023 年，据测算，全球钴原料供给约 24 万吨。其中，刚果（金）钴产量约 18 万吨，增加近 3.8 万吨。增量主要来自洛阳钼业在刚果（金）的两大项目，其中，KFM 项目满产带来增量 3 万吨，加上 TFM 项目增产 0.5 万吨，全年产量共增加 3.5 万吨，达到 5.5 万吨，洛阳钼业也超过嘉能可成为全球最大的钴资源生产商；嘉能可全年产量估计为 4 万吨，减少 0.4 万吨，主要因为刚果（金）Mutanda 项目减产。印度尼西亚钴产量约 1.6 万吨，增加 0.7 万吨，主要增量来自华越（华友钴业）、力勤和青美邦等镍钴项目。未来全球钴产量增加仍将主要来自刚果（金）和印度尼西亚。

此外，再生钴也是钴资源的重要补充。全球范围内规模较大的再生钴企业主要有比利时的优美科及中国的格林美、邦普、赣州逸豪优美科等，涉及再生钴的规模在 2 万吨以上。

我国是钴资源缺乏的国家，钴矿储量仅 8 万吨，占全球的 1.1%。同时，我国钴资源存在品位低、分离难度较高等问题。我国 70% 钴资源分布在甘肃、山东、云南、青海、山西五个省份,其中甘肃占 30% 的份额,位居全国第一。

(三)全球原生钴资源竞争格局

从企业角度看,钴资源的供应集中度较高,前十大企业贡献了 18.77 万吨的钴产量,占比达到 78% 左右(见表 3-26)。

表 3-26　　　　　2023 年全球企业钴资源产量排名(估算)　　　　单位:万吨

排名	企业名称	资源产量
1	洛阳钼业	5.5
2	嘉能可	4
3	欧亚资源	2.3
4	Shalina	2.25
5	金川集团	1.28
6	华友钴业	1.15
7	力勤	0.67
8	诺里尔斯克	0.6
9	万宝矿产	0.52
10	Deziwa	0.5
	小计	18.77

资料来源:中国金属矿业经济研究院。

精炼钴生产方面,根据安泰科数据,2023 年中国的精炼钴产量约为 13.3 万吨,约占全球的 75%。其中,我国钴盐产量为 9.46 万吨,同比下降 26%;金属钴产量 2.1 吨,同比增长 121%。中国钴原料缺口较大,绝大部分都从刚果(金)进口,这使全球钴产业形成"刚果(金)采矿—中国冶炼"的模式。

二、钴资源消费状况

(一)钴的终端消费格局

锂电池是钴终端消费的主要领域。2023 年,全球钴终端消费约 19.7 万吨,其中,锂电池占钴消费的近 75%。动力电池领域的三元电池约占 50%,是未来成长最快的领域;消费电子领域的钴酸锂电池约占 25%;高温合金和硬质合金等其他领域约占 25%。

全球主要的钴消费国是中国、日本、美国、欧盟等。由于全球产业分工的不同，中国、日本、韩国的钴消费结构中锂电池占了绝大部分（80%以上）；但在美国，钴主要的消费领域是高温合金或超级合金（约占42%），主要用于航空发动机。

（二）2023年全球新能源汽车及动力电池需求增速放缓

新能源汽车动力电池是目前钴资源最大终端消费源。2023年，全球新能源汽车销量有望达到1370万辆左右，同比增长约31%，总体增速比较强劲，但增速与前两年相比进一步放缓（见图3-24）。

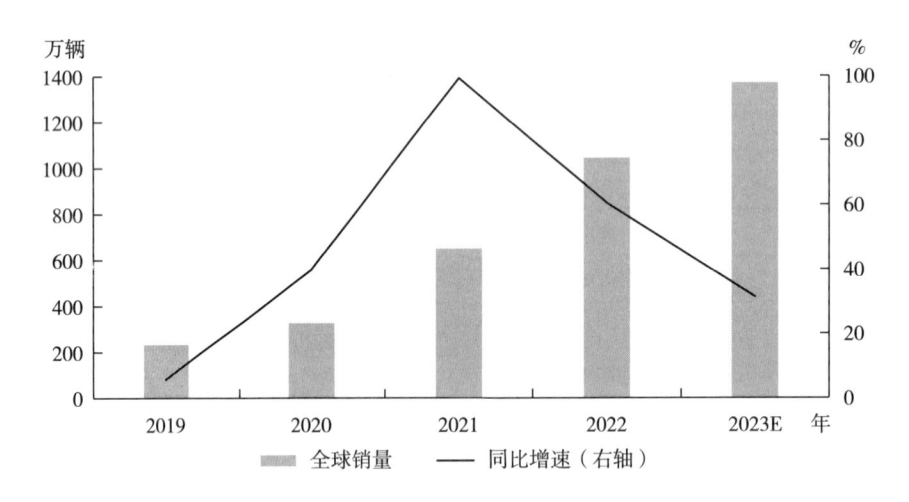

图3-24 2019—2023年全球新能源汽车销售情况

（资料来源：Insideevs、中国金属矿业经济研究院）

具体来看，2023年我国新能源汽车总销量为949.5万辆，同比增长38%，占全球总销量的69%。其中，国内销量为829万辆，同比增长33.5%，占全球的60.5%。出口量为120.3万辆，同比增长77.6%。2023年，欧洲新能源汽车销售301.7万辆左右，同比增长16%，市场渗透率为24%。其中，德国因补贴退坡（1月取消插混车补贴，9月取消企业购买新能源汽车补贴，12月17日取消全部新能源汽车补贴），全年销量仅为70万辆，同比下滑16%，成为欧洲市场的最大拖累。美国市场受《通胀削减法案》补贴提振，继续保持高增速。据Marklines统计，2023年，美国销售约148万辆，同比增长近50%。

新能源汽车产品结构方面，全球基本保持稳定，略有下滑。2023年，全球纯电动汽车销量占比为69.3%，比2022年的71.4%下滑2个百分点，总体维持在70%左右的水平。

综合来看，全球动力电池装机总量增长放缓。根据SNE Research统计，2023年，全球动力电池装机705.5GWh，同比增长38.6%，明显低于上年68%的同比增速。由于当前新能源汽车发展的根本逻辑是对传统燃油车的替代，随着新能源汽车渗透率的不断提升，降速是合理且必然的。

（三）三元电池市场份额被低成本铁锂电池挤占严重，同时持续推动高镍低钴化

钴的消费主要来源于三元电池。2023年，在低成本铁锂电池进一步渗透的情况下，中国三元动力电池装机126.2GWh，同比增长14.3%，占比为32.6%，比2022年的37.4%下滑近5个百分点，但占比始终稳定在30%以上，且已经形成了稳中有升的态势，最后两个月占比都在35%左右。这是由于随着镍、钴价格的下跌，三元电池的单位Wh成本仅比磷酸铁锂电池高不到0.1元，加之能量密度更高、低温性能更好等优势，显现出更好的性价比。根据初步统计，2023年全球三元前驱体产量约为100万吨，同比基本持平，略有下滑（见图3-25）。

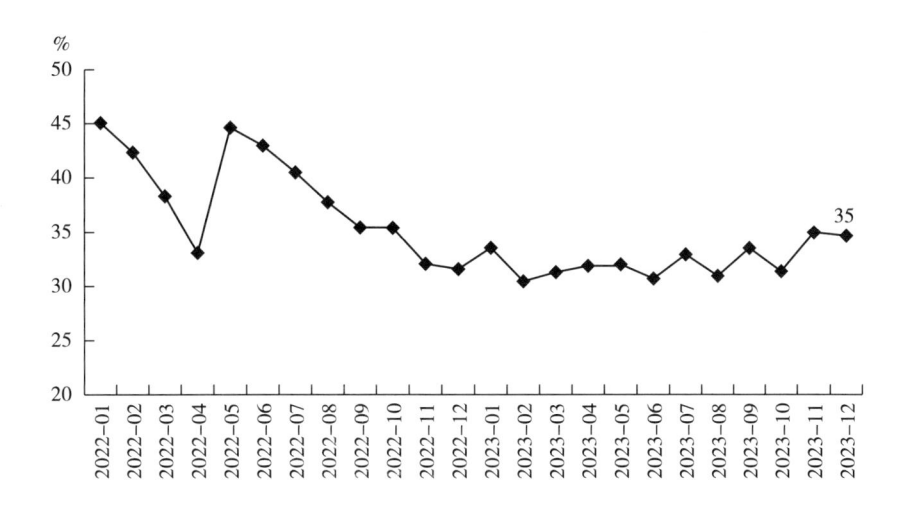

图3-25 2022—2023年中国三元动力电池月度装机占比情况

（资料来源：中国金属矿业经济研究院）

另外，三元电池积极推动高镍低钴化，降低三元电池的钴单耗。最新的9系高镍三元材料相较于523型三元材料，钴的含量减少了90%。远期新能源汽车动力电池甚至可能完全无钴。2023年，三元材料的高镍化进程显著加快，全年NCM811/NCA在三元电池中的市场占有率已经接近50%；中镍高电压三元电池的市场占有率也扩大至20%左右（见表3-27）。

表3-27　　　　　　2023年各种类型三元电池中镍钴的含量　　　　　单位：kg/kwh

电池类型	镍含量	钴含量
NCM523	0.517	0.220
NCM622	0.545	0.182

续表

电池类型	镍含量	钴含量
NCA	0.677	0.128
NCM811	0.688	0.086
NCM9 系	0.774	0.020

资料来源：中国金属矿业经济研究院。

（四）终端需求从暴涨到降速，加剧产业链产能过剩和去库存

我国2021—2022年新能源汽车实现翻倍式增长（增速分别为163%和96%），全球增速也分别达到109%和56%，从而刺激产业链中上游产能出现成倍扩张。随着终端市场的降速，产业链中上游成倍扩张的产能面临需求急剧萎缩的打击。根据行业统计，全球锂电池及正负极材料的规划产能都超过2025年需求的5倍以上，产能过剩问题十分突出，且已经从结构性过剩演变为全面过剩。

随着产能过剩和钴价的持续下降，产业链持续推动去库存，进一步加剧了供需矛盾。为了直观展示产业链各环节的库存累积情况，可以追踪三元正极材料产量与三元电池产量比值（后者）的变化趋势。数据显示出2023年有两轮明显的去库存过程，即3—4月的阶段性去库存和8月以后的持续去库存（见图3-26）。

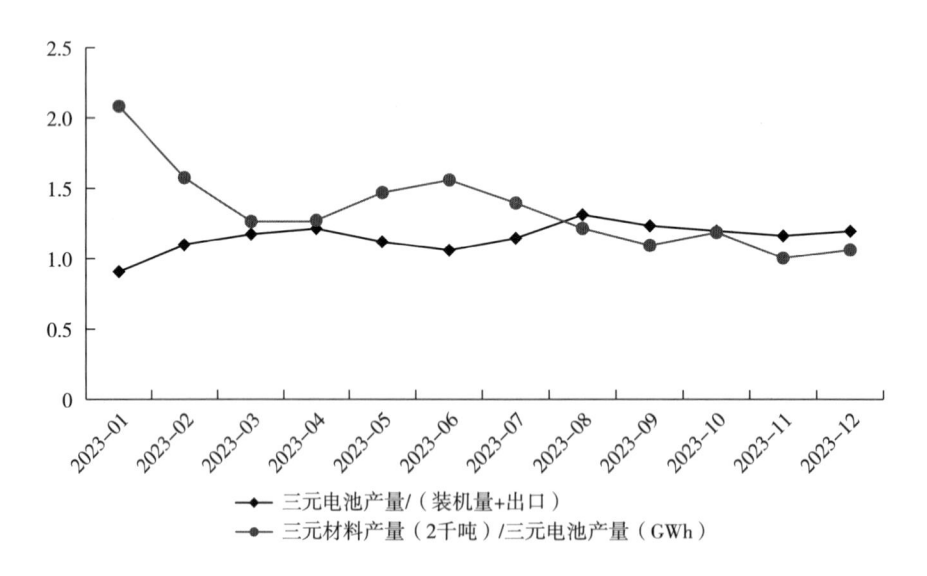

图 3-26 2023年中国电池产业链主要环节产量比值

（资料来源：中国金属矿业经济研究院）

（五）2023年全球钴资源消费出现下滑

综合来看，2023年，估计全球钴资源消费量约为19.7万吨，同比下降4.3%，这

是近5年来首次出现消费下滑，2022年仍有8%的增长。

三、中国钴资源进出口

我国是最大的钴资源消费国和进口国，绝大部分钴原料仍依赖于进口，特别是刚果（金）的钴矿山。

根据安泰科援引海关统计数据的测算，2023年1—12月，中国钴原料进口量约为14.6万吨，同比增长13.6%。其中，钴精矿进口量约为1346吨，同比下降36%；钴湿法中间品进口量为11.4万吨，同比增长9.9%；铜钴合金进口量为6260吨，同比增长4.6%；湿法中间品带入钴近2.46万吨，同比增长45.5%；原料用金属钴（未锻轧钴）进口量为3731吨，同比增长36.6%。

综合测算，2023年，我国钴资源自产保持在0.22万吨左右，由此估算，2023年我国钴资源对外依存度约为98.5%（见表3-28）。

表3-28　　　　2019—2023年中国钴资源对外依存情况　　　　单位：吨、%

项目	2019年	2020年	2021年	2022年	2023年
国内产量	2500	2200	2200	2200	2200
资源供给总量	91960	96294	111495	128803	148000
进口占比	97.3	97.7	98.0	98.3	98.5

资料来源：中国金属矿业经济研究院。

四、市场均衡及价格

2019—2023年，钴市场经历了过剩到短缺再到过剩的转变，钴价格也出现了下跌、大涨再到持续下跌的转变。2019—2020年，在我国新能源汽车补贴政策大幅退坡的背景下，我国新能源汽车销量增速出现大幅下滑，甚至在2019年出现负增长，全球钴市场也走向供应过剩，钴价持续回落，最低仅为22万元/吨。2021年以来，我国新能源汽车市场再次迎来快速增长，增长主要来源于磷酸铁锂电池，但同时以三元电池为主的欧美市场在新能源汽车高额补贴和积极政策推动的支撑下也迎来快速增长，钴市场趋于供应不足。在此期间，钴价也出现了翻倍式上涨，最高涨至2022年3月的27万元/吨左右。随着钴价的大幅上涨，全球钴资源投资开发也持续推进，资源产量不断放量。2023年，在终端需求降速的背景下，钴市场进入供应过剩阶段，而产业链积极推动去库存，进一步加剧了钴市场过剩（见图3-27）。

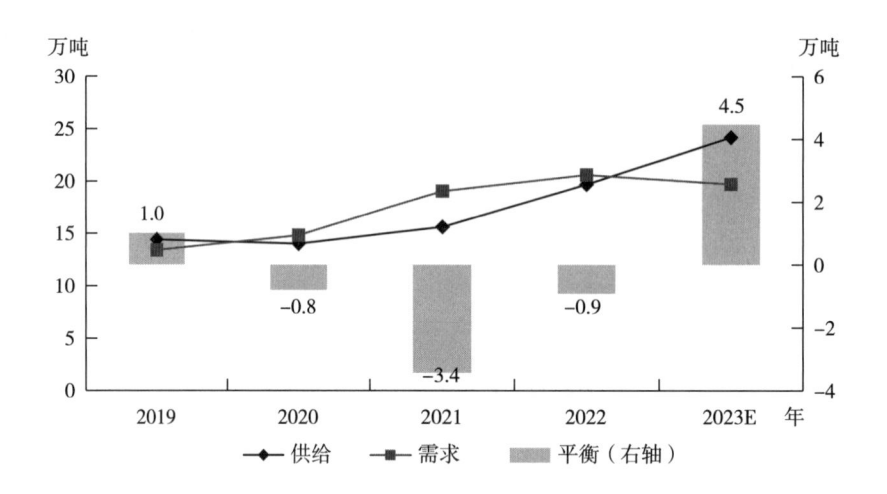

图 3-27　全球钴市场供需平衡示意图

（资料来源：中国金属矿业经济研究院）

五、2024 年钴市场展望

（一）全球新能源汽车需求及动力装机增速有望总体保持稳定

首先，我国调整双积分政策，将倒逼车企大力发展新能源汽车。新能源积分比例要求从 2023 年的 18% 提高到 2024 年的 28%，提高 55.5%；同时，修改新能源积分计算公式，单车分值下调近 40%。这意味着新能源汽车最低销量比例为此前的 2.5 倍，有望倒逼国内新能源汽车的发展。预计 2024 年国内新能源汽车销量增速将与上年基本持平。

其次，欧洲立法明确从 2035 年开始禁售新燃油轿车和小型客货车，2030 年轿车比 2021 年减碳 55%，货车减碳 50%，为欧洲新能源汽车的发展奠定了良好的制度基础。但德国补贴的完全退出（最高 3000 欧元/辆）势必带来短期冲击。预计 2024 年欧洲新能源汽车增速为 10%~20%，与 2023 年基本持平。

最后，美国市场受到《通胀削减法案》补贴的刺激，仍会延续较高增长，但由于本土化要求提高，且附带外国敏感实体（FEOC）要求，而许多车型短期内还难以与中国产业链脱钩，这将在一定程度上削弱补贴刺激效果。

综合来看，预计 2024 年全球新能源汽车销量将达到 1750 万辆以上，同比增长 28% 以上，动力电池装机量将超过 950GWh，同比增长 29%。

（二）三元电池有望实现较高增长，拉动钴消费增长

随着三元电池的成本下降，预计 2024 年三元电池的占比将稳中有升，这意味着钴

需求将随着终端市场需求的增长而同步提升甚至可能实现更高的增长。从替代性因素看，钠电池在2023年12月开始量产装车，2024年有望突破GWh量级，向着1%的占比迈进，但对2024年锂电池需求的影响不大。同时，在行业内卷降本的大趋势下，产业链迅速向精益生产迈进，产业链库存有望持续保持较低水平。总体而言，预计全球三元正极材料出货量将实现38%左右的较高增速，从而拉动三元电池领域钴的消费增长。此外，其他领域的钴消费预计保持相对稳定（见图3-28）。

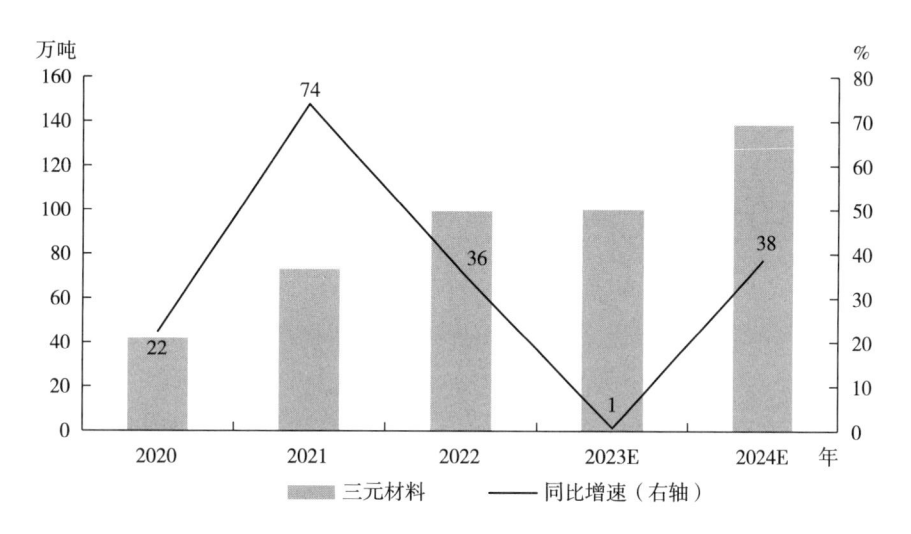

图3-28 2020—2024年全球三元正极材料出货量

（资料来源：中国金属矿业经济研究院）

综合来看，2024年钴需求总量预计达到22万吨，同比增长12%左右。其中，全球三元电池领域消费12.1万吨，同比增长约21%。

（三）2024年钴资源供给持续增加，供应过剩量扩大

预计2024年钴原料供给将接近28万吨，增加近4万吨。具体来看，刚果（金）产量预计为20万吨，增加近2万吨。其中，洛阳钼业（KFM+TFM）产量预计6.7万吨，增加1.2万吨；嘉能可（Mutanda+Katanga）产量估计4.5万吨，增加0.5万吨。印度尼西亚产量约3万吨，增加1.5万吨，主要增量来自华友钴业的华飞等镍湿法项目副产的钴。

总体来看，2024年全球钴市场过剩量进一步扩大，将从2022年的4.5万吨扩大达到6万吨左右。但鉴于需求的好转和历史底部的支撑，钴价格仍有望底部企稳。预计全年电解钴平均价格将达到24万~26万元/吨。

（撰稿人：中国金属矿业经济研究院 陈俊全）

第八节 钨

2023年，全球钨价总体保持高位，呈现窄幅震荡走势。国内市场65%黑钨精矿平均价格为11.97万元/吨，同比上涨5.12%，最高价格为12.25万元/吨，最低价格为11.5万元/吨；仲钨酸铵（APT）平均价格为17.9万元/吨，同比上涨3.20%，最高价格为18.25万元/吨，最低价格为17.35万元/吨。欧洲市场APT平均价格为324.73美元/吨度，同比下降4.94%，最高价格为347美元/吨度，最低价格为300美元/吨度。市场间对比，国内钨价较国际钨价偏强，究其原因，一方面，全球经济整体偏弱，中国经济持续恢复向好，对国内钨价形成一定支撑；另一方面，美国、欧盟等利率走高，中国货币政策相对灵活，从而对国内钨价构成相对支撑。2024年，全球钨市场供应仍然收紧，叠加全球经济或好于预期、美联储进入降息周期，预期全球钨价支撑较强。

一、全球钨市场供给

按照产业链划分，全球钨市场供给主要包括上游钨精矿供给，中游钨铁、钨酸钠、仲钨酸铵、钨粉、碳化钨粉等中间品供给，下游合金钢、硬质合金等钨制品供给，以及终端应用切削刀具、耐磨工具等几个部分。从盈利能力来看，钨产业链呈现"两头高+中间低"的特点，即表现为上游钨矿采选和下游高端硬质合金及其制品的利润水平较高，而中游冶炼、制粉及钨材的利润率相对较低。

钨精矿方面，美国地质调查局数据显示，全球钨矿资源主要分布在中国、俄罗斯、澳大利亚、越南、玻利维亚、朝鲜、西班牙、卢旺达等国家。2020年以来，全球钨矿供给受到新冠疫情、矿石品位下降、生产成本上升等因素扰动，产量已经降至8万吨以下。2023年，全球钨矿供应同过去几年一样，依然不及预期，矿石品位下降、海外新建钨矿进度相对滞后是增量不及预期的主因。根据美国地质调查局发布的数据，2023年全球钨矿供应量为7.80万吨，同比下降1.14%。

分国别看，美国地质调查局数据（见表3-29）显示，中国多年来一直作为全球钨矿生产第一大国，全球占比超过80%，2023年产量为6.3万吨，同比下滑4.55%；越南作为全球钨矿生产第二大国，全球占比约为5%，2023年产量为0.35万吨，同比下降12.5%；俄罗斯产量相对平稳，作为全球钨矿第三大产出国，当年产量为0.20万吨。此外，朝鲜、西班牙、卢旺达、玻利维亚等也是全球主要钨矿生产国，年产量均在0.15万吨左右。

表 3-29　　2022—2023 年全球主要国家钨矿产量（金属量）变化　　单位：万吨

国家/区域	2022 年	2023 年（E）
中国	6.66	6.3
越南	0.40	0.35
俄罗斯	0.20	0.20
朝鲜	0.15	0.17
西班牙	0.08	0.15
卢旺达	0.14	0.14
玻利维亚	0.14	0.15
葡萄牙	0.05	0.05
澳大利亚	0.02	0.08
奥地利	0.09	0.09
其他	0.11	0.11
全球合计	7.98	7.80

资料来源：USGS、中国金属矿业经济研究院。

为保护和合理开发优势矿产资源，按照保护性开采特定矿种管理相关规定，自然资源部继续对钨矿实行开采总量控制。2023 年 4 月 12 日、9 月 28 日，自然资源部先后两次发布钨矿开采指标，合计 111000 吨，较 2022 年增加 2000 吨（见表 3-30）。钨矿开采总量控制指标不再区分主采指标和综合利用指标。对采矿许可证登记开采主矿种为其他矿种、共伴生钨矿的矿山，查明钨资源量为大中型的，继续下达开采总量控制指标，并在分配上予以倾斜。对共伴生钨资源量为小型的，不再下达开采总量控制指标，由矿山企业向所在地省级自然资源主管部门报备钨精矿产量。省级自然资源主管部门应细化措施，做好统计汇总工作。

表 3-30　　2022—2023 年钨精矿开采总量控制指标（三氧化钨 65%）　　单位：吨

序号	省份	2022 年合计	2023 年合计
1	内蒙古	2000	2000
2	黑龙江	1900	1900
3	浙江	200	200
4	安徽	200	200
5	福建	3890	4200
6	江西	40570	40570
7	河南	12250	12740
8	湖北	300	300
9	湖南	26100	27300
10	广东	4360	4360

续表

序号	省份	2022 年合计	2023 年合计
11	广西	5120	5120
12	云南	6600	6600
13	陕西	2420	2420
14	甘肃	2090	2090
15	新疆	1000	1000
	总计	109000	111000

资料来源：自然资源部。

仲钨酸铵方面，中国是全球最大的生产国和出口国，占据全球市场的主要份额。近几年中国产量保持增长。公开数据显示，2021 年、2022 年我国仲钨酸铵产量分别为 11.5 万吨和 12.1 万吨，同比分别增长 10.58% 和 5.22%。2023 年，在国内外钨品价格保持相对高位的背景下，中国仲钨酸铵产能利用率和产量继续保持较高水平。目前，中国仲钨酸铵产量主要分布在江西、湖南和福建，三省份占我国仲钨酸铵整体产量的 70% 以上。

二、全球钨市场需求

根据国际钨业协会（ITIA）统计，全球 59% 的钨用于生产硬质合金，19% 用于生产特钢和合金，16% 用于生产钨材，6% 用于化工和其他领域，硬质合金是最主要的应用领域。具体来看，钨主要被用于机械制造、钢铁工业、汽车、国防、航空航天、信息产业、矿山采掘和冶炼、石油及化工、电力能源等行业。

近年来，全球钨消费总体保持增长，但各行业领域又有所分化。受金属及能源价格持续高位、能源转型加速、地缘冲突等影响，这些领域的钨金属消费有显著增长。分领域看，根据 PAC Partners 等机构的预测，2023 年，全球钨金属消费量约为 11.38 万吨，同比增长 4% 左右，其中交通、采矿和建设、石油/化工、能源、军工是主要消费领域。采矿和建设领域钨金属消费量达到 3.33 万吨，同比增长超过 10%；能源领域钨金属消费量达到 0.75 万吨，同比增长超过 10%；国防军工领域钨金属消费量达到 1.14 万吨，同比增长近 20%（见表 3-31）。

表 3-31　　2020—2023 年全球主要钨消费领域消费量变化　　　　单位：吨

行业领域	2020 年	2021 年	2022 年	2023 年（E）
交通	25800	27100	28900	28075
采矿和建设	23800	26200	29800	33270
工业	12100	13000	13500	13095

续表

行业领域	2020年	2021年	2022年	2023年（E）
石油/化工	9600	10200	10700	10379
耐用消费品	8100	8500	8700	8439
能源	5400	5700	6800	7505
国防军工	7200	7700	9500	11400
医疗	1200	1400	1500	1455
其他	—	—	—	158
全球合计	93200	99800	109400	113776

资料来源：USGS、ITIA、PAC Partners、中国金属矿业经济研究院。

三、中国钨资源进出口

中国是主要钨矿生产国，国内冶炼产能较大，也是全球最主要的钨冶炼产品及其他中间品的生产国、消费国和出口国；中国主要进口钨精矿、钨酸钠等，用于支持国内钨品的生产。

在国内APT、钨铁等开工率、产量整体变化不大的情况下，我国的钨品进口量总体保持相对平稳。2023年，我国累计进口钨品8952.09吨，同比增长6.80%。其中，钨精矿仍是钨品进口的绝对主力，全年钨精矿共进口5800.03吨，同比下降1.71%，钨精矿进口主要来自朝鲜、俄罗斯、玻利维亚、缅甸、蒙古国、越南、卢旺达和西班牙等国家；累计进口钨酸钠2864.79吨，同比增长73%（见表3-32）。在钨品价格相对较高的背景下，国内钨酸钠进口量整体保持大幅增长势头，但随着钨酸钠价格上行，钨废料低价采购难度加大，进口钨酸钠的利润空间收缩，增速也有所下降，呈现"前高后低"特征。

表3-32　　　　　2022—2023年中国钨品进口量变化　　　　单位：吨、%

项目	2022年	2023年	同比
钨品总量	8382.49	8952.09	6.80
其中：钨精矿	5900.96	5800.03	-1.71
钨酸钠	1655.97	2864.79	73.00

资料来源：海关总署、Wind、中国金属矿业经济研究院。

在钨品价格整体高位、海外发达经济体面临下行压力的背景下，2023年初以来我国钨品出口出现下滑，全年累计出口钨品1.75万吨，同比下降29.70%，主要面向美国、欧盟、日本、韩国等国出口。其中，黄钨、蓝钨、仲钨酸铵、碳化钨、钨粉分别出口2699.1吨、2350.8吨、802.7吨、4433.2吨、2069.3吨，分别同比下降52.32%、

33.41%、67.20%、18.68%、13.39%；相比而言，仅偏钨酸铵、钨铁、锻轧钨、钨丝出口降幅相对较小（见表3－33）。

表3－33　　　　　2022—2023年中国钨品出口量变化　　　　单位：吨、%

项目	2022年	2023年	同比
钨品总量	24923.0	17520.0	-29.70
其中：黄钨	5660.4	2699.1	-52.32
蓝钨	3530.5	2350.8	-33.41
仲钨酸铵	2447.1	802.7	-67.20
偏钨酸铵	1943.9	1905.2	-1.99
碳化钨	5451.6	4433.2	-18.68
钨铁	2384.1	2318.2	-2.77
钨粉	2389.2	2069.3	-13.39
锻轧钨	956.2	938.2	-1.88
钨丝	292.4	292.3	-0.03

资料来源：海关总署、Wind、中国金属矿业经济研究院。

四、市场均衡及价格

从供需均衡角度看，如果仅从钨精矿供应来看，其并不能完全满足全球每年的钨金属需求；但由于全球每年回收利用约2.5万吨钨金属，有效弥补了钨精矿供应的不足。2021年之前，全球钨金属供应大于需求，存在一定规模的过剩；但在2022年以后，随着钨精矿供应下降，全球钨金属供应进入紧平衡状态，甚至因为全球供应链不畅、改扩建项目及新建项目进度不及预期，出现供应短缺的情况。

从价格角度看，2000年以来，我国钨市场逐步摆脱20世纪80年代以来的长期价格低位徘徊的局面，进入了新的发展周期，钨精矿价格虽有起伏，但在2005年以后基本保持在5万元/吨以上。2020年以后，尽管受到疫情冲击影响，钨精矿价格、APT价格经历短暂回落，但主要受中国经济率先复工复产、全球流动性释放、全球供应链受阻使国外需求无法满足，加上中国国内环保加码、自然禀赋的下降导致的生产成本大幅提高等因素影响，钨品价格出现了持续一年以上的上涨，分别突破12万元/吨、18万元/吨，价格中枢整体大幅上移。2023年，国内钨品价格整体呈现高位震荡态势，处于近年来相对高位，并且全年平均价格较2022年小幅增长。中国钨精矿平均价格为11.97万元/吨，同比上涨5.12%；APT平均价格为17.90万元/吨，同比上涨3.20%。钨精矿、APT均处于10年价格的75分位以上。欧洲市场APT平均价格为324.73美元/吨度，同比下降4.94%，最高价格为347美元/吨度，最低价格为300美元/吨度。市场间对比，国内钨价较国际钨价偏强，究其原因，一方面，全球经济整体偏弱，中国经济持续恢复向好，对国内钨价形成一定支撑；另一方面，美国、欧盟等利率走高，中国货币政策相对灵活，从而对国内钨价构成相对支撑（见图3-29）。

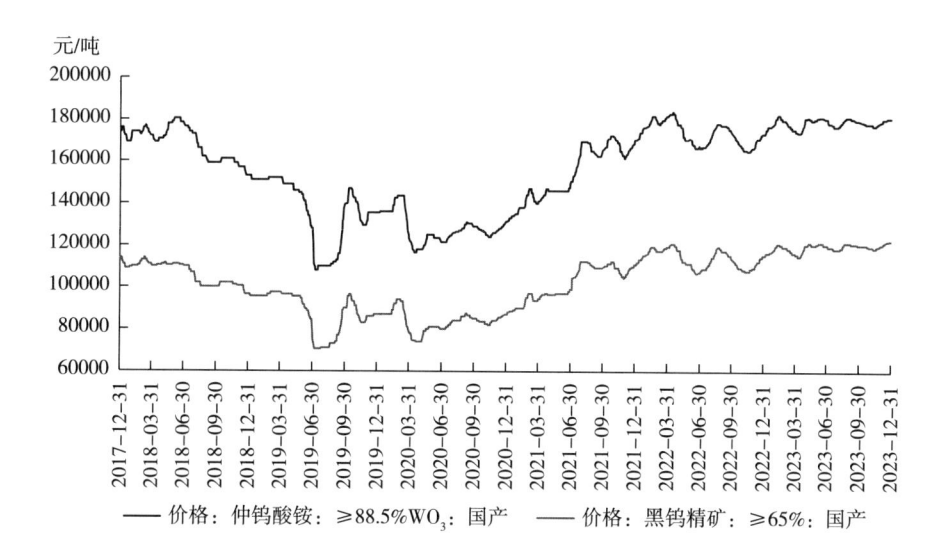

图3-29 2017年以来国内市场钨品价格变化

（资料来源：安泰科、Wind、中国金属矿业经济研究院）

五、全球钨行业竞争格局分析

全球钨矿产能主要集中于中国。根据中国钨业协会数据，我国钨精矿（折三氧化钨65%，下同）2022年总产量合计约为12.73万吨，排名前四的是中钨高新、厦门钨业、洛阳钼业和章源钨业，2022年合计产量约为5.8万吨，四家企业产量合计占比达到45.62%。

除中国企业外，加拿大的阿尔蒙特（Almonty Industries）在葡萄牙运营Panasquiera钨矿，越南的马山集团（Masan Resources）在该国运营Nui Phao钨矿，奥地利的沃尔夫拉姆公司（Wolfram Bergbau und Hütten AG）在该国运营Mittersill钨矿，西班牙的萨洛罗（Saloro）在该国运营Barruecopardo钨矿。但这些钨矿整体规模都相对较小。

近年来，随着全球各国对关键矿产的关注，海外钨企融资不断增加和累积，海外钨资源开发也取得一些成效。澳大利亚、韩国、西班牙、葡萄牙、加拿大、越南等国钨资源开发项目进程加快，比如，澳大利亚Group 6 Metals（G6M）的海豚钨矿（Dolphine Mine）等部分项目最早已经在2023年下半年建成投产。

全球钨冶炼产能主要分布在中国。根据公开资料，2022年，中国仲钨酸铵产能为

17.6万吨，产量为12.1万吨，产能利用率为68.75%，主要产地集中在江西、湖南和福建三省。中钨高新、厦门钨业等是主要的生产企业。

总的来看，2024年，在高钨价的支撑下，澳大利亚EQ Resources在该国的Mt Carbine钨矿、加拿大的阿尔蒙特（Almonty Industries）在韩国的桑东钨矿（Sandong）、英国西部钨业（Tungsten West）在该国的赫默顿钨矿（Hemerdon Mine）等将继续加快建设。尽管相比于全球钨资源总产量来讲，新增钨项目对全球资源供应格局并不会产生根本性改变，但无疑会形成一定的增量资源。仲钨酸铵产能分布不会出现明显变化，仍主要由中国供应。

六、2024年全球钨市场展望

从供应端来看，一方面，国内钨精矿生产难有明显增加，预计2024年钨精矿开采指标与2023年持平或略有增加；另一方面，海外钨精矿产量或有所增加。尽管新冠疫情以来海外钨矿产量一度由16000吨以上降至12000吨左右，但2022年已经再次回升到13000吨。在大国博弈、地缘冲突日趋突出的背景下，全球主要国家加大对关键矿产的关注，钨是一直被重点关注的品种。随着能源价格、通货膨胀等压力略有缓解，海外钨企融资仍将保持活跃，澳大利亚、韩国、英国等国钨矿山建设加快，2024年将部分或陆续投产；此外，钨的循环利用越来越被重视，这也将带来一定的供应增量。因此，钨市场后续发展一定程度上也将受国内外供应增量影响，价格将随供应增加出现一定弹性。

从终端需求来看，2024年全球经济将继续缓慢复苏，根据国际货币基金组织的预测，2024年全球经济增速为3.1%，较2023年10月预测的2.9%提高0.2个百分点，展现出一定的韧性，且有软着陆的可能；当然，这一增速预期仍低于过去20年3.6%的平均水平，且各国经济仍存在分化，其中发达经济体、发展中经济体经济增速分别为1.5%、4.1%。中国经济虽然面临一定的下行压力，但从发展大趋势看，发展的基本面没有变，将继续保持回升向好的势头，经过努力，能够实现5%的增长目标。在全球经济弱势、出口承压的背景下，国内需求恢复对于钨市场将起到决定性作用。需要警惕的是，一旦下游需求恢复不及预期，产业链价格传导将受阻，对处于高位的中上游钨品价格形成一定压制。

综合来看，2023年全球钨精矿供应小幅下行，仲钨酸铵、钨铁等中间品供应有所增长，钨精矿供应总体偏紧。同时高端制造、光伏等快速发展，持续带动硬质合金、钨丝等需求的增长。加总矿端和金属端，预计2024年全球钨元素供求总体依然偏紧。

价格方面，作为没有期货盘的商品，钨品价格主要由供需决定。考虑到全球钨供需面将持续偏紧，短期内难有大量增量资源或技术替代，钨价将持续受到支撑。总的来看，预计2024年市场将高度关注全球经济尤其是中国经济发展态势，向好预期兑现将进一步对钨价形成支撑；从长周期看，发展新质生产力等将对钨价形成持续支撑。预计2024年中国黑钨精矿（$WO_3 \geqslant 65\%$）运行区间为115000~125000元/吨，仲钨酸铵（$WO_3 \geqslant 88.5\%$）运行区间为175000~189000元/吨。

第九节　锑

2023年，受原料供应偏紧支撑，锑品一度快速上涨，创近年来最高价格水平，全年价格高位运行，平均价格较2022年小幅上行。国内锑精矿平均价格为6.89万元/金属吨，同比上涨3.82%，其中最高价格7.3万元/金属吨，最低价格6.45万元/金属吨；锑锭平均价格8.15万元/吨，同比上涨3.03%，其中最高价格8.5万元/吨，最低价格7.7万元/吨；氧化锑平均价格7.16万元/吨，同比上涨3.00%，其中最高价格7.5万元/吨，最低价格6.75万元/吨。2024年，全球锑市场供应仍然收紧，叠加全球经济或好于预期、需求相对较好、成本支撑等，预计锑品价格中枢仍将高位运行。

一、全球锑市场供给

锑被称为"工业味精"。按照产业链划分，全球锑市场供给主要包括上游锑精矿供给，中游三氧化锑、三硫化锑、锑合金、高纯锑等化合物或金属等中间品供给，以及下游阻燃材料、蓄电池、玻璃澄清剂、催化剂等几部分。

锑精矿方面，全球锑矿床的空间分布主要集中在环太平洋成矿带、地中海沿岸带、中亚天山成矿带、南非及其他区域。其中，环太平洋成矿带的锑矿床约占总量的77%，分为东带和西带。东带主要有加拿大、美国、墨西哥、秘鲁、玻利维亚和智利；西带主要有俄罗斯东部、日本、中国、缅甸、泰国、马来西亚、新西兰和澳大利亚等国。美国地质调查局数据显示，2010—2022年，全球锑矿供应整体呈下降态势，年均产量约13.5万吨。其中，2019年之前，全球锑矿供给维持相对高位，基本保持在14万吨以上（仅2017年为13.7万吨），但2020年以后，受到几个主要生产国产量下降的影响，全球锑矿产量出现显著下降，全球锑资源供需形势日趋紧张。

分国别看，根据美国地质调查局的统计数据，2023年全球锑矿产量仅为8.30万吨，其中，中国4.00万吨，占全球总产量的48.19%；塔吉克斯坦2.10万吨，占25.30%；土耳其0.60万吨，占7.23%；缅甸0.46万吨，占5.54%；俄罗斯0.43万吨，占5.18%；玻利维亚0.30万吨，占3.61%；澳大利亚0.26万吨，占3.13%（见表3-34）。

表3-34　　2022—2023年全球主要国家锑矿产量（金属量）变化　　单位：万吨

国家/区域	2022年	2023年E
中国	4.00	4.00
俄罗斯	0.43	0.43
玻利维亚	0.30	0.30
吉尔吉斯斯坦	0.004	0.004
缅甸	0.46	0.46
澳大利亚	0.23	0.23
土耳其	0.58	0.60
加拿大	0.0002	0.0002
塔吉克斯坦	2.10	2.10
巴基斯坦	0.0079	0.008
墨西哥	0.07	0.07
合计	8.31	8.30

资料来源：USGS、中国金属矿业经济研究院。

二、全球锑市场需求

根据公开资料，锑主要用于阻燃行业、聚酯催化、合金应用、超白玻璃以及其他高科技领域，其中阻燃行业是最主要的应用领域，消费占比达到50%以上。从发达国家应用趋势看，锑在阻燃剂行业中的消费逐步平缓，在化学制品、电池和其他应用中的消费呈下降趋势，在玻璃、陶瓷等行业中的消费量呈增长态势。特别是近年来光伏产业的快速发展，对锑的需求快速增长，成为拉动锑消费的主要动力。此外，电子、通信、航天等高科技领域以及节能环保、新能源等新兴领域对高纯三氧化二锑的需求不断增长。

从20世纪80年代以来，全球锑消费可分为四个阶段，1980—1997年呈现整体上升趋势，一度接近14万吨；1997—2002年大幅下降，主要是因亚洲金融危机对全球经济产生冲击，最低跌至6万吨左右；2003—2008年再次迅速上升，主要是受中国经济快速发展推动，最高达到18万吨；2009年以来再次下滑，主要是受国际金融危机等影响，降至13万吨左右。近年来，全球锑消费量基本稳定在10万吨以上的水平。

改革开放以来，中国的锑消费呈现不断增长的趋势。在1978—2002年期间，中国的锑消费量从不到1万吨增长到1.5万吨；2003—2010年期间，中国的锑消费量快速增长到7万吨以上；2013年以来，我国锑消费量虽有所下降，但仍占全球消费总量的一半左右，是全球第一大锑消费国，近年来主要受新能源汽车、光伏等产业快速发展拉动。

2023年，中国锑下游应用领域发展形势总体持续向好。根据已公布的数据，化学纤维、合成纤维、合成橡胶、塑料制品、太阳能电池、汽车（含新能源汽车）、家用电冰箱、空调产量同比均实现上涨，特别是太阳能电池、新能源汽车产量同比涨幅分别达到54.0%、30.3%（见表3-35）。

表3-35　　　　　2022—2023年全球主要锑消费领域消费量变化

项目	2022年	2023年	同比（%）
化学纤维（万吨）	6176.6	7127.0	10.3
合成纤维（万吨）	0.6	6484.8	9.8
合成橡胶（万吨）	735.2	909.7	8.2
塑料制品（万吨）	7083.3	7488.5	3.0
太阳能电池（万千瓦时）	30177.7	54115.8	54.0
汽车（万辆）	2500.2	3011.3	9.3
其中：新能源汽车	634.5	944.3	30.3
家用电冰箱（万台）	7917.5	9632.3	14.5
空调（万台）	20449.4	24487.0	13.5

资料来源：Wind、中国金属矿业经济研究院。

三、中国锑资源进出口

中国是主要锑矿生产国，国内冶炼产能较大，也是全球最主要的锑冶炼产品及其他中间品的生产国、消费国和出口国；中国主要进口锑精矿、锑锭等，用于支持国内锑品的生产。

进口方面，在锑品价格持续高位运行、国内锑精矿产量增长趋缓、海外部分国家锑矿产量增加的情况下，中国的锑品进口量总体出现较大幅度增长。2023年，锑精矿仍是锑品进口的绝对主力，全年锑精矿共进口3.5万吨，同比上涨20.26%，锑精矿进口主要来自塔吉克斯坦、俄罗斯、缅甸等国家；进口氧化锑161.2吨，同比下降48.18%；进口硫化锑35.7吨，同比下降62.73%；进口未锻轧铅锑合金（锑主要元素）6642.7吨，同比增长91.57%；进口锑锭890.2吨，同比增长66.24%（见表3-36）。

表3-36　　　　　2022—2023年中国锑品进口量变化　　　　　单位：吨、%

项目	2022年	2023年	同比
锑精矿	29093.21	34988.53	20.26
氧化锑	311.01	161.16	-48.18
硫化锑	95.75	35.68	-62.73
未锻轧铅锑合金（锑主要元素）	3467.41	6642.67	91.57
锑锭	535.51	890.20	66.24

资料来源：海关总署、Wind、中国金属矿业经济研究院。

出口方面，2023年中国出口锑精矿5967.3吨，同比增长208.6%；出口氧化锑3.58万吨，较2022年同期下降11.1%；出口锑锭5240.1吨，较2022年同期下降52.3%；出口未锻轧铅锑合金3827.2吨，较2022年同期增长80.2%（见表3-37）。整体而言，锑精矿、未锻轧铅锑合金出口均大幅增加，氧化锑、锑锭出口量大幅下降，反映出海外需求较为低迷，尤其因主要发达经济体工业需求下滑及寻找替代来源，其对中国的氧化锑等需求有所下滑。

表3-37　　　　　　2022—2023年中国锑品出口量变化　　　　单位：吨、%

项目	2022年	2023年	同比
锑精矿	1934.0	5967.3	208.6
氧化锑	40277.1	35794.6	-11.1
锑锭	10979.3	5240.1	-52.3
未锻轧铅锑合金（锑主要元素）	2124.4	3827.2	80.2

资料来源：海关总署、Wind、中国金属矿业经济研究院。

四、市场均衡及价格

从供需均衡角度看，如果仅从锑精矿供应来看，很难完全满足全球每年的锑金属需求；同时，由于锑金属的回收利用难度较大，各国回收利用率都较低，很难通过大规模回收利用弥补原矿缺口。尽管近年来用氧化铝、氧化锌、氧化硼等替代锑在阻燃剂等领域的应用，但由于性能方面的差异，锑很难完全被替代。特别是随着全球锑矿资源储量、产量的整体下滑，全球锑金属供给持续处于紧平衡状态，甚至由于供应链不畅、优质新项目匮乏，出现供应短缺的情况。

从价格角度看，2020年以来，由于受到疫情冲击的影响，锑精矿、锑锭、氧化锑价格都经历短暂回落，跌至2016年以来的最低点，但受全球锑矿产量整体大幅下滑、全球流动性宽松、中国国内环保加码、自然禀赋下降导致的生产成本大幅提高等因素影响，锑品价格在2020年下半年以后迅速回升，出现持续三年以上的震荡上行，创近十多年的新高。2023年，随着年后复工加速，尤其2月以后，锑价出现快速上涨，3月上旬再创近年来新高，3月下旬小幅回落，4月下旬以后小幅回升，6月以后再度小幅回落，进入8月以后，锑品价格持续回升、保持高位运行，11月小幅回落，12月中下旬再度反弹上涨。总体来看，2023年国内锑精矿平均价格为6.89万元/金属吨，同比上涨3.82%，其中最高价格为7.3万元/金属吨，最低价格为6.45万元/金属吨；锑锭平均价格为8.15万元/吨，同比上涨3.03%，其中最高价格为8.5万元/吨，最低价格为7.7万元/吨；氧化锑平均价格为7.16万元/吨，同比上涨3.00%，其中最高价格为7.5万元/吨,最低价格为6.75万元/吨。当前,锑价仍然处于较高位置,年内价格中枢也处于高位(见图3-30)。

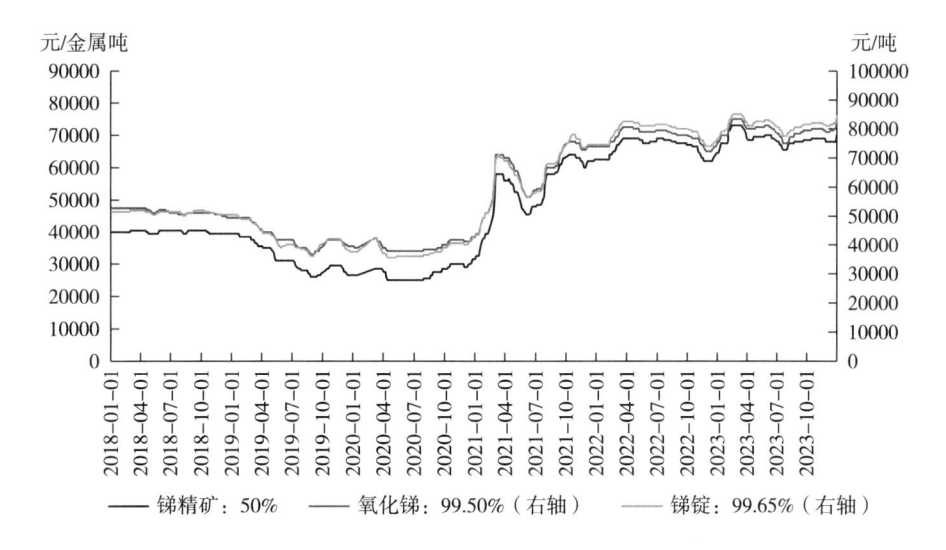

图3-30 2018年以来国内市场锑品价格变化

(资料来源:安泰科、Wind、中国金属矿业经济研究院)

五、全球锑行业竞争格局分析

资源方面,20世纪末以来,中国一直是世界上最大的锑及其化合物生产国,产量占全球的50%左右。根据《有色金属统计(2022)》,2021年全球锑精矿产量为8.85万吨(金属量),其中中国产量为4.91万吨,占55.48%。闪星锑业、湖南黄金、华钰矿业是国内主要锑矿生产企业。除中国外,美国康萨普公司(COMSAP)在塔吉克斯坦拥有Anzob汞锑矿,俄罗斯极地黄金公司(Polyus)在该国拥有Olympiada金锑矿、远东锑金矿,澳大利亚曼德勒资源公司(Mandalay Resources)在该国拥有科斯特菲尔德金锑矿。另外,美国永久资源公司(Perpetuac Resources Corp.)正积极推进爱达荷州中部辉锑矿黄金项目(Stibnite Gold Project)的重启。

冶炼方面,全球锑冶炼产能超过20万吨(金属量)。其中,中国作为全球最大的锑品生产国,冶炼产能占到70%以上。国内锑冶炼企业主要集中在锑矿资源丰富的湖南、贵州、云南和广西,主要企业包括闪星锑业、辰州矿业、东峰锑业、生富锑业等,这四个省份的锑品产量约占全国的80%以上。海外冶炼产能主要来自俄罗斯、玻利维亚、塔吉克斯坦、美国和阿曼等国的企业,且塔吉克斯坦、阿曼有部分在建产能。因此,预计未来全球锑冶炼产能将有所增长,继而进一步加剧全球锑矿资源紧张局面。

六、2024 年全球锑市场展望

从供应端来看，一方面，国内锑精矿生产不会有明显增加，甚至可能在环保等压力下，产量有所下行；另一方面，以华钰矿业塔吉克斯坦"塔铝金业"康桥奇矿山金锑矿项目为主，海外锑精矿供应在 2024 年或有所增加，通过贸易渠道继续大量输入国内，一定程度上缓解国内锑精矿供应紧张局面。当然，由于海外在产在建锑矿整体有限，除塔吉克斯坦外，很难形成可观的增量资源。尽管美国等加大对本国涉锑企业的支持力度，但由于整体资源情况、环保评审等，项目进度相对较慢，预期中的产量释放仍需 2~3 年时间。因此，锑市场后续仍将保持供给偏紧局面，价格将随供应增减出现较大波动。

从终端需求来看，2024 年全球经济将继续缓慢复苏，根据国际货币基金组织的预测，2024 年全球经济增速为 3.1%，较 2023 年 10 月预测的 2.9% 提高 0.2 个百分点，展现出一定的韧性，且有软着陆的可能；当然，这一增速预期仍低于过去 20 年 3.6% 的平均水平，且各国经济仍存在分化，其中发达经济体、发展中经济体经济增速分别为 1.5%、4.1%。中国经济虽然面临一定的下行压力，但从发展大趋势看，发展的基本面没有变，将继续保持回升向好的势头，经过努力，能够实现 5% 的增长目标。在全球经济弱势、出口承压的背景下，国内需求恢复对于锑市场将起到决定性作用。需要警惕的是，一旦下游需求恢复不及预期，产业链价格传导将受阻，对处于高位的中上游锑品价格形成一定压制。

从成本端来看，近年来在环保趋严的背景下，锑矿开采、环保治理成本大幅增加，中国锑品生产成本中枢明显抬升，对价格形成有力支撑，决定了锑品价格下跌空间有限。

综合来看，2023 年全球锑精矿供应小幅下行，矿端总体偏紧。同时光伏等快速发展，持续带动玻璃澄清剂等需求的增长。加总矿端和金属端，预计 2024 年全球锑元素供求总体依然偏紧。

价格方面，作为没有期货盘的商品，锑品价格主要由供需决定。考虑到全球锑供需面将持续偏紧，国内外短期内均难有大量增量资源或技术替代，锑价将持续受到支撑。总的来看，预计 2024 年市场将高度关注全球经济恢复态势以及光伏等产业的发展形势；从长周期看，新能源等发展将对锑价形成持续支撑。预计 2024 年中国锑锭（锑含量≥99.65%）运行区间为 82000~95000 元/吨。

（撰稿人：中国金属矿业经济研究院　李晓杰）

第四章 工业类大宗商品

第一节 煤　炭

煤炭作为国民经济的基础能源，在我国一次能源利用中占据主导地位，并将长期为国民经济发展提供能源保障。煤炭供应也关系到我国工业乃至整个社会方方面面的稳定发展，煤炭是钢铁、化工等产业的重要工业原材料，是支撑我国国民经济发展最重要的基础能源。近年来，新能源的发展和技术进步带来下游煤耗下降，天然气、非化石能源在国内一次能源消费中的占比逐年提升，煤炭资源关系到我国的能源安全稳定，因此，中短期内煤炭作为能源支柱的地位不会动摇。

一、中国煤炭供需分析

（一）中国煤炭资源分布

中国煤炭资源分布极不平衡，北多南少、西多东少，中国煤炭资源和现有生产力呈逆向分布，从而形成了"北煤南运"和"西煤东调"的基本格局。煤炭资源集中分布在西北地区、华北北部和东北南部以及内蒙古东部，资源分布既广泛又相对集中。自然资源部发布的《中国矿产资源报告（2023）》显示，截至2022年底，我国煤炭储量为2070.12亿吨。

截至2022年底，我国共有3070座在产煤矿，分布在22个省份，主要集中在内蒙古、山西、陕西和新疆四省份，四省份合计在产煤矿1549座，占全国煤矿数量的50%；其中内蒙古445座、山西720座、陕西284座、新疆98座。在产煤矿产能50.5亿吨，主要集中在内蒙古、山西、陕西和新疆四省份，合计38.9亿吨，占全国煤炭总产能的77%；其中内蒙古煤矿产能14.5亿吨，占全国产能的29%；山西产能12.9亿吨，占26%；陕西产能7.5亿吨，占15%；新疆产能4.0亿吨，占8%（见表4-2）。

表 4-1　　　　　　　　　　2022 年中国主要能源矿产储量

矿产	储量
煤炭（亿吨）	2070.12
石油（亿吨）	38.06
天然气（亿立方米）	65690.12
煤层气（亿立方米）	3659.69
页岩气（亿立方米）	5605.59

注：油气（石油、天然气、煤层气、页岩气）储量参照国家标准《油气矿产资源储量分类》（GBT 19492—2020），为剩余探明技术可采储量；其他矿产储量参照国家标准《固体矿产资源储量分类》（GBIT 17766—2020），为证实储量与可信储量之和，下同。

资料来源：自然资源部。

表 4-2　　　　　　　　　　　全国分省市煤炭产能

省份	煤矿数量（座）	产能（万吨）
内蒙古	445	144945
山西	720	129095
陕西	284	75024
新疆	98	39843
河南	198	15412
贵州	281	15165
安徽	43	13311
山东	99	12991
宁夏	27	10715
黑龙江	125	8967
其他（13 省）	750	39530
总计	3070	504998

资料来源：Mysteel 钢联数据。

（二）中国煤炭供应

国家统计局发布的数据显示，2023 年我国生产原煤 47.13 亿吨，同比增长 3.29%；进口煤炭 4.74 亿吨，同比增长 61.8%。全国工业产能利用率为 75.1%，比上年下降 0.5 个百分点；采矿业产能利用率为 75.6%，比上年下降 1.2 个百分点；煤炭开采和洗选业产能利用率为 74.4%，比上年下降 0.5 个百分点。

中国是世界上最大的煤炭生产国和消费国，虽然我国煤炭资源储量相对丰富，但焦煤资源储量相对有限，优质焦煤更是稀缺，因此下游的消耗不仅仅依靠国内主产地的生产，还需要通过进口补充优质焦煤。2023 年煤炭进口量再创新高，全年煤炭进口量 4.74 亿吨左右，同比增长 61.8%。

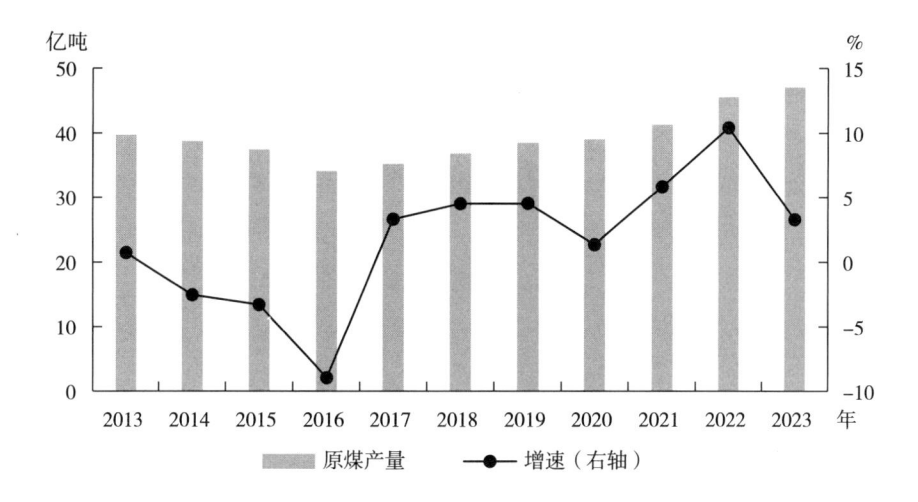

图 4-1 2013—2023 年中国煤炭产量及增速

（资料来源：Mysteel 钢联数据）

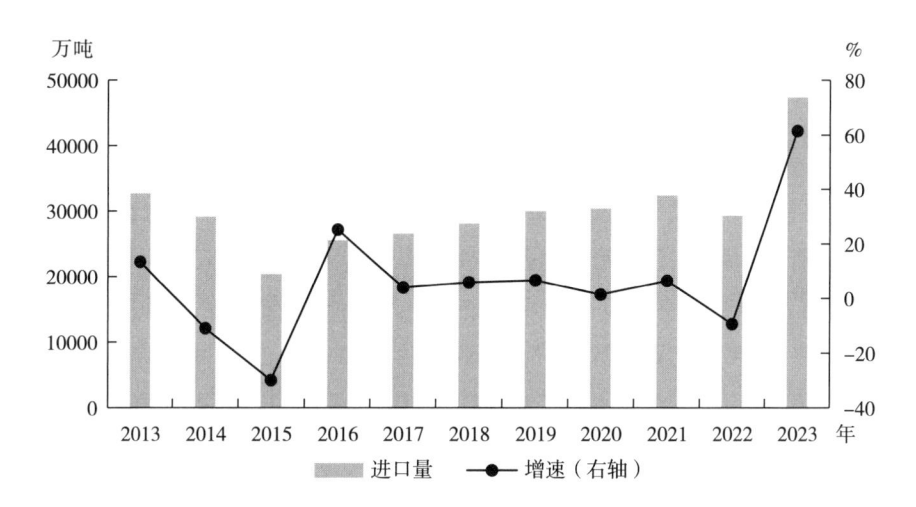

图 4-2 2013—2023 年中国煤炭进口量及增速

（资料来源：Mysteel 钢联数据）

（三）中国煤炭消费

在我国，电力、冶炼、建材和化工原料是最主要的四大耗煤行业。其中煤炭在电力行业的消费占比达到半数以上，黑色、有色等冶金行业约占 20%。不过，近年来煤炭在传统工业中的消费增速明显放缓，尤其是钢铁冶金行业与建材水泥行业，在受到房地产市场下滑冲击的影响下，出现较为明显的收缩。在碳中和背景下，煤炭消费量或将呈先增后降趋势，短期内煤炭作为能源支柱仍有增长，但增速或持续放缓，预计于 2030 年前后伴随碳达峰而触及需求天花板，其后伴随风光电等非化石能源机组装机

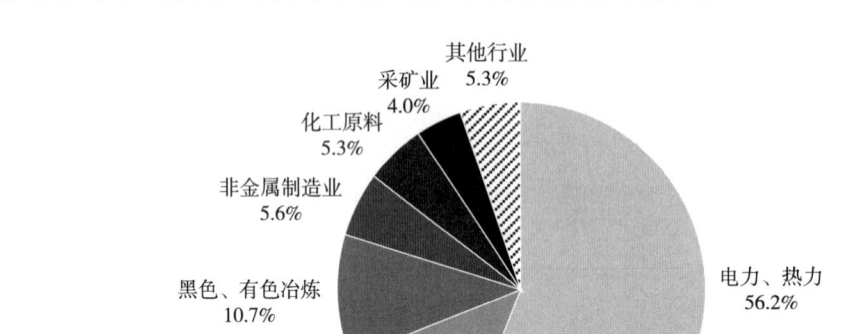

量的提升，火电占比下降，煤炭作为能源的消费量将持续下滑。

图 4-3 2023 年中国各行业煤炭消费占比

（资料来源：Mysteel 钢联数据）

二、2024 年煤炭行业展望

《中共中央、国务院关于完整准确全面贯彻新发展理念做好碳达峰碳中和工作的意见》《2030 年前碳达峰行动方案》两份纲领文件明确了"十四五"时期将严控煤炭消费增长，"十五五"期间将逐步减少煤炭消费，2025 年非化石能源消费比重预计将达到 20% 左右，2030 年非化石能源消费比重预计达到 25% 左右，2060 年非化石能源消费比重预计达到 80% 以上。经测算，煤炭预计于 2025—2030 年前后触及需求天花板，双碳政策限制未来煤炭消费预期。

碳达峰、碳中和已成行业共识，远期煤炭需求的大幅下降必将对现在煤企新建产能产生负面影响。一般煤矿开采期限为 50 年以上，新建矿井达产后将很快迎来碳达峰，可以预计在碳达峰后煤炭消费量将逐渐下滑，投资新矿或已达不到煤企设计的开采年限，新建煤矿已不是煤企的最优选择。2020 年以来，我国新批煤炭产能数量明显减少，新产能获批也越来越难，煤企更愿意将资金投入新能源、新材料等成长性领域，煤企能源转型大幕已经开启。预计未来新批产能依然受限，国家能源局明确力争到 2025 年国内能源的年综合生产能力达到 46 亿吨标准煤，由于我国油气资源严重依赖进口，预计能源生产能力增量主要在于油气，且煤炭新建产能基本都需要产能置换，未来煤炭新建产能或将非常有限。

展望 2024 年，基于中国经济发展的韧性，煤电端需求仍是消纳煤炭供给的基本盘，2023 年煤电以五成不到的装机容量长期提供七成以上的发电量，足可证明其能源

"压舱石"的地位；由于房地产市场下滑，建材端需求在2023年已经长期处于同比低点；煤化工链仍然处于高投产拉动的"外生性"高需求，产业链的利润更多留在了原料端，2024年有较大减产可能，2023年兰炭端已经开始大幅减产。供应端，煤炭保供政策尚未退出，但保供强度已然减弱，预计国内煤炭供应相对平稳，考虑价格倒挂因素，进口端复现2023年大量进口的可能性已然不大，预计2024年全年维持2023年的进口水平，主要还是以消纳国内产量为主。总体来看，2024年煤炭供需仍旧表现为宽松，但供给相对不会维持2023年高强度的保供态势，价格重心大概率继续下移，底部支撑仍旧是长协价格上限。不过由于长期高库存压力，可能会放大流转端恐惧情绪，煤炭价格涨跌切换节奏可能加快，全年来看，处于窄幅震荡下行趋势。

第二节 焦煤、焦炭

2023年煤焦价格行情呈现先抑后扬的"V"形走势，上半年受进口供应大幅增加、国内需求疲软影响，煤焦价格大幅下跌；而下半年主产地煤矿事故频发，引起全国安全监管进一步升级，另外，山西将事故瞒报的处理提到前所未有的高度，炼焦煤产量出现明显缩减，而下半年宏观利好频频，成材市场迎来利好，钢厂开工率快速回升，铁水产量持续高位，煤焦供需格局反转，价格快速反弹。

一、焦煤

（一）焦煤供需分析

1. 国内焦煤供应

2023年，我国在产炼焦煤矿产能为128101万吨，同比增加51万吨，涨幅为0.04%。其中主要产能集中在山西、内蒙古、陕西和新疆四省份，四省份合计产能为76214万吨，占全国炼焦煤总产能的59.50%。具体来看，山西地区炼焦煤产能为57100万吨，同比增长205万吨，涨幅为0.36%，占全国炼焦煤总产能的44.57%；内蒙古地区炼焦煤产能为10990万吨，同比持平，占全国炼焦煤总产能的8.58%；陕西地区炼焦煤产能为5435万吨，同比持平，占全国炼焦煤总产能的4.24%；新疆地区炼焦煤产能为2689万吨，同比持平，占全国炼焦煤总产能的2.10%。

2023年煤炭产能继续释放。根据国家统计局数据，2023年1—12月中国原煤产量为47.13亿吨，同比增长3.29%。但可用做冶金的炼焦煤资源增长乏力，全年炼焦煤供应量同比仅增长0.03%。产地端，新增煤矿建设周期较长，新建煤矿审批严格，需要淘汰落后产能指标，部分则为配套煤化工项目而建，因此实际开建的产能较少，即使有些项目落地也需要部分煤炭用作配套煤化工项目，实际贡献通过新建煤矿在2023年体现的增量有限。

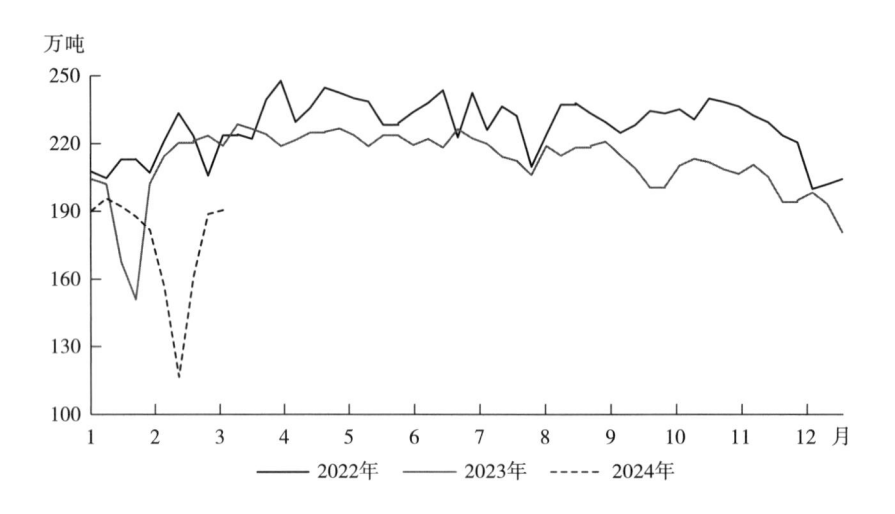

图 4-4　Mysteel 调研 523 家炼焦煤矿山原煤日产

（资料来源：Mysteel 钢联数据）

2. 进口焦煤供应

中国是世界上最大的煤炭生产国和消费国，尽管国内煤炭资源储量丰富，但炼焦煤资源储量相对有限，特别是优质主焦煤极为稀缺。随着国内生产发展的需求，进口炼焦煤资源补充作用愈发重要。

2023年中国累计进口炼焦煤10209.64万吨，同比增长59.93%，进口总量由多到少依次为蒙古国、俄罗斯、加拿大、美国、印度尼西亚和澳大利亚，占比分别为52.84%、25.70%、7.44%、5.76%、3.92%、2.74%。2023年各国别进口格局基本固定，其中蒙古国、俄罗斯、印度尼西亚三国炼焦煤进口量同比增幅明显。从具体国别来看，蒙古国炼焦煤进口量更是全年领跑，合计进口5395.06万吨，同比增长110.65%。

俄罗斯炼焦煤进口2623.61万吨，提前2个月超过2022年全年进口量2100.05万吨，同比增长24.93%。俄罗斯政府相关网站2023年9月22日发布消息称，决定从2023年10月1日起到2024年底对多种商品实施弹性出口关税，关税税率与卢布汇率挂钩，绝大多数种类商品出口关税税率为4%~7%。这意味着俄罗斯矿产品出口成本增加，未来将不利于俄罗斯煤炭等矿产品出口。

加拿大与美国炼焦煤因性价比优势备受国内沿海地区钢厂关注，9月远期采购量与到港船只增多，单月涨幅明显，但从累计进口量来说稍显不足，2023年两国合计进口1348.14万吨，同比增长10.11%。

蒙古国与俄罗斯仍然为主要进口来源国，但 2023 年第四季度或将受气候及销售政策影响出现季节性回落。2023 年全年蒙古国炼焦煤进口量为 5395.06 万吨，俄罗斯炼焦煤进口量为 2623.61 万吨，印度尼西亚炼焦煤进口量为 399.75 万吨，其余国家进口量与 2022 年同比持平，整体涨跌幅度有限。

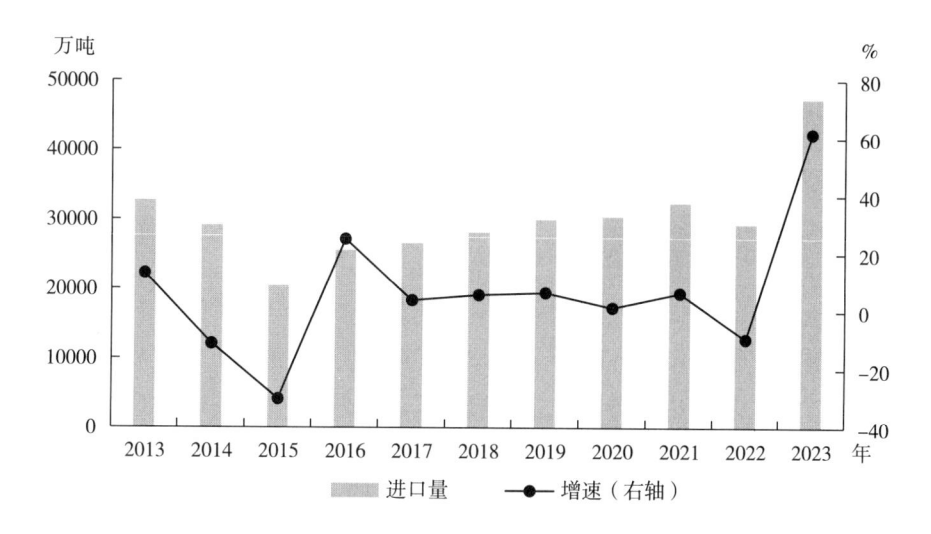

图 4－5　2013—2023 年中国炼焦煤进口量及增速

（资料来源：Mysteel 钢联数据）

3. 焦煤需求

国家统计局数据显示，2023 年全国焦炭累积产量 4.93 亿吨，同比增长 4.23%，折合炼焦煤精煤消耗量约 6.66 亿吨。上半年由于成材价格暴跌，铁水产量下滑明显，炼焦煤刚需坍塌，煤价同样一路下行，焦钢企业采购消极，以按需采购为主，终端库存维持低位，由于炼焦煤价格行情快速下跌，焦企成本快速下移，焦炭利润明显回升。其实自 2023 年 4 月开始，Mysteel 统计铁水日均产量已经升至 240 万吨以上，且一直持续到 11 月初，炼焦煤刚需的持续旺盛是煤价能够止跌反弹的重要支撑。但由于 3—6 月煤矿、贸易商库存偏高，集中降价抛货行为导致资源挤兑，煤价一直下跌至 6 月底。直到全产业链焦煤库存处于低位，供应端出现明显减量之后，炼焦煤供不应求的现象开始出现，市场才重新回暖升温。

2023 年炼焦煤供需关系经历了由供应过剩转向供不应求的转变。虽然进口蒙古国煤和俄罗斯煤增量明显，但是产地优质主焦煤、肥煤、瘦煤等骨架煤种依旧稀缺。全年来看，炼焦煤总库存其实一直处于缓慢下移的状态。前半年，由于进口煤的增加以及煤矿保供任务的压力较大，炼焦煤供应量得以充分释放。而由于成材的价格暴跌导致钢厂大面积减产，负反馈效应出现，煤价出现断崖式下跌。在买涨不买跌的情绪之下，焦钢企业保持按需采购策略，炼焦煤库存持续处于低位。而中间贸易商洗煤厂心态恐慌,降价抛货行为集中出现,社会库存快速消耗,而煤矿出货受阻,导致煤炭在煤矿端大量累积。但从 2023 年 5 月初开始,煤矿端已开始悄然去库,当时贸易商库存基本消耗殆尽,钢厂铁水产量回升至高位,产地煤矿事故及股权纠纷扰动产量,供需天平开始倾斜。直到 6 月安全月开始,煤矿事故频繁爆发,供应出现明显减量,而铁水高位与库存低位直接导致炼焦煤供不应求,供需紧平衡成为常态,煤价开始回升。而随着第四季度的到来,钢厂如约减产,刚需开始减量,但冬储预期的到来使贸易商开始分流炼焦煤资源,而产地煤矿复产缓慢,焦煤供需依旧偏紧。

(二)焦煤库存分析

从上游端库存的角度看,2023 年煤矿端焦煤库存波动较大,全年均值高于 2022 年平均库存水平,2023 年 Mysteel 全国 523 家炼焦煤矿样本全年平均库存 247.94 万吨,同比增长 13.78%。库存增加的主要原因是上半年煤价大幅下跌,导致煤矿企业一度出货受阻,销售不畅,囤积了大量的库存,再加上下游焦钢企业利润不佳,全年基本采取按需采购的策略,出现供应端库存同比上升而需求端库存同比下降的情况。2023 年 Mysteel 统计全国 523 家炼焦煤矿样本数据显示,期初库存 190.85 万吨,期末库存 205.77 万吨,较年初增库 14.92 万吨。

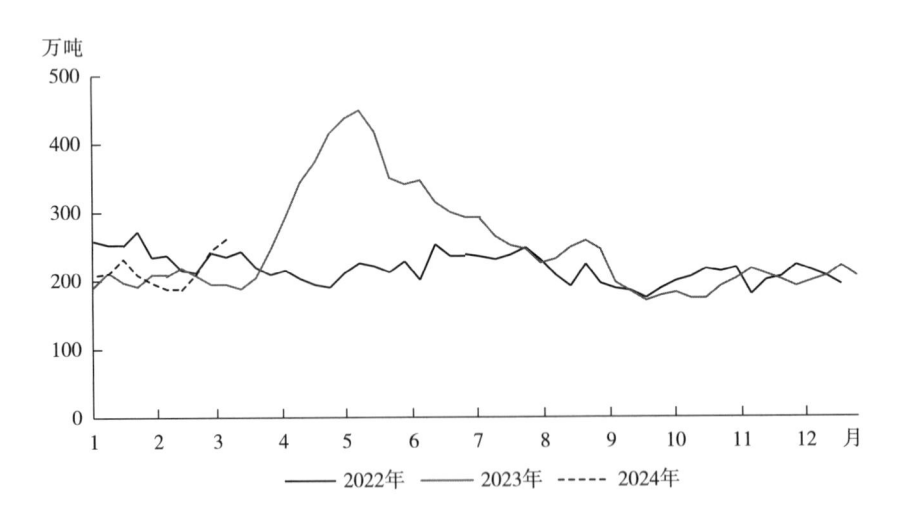

图 4-6 Mysteel 调研 523 家炼焦煤矿山精煤库存

(资料来源:Mysteel 钢联数据)

从 Mysteel 调研的焦钢企业焦煤库存总和来看,2023 年焦钢企业焦煤库存整体维持低位,企业效益较差,其存煤量也比往年有所下移。随后冬季补库存也不明显,焦钢企业开工处于低位,实质用煤消耗短期难有明显回升。截至 2023 年底,Mysteel 调研统计独立焦企全样本及统计全国 247 家钢厂样本焦煤总库存为 1911.62 万吨,较年初大幅下降 159.53 万吨。

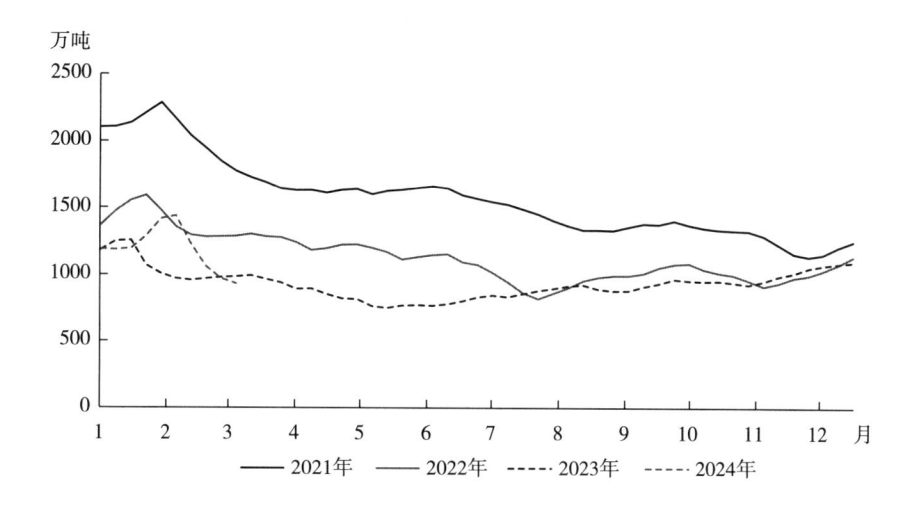

图 4-7 Mysteel 调研全国独立焦化焦煤库存

（资料来源：Mysteel 钢联数据）

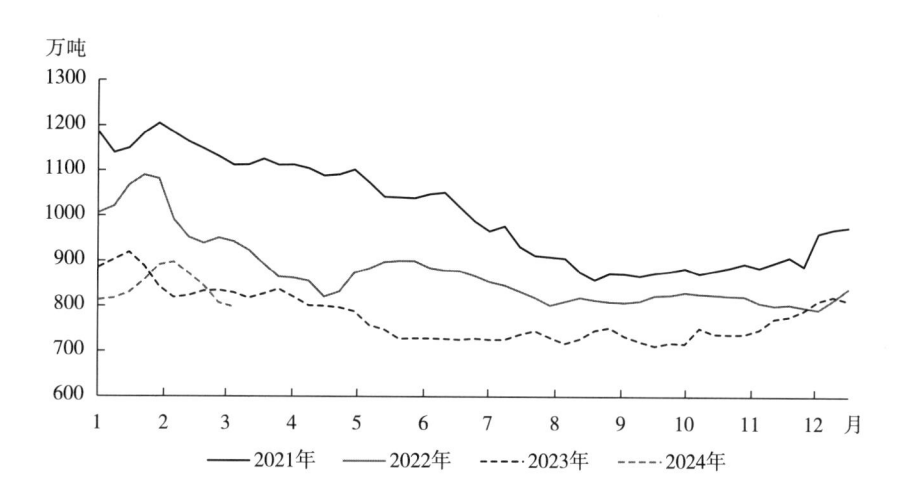

图 4-8 Mysteel 调研全国钢厂焦化焦煤库存

（资料来源：Mysteel 钢联数据）

2023 年，港口进口炼焦煤库存累库明显，截至 2023 年底，Mysteel 调研沿海 16 个港口进口焦煤库存为 719.51 万吨，较年初库存增加 369.05 万吨，其中大部分是进口的俄罗斯焦煤资源。基于 2023 年港口基数，2024 年港口库存或呈现高位震荡的态势，近两年进口俄罗斯煤市场较为活跃，港口存储着较高的库存或将成为常态。

（三）焦煤价格及行业利润分析

1. 国内焦煤价格走势分析

2023 年炼焦煤价格重心整体呈现两头高、中间低的格局，涨跌节奏和频率仍相对

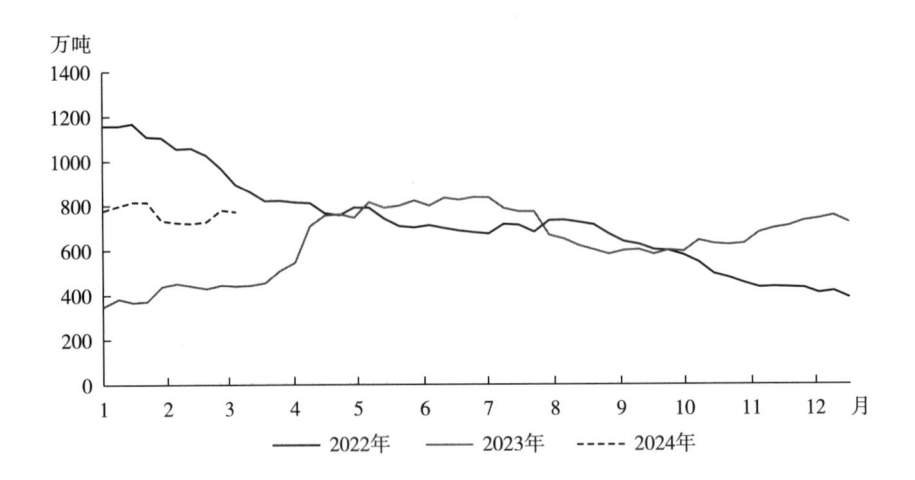

图 4-9 Mysteel 调研全国 16 个港口焦煤库存

(资料来源：Mysteel 钢联数据)

较快，上下游企业对市场波动反应较为敏感。2023 年的炼焦煤市场可以分为三个阶段：第一阶段从 1 月到 3 月下旬，炼焦煤价格震荡偏强运行，且价格达到年内高点；第二阶段从 3 月下旬到 6 月上旬，炼焦煤价格大幅下跌，跌至全年价格最低点，部分煤种跌幅超千元；第三阶段从 6 月中旬至年末，整体价格呈现震荡上涨趋势。总体来看，贯穿全年价格涨跌的核心仍在于供需关系的变化。

第一阶段，1 月至 3 月下旬，炼焦煤价格涨至年内高点。1 月初下游焦钢企业冬储补库对市场具有一定拉动作用，至 2 月春节后又出现阶段性补库，刺激炼焦煤价格持续上涨至 3 月中下旬。以安泽低硫主焦煤为例，此时出厂现汇含税价为 2550 元/吨。

第二阶段，3 月下旬至 6 月上旬，炼焦煤价格出现持续下跌，个别煤种跌幅超千元。从 3 月下旬开始，原料价格上涨叠加成材价格持续下跌导致终端盈利情况恶化，亏损情况加剧。且此时恰逢重大会议结束，炼焦煤供应有所恢复，整体呈现供应宽松局面。自此炼焦煤价格开始下跌，直至 6 月中旬钢材价格上涨，且产地事故频发，供应有所收紧，炼焦煤价格也止跌企稳。整个第二阶段，炼焦煤价格大幅向下，安泽低硫主焦煤价格跌至出厂现汇含税价 1600 元/吨，为年内价格最低点。

第三阶段，6 月中旬至年末，炼焦煤价格处于震荡上行阶段，整体窄幅震荡且趋势上涨。可以说第三阶段属于炼焦煤市场的常态化调整，价格涨跌空间明显缩小。在此期间，炼焦煤价格波动因素归结为以下几点：一是产地炼焦煤供应不及预期，二是终端铁水产量随钢厂利润变化的增减，三是年底冬储补库及产业链利润分配的变化。自 6 月以来，山西主产地事故频发，安监形势趋于严格。产地供应收紧，始终无法恢复到正常水平，形成了供应偏紧的动态平衡状况。而下游低库存运行已成常态，导致炼焦煤价格较低位上涨。且后半年终端成材消费及出口情况有所好转，铁水产量始终处于相对高位，对原料价格有一定支撑作用。

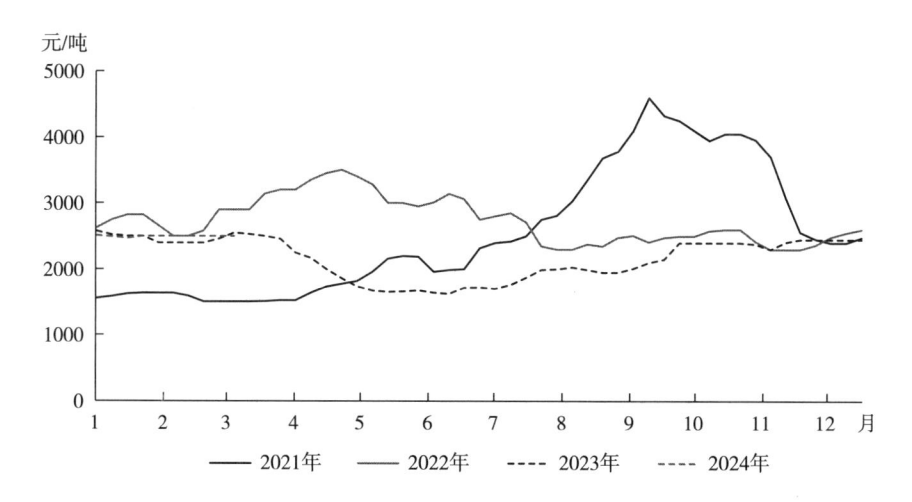

图 4-10 2021—2024 年山西低硫主焦煤价格走势

（资料来源：Mysteel 钢联数据）

2. 进口炼焦煤价格走势分析

进口炼焦煤整体价格走势与产地炼焦煤价格走势保持一致，价格重心也整体呈现两头高、中间低的格局，涨跌相对国内炼焦煤有所滞后，但整体走势保持一致。

远期澳大利亚海运炼焦煤市场整体走势与国内炼焦煤保持一致，年内价差表现明显，两者高低点最大相差164.2美元/吨。受国际局势变动影响，澳大利亚低挥发主焦煤主要流向为印度，与国内同品质炼焦煤价格始终倒挂，整体来看2023年国内贸易商及终端用煤企业接货意愿不高。

2023年进口俄罗斯炼焦煤价格整体呈宽"V"形运行，上下波动1000元/吨左右。上半年在稳增长的政策基调和下游积极补库的情况下，3月中下旬价格触顶。随着钢市承压，市场参与者信心受挫，焦炭价格连续下跌10轮，价格不断承压下行。8月港口在售资源数量减少，炼焦煤迎来阶段性回暖。且在钢焦冬储补库、产地供应有所减少的条件下，港口贸易商多报价坚挺，且价格呈现不同程度反弹。

2023年进口蒙古国炼焦煤价格整体呈现宽"V"形运行，受国内炼焦煤市场走势影响，3月中旬后蒙古国炼焦煤价格开始滑落，第三季度价格开始震荡上行。截至12月31日，甘其毛都口岸蒙古国5#原煤价格为1600元/吨，较2023年3月价格高点下降190元/吨，降幅为10.6%；较2023年最低值上涨555元/吨，涨幅为53.1%；2023年三大主要进口口岸通关车数整体呈大幅上升趋势，供应方面有所提升，截至2023年12月31日进口蒙古国炼焦煤约5395万吨，相比2022年进口量增加2830万吨。

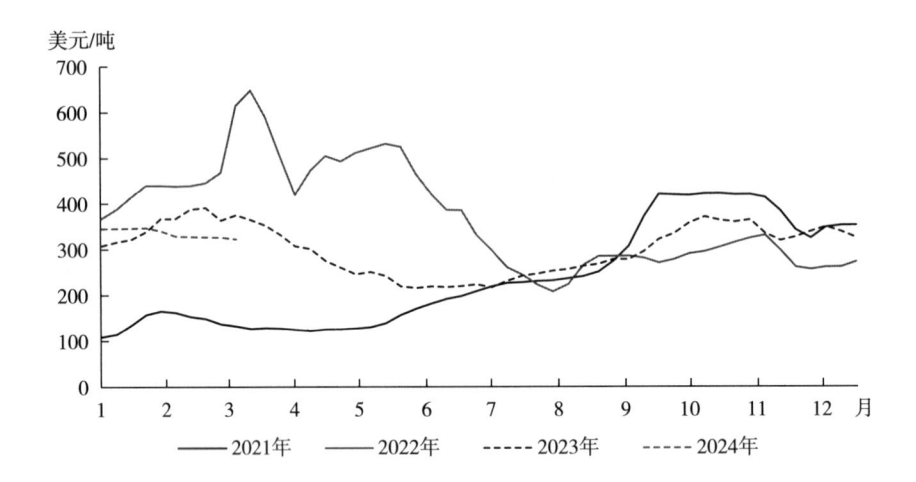

图 4-11　2021—2024 年进口澳大利亚一线主焦煤价格走势

（资料来源：Mysteel 钢联数据）

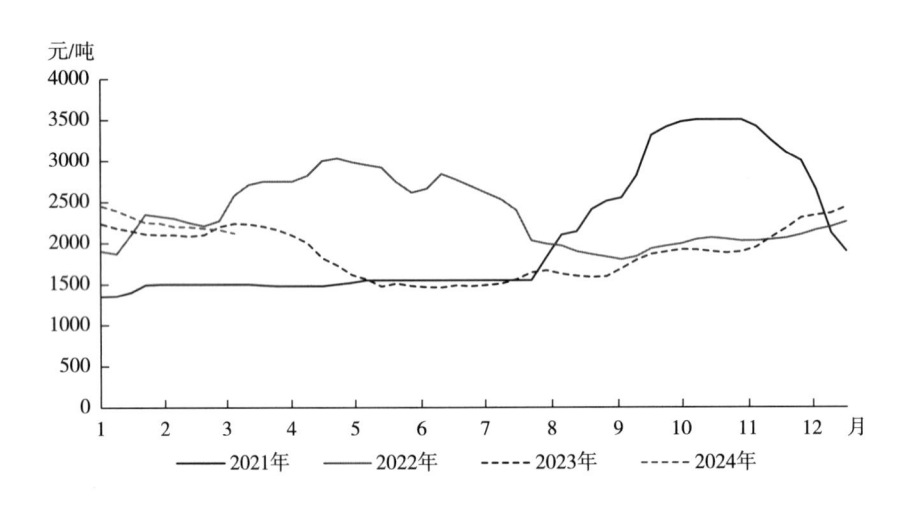

图 4-12　2021—2024 年进口俄罗斯 K4 主焦煤价格走势

（资料来源：Mysteel 钢联数据）

（四）2024 年炼焦煤价格预测分析

展望 2024 年，基于宏观面，影响大宗需求的主要行业表现明显分化，是国内大宗商品市场衍化的另一个重要原因。在认清房地产行业仍在下行的同时，需要关注房地产下行速度以及何时可能触底。当然，由于受到"房住不炒"等宏观调控以及疫情因素的影响，房地产行业探底后将经历一个时间较长的磨底过程，出现"V"形反弹的可能性并不大。基建投资仍然是逆周期调控的重要手段。在增量政策选择方面，房地产等领域并不是首选，化债"一举两得"的方式仍然是政策锚点。当前宏观政策预期朝

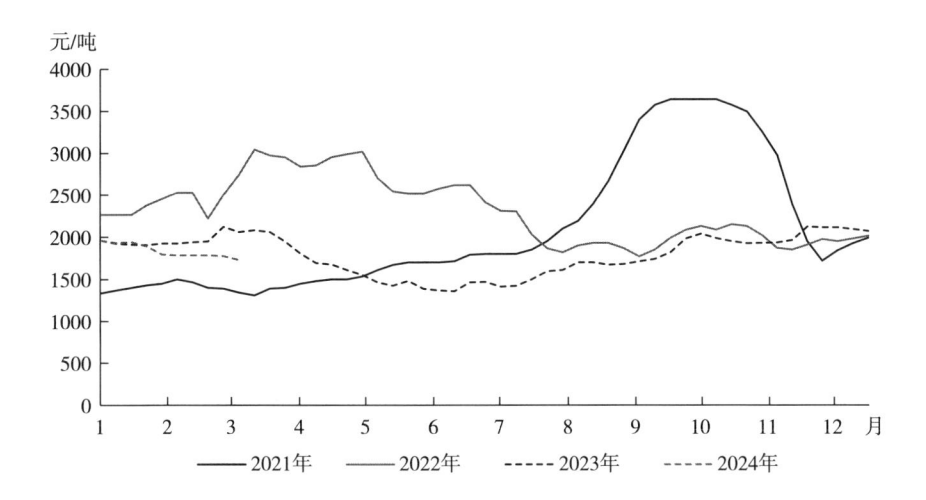

图 4-13　2021—2024 年进口蒙古国 5#精煤价格走势

（资料来源：Mysteel 钢联数据）

更加积极方面调整是必需的。可以说，当前已处于从政策底向（资本）市场底、经济底过渡的关键时期，制造业投资增速将稳中向上，利好大宗商品需求。

基于产业链分析，年度铁水产量同比仍有下移趋势，也就意味总体需求或有所下滑，对于 2024 年评估的利润端修复仍存在较大阻力。2024 年，在安全监管下，产地供应难有明显增量，不考虑露天煤矿以及长期停产煤矿等外围因素，产地端供应依旧维持偏紧态势，进口煤保持高位，2024 年进口煤市场将进一步突破高点，成为国内市场的有效补给。

1. 主焦煤

主焦煤下游焦钢行业需求依存度逐渐增大，随着 4.3 米焦炉逐步淘汰，高强度优质主焦煤仍是下游首选之一。2023 年，山西低硫主焦煤均价为 2126 元，同比下移 606 元；中硫主焦煤均价为 1876 元/吨，同比下移 571 元/吨；高硫主焦煤均价为 1751 元，同比下降 556 元，其中高硫主焦煤价格更为坚挺。在 2024 年铁水同比仍有进一步下移，同时焦钢利润难有大的明显改善的背景下，原料价格难有超预期下跌行情，供应偏紧，需求矛盾暂不明显，低硫主焦煤价格或以小幅震荡为主，预计主焦煤均价为 1700～2300 元/吨，整体煤价或呈现中间高、两头低的走势。

2. 配焦煤

充分利用各种煤的结焦特性取长补短，节约优质炼焦煤，降低成本，进一步扩大配焦煤资源利用率仍是大势所趋。降低成本，最大限度地实行区域配煤，力求达到配煤质量稳定。出焦的稳定、价格的循环走低是企业降本增效的举措之一。气煤的结焦性比焦煤、肥煤差，但其膨胀压力小，收缩大，挥发份高，在单独炼焦时，因收缩大，焦炭裂纹增多，降低焦炭块度。但在配煤中，可以起到减小膨胀压力，增加收缩使推焦顺利及增加化学产品和煤气的作用。瘦煤粘结性较差，单独炼焦时焦炭的耐磨性差，但其收缩裂纹少，在配煤中配入瘦煤，可以提高焦炭的块度。对于不同要求的焦炭质量而言，各单种煤的配入比例相差较大，就焦炭强度而言，焦煤的配入比例至关重要。气煤、瘦煤价格波动尤为明显，从近几年的数据可以看出，入炉的调配不够稳定，市场大的波动，产地端累库以及价格调整尤为明显。总体配焦资源相对宽松，价格随市场变动下移节奏略快于主焦煤。

二、焦炭

（一）焦炭供需分析

1. 中国焦炭产能及分布情况

焦炭市场紧缩，焦化产能过剩，焦企严重亏损，这是供给侧改革前夕焦炭市场的真实写照。2016年以后，国家开始实行供给侧改革，淘汰双焦落后产能。随着供给侧改革的深入推进，2017—2020年，焦炭产能逐年降低。根据Mysteel调研数据，2017年全国冶金焦产能为5.6亿吨，2020年区域限产加严，淘汰落后产能加快，新上产能释放缓慢，同年年底全国冶金焦总产能为5.14亿吨，同比降低3.7%。2020年以后，伴随着产能淘汰的同时，前期置换的焦企产能也在陆续建成投产，截至2023年12月31日，Mysteel统计调研国内现有焦化产能约5.68亿吨，焦化产能处于相对过剩状态。

中国焦化产能经过几年的淘汰置换，产能结构不断优化，从企业类型来看，独立焦化依旧占据主导地位，目前参与市场交易的主体全部来自独立焦化，钢厂配套焦化若无特殊情况基本全部自用，且Mysteel调研发现，钢厂焦化生产焦炭普遍热反应强度和硫都偏高，与当前市场主要交易指标有所差异。同时由于历史原因，4.3米焦炉产能基本多集中于独立焦化，而在目前主流认知中4.3米焦炉已经属于需要淘汰的落后产能，所以近几年焦化产能淘汰置换也都以独立焦化产能为主。钢厂焦化近些年也在不断新增焦化产能，市场方向朝着焦钢企业联合发展前进。铁和焦化企业要联合，这将是一个大的趋势，独立焦化企业数量太多，短时间不可能把独立焦化企业全部关掉，这也不符合我们国家产业的实际情况，大的趋势肯定是钢铁焦化企业要逐渐走向联合。2018年独立焦化产能占总焦化产能的65%左右，2023年独立焦化产能占比下滑至58.98%。根据Mysteel产能数据，钢厂焦化产能为23349万吨，独立焦化产能（含热回收）为33466万吨。从焦化炉型来看，5.5米以下焦化产能均属于落后产能，是供给侧改革以来重点整改对象，目前4.3米及以下（含热回收）焦炉产能为8114万吨，5.5米焦炉产能为18806万吨，6米及以上焦炉产能为29894万吨。

未来焦化行业朝着焦炉大型化、钢焦联合方向发展，同时随着高炉大型化发展，干熄焦需求量越来越高,从而促使干熄焦比例、定制化焦炭比例上升,高品质焦炭将成为市场主流。现全国湿熄焦产能为16626万吨,干熄焦产能为40188万吨(产能统计为已有干熄焦设备产能,包含部分拥有干熄能力但仍生产湿熄焦企业),干熄焦产能占比已经超过湿熄焦。2021年干熄焦占总焦化产能的47%左右,湿熄焦占比为53%,在市场供需调节和政府环保要求的共同推动下,2022年干熄焦占比已达52.74%,同比增超5.74%。2022年干熄焦占总焦化产能的52.74%左右,湿熄焦占比为47.26%,在市场供需调节和政府环保要求的共同推动下,2023年干熄焦占比已达70.74%,同比增超23.48%。

当前,山西、河北、山东等焦炭主产区焦企干熄焦产量占比逐步扩大,并逐渐成为主流。随着后期环保要求的提升,以及对焦炭质量要求的提高,干熄焦在焦化产能中的占比将持续提升。焦化企业逐步淘汰湿熄焦技术,转而采用干熄焦技术,已成为焦化行业的必行趋势。

表4-3　　　　　　　　　　2023年中国焦化产能结构　　　　　　　单位:万吨、%

总产能	钢厂焦化	独立焦化	干熄焦	湿熄焦	碳化室高度	产能	占比
5.68	2.33	3.35	4.02	1.66	4.3米及以下	0.81	14.28
	占比				5.5米	1.88	33.92
	41.10	58.90	70.74	29.26	6米及以上	2.99	52.62

资料来源:Mysteel钢联数据。

2. 中国焦炭产量分析

焦化产能虽然过剩,但并不意味着焦炭产量也会过剩。焦企会根据利润情况,自主调节生产节奏,整体产量会与钢厂高炉消费相匹配。国家统计局数据显示,2023年1—12月,全国焦炭产量为4.93亿吨,同比增长4.26%,全国生铁产量为8.71亿吨,同比增长0.81%。自2022年以来,外部因素对企业生产的影响明显降低,企业的生产负荷基本由自身利润决定。受下游需求以及利润影响,焦炭整体产量小幅上升,2023年焦炭产量为4.93亿吨,其中冶金焦产量4.47亿吨左右,同比增加1000万吨。

2023年焦炭的产量波动明显小于往年水平,首先焦炭需求持续处于高位,即使在焦炭降价的过程中,其实际的需求减量也相对一般,高需求维持了焦炭的高供应水平。其次焦化产能是过剩的,在生产受利润影响边际更大的背景下,只要给焦企足够的利润,焦炭就会过剩,过剩就注定不会有高利润。2023年Mysteel调研统计全国焦企平均吨焦盈利为-16.4元/吨,也印证了这一观点。低利润下的焦企会压制自身的生产积极性,同时处在盈亏平衡附近的焦企也不会出现大规模的集中减产,导致2023年焦企产量相对比较稳定。另外,焦化产能充足,即使遇见集中性的焦化产能淘汰事件,也很快会有其他产能来补足淘汰的量,或许会造成短期的焦炭供需错配,但这种供需错配

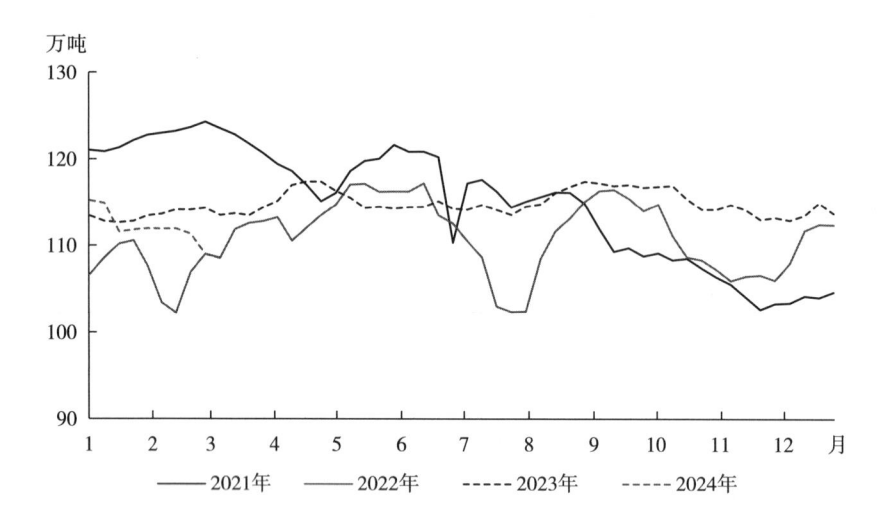

图 4-14 2021—2024 年全国独立焦化焦炭日均产量

(资料来源：Mysteel 钢联数据)

的时间一定非常有限。2023 年 10 月底，山西集中淘汰 4.3 米焦炉产能 1530 万吨，也并没有造成焦炭实际产量的明显下滑，焦炭供需呈现紧平衡。

3. 中国焦炭进口市场分析

2023 年，我国冶金焦产能为 5.68 亿吨，冶金焦产量仅有 4.47 亿吨，产能利用率达 78.87%，而下游铁水产量为 8.71 亿吨，从国内焦炭供需来看，焦炭产能过剩。因此对进口焦的需求仅限于海外焦炭具有绝对价格优势的情况下，否则进口量将一直维持低位运行。

根据海关总署公布的进口焦炭数据，2023 年中国焦炭累计进口量为 23.7 万吨，较 2022 年同期减少 27.7 万吨，同比下降 53.9%。从进口国家来看，2023 年各国进口焦炭数量均出现回落趋势。1—12 月主要进口国家为日本、蒙古国和印度尼西亚，其中，进口日本焦炭 8.1 万吨，占比为 34.2%；进口蒙古国焦炭 6.3 万吨，占比为 26.6%；进口印度尼西亚焦炭 5 万吨，占比为 21.1%。

表 4-4   2018—2023 年中国焦炭进口量及增速   单位：万吨、%

年份	焦炭进口量	同比
2018	9.09	8.12
2019	52.31	43.21
2020	297.97	245.67
2021	133.34	-163.66
2022	51.46	-61.4
2023	23.7	-53.9

资料来源：Mysteel 钢联数据。

4. 中国焦炭需求分析

2023年以来，严禁新增钢铁产能政策并没有改变，各省市严格落实产能置换文件。2022年工业和信息化部、国家发展和改革委员会、生态环境部联合发布《关于促进钢铁工业高质量发展的指导意见》，该意见提出，力争到2025年，钢铁工业基本形成布局结构合理、资源供应稳定、技术装备先进、质量品牌突出、智能化水平高、全球竞争力强、绿色低碳可持续的高质量发展格局。严禁新增钢铁产能。坚决遏制钢铁冶炼项目盲目建设，严格落实产能置换、项目备案、环评、排污许可、能评等法律法规、政策规定，不得以机械加工、铸造、铁合金等名义新增钢铁产能。2020—2023年，钢厂高炉生铁产能置换项目陆续公示，高炉新建以及老高炉淘汰也在进行中。

2023年新建高炉投产情况良好，淘汰情况一般。据Mysteel调研统计，截至2024年1月24日，2022年全国高炉新建产能已投产5253.3万吨，已淘汰5288.5万吨，整体高炉生铁产能净淘汰35.2万吨；2023年全国高炉新建产能已投产3652万吨，已淘汰1807万吨，整体高炉生铁产能净新增1845万吨；当前全国在产生铁产能9.8亿吨，折算焦炭消耗量为4.4亿吨；焦炭产能5.68亿吨，从高炉生铁产能来看，全国焦化产能处于过剩状态。调研统计显示，2024年全国高炉新建产能计划投产3720万吨，计划淘汰生铁产能3138万吨，生铁产能净新增582万吨。

2023年独立焦企平均产能利用率为74.45%，同比增长0.5%，焦企产能利用率不高，导致2023年焦炭供需处于紧平衡状态。2023年12月29日调研显示，焦炭社会库存898.09万吨，较年初焦炭库存减少36.27万吨；2022年全年焦炭社会库存减少126.5万吨，2023年焦炭缺口缩小。[①]。

5. 中国焦炭出口分析

全球前三大焦炭供应国分别为中国、波兰和哥伦比亚。2022年中国出口焦炭894.9万吨，主要出口目的地为印度、印度尼西亚、巴西、日本、越南；波兰出口焦炭653.9万吨，主要出口目的地为德国、奥地利、印度、法国、捷克；哥伦比亚出口焦炭437.3万吨，主要出口目的地为巴西、印度、土耳其、墨西哥、英国。

未来，随着印度尼西亚青山工业园区焦化项目投产，印度尼西亚或将成为第二大焦炭出口国，主要辐射东南亚、南亚等地区。自2020年以来，印度尼西亚新规划的焦化项目主要集中在印度尼西亚青山工业园区苏拉威西岛Morowali县，截至目前，印度尼西亚青山工业园区已有五个焦化项目投产或在建中，均为国内企业投资，涉及焦化产能1880万吨，占海外新增焦化项目的约56.4%，其中2023年新建焦化项目投产出焦5座，合计焦化产能365万吨，截至2023年底青山工业园区在产焦化产能882万吨。

---

① 本处焦炭社会库存等于全样本焦企焦炭加上247家钢企焦炭库存和18个港口焦炭库存之和。

表4–5　　　　　　　　2023年印度尼西亚焦化产能情况　　　　　　　单位：万吨

企业名称	产能情况	产能	2023年在产和投产情况
德天焦化（印度尼西亚）股份公司	新建	130	65
	新建	340	0
印度尼西亚德信钢铁有限公司	老产能	130	130
	新建	150	75
印度尼西亚金瑞新能源科技有限责任公司	新建	260	195
印度尼西亚金祥新能源科技有限责任公司	新建	390	65
旭阳伟山新能源（印度尼西亚）有限公司	新建	480	160
印度尼西亚青山钢铁有限公司	老产能	60	60
印度尼西亚喀拉喀托钢铁公司	老产能	70	0（焖炉停产）
印度尼西亚喀拉喀托浦项焦化	老产能	132	132
2023年已投和在产产能总计			882

资料来源：Mysteel钢联数据。

6. 中国焦炭消费结构分析

2022—2023年小高炉逐步淘汰，小高炉容积多在1000立方米以下，对焦炭反应强度要求较小。2022年关停高炉容积1000立方米及以下34座，涉及生铁产能2377万吨；关停高炉容积1000~2000立方米8座，涉及生铁产能924万吨；关停高炉容积2000立方米及以上3座，涉及生铁产能607万吨。关停2000立方米及以上的高炉多为老高炉原址重建。2023年关停高炉容积1000立方米及以下12座，涉及生铁产能780万吨；关停高炉容积1000~2000立方米7座，涉及生铁产能700万吨。

新增高炉多为大型高炉，新投产高炉容积全部为1000立方米以上，对焦炭反应强度要求较高。截至2023年12月31日，调研统计2022年新增高炉容积1000~2000立方米17座，涉及生铁产能2174万吨；新增高炉容积2000~3000立方米8座，涉及生铁产能1970万吨；新增高炉容积3000立方米及以上1座，涉及生铁产能403万吨。2023年新增高炉容积1000~2000立方米18座，涉及生铁产能2270万吨；新增高炉容积2000~3000立方米6座，涉及生铁产能1340万吨；新增高炉容积3000立方米及以上1座，涉及生铁产能300万吨。

容积1000立方米及以下小高炉逐步淘汰，1000~2000立方米高炉仍为主要生产炉型。2023年容积1000立方米以下高炉占比15%降1%，容积1000~2000立方米高炉占比44%增1%，容积2000~3000立方米高炉占比增1%至24%，容积3000立方米高炉占比降1%至17%。

随着钢厂新上高炉大型化，焦炭强度要求提高，消费结构发生变化。据Mysteel不完全调研，容积2000~3000立方米高炉消耗准一级焦炭占比不超过50%，容积3000

立方米高炉消耗准一级焦炭占比不超过25%，容积越大反应强度60以下焦炭消耗占比越少。2022年准一级焦炭及以上占比由70.2%提升至76.3%，其中一级冶金焦炭消耗占比为32.5%，同比增长6.9%，一级焦炭消耗占比提高；二级焦炭及以下占比为19.2%，同比下降2.1%。2023年2000立方米以上大高炉新增较少，多数新增高炉容积为1000~2000立方米，高炉对焦炭质量包容性较强，叠加增效降成本，一级冶金焦炭需求增量小；2023年一级冶金焦炭消耗占比为32.8%，同比增长0.3%；二级焦炭及以下占比为23.8%，同比上升4.6%。2023年炼焦煤成本过高以及低硫资源偏紧，随着脱硫脱硝设备的完善，部分企业对硫分含量有所放宽，二级焦炭以及高硫焦虽然增加，但是生产焦炭强度有所提高。

（二）焦炭价格分析

1. 国内焦炭价格走势分析

2023年受宏观经济以及下游需求影响，焦炭整体价格重心下移；上半年在成本坍塌和下游主动去库压力下，焦炭价格整体呈大幅下跌趋势，上半年下跌850元/吨；下半年焦炭在紧平衡状态下，叠加高需求、成本支撑强，焦炭市场价格震荡向上。根据Mysteel焦炭价格指数，2023年12月31日焦炭价格指数为2502.5，同比下降13.02%；2023年1—12月焦炭价格指数均值为2307.29，同比下跌23.32%。从数据上来看，焦炭价格依旧高于2022年同期。

2023年1月初焦炭价格在钢厂利润回调后，冬储补库提前结束，冬储带来的价格支撑消失，焦价开始下行，但此时春节临近，铁水产量也处于复苏阶段，所以价格下行的压力并不大，而且此时煤价正处于高位，成本也确保了焦价不会出现阴跌。节后突发性的煤矿安全事故造成市场担忧出现新一轮的煤矿减产，煤价上行，这导致焦企亏损压力扩大，伴随下游需求的持续上升，焦企在节后出现了价格提涨行为；但此时钢价强预期证伪，钢价回落后也出现部分钢厂进行焦炭价格提降行为，焦钢双方利润均不佳，最终双方博弈后实际调价均未落地。

3月中旬过后，煤价先行下跌，成本降低使焦企利润增加，而此时钢材出货情况一般，钢价出现大幅回落，钢厂为转移成本压力，开始主动控制库存和降低采购需求，以使原燃料价格下跌。4月1日至6月1日，焦炭价格连降十轮。6月底，伴随钢厂利润端的修复和铁水产量持续高位的影响，焦企再次有机会进行提涨，但当时市场在连续下跌后处于情绪修复阶段，钢厂的采购补库也非常谨慎，在供需矛盾并不激烈的情况下，提涨再次进入博弈僵持阶段。

下半年煤矿突发性事故较多，焦炭成本支撑强，叠加下游钢厂保持高需求、低库存态势，价格整体呈上涨态势，但个别时候因钢厂利润问题价格出现小幅回调，如8月22日、10月31日这两次下调。

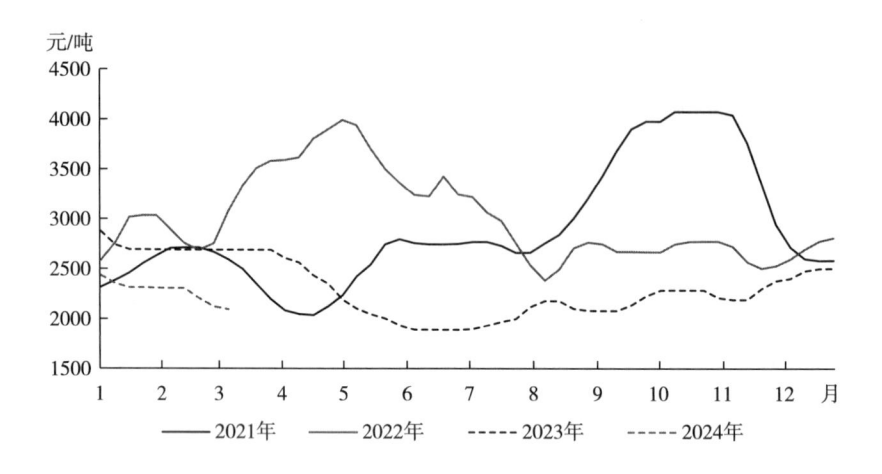

图 4－15　2021—2024 年 Mysteel 焦炭绝对价格指数

（资料来源：Mysteel 钢联数据）

2. 进出口焦炭价格走势分析

2023 年外贸价格整体跟随国内焦炭价格呈现"V"形走势，价格重心有所下移，出口利润整体偏低。焦炭出口价格和出口量回落，主要有以下三点原因。

一是海外经济环境承压，内外需求偏弱共振。2023 年海外制造业景气度相对低迷，全球经济发展减速，欧美等主要经济体制造业 PMI 指数持续偏弱，我国对美国、欧洲、日本出口整体呈现下滑走势。叠加地缘局势动荡，以及人民币贬值再创新低等宏观不利因素影响，出口焦炭在国际复杂局势和内外需求较弱共振下，整体保持承压态势。

二是低成本钢材出口增加，海外原料生产需求减弱。2023 年中国钢材出口表现亮眼，1—12 月，中国出口钢材 9026.40 万吨，同比增长 36.2%；钢材出口额累计 870.7 亿美元，同比下降 10.2%。分国别来看，中国出口钢材占比较大的国家是韩国（579 万吨）、越南（543 万吨）、菲律宾（295 万吨）、土耳其（302 万吨）、泰国（319 万吨）、印度尼西亚（233 万吨）、阿联酋（230 万吨）、沙特阿拉伯（203 万吨）、巴西（185 万吨）、印度（150 万吨）。

2023 年中国对韩国、土耳其和东南亚等国钢材出口增加较多，一方面是出口韩国体量最大，另一方面也有内需较弱、中低价主动出口的原因。韩国对钢材进口的需求与其宏观出口周期吻合，都取决于欧美的经济周期。考虑到目前欧美经济处于下滑周期中，韩国宏观出口数据低位徘徊，中国对韩国钢材出口增量原因更多的是低成本的替代供给，而不是韩国增量需求导致。土耳其由于地震灾后重建，对钢材需求也有明显增加。而东南亚以越南为首的国家国内经济下滑和地产需求偏弱以及原料成本高企，导致用钢需求承压，钢厂多通过进口低价钢材代替生产。

三是海外焦炭供给增加，倒逼国内竞争激烈。印度尼西亚 2023 年焦炭产能将突破

1000万吨,而海外配套高炉项目投产缓慢,造成海外供大于求,导致国内常规焦炭出口量和外贸价格受到一定挤兑。

从焦炭内外贸价差可见,2023年整体出口利润偏低。一方面,由于海外焦炭供给增加,国内贸易商想要中标只能通过价格优势,造成报价偏低;另一方面,国内干熄焦炉占比增加,上货成本提高,而报价偏低导致出口利润萎缩甚至亏损。

未来两年,在海外高炉和焦炉投产速度错配的影响下,国内焦炭出口竞争日趋激烈,价格或将保持承压。

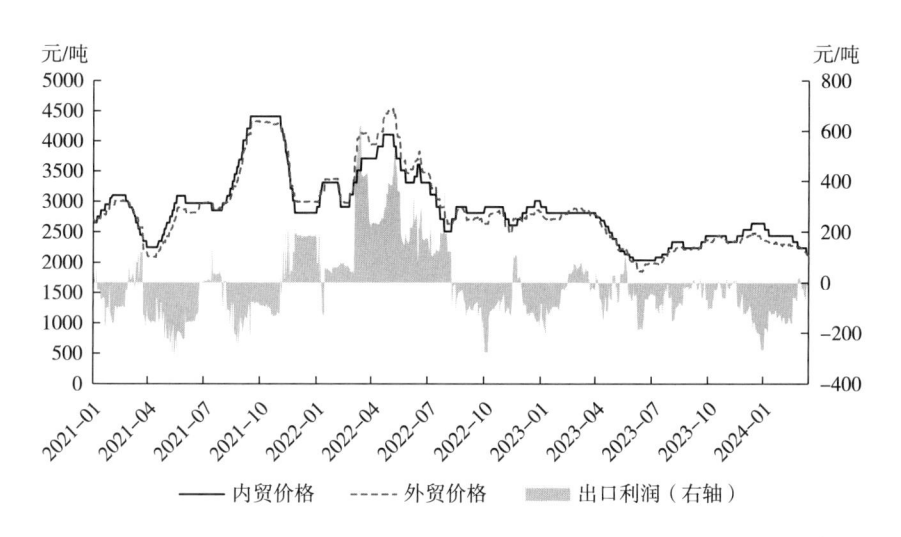

图4-16 2021年以来中国焦炭内外贸易价格及价差对比

(资料来源:Mysteel钢联数据)

3. 焦炭行业利润情况分析

2023年国内焦煤供应基本持平,下游需求增加约1400万吨,炼焦煤供需属于偏紧状态,成本价格相对强势。全年焦化行业处于低利润状态,甚至多数处于亏损状态。据Mysteel调研统计,全国30家独立焦企1—12月吨焦平均利润为-16.4元/吨,较上年均值下降2.9元/吨。

第二季度焦炭价格下跌过快而炼焦煤成本跌幅不及焦炭跌幅,此时非长协焦企盈利最高;长协占比较大焦企因第二季度长协下跌较慢,6月初第二季度长协开始补跌,因此以长协为主焦企第二季度亏损较多,补跌之后才出现好转。

以山西焦化为例,2022年实现焦炭销量354.69万吨,同比增长2.42%;销售均价为2552.36元/吨,同比增长1.10%;吨焦炭成本为2726.51元/吨,同比增长13.85%;焦炭业务毛利率同比下降11.69%至-6.82%。

2023年第一季度焦炭销量为74.08万吨,销售收入为23.17亿元,平均售价为2492.41元/吨,洗精煤采购单价为1973.73元/吨,第一季度焦化毛利(焦炭销售收

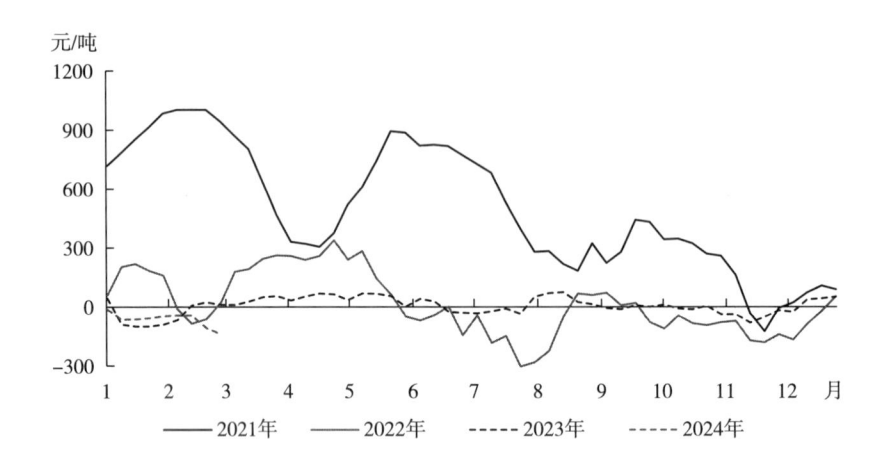

图 4－17 2021—2024 年全国独立焦化平均利润

（资料来源：Mysteel 钢联数据）

入－炼焦煤采购金额）仅为 0.89 亿元，第一季度盈利同比下降，环比有所改善。

第二季度焦炭销量为 69.88 万吨，焦炭平均售价为 1952.19 元/吨，炼焦煤单位采购成本为 1570.18 元/吨，同比增长 58.2%，环比下降 20.4%。由于成本端价格跌速慢于焦炭价格跌速，第二季度焦化毛利（焦炭销售收入－炼焦煤采购金额）为－1.02 亿元，焦炭主业陷入亏损。

第三季度实现焦炭销量 72.39 万吨，焦炭平均售价为 1932.28 元/吨。成本方面，第三季度炼焦煤单位采购成本为 1472.63 元/吨，环比下降 6.21%。由于价格端下降幅度高于成本端，焦炭主业盈利下滑，第三季度焦化毛利（焦炭销售收入－炼焦煤采购金额）为 1.56 亿元，扭亏为盈。

（三）焦炭市场行情展望

1. 供应预测

首先，2024 年产能不是制约焦炭产量释放的因素，2024 年焦化产能过剩的问题依然存在，Mysteel 调研预计 2024 年淘汰焦化产能 1228 万吨，新增 2486 万吨，净淘汰 1258 万吨。前文也提过产能过剩的品种就一定不会有高利润，同时也没有议价权，所以焦炭在产能过剩的时间里，价格走出独立行情相对困难，未来焦企的利润大概率会维持低位运行，甚至处于长期亏损状态。基于未来焦企将长期低利润甚至亏损情况的考虑，焦炭的实际产量会在利润引导下进行生产调节，焦炭长期过剩状态不会出现，低利润会制约焦炭产量增加的积极性，供应会跟随利润波动而上下变化。在没有外部因素进行强制性干扰的情况下，焦企生产自主化调节，2023 年焦炭整体产量与钢厂高炉消费相匹配，2024 年焦炭产量依旧如此。2024 年全球生铁产量预计增加，但增量主要在海外，国内钢材需求小幅攀升，出口有所下降，同时考虑到2024年废钢用量可能有所增加，预估生铁产量相对持平或小幅增加。

市场可能担心2024年是否会再次出现集中化焦炭去产能事件，造成供应的短期大幅减量，供需出现不匹配变化。但2023年的山西集中去产能事件没有造成明显的供需不匹配情况，相信2024年也不会出现。2024年的焦化产能将会更高，明确要减产的产能也相对更少。2024年全球生铁产量增加，增量主要在海外，钢材内需小幅攀升，出口有所下降，同时考虑2024年废钢用量可能有所增加，预估生铁产量微增。展望2024年焦炭供应，焦化产能变化不会制约焦炭产量释放，考虑到低利润下焦企会有主动减产行为，下游消费小幅增长，预计焦炭产量会同步小幅增长，整体产量预估增加300万吨左右，焦炭产能利用率为77%，2024年焦炭产能利用率在亏损压力下或会下降1个百分点。

2. 进出口预测

展望2024年，海外焦炭供给增加明确，国内焦炭产能过剩，产量维持平衡，在海外焦炭价格无绝对明显优势下，焦炭进口量将始终保持低位运行，基本与2023年一致或小幅减少，预估总量20万吨左右。

焦炭出口受到海外宏观货币政策改善、经济环境衰退恐惧逐步消退和海外用钢需求增加等方面的影响，这或将支撑焦炭出口需求和价格。但海外焦化产能增加较快和高炉投产缓慢导致阶段性供给过剩，使近两年我国焦炭出口面临比较激烈的竞争，预计2024年常规焦炭出口难有明显增加，但焦粉、焦粒和兰炭或将继续保持高速增长。

因为近年来东南亚、南亚整体制造业发展势头表现强劲，焦炭出口对印度尼西亚已连续5年保持正增长，其中焦粉、焦粒和兰炭占比最大，印度尼西亚当地焦化产能已弥补当地焦炭缺口，但由于印度尼西亚属热带雨林气候，年平均温度为25~27摄氏度，终年高温多雨，当地焦化受雨季天气等影响，焦粉、焦粒不好筛分，造成焦粉、焦粒资源偏少且成本偏高，国内低价资源深受当地镍铁厂和铁合金厂青睐，预计后面几年半焦出口或将保持较高增长趋势。

总体来看，预计2024年海外焦炭产能增加较为明确，在需求增速缓慢的情况下，内外焦炭供给仍将面临激烈的价格竞争。面对海外竞争，国内在焦炭成本、风险管控、资源总量上有一定的优势，且随着半焦出口比例逐年递增，预计2024年焦炭及半焦出口总量微增，半焦将贡献较多增量，总量预计850万吨左右。

3. 需求预测

2024年是焦炭下游需求充满不确定性的一年，2024年虽然新建高炉计划投产生铁产能较多，但是在"双碳"目标下以及下游需求放缓的情况下，新建高炉的投产时间以及力度充满不确定性，焦炭需求也将因此大打折扣。

从高炉新投产能计划来看，钢铁行业产能置换在持续进行中，2024年预计高炉生铁产能净新增 580 万吨。据 Mysteel 统计，预计 2024 年新投产高炉中，高炉容积 1000～2000 立方米 23 座，涉及生铁产能 2900 万吨；新增高炉容积 2000～3000 立方米 2 座，涉及生铁产能 550 万吨；新增高炉容积 3000 立方米及以上 1 座，涉及生铁产能 240 万吨。2023 年受钢材需求影响，部分钢厂原计划新投高炉延期投产；2024 年计划投产高炉能否如期投产，也需观望成材销量以及钢厂利润情况。若是置换项目能够如期投产，届时焦炭产能需求将增加约 260 万吨，达到 4.34 亿吨。

从高炉开工来看，其受政策影响较小，钢厂大部分时间生产均处在高开工状态，2023 年 1—12 月 247 家钢厂高炉平均产能利用率为 89.54%，同比增长 5.01%，生铁产量 8.71 亿吨，同比上升 0.7%。展望 2024 年，高炉生铁产能增加 582 万吨，在政策影响继续弱化的情况下，影响生铁产量释放的更多是下游需求以及自身利润状况的驱动，在高炉高产能利用的率情况下，提产空间有限。

从"双碳"目标来看，我国明确提出，力争于 2030 年前碳排放达到峰值，努力争取 2060 年前实现碳中和。在此背景下，2020 年底工业和信息化部提出 2021 年压减粗钢产量任务，2022 年国家发展改革委、工业和信息化部、生态环境部等部门就 2022 年粗钢产量压减工作进行研究部署，确保实现 2022 年全国粗钢产量同比下降。因此，在落实"双碳"目标下，粗钢产量压减政策也有继续实施的可能，假设执行该政策，那么 2024 年生铁产量只能不变或者减少，对应而言 2024 年的焦炭需求量也只能不变或者减少。

从终端成材需求来看，2023 年 10 月 24 日十四届全国人大常委会第六次会议审议通过了《国务院关于增加发行国债支持灾后恢复重建和提升防灾减灾救灾能力的议案》，这次增发 1 万亿元国债的主要目的是落实中央政治局常委会会议的部署，支持灾后恢复重建和提升防灾减灾救灾能力的项目建设，是补短板、强弱项、惠民生的重要安排。预计 2024 年加大基建力度将带动国内需求，进而抵消部分房地产需求下滑量，国内市场钢材需求微增。

利润以及需求成为钢厂开工的主要制约点，在政策刺激下拉动内需成为 2024 年需求的主要增长点，2024 年粗钢产量预计微增；预计 2024 年中国高炉生铁产量增加 300 万吨左右，焦炭需求增加约 130 万吨，焦炭需求微增 0.28% 左右。总体来看，2024 年供需双增，但需求增幅不及供应增量，焦炭开始累库。

4. 2024 年焦炭价格预测分析

2023 年上半年，在成本坍塌和下游主动去库压力下，焦炭价格整体呈现大幅下跌趋势，上半年共下跌 850 元/吨。下半年受政策刺激，钢材需求相对较高，并未出现预期中的累库，下游保持高开工态势；下半年煤矿事故较为频繁，炼焦煤价格上涨，支撑焦炭价格向上；在需求高位且焦炭库存低位的情况下，焦炭价格波动频率增加；除个别时段因钢厂亏损压价，整体价格呈现震荡向上趋势。

展望2024年，产能调整对产量释放的影响逐步变弱，而在产能相对宽松的条件下，影响焦炭产量释放更多的是阶段性政策以及自身利润状况的驱动，焦企有充分的空间通过调整开工率来使焦炭产量匹配高炉的产能需求。因产能释放过多，产能利用率将低于2023年，预计2024年产量大概率同比增加300万吨。需求端，预计政策面坚持对钢铁产能与产量阶段性进行"双控"，以及需求端影响，预计国内焦炭需求量同比增量有限，预计增加100万吨以上。总体来看，预计2024年焦炭产能保持继续增长的局面，由于自身的供需趋向宽松，整体焦化行业利润处于低位。预计全年焦炭价格震荡幅度收窄，价格重心小幅下移，预计价格区间为2000~2600元/吨（河北邯郸准一干熄焦）。

（撰稿人：上海钢联电子商务股份有限公司　熊　超）

第三节　铁矿石

一、全球铁矿石供应情况

2023年，各国政府采取了大规模的刺激措施，促进了经济的阶段性复苏。主要经济体的GDP出现复苏，但尚未完全恢复到疫情前的水平。中国经济在2022年第四季度全面解除疫情对商业活动的限制后，经济得到一定程度的修复。在2023年黑色大宗商品市场中，铁矿石波动幅度环比有所下降，年内价格呈现"N"形走势。2023年Mysteel 62%澳粉价格指数年均价回落至119.5美元，降幅为0.4%。回顾2023年铁矿供需数据，海外端由于疫情影响消退、俄乌冲突影响减弱，矿价刺激矿山积极生产，全球铁矿石供应同比出现较为显著的增长；国内矿山铁精粉产量增速明显大于往年，除了新增产能项目投产带来的增量外，国内矿山复产也是加速增长的重要因素之一，大中型矿企整体生产水平维持高位，产能恢复较迅速，增产比较明显，而小型矿企面临复产难度较大的局面，生产状态难以恢复，所以2023年国内矿山产量整体水平呈现走高趋势，但尚未恢复至3年内最高值。

原料需求上，钢厂在2023年延续了2022年的亏损局面，但并未出现大规模减产，反而出现了铁水产量及铁矿消耗近几年"双高"的局面，2023年长流程钢厂对铁矿石消耗量约为14.7亿吨，较2022年增加约7600万吨，这也导致45港库存整体低于2022年同期水平。

(一) 2023 年全球矿山产量及发运同比增加

2023 年全球铁矿石发运总量 15.63 亿吨,同比增加 4922 万吨,增幅为 3.25%。其中澳大利亚铁矿石全年发运量 9.37 亿吨,同比增加 563 万吨;巴西全年发运量 3.68 亿吨,同比增加 2390 万吨;其他国家发运量 2.58 亿吨,同比增加 1969 万吨。增幅大的国家为印度、塞拉利昂,分别增加 1900.4 万吨、526.2 万吨。

2023 年全球铁矿石产量约为 24.70 亿吨,以 2023 年产量统计为基准,全球前 15 大主要铁矿石生产地分布在澳大利亚、巴西、中国、印度、俄罗斯、伊朗、加拿大、南非、美国、乌克兰、哈萨克斯坦、瑞典、秘鲁、智利、墨西哥。其中,乌克兰受地缘政治影响产量排名自 2021 年的第六名降至 2023 年的第十名,伊朗在此期间则从第九名提升至第六名,其他国家排名变化不大。

截至 2023 年,澳大利亚和巴西产量占比分别高达 38.5% 和 16.7%,两大铁矿石生产巨头依旧占据全球铁矿石生产的半壁江山。

(二) 澳大利亚、巴西铁矿石供应情况

随着澳大利亚主流矿山新增或替代项目的持续发力,2023 年澳大利亚铁矿石产量延续小幅上涨趋势。Mysteel 统计口径下 2023 年全年铁矿石总产量达 9.5 亿吨,较 2022 年的 9.45 亿吨增加 487 万吨左右,较 2021 年的 9.24 亿吨增加 2588 万吨左右。具体来看,力拓的 Gudai-Darri 项目和 BHP 的南坡项目(South Flank)贡献了主要的增量,前者已于 2023 年第二季度达到满产运营,后者正在不断提产当中。

力拓还表示计划将 Gudai-Darri 项目年产能从 4300 万吨提升至 5000 万吨,考虑到计划落地以及后续基础设施建设周期,提产进程需要一定的时间过程。尽管 FMG 铁桥项目(Iron Bridge Project)生产初期干扰因素较多,铁矿石产量不及预期,但随着影响因素逐步趋弱叠加新增产能持续释放,澳大利亚产量仍有一定的增长空间。

2022 年,巴西受矿区老化叠加矿价下跌等因素影响,铁矿石产量同比边际下滑。进入 2023 年,随着淡水河谷产能持续恢复,叠加高矿价刺激下中小矿山积极增产接力,以及 2023 年雨季影响相对较弱,Mysteel 预计 2023 年巴西铁矿石产量将从 2022 年的 3.99 亿吨增加至 4.17 亿吨,同比增加约 1814 万吨,较 2021 年的 4.03 亿吨增加了 1455 万吨。

巴西淡水河谷在 2019 年大坝事故发生后,由于受复产进度不及预期等因素的影响,至今仍未完全恢复到事故前的产量,目前生产维持相对稳定。未来淡水河谷产量增长将主要来源于 S11D 矿区产量释放,矿区 Serra Sul 120 项目预计在 2025 年下半年启动运营,这将进一步使 S11D 的年产能提高到 1.2 亿吨。此外,巴西 CSN 多个项目,特别是 Itabirito P15 项目逐步投产,未来将为巴西铁矿石产量贡献绝大部分增量。不过大

部分产能要等到 2025 年之后才能释放,所以短期巴西铁矿产量增长空间相对较小。

(三)中国铁矿石产量

2023 年 Mysteel 调研统计全国 332 家矿山企业铁精粉产量为 26873.41 万吨,同比增加 923.31 万吨,增幅为 3.56%。从月度产量变化趋势看,以 Mysteel 调研统计的 332 家铁矿山企业铁精粉产量为例,整体趋势符合季节特性,2023 年 3 月江苏省因事故影响停产近一年的大矿复产,8 月底河北省因上年矿难事故停产的矿山开始陆续复产,9 月以来铁精粉产量明显高于过去两年。临近年末,虽有部分矿山提前完成年度生产任务执行自主检修,但由于年底国内有部分新增产能项目投产,铁精粉整体产量并未呈下降趋势。

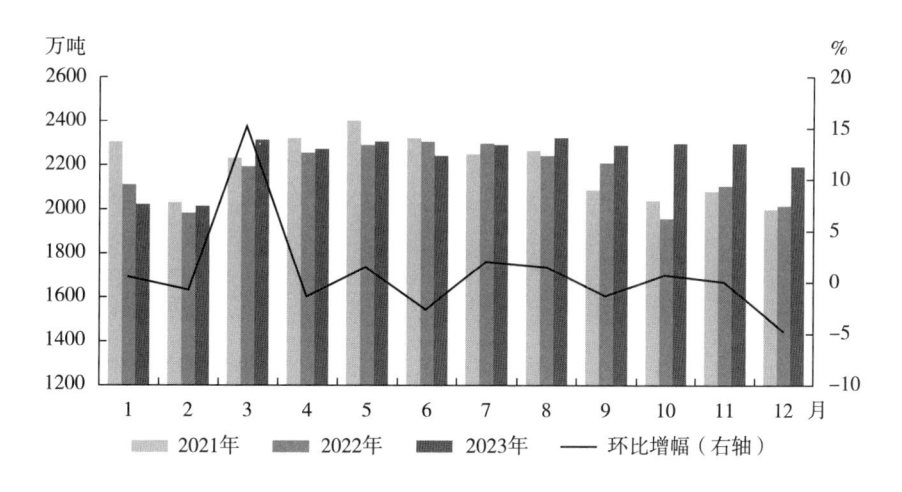

图 4-18　2021—2023 年全国 332 家矿企月度精粉产量

(资料来源:Mysteel 钢联数据)

从国有企业和民营企业的角度来看,近五年国有矿企产量呈增长趋势,但整体波动幅度较小。从趋势上来看,增速相对平缓,主要是国有矿企产能规模大,保供任务重,当出现非市场因素干扰时,各地政府部门会优先支持国有企业复工复产,而且国有矿企掌握了国内优质铁矿资源,加上近几年基石计划的驱动,国有矿企增产较积极。民营矿企增速放缓,一方面,民营矿企受周围矿山事故影响,停产后复产难度大;另一方面,民营矿企生产技术鲜有更新换代,产量扩增困难。

(四)中国铁矿石需求分析

中国是铁矿石需求大国,但由于资源禀赋问题,我国超过四分之三的铁矿石来源于海外进口;在地理位置上,我国绝大多数钢厂建设在沿海城市或国内矿产量丰富的地区;近两年伴随产能置换的逐步推进,去小换大的成果不断凸显,受限于利润亏损,

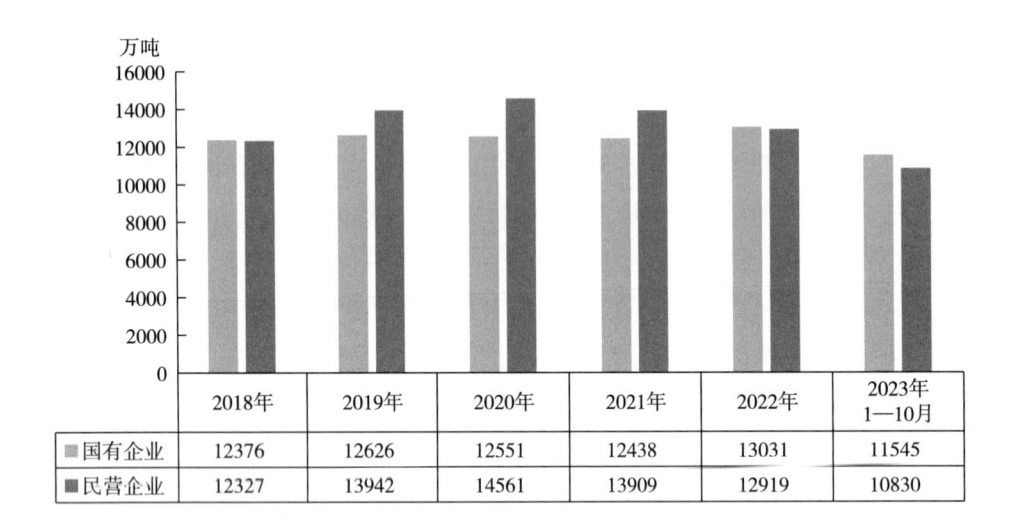

	2018年	2019年	2020年	2021年	2022年	2023年 1—10月
国有企业	12376	12626	12551	12438	13031	11545
民营企业	12327	13942	14561	13909	12919	10830

图4-19 2018—2023年全国332家矿企铁精粉产量（分企业性质）

（资料来源：Mysteel钢联数据）

	2019年	2020年	2021年	2022年	2023年1—10月
国有企业	249	-74	-113	593	643
民营企业	1615	619	-652	-990	-101

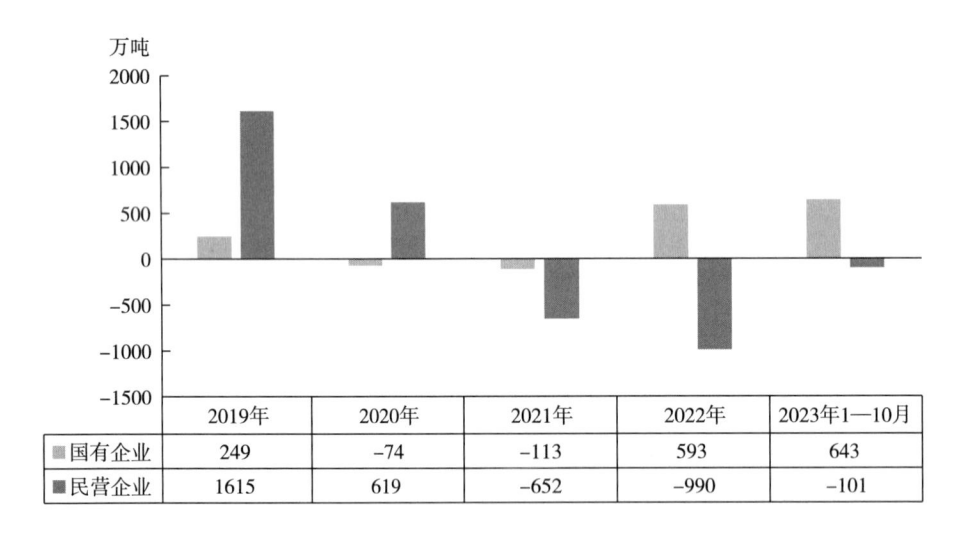

图4-20 2019—2023年全国332家矿企铁精粉产量年同比（分企业性质）

（资料来源：Mysteel钢联数据）

降本增效成为大多数钢企的生产策略，因此在同样生产等量生铁的情况下对铁矿石的消耗量便更多了。

中国钢厂对铁矿石的需求占全球铁矿石需求的70%，其中80%的铁矿石来自进口，对进口依赖性比较高，不过近两年钢厂盈利情况整体不佳，虽然产能置换每年不断推进，去小换大理应对铁矿品味的要求是逐步提高的，但受限于亏损，现阶段对铁矿石的需求仍旧以中低品为主，因此从实际情况来看，中国钢厂平均每生产1吨生铁需要消耗1.6~1.7吨铁矿石。

第四章　工业类大宗商品

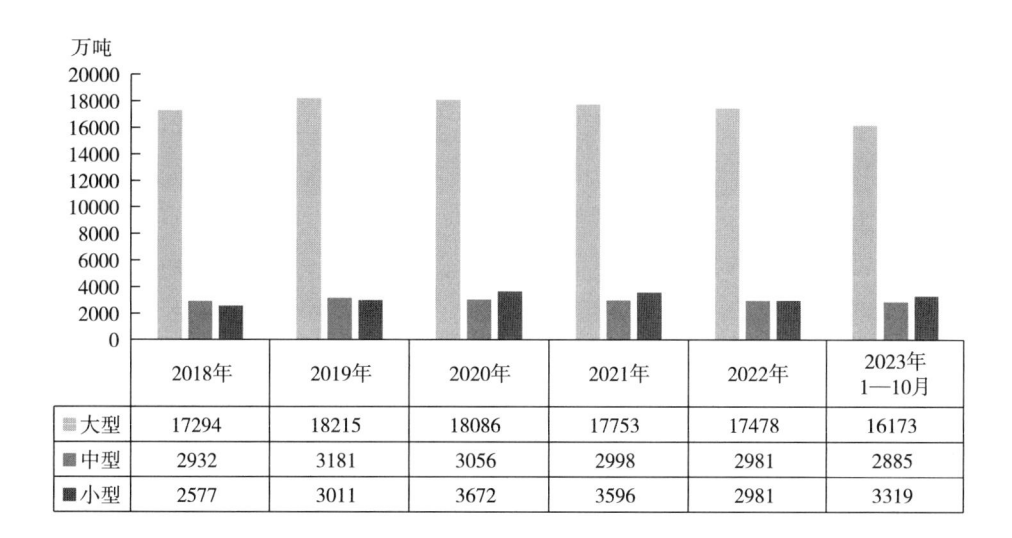

	2018年	2019年	2020年	2021年	2022年	2023年1—10月
大型	17294	18215	18086	17753	17478	16173
中型	2932	3181	3056	2998	2981	2885
小型	2577	3011	3672	3596	2981	3319

图 4-21　2018—2023 年全国 332 家矿企铁精粉产量（分规模）

（资料来源：Mysteel 钢联数据）

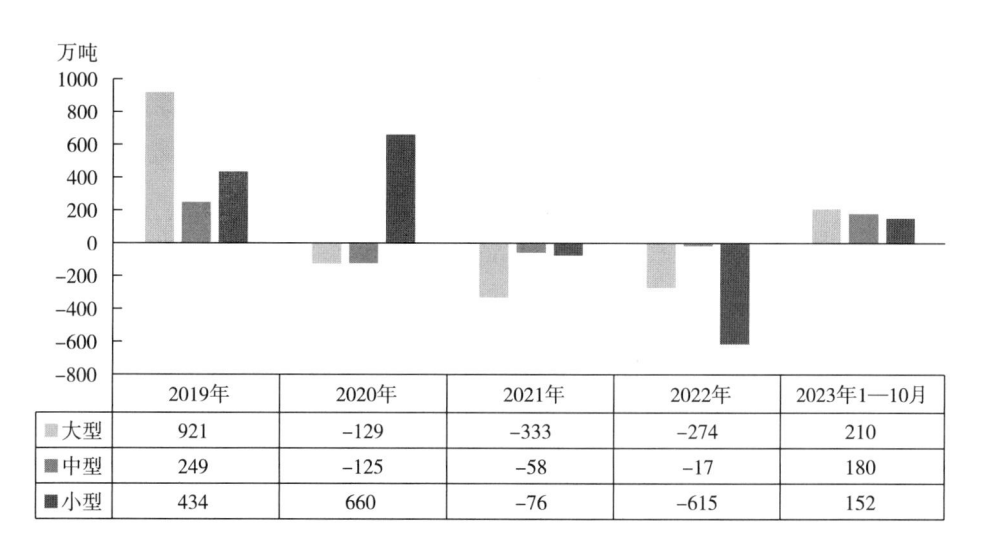

	2019年	2020年	2021年	2022年	2023年1—10月
大型	921	-129	-333	-274	210
中型	249	-125	-58	-17	180
小型	434	660	-76	-615	152

图 4-22　2019—2023 年全国 332 家矿企铁精粉产量年同比（分规模）

（资料来源：Mysteel 钢联数据）

从 2021 年开始，国家开展粗钢产量平控，生铁以及粗钢产量基本呈现逐年递减的趋势，相应地，铁矿石需求也受到明显的压制。其中，2021 年因为政策的导向，全国产量普遍下压，生铁产量相较 2020 年有明显的下降，2022 年虽然没有实际具体的减产政策出台，但是从这年钢厂利润进入微盈甚至长期亏损的状态，同时，利润严重亏损导致大规模的钢企自发性减产，可以看到虽然生铁产量有所减少，但是由于盈利情况转差，钢厂开始采取降本增效的措施，在高炉用料配比上进行转变，以致非主流矿一时间成了主流，由于品质的下降，相对而言，吨铁所消耗的铁矿石相较前一年是有所增加的。而2023年延续了2022年亏损的局面，但并未看到企业大面积减产，因此出现了铁水产量及铁矿消耗近几年"双高"的局面。

目前Mysteel统计的247家钢厂样本2023年生铁产量约为8.75亿吨，与2021年水平相近，较2022年增加4500万吨左右；折合成铁矿石需求，2023年长流程钢厂对铁矿石消耗量约14.7亿吨，较2022年相比约增加7600万吨，同时比2021年增加2700万吨左右。从铁水产量的角度来看，2023年产量显著提升可以大致概况为四个原因：一是2023年许多钢厂在环保绩效方面有所突破，创A数量明显增加，因此以往的环保管控效果就有所打折。二是在产能置换过程中，部分钢企投产高炉时，采用的产能是购置其他区域停产已久的设备资源，因此当高炉顺利投产时便产生了新增量。三是虽然2023年钢厂大部分时间盈利很差，但是下游成材端库存没有明显的累库压力，在出货情况尚可的情况下，钢厂若是减产则会在一定程度上造成资金链上的压力。四是2023年平控政策落地情况不及预期，叠加8月工业和信化部等七部门印发《钢铁行业稳增长工作方案》，目的是使行业内经济效益显著提升，这也在一定程度上说明了为什么2023年多数钢企在自主限产方面整体意愿较低。从消耗量增长的角度来看，核心问题还是利润，自2022年钢企发生大规模减产后，行业经营效益普遍有所走弱，在此过程中降本增效的口号逐渐打响，钢厂的用料配比中其他铁元素的量明显下降（热压铁块、面包铁、废钢等），因此在相近的生铁产量的条件下，钢厂对铁矿石的需求反而要高。

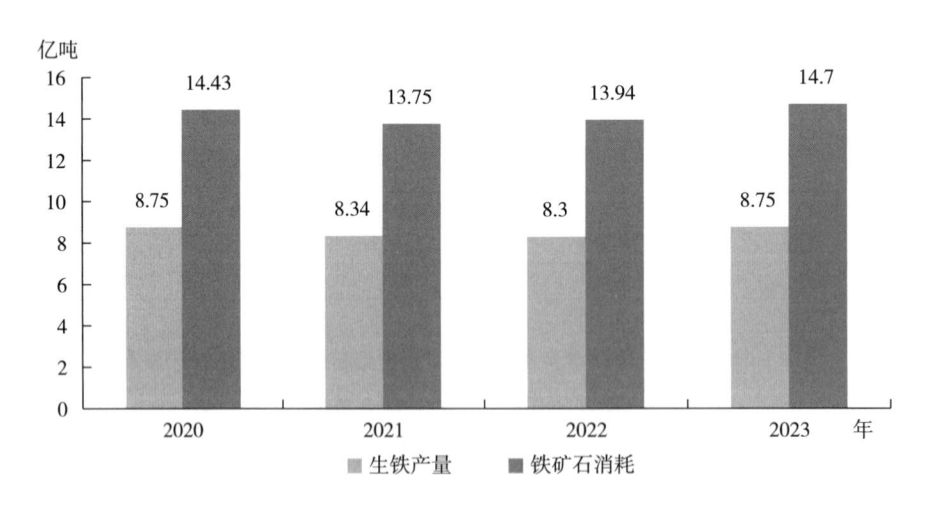

图4-23 2020—2023年中国钢厂铁矿石需求

（资料来源：Mysteel 钢联数据）

（五）中国铁矿石需求分布特点

从国内长流程钢厂的实际生产水平来看，2023年全国主要生铁产量前五的地区从高到低分别是河北、江苏、山东、辽宁和山西，前五地区占2023年全国生铁产量的近六成。虽然其余地区的生铁产量加总占全国的41%，但排名第六位的地区也仅占全国产量的4%，造成这种差异的主要原因有两点：一是地理位置。河北、江苏、山东、辽宁为沿海省份，在进口铁矿石的运输方面具有天然的优势，所以能够在一定程度上减少钢厂的生产成本。二是内矿资源。河北、辽宁、山西三省具有丰富的铁矿石资源，其省内铁矿石年产量在全国各省市中排名均为前三，同时山西也是我国煤炭生产量最大的省份，炼铁所需要的燃料充足，多数钢铁企业与焦化企业结合，能降低钢厂生产过程中的燃料成本，弥补非沿海省份的不足。

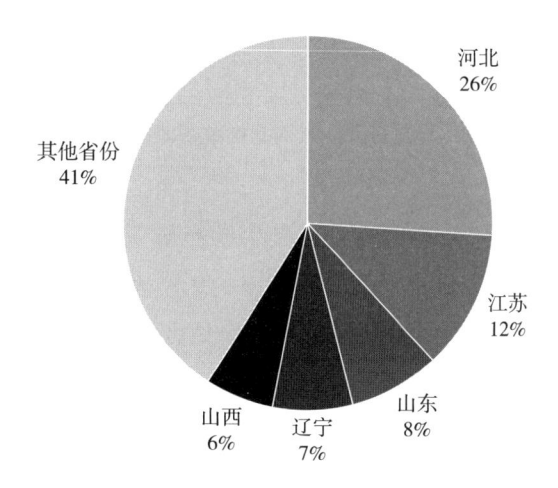

图4-24　2023年全国生铁产量主要省份占比

（资料来源：Mysteel 钢联数据）

2023年，在低迷利润的状态下钢企生铁产量以及铁矿石消耗量双双显增，导致钢厂在用料配比上也发生了明显的变化，最为明显的在于以下三个方面：一是低品非主流矿配比增加，二是烧结矿中国内矿的比重明显提升，三是高炉中铁元素以外的比重下降。

2023年钢企利润平均而言普遍处于亏损状态，因此，长流程方面对废钢、球团、块矿的需求配置就会受到影响，出现下调现象。但为了维持资金流的正常运转，在生产不停的情况下，非主流低品矿的需求明显有所提升，这是近两年来烧结矿品味下移中展现的情况。除此以外，伴随2022年基石计划的启动，鼓励提升中国国内铁矿石生产，在此号召下，中国钢企在国内矿山拥有的股权也是越来越多，由于内矿供应量的增加，钢厂对国内铁矿石的需求也相应地提高了。

结合世界钢铁协会的数据来看，预计2023年海外生铁产量约4.17亿吨，同比下降4000万吨，降幅为8.8%；折合对铁矿石的需求来看，大约为6.68亿吨，同比2021年减少6500万吨，与2020年新冠疫情时基本一致。

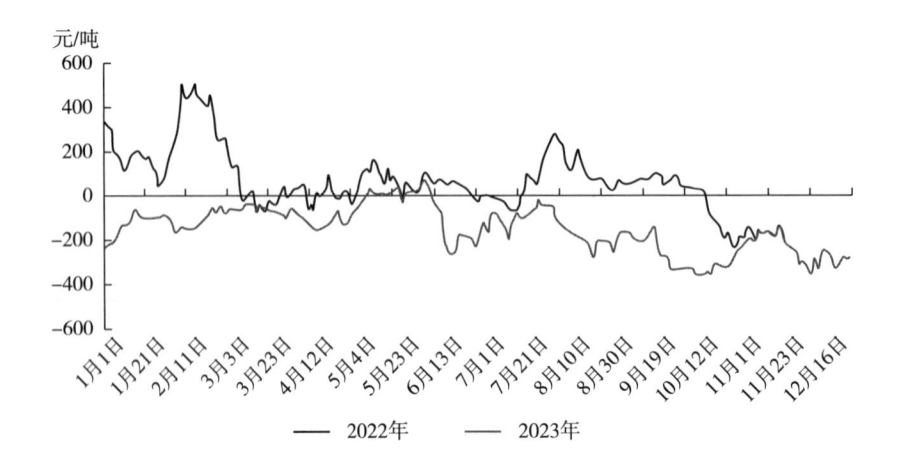

图 4-25　2022—2023 年河北螺纹钢即期毛利折线图

（资料来源：Mysteel 钢联数据）

新兴经济体基本以外贸型小国为主，其生铁产量主要跟随发达经济体经济表现。而 2023 年发达经济体继续受到高通胀、高利率的压制表现低迷。因此，新兴经济体的生铁增量主要体现在印度、东盟等地区，这两个地区一是承接了部分中国供应链的产业转移，当地制造业用钢需求有增量；二是随着当地工业产出的增加，居民收入也跟着提高，建筑业用钢的需求也开始跟随增加。其中，印度和马来西亚表现最为突出，2023 年印度生铁产量很可能突破 8500 万吨，马来西亚 GDP 近年来保持高速增长，其生铁产量增速基本与 GDP 增速保持一致，2023 年生铁产量或接近 700 万吨，增速达到 10% 左右。

发达经济体的生铁产量整体呈收缩趋势。北美地区 2023 年前 10 个月生铁产量同比减少约 75 万吨，其中主要是美国主导，美国钢铁行业以短流程生产为主，高炉占产量的比重约为三分之一；而下游结构与中国类似，建筑业和制造业都是其主要下游板块。然而为应对高通胀，美联储采取快速大幅加息的措施，导致钢铁行业受到的拖累较为明显，特别是住宅等建筑业，根据房地美公司的数据，美国 30 年期固定利率抵押贷款的平均利率已升至 7.57%。尽管市场普遍预计美联储 2024 年将进入降息通道，但抵押贷款利率的负面影响或将继续存在较长时间。

2023 年前 10 个月，日本生铁产量为 5294 万吨，同比减少 103.7 万吨。日本主动跟随美国的供应链脱钩战略，这导致其缓解高通胀的难度进一步提高，并切实地传导到实体经济，劳动力短缺和成本上升导致建筑业活动增长缓慢。

欧洲地区钢厂面临的压力是多方面的。其中，能源价格依然是拖累当地工业发展的重要因素之一；地缘危机引发的链式反应还在继续影响当地的经济活动。对生产企业来说，生产要素的稳定性、销售市场的稳定性都是十分重要的，前者决定生产成本和单位利润空间，后者决定企业市场规模。以德国为例，根据德国数据统计机构 Statista 的数据，虽然 2023 年能源价格持续回落，但到 2023 年 10 月，德国平均批发电价仍高达 87.32 欧元/兆瓦时，而 2020 年以前大部分时间都在 50 欧元/兆瓦时以下。德国针对电价开启了一轮补贴，但欧洲各国都深陷政府债务压力，并非都有余钱可以拿出来补贴企业，更多国家只能看着工厂向北美洲和亚洲等地区转移。工业增长缓慢，又传递到居民和政府的收入，形成恶性循环。在这样的环境下，2023 年前 10 个月欧洲地区生铁产量累计只有 6972 万吨，比 2022 年同期下降 765 万吨。

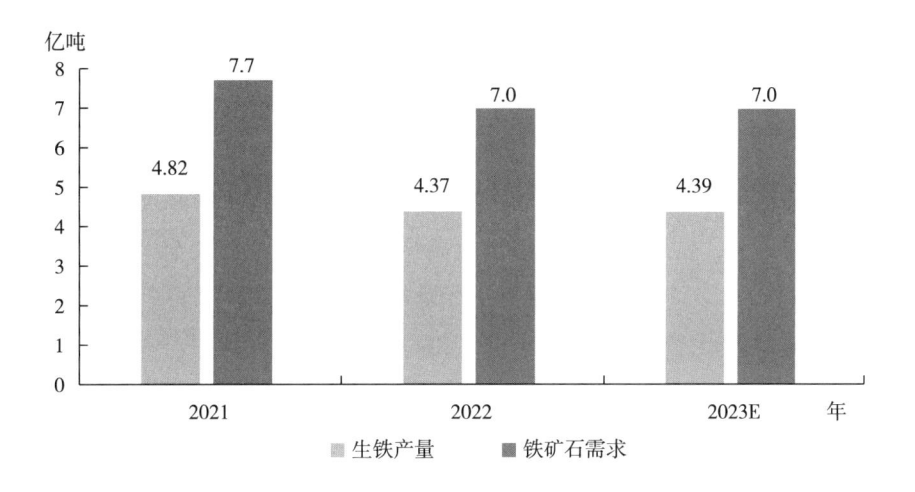

图 4 - 26 2021—2023 年海外钢厂铁矿石需求

（资料来源：Mysteel 钢联数据）

钢厂高炉用料结构主要受配套烧结机产能、钢厂利润、环保措施、高炉型号的影响。在烧结机产能方面，国内的钢厂烧结矿配比比较充裕，基本在 70%~75% 之间。随着 2021 年工业和信息化部发布《钢铁行业产能置换实施办法》，钢厂淘汰小高炉建设大高炉的行动可谓是卓有成效。从理论上看，伴随新建大高炉的投产，对铁矿石的需求也将慢慢从中低品矿转为高品质矿，尤其是块矿和球团矿等品种较高的矿种。但是从表 4 - 6 中我们可以看到 2023 年钢厂的入炉比中烧结矿的比重提升明显，相反，球团矿的表现则大相径庭，块矿与 2022 年相比波动不大。

现实与理论之所以出现偏差，主要是因为近两年钢厂的盈利水平大部分时间是在走差，降本增效成为大多数钢企的生产策略，在压缩成本的同时保持生产效率，就必然在铁矿用料方面减少价格相对较贵的块矿和球团矿，而烧结矿种使用的品类也在逐步转为非主流的品种。另外，由于 2023 年煤焦方面多次出现提降，对块矿的使用成本有所减轻，因此块矿相较于球团矿并没有表现出特别明显的下降。

表 4-6 2021—2023 年 64 家钢厂高炉配比（分品类铁矿石入炉比分析） 单位：%

年份	烧结	块矿	球团矿
2021	72.92	10.38	16.70
2022	72.90	10.71	16.39
2023	73.80	10.72	15.48

资料来源：Mysteel 钢联数据。

二、全球铁矿石价格走势分析

（一）2023 年铁矿石价格走势

2021 年上半年，在全球经济复苏以及货币宽松的宏观背景下，大宗商品市场价格整体上行，多数品种价格创下历史新高点；上半年在自身的基本面供需差以及品种结构性矛盾多重作用下，铁矿石价格突破历史高位，突破 200 美元/吨大关，至全年价格最高点 233.7 美元/吨。下半年，在粗钢压产及能耗双控压力下，原料需求见顶，供需格局转变，供应过剩幅度加大后，价格均线随之下移明显，11 月下旬刷新全年最低，为 86.85 美元/吨。

图 4-27 2021—2023 年 Mysteel 62% 澳粉指数走势图（远期现货）

（资料来源：Mysteel 钢联数据）

2022 年，疫情对全球经济和生产的恢复仍产生负面影响，叠加俄乌冲突引发的欧洲能源危机加剧了全球通胀。在众多黑色大宗商品中，铁矿石价格波动尤为明显。截至 2022 年 12 月 28 日，2022 年 Mysteel 62% 澳粉铁矿石价格指数的年均价下降至 120.09 美元/吨，降幅为 18.71%。回顾 2022 年的铁矿石供需数据，由于俄乌冲突的影响，海外供应量减少，而乌克兰铁矿石产量减少成为全年供应端的最大变量之一。同时，国内采矿生产也受到安全事故的影响，一些地区的矿山连续一个多月停产，最终导致国内供应总量大幅减少。然而，就原料需求而言，疫情的反复使经济稳定的需求仍处于首要位置，同时，环保等限制性因素对钢铁厂高炉的影响减弱，导致铁矿石的年度消耗量同比增加近2200万吨。这也最终导致年底的库存没有达到预期水平，库存线低于年初水平。

2023年铁矿石波动幅度下降，年内价格呈现"N"形走势。截至2023年12月29日，Mysteel 62%澳粉指数为140.55美元/吨，年均价为119.5美元/吨。2023年Mysteel 62%澳粉全年价格最低点出现在5月，为97.3美元/吨，最高点出现在12月27日，为141.5美元/吨。

（二）中国港口人民币市场铁矿石价格走势分析

2023年铁矿石价格整体先涨后跌再涨，呈现"N"形走势，期末值高于期初值，整体呈上涨走势，62%澳粉指数累计涨幅为19.77%。截至2023年12月29日，62%澳粉港口现货指数为1040元/干吨。

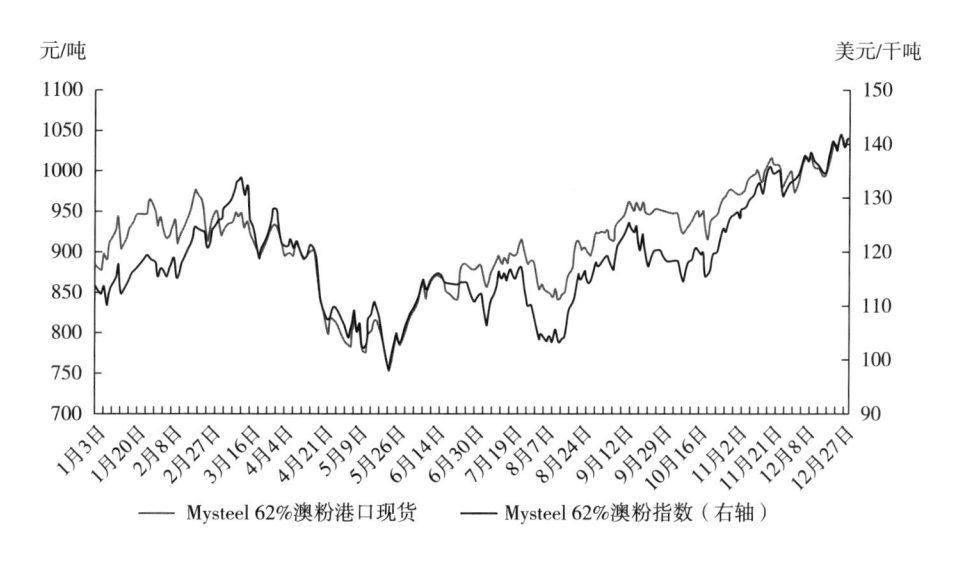

图4-28 2023年Mysteel 62%澳粉港口与远期价格指数对比

（资料来源：Mysteel钢联数据）

2023年初宏观预期持续向好以致市场对春节后的复工复产预期走强，市场乐观情绪蔓延，黑色大宗商品价格持涨运行。随后，由于海外金融市场信心承压叠加宏观数据持续走低，成材负反馈发酵，钢厂亏损面积扩大，强预期走向弱现实，黑色大宗商品价格下行。年中，成材"淡季不淡"特征凸显，钢厂由于利润修复生产积极性提高，日均铁水产量维持在240万吨以上的高位，原料铁矿石价格带动黑色大宗商品价格触底反弹；第三季度由于"金九银十"预期，铁水产量持续走高并创年内新高，铁矿石价格进一步上涨，由于终端成材需求恢复有限，铁矿石涨幅大于成材。第四季度，宏观氛围持续转暖，市场情绪得以提振，高铁水低库存下，铁矿石价格持涨运行。

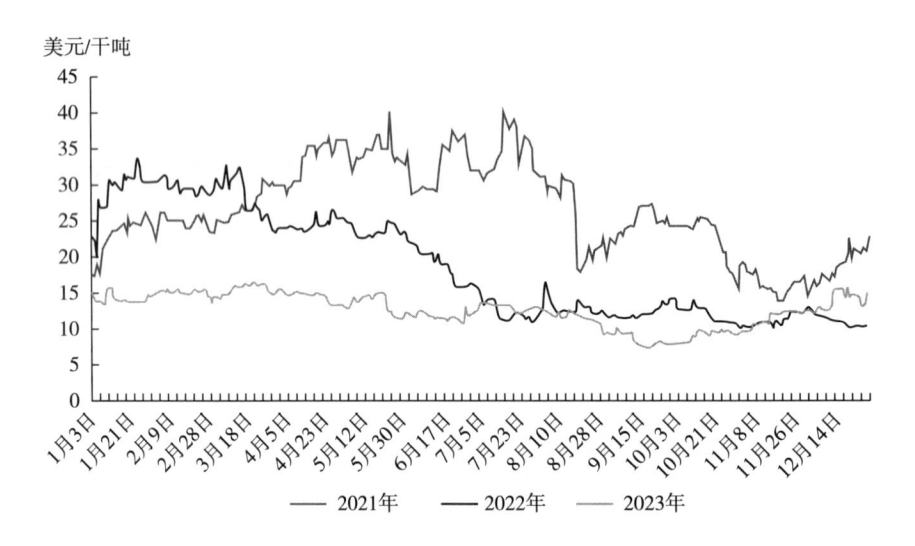

图 4-29　2021—2023 年 Mysteel 远期 65％巴西粉与 62％澳粉指数价差

（资料来源：Mysteel 钢联数据）

2023 年 65％巴西粉与 62％澳粉指数价差为近三年最低值，主要原因是钢厂利润同为近三年新低，市场对高品的需求不及往年。截至 2023 年 12 月 29 日，65％巴西粉与 62％澳粉指数价差年均值为 12.3 美元/干吨，降幅为 35％。回顾 2023 年整年，价差自 7 月开始进一步收缩，并且在 9 月 21 日缩至年内最低点 7.15 美元/干吨。中高品价差缩减的主要原因是钢厂利润处于近三年相对偏低水平，对绝对价格相对高的货物需求明显减少。

三、2024 年铁矿石市场展望

2024 年全球铁矿石产量预计增加 6200 万吨，中国国产铁精粉产量预计增加 1500 万吨，海外铁矿石产量增加 4700 万吨，其中包含 865 万吨权益矿（宝武的利比里亚邦拓项目 665 万吨，利昂洛克的塞拉利昂唐克里里 200 万吨）。国产矿增加 1500 万吨的构成包括老产能复产贡献增量 600 万吨，新产能投产贡献增量 900 万吨，重点新投项目包括但不限于辽宁思山岭铁矿、承德京城铁矿、首钢马城铁矿、鞍钢矿业东部尾矿选矿一期。

经海外调研了解到，2024 年东南亚预计新投产 2200 万吨高炉产能，印度生铁产量预计增加 800 万吨，其他国家合计生铁产量持平，海外生铁产量合计增加 2000 万吨。另外，按照近三年海外直接还原铁的增速趋势，预计 2024 年增长 5％，直接还原铁增加600万吨，2024年海外生铁和还原铁增加2600万吨，合计铁矿石消耗量增加4300万吨。2024年中国粗钢需求预计下降300万吨，由于全国电炉钢产能仍处于增加趋势中，2023年预计增加1000万吨至2亿吨，2024年预计继续增加，2024年钢厂利润预计与2023年水平相当，钢厂废钢使用积极性不变，在产能利用率维持、电炉产能增加的情况下，废钢用量增加500万吨，相应生铁产量减少800万吨。综合预计2024年全球铁矿石供需差较2023年增加3300万吨，中国铁矿石进口量增加400万吨，国产铁精粉产量增加1500万吨，国内生铁产量减少800万吨，2024年中国铁矿石供需差增加3000万吨左右。

表4-7　　　　　　　2024年中国铁矿石市场供需平衡展望

指标	2020年	2021年	2022年	2023年（E）	2024年（E）	同比（E）
全球铁矿石产量（万湿吨）	230317	241055	237246	243828	250080	6252
海外生铁产量（万干吨）	43138	48271	43756	43443	45443	2000
海外直接还原铁（万干吨）	10633	11925	12488	13423	14023	600
海外铁矿供给溢出（万干吨）	103898	103469	105922	110272	110670	—
海关进口量（万干吨）	116950	112444	110775	117891	118289	398
内矿产量（万湿吨）	27900	28500	28600	29500	31000	1500
出口量（万干吨）	1564	2334	2232	2173	2173	0
总供给（62干基）（万干吨）	140559	135992	134473	142480	144288	—
日均铁水（万吨/天）	243	238	237	243	241	—
统计局生铁（万吨）	88752	86857	86383	88845	88045	-800
高炉废钢系数（公斤/吨铁水）	21	56	11	2	10	—
总需求（62干基）（万干吨）	140143	132246	137794	141865	140587	—
供需差（万干吨）	416	3746	-3322	-8	3077	—
（港口+厂内+压港）变动（万湿吨）	426	3306	-3222	-875	3323	—
港口+厂内+压港（万湿吨）	18232	21801	18322	17377	20700	—
港口库存（万湿吨）	12409	15626	13186	12000	15323	—

资料来源：Mysteel钢联数据。

将中国铁矿石供需差和价格进行拟合，相关系数约为-58%，相关程度低于全球供需，因此基于2024年全球铁矿石供需差扩大程度，预计2024年铁矿石价格即62%澳粉价格指数年度均价水平或下移。全年铁矿石价格走势或呈现出正弦特征，价格中枢前高后低，上半年在万亿国债、城中村改造等宏观预期兑现钢铁需求实物工作量叠加全球铁矿石发运季节性淡季的情况下，铁矿石紧缺程度或有所扩大，支撑铁矿石价格上涨。下半年在粗钢平控政策预期叠加全球铁矿石增量加速释放的情况下，铁矿石价格随之下跌。而宏观层面参考2019年下半年美联储降息期间铁矿石价格下跌的情况来看，预计即使2024年美联储开启降息，其对矿价的影响也相对有限。

（撰稿人：上海钢联电子商务股份有限公司　何　佳）

第四节　钢　铁

一、钢铁市场概览

尽管2023年我国钢材产量处于历史高位，但钢铁行业陷入增产不增利的怪圈，产业链利润分配极其不合理。原料端（铁矿石）价格重心明显上移，而钢铁冶炼端陷入亏损或者在盈亏平衡线挣扎，导致2023年全年钢铁行业利润处于近20年的低位，仅较2022年略有提升，但远不及2020—2021年的水平。一方面，钢铁行业缺乏自律，为保持市场份额和出口，继续维持高产量，导致国内钢材价格持续走低；另一方面，钢铁企业受市场平控影响，在下半年主动降低铁矿石库存，导致增库被动，补库期间铁矿石价格一涨再涨。

国家统计局数据显示，2023年我国生铁产量为8.7亿吨，较2022年增长0.7%；2023年我国粗钢产量为10.19亿吨，与2022年持平；钢材产量为13.6亿吨，同比增长5.2%，处于历史高位。2023年我国钢材进口765万吨，同比下降27.7%；全年钢材出口9107万吨，同比大幅增长35%。2023年我国钢材净出口8343万吨，同比大幅增长46.7%，粗钢表观消费量为9.36亿吨，同比下降2.7%。

2023年国内钢材价格继续呈现重心下移、高点下移、低点下移、振幅收窄的"三下一窄"特征。全年钢材价格重心为4193元/吨，较2022年同比继续下跌10%；年内价格高点为2023年3月中的4605元/吨，但较2022年高点下降14.6%；价格低点为5月末的3903元/吨，较2022年价格低点同比下跌2.2%。2023年钢材价格高低点振幅为702元/吨，较2022年的1401元/吨明显收窄。截至2023年12月31日，国内钢材综合价格报4252元/吨，较2022年末下跌1.1%。

二、我国钢铁生产情况

（一）我国钢材产量变化

1. 生铁产量变化

2023年国内部分头部房地产企业出现资金链断裂，房地产行业各主要指标全线下滑，导致国内用钢需求出现下滑，钢价下跌过程中钢厂被动减产以稳定供需。值得注意的是，由于钢铁行业利润处于较低水平，高炉冶炼过程中多用铁矿石更为经济，废钢添加下降，导致生铁产量继续攀升。国家统计局数据显示，2023年我国生铁产量8.7亿吨，较2022年增长0.7%（见图4-30）。

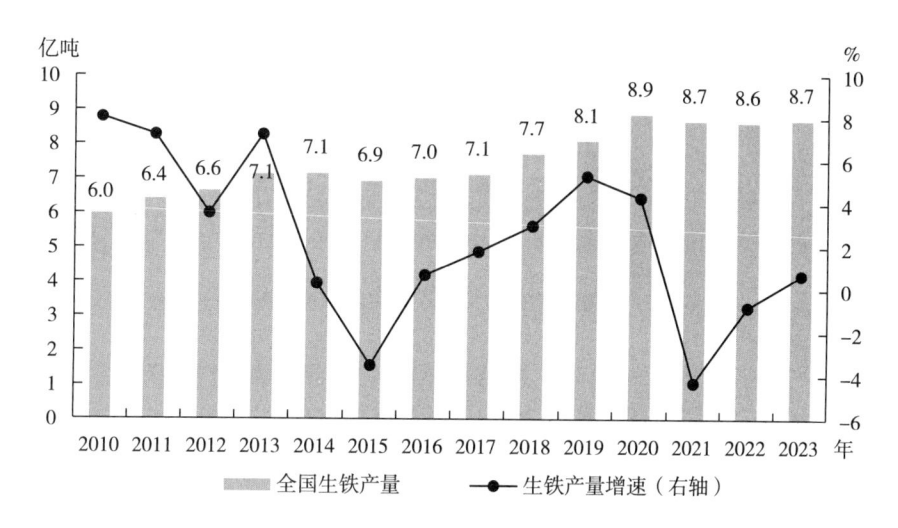

图4-30　2010—2023年中国生铁产量及增速变化情况

（资料来源：Mysteel钢联数据）

2. 粗钢产量与钢材产量变化

上海钢联统计数据显示，2023年国内247家高炉产能利用率年均值为89.09%，较2022年提高4.56个百分点，而87家独立电弧炉企业产能利用率为50.61%，较2022年提高2.66个百分点。虽然高炉产能利用率有所提高，但由于废钢价格较高，高炉企业废钢加入比例下降，导致粗钢产量增长不明显。

国家统计局数据显示，2023年我国粗钢产量为10.19亿吨，与2022年持平；钢材产量为13.6亿吨，同比增长5.2%，处于历史高位（见图4-31）。当前粗钢与钢材产量增速发生较大变化的原因在于钢材属于成材统计口径，重复计算较多，如热轧板卷（轧硬卷）作为冷轧板卷的基板，在热轧和冷轧的产量中均会被统计。

（二）主要省市钢材产量变化情况

2023年钢材产量排名前十的省份较2022年产量有所提高，前十省份产量合计9.3亿吨，年同比提高1.4个百分点。2023年因市场需求低迷以及阶段性限产，河北省钢材产量回落幅度较大，全年钢材产量为2.98亿吨，同比下降7.4%。与河北省减量不同的是，江苏、山东、辽宁等省份钢材产量同比分别增长8.8%、3.1%、1.6%。2023年广东省钢材产量继续提升明显，年产量达到6319万吨，同比增长12.3%。2023年中国钢材产量排名前十的省份占比情况如图4-32所示。

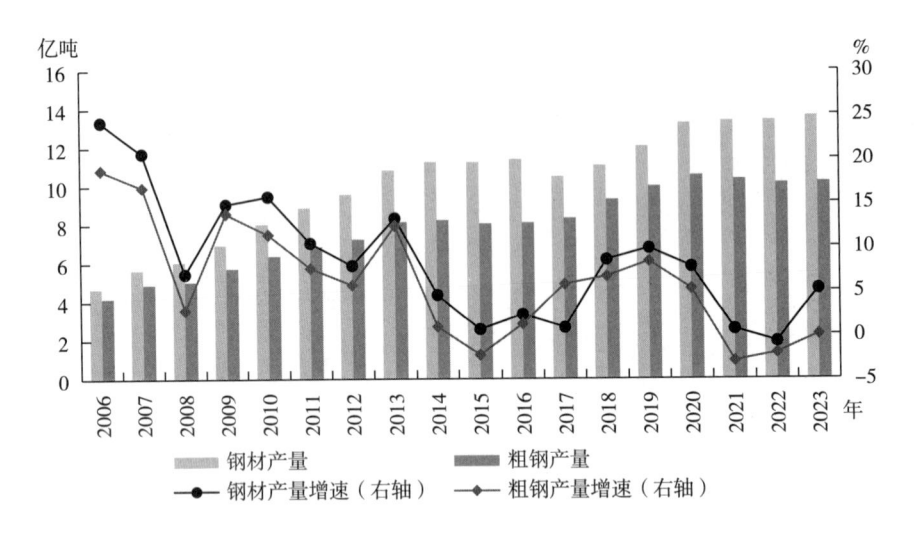

图 4-31 2006—2023 年中国粗钢与钢材产量及增速变化情况

(资料来源：国家统计局、Mysteel 钢联数据)

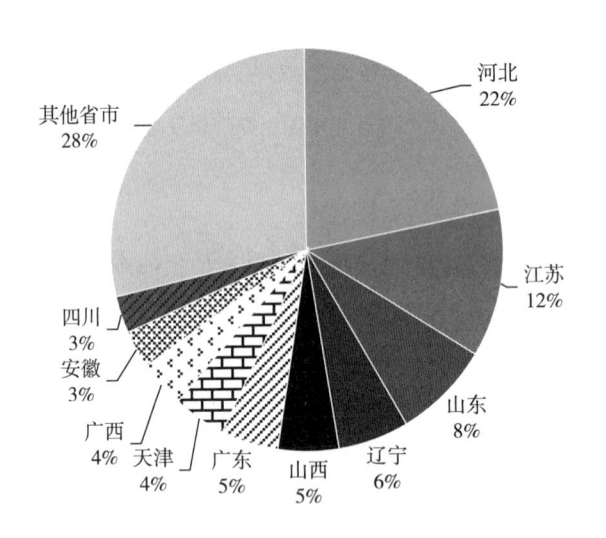

图 4-32 2023 年中国钢材产量排名前十的省份占比情况

(资料来源：国家统计局、Mysteel 钢联数据)

三、我国钢材进出口情况

1. 我国钢材进出口变化及主要进出口国家（地区）

2023 年，由于国内钢材市场消费疲软，我国大量钢材内销转出口，全年钢材出口量明显增加。2023 年我国钢材进口 765 万吨，同比下降 27.7%；全年钢材出口 9107 万吨，同比大幅增长 35%。2023 年我国钢材净出口 8343 万吨，同比大幅增长 46.7%

（见图4-33）。

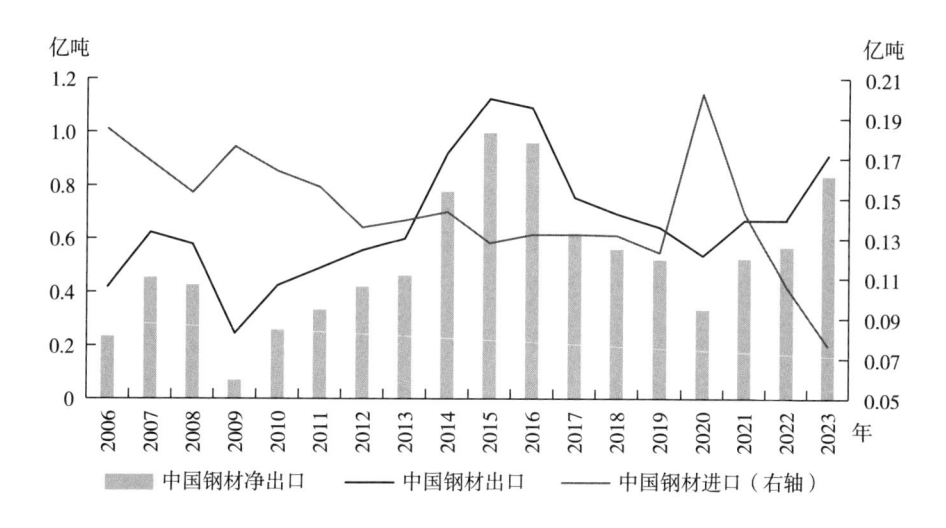

图4-33　2006—2023年中国钢材进出口情况

（资料来源：Mysteel钢联数据）

从出口国国别来看，2023年我国出口钢材前十位的国家和地区较2022年变化不明显，东盟、中东地区和韩国依然为主要出口地区，但越南首次取代韩国成为我国钢材第一大出口国。此外，2023年我国出口至土耳其、印度的钢材数量也明显增加（见图4-34）。

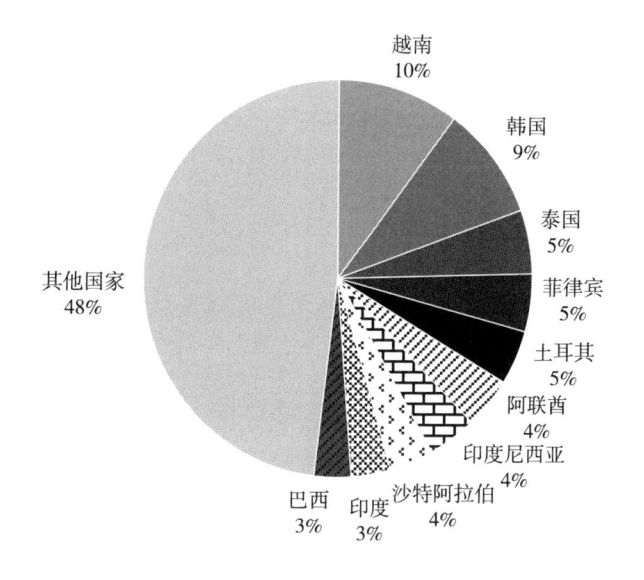

图4-34　2023年中国出口钢材排名前十位的国家

（资料来源：Mysteel钢联数据）

2023年我国出口至越南的钢材总量为924万吨，同比增长69.4%，越南首次取代韩国成为我国第一大钢材出口国。韩国、泰国分别居于第二位和第三位，出口钢材总量分别为840万吨、474万吨，同比分别增长31.3%、23.3%。上述三国占我国钢材出口总量的比重攀升至24.6%，较2022年提高1.3个百分点。此外，2023年我国出口至菲律宾、土耳其等国家的钢材均有不同程度的增长。

我国进口钢材主要来自日本、韩国、印度尼西亚以及中国台湾。2023年因国内钢材消费低迷，且国产新能源汽车进一步挤压外资品牌，叠加部分钢材品种实现国产化替代，导致日本与韩国的钢材进口量明显下降。2023年我国自日本进口钢材271万吨，同比下降29.3%；自韩国进口钢材223万吨，同比下降21.3%；自印度尼西亚进口钢材108万吨，同比下降13.8%。2023年日本、韩国、印度尼西亚以及中国台湾进口量占我国钢材进口总量的62.5%，较2022年大幅下降近20个百分点。

2. 主要进出口品种

在我国进口钢材中，因需要满足汽车、机械等行业的发展需要以及其他诸如高强板等特钢的需求，板材进口占比最大。2023年国内钢材价格低廉，且钢材行业激烈竞争下国产化替代越来越普遍，各种类钢材进口均出现下滑，板材进口占比被动提高（见图4-35）。

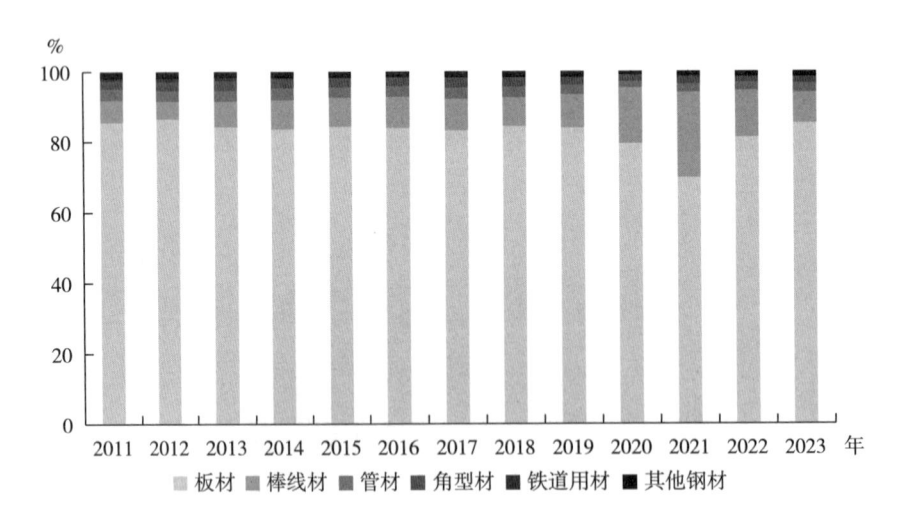

图4-35　2011—2023年中国进口钢材品种结构占比

（资料来源：Mysteel钢联数据）

2023年因国内钢材产出增加，而消费偏弱，大量钢材需出口消化。2023年板材出口出现明显提升，全年共计出口板材6018万吨，同比增长39.8%，占钢材出口的66.1%，同时，管材与线材出口也均有所增长（见图4-36）。

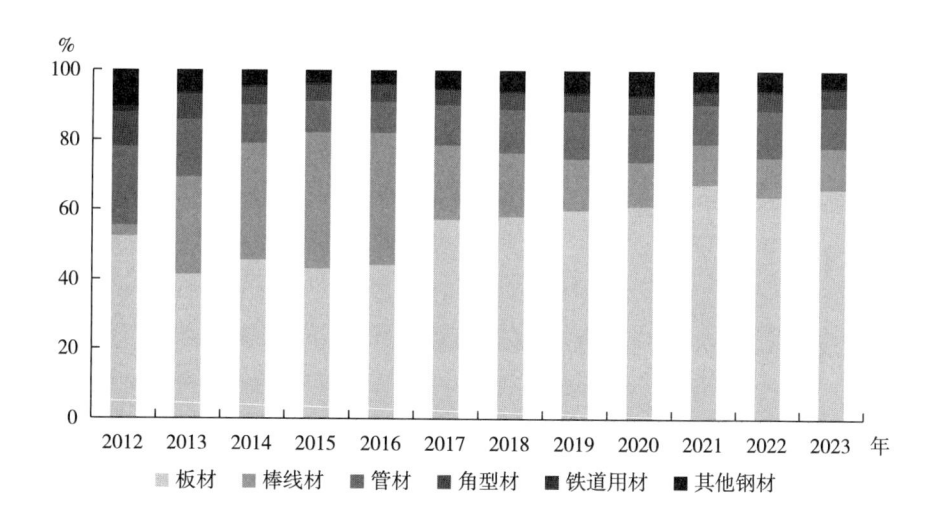

图 4-36 2012—2023 年中国钢材出口品种结构占比

(资料来源：Mysteel 钢联数据)

四、我国钢铁消费情况

1. 粗钢表观消费变化情况

2016 年以来，钢铁行业供给侧结构性改革逐步深入，国家统计局口径内的我国粗钢表观消费增速逐年提高，且在 2020 年财政政策及货币政策刺激下达到阶段性高点。2021 年国内房地产调控加严，拖累整体钢材消费。2021 年国家统计局口径粗钢表观消费 9.91 亿吨，同比下降 4.6%。2022 年国内粗钢产量因需求低迷而被动下降，在出口明显增长的情况下，国内钢材表观消费 9.6 亿吨，同比下降 3.4%。

2023 年国内房地产市场依然疲软，全年房地产投资同比下降 9.6%，新开工面积同比下降 20.4%，极大拖累钢材市场消费。2023 年粗钢表观消费 9.36 亿吨，同比下降 2.7%（见图 4-37）。

2. 分行业用钢量变化情况

2023 年，房地产行业仍是中国钢铁消费的主要拖累，同时与房地产行业密切相关的机械行业也处于周期性的低谷。

Mysteel 分行业用钢量数据显示，2023 年我国房地产行业用钢占钢材总需求的比重继续下滑至 32%，虽然钢结构和基建行业有所增长，但建筑行业用钢（包括房地产、钢结构和基建）继续下滑至 5.84 亿吨，占总需求的 62% 左右。汽车、家电、造船和机械四大制造行业用钢 2.58 亿吨，占比为 27.3% 左右，较 2022 年提高 1.3 个百分点（见图 4-38）。

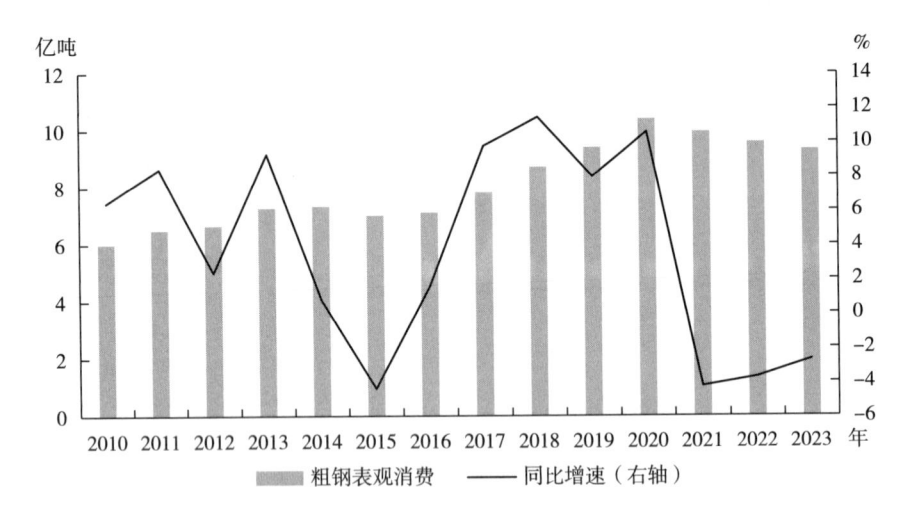

图 4－37　2010—2023 年中国粗钢表观消费变化情况

（资料来源：Mysteel 钢联数据）

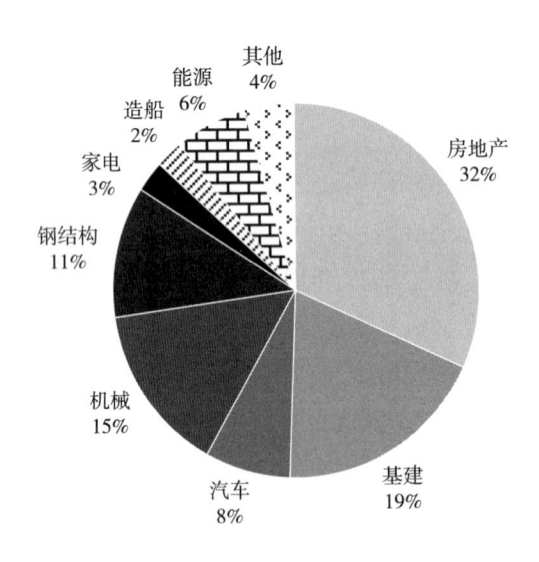

图 4－38　2023 年分行业钢铁消费占比情况

（资料来源：Mysteel 钢联数据）

五、我国钢材价格情况

（一）钢材现货市场价格

2023 年国内钢材价格继续呈现重心下移、高点下移、低点下移、振幅收窄的"三下一窄"特征。

2023年国内钢材价格重心为4193元/吨,较2022年同比继续下跌10%;年内价格高点为2023年3月中的4605元/吨,但较2022年高点下降14.6%;价格低点为5月末的3903元/吨,较2022年价格低点同比下跌2.2%。2023年钢材价格高低点振幅为702元/吨,较2022年的1401元/吨明显收窄。截至2023年12月31日,国内钢材综合价格报4252元/吨,较2022年末下跌1.1%。

图4-39 2001—2023年中国钢材价格走势

(资料来源:Mysteel钢联数据)

分品种来看,2023年长材与板材分化明显。螺纹钢、线材年均价分别为3989元/吨、4336元/吨,年均价跌幅分别为11%、10.5%。热卷、冷轧、中厚板、型钢年均价分别为4025元/吨、4634元/吨、4136元/吨、4082元/吨,同比分别上涨1.8%、5.0%、1.9%和下跌2.3%。

就年末价格而言,截至2023年12月31日,螺纹钢、线材、热卷、冷轧、中厚板、型钢价格指数分别为4090元/吨、4402元/吨、4099元/吨、4753元/吨、4086元/吨、4103元/吨,较2022年末的变化分别为-1.9%、-2.7%、-1.3%、5.4%、-1.7%、-2.8%。

(二)钢材期货价格

2023年螺纹钢期货价格的影响因素在宏观与现实预期中反复切换。宏观方面,地缘政治冲突、战争冲突等对全球供应链造成的风险仍然存在,美联储从暴力加息转向温和加息,但其经济韧性较强,未出现明显衰退,而我国经济呈现弱复苏态势,尽管货币和财政政策刺激力度不断加大,但CPI与PPI仍未见增长,实际GDP增速低于名义GDP。现实方面,在房地产市场需求疲软之下,钢材价格更多受原料端的推动,尤其是2023年下半年铁矿石价格在钢厂补库的带动下持续上涨,螺纹钢期货价格受成本支撑而上涨。

受宏观与现实预期的反复影响，2023年螺纹钢基差均值为99.6元/吨，较2022年扩大40元/吨。截至2023年12月31日，螺纹钢主力为4009元/吨，较年初价格下跌1.9%（见图4-40）。

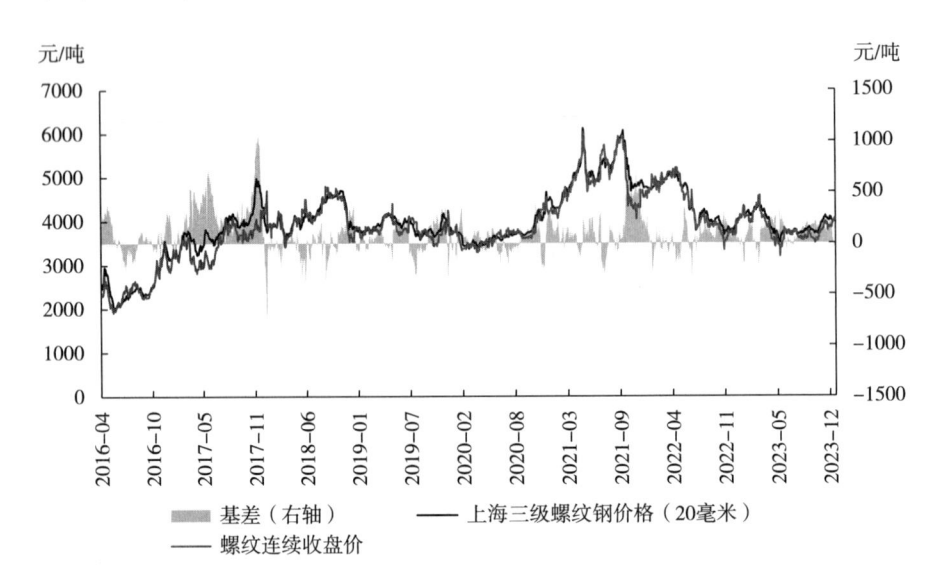

图4-40 2016年以来螺纹钢期货与现货价格对比

（资料来源：Mysteel钢联数据）

2023年第一季度受旺季需求预期带动，期货价格持续上涨，但在进入3月中下旬之后，旺季预期被证伪，钢材价格快速调整，连续下跌。进入6月之后，钢材价格在2023年钢材产量平控、钢厂减产等消息推动下出现反弹，但力度有限。进入9月之后，在货币和财政政策利好、铁矿石等原料价格上涨因素下，期货价格持续反弹至年内高位。

热卷期货价格趋势与螺纹钢基本一致，全年呈震荡回落走势如图4-41所示。

六、中国钢铁行业利润情况

2003—2023年间，中国钢铁行业利润较高的三年为2021年（4567亿元）、2018年（4256亿元）、2017年（3443亿元），利润较差的三年为2022年（462亿元）、2015年（590亿元）、2003年（610亿元）。

2023年国内钢材价格继续下行，但因铁矿石等原材料价格依然坚挺，导致钢铁行业利润继续受到大幅挤压，行业出现普遍亏损。国家统计局数据显示，2023年国内黑色金属冶炼和压延加工业企业利润仅为565亿元，略高于2022年，处于近20年的低位水平，低于 2015 年同期水平。

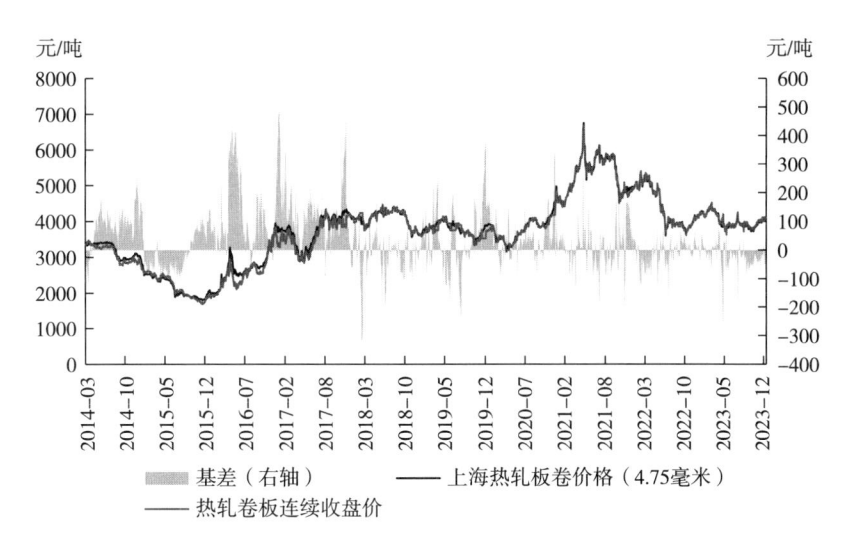

图 4-41　2014 年以来热卷期货与现货价格对比

（资料来源：Mysteel 钢联数据）

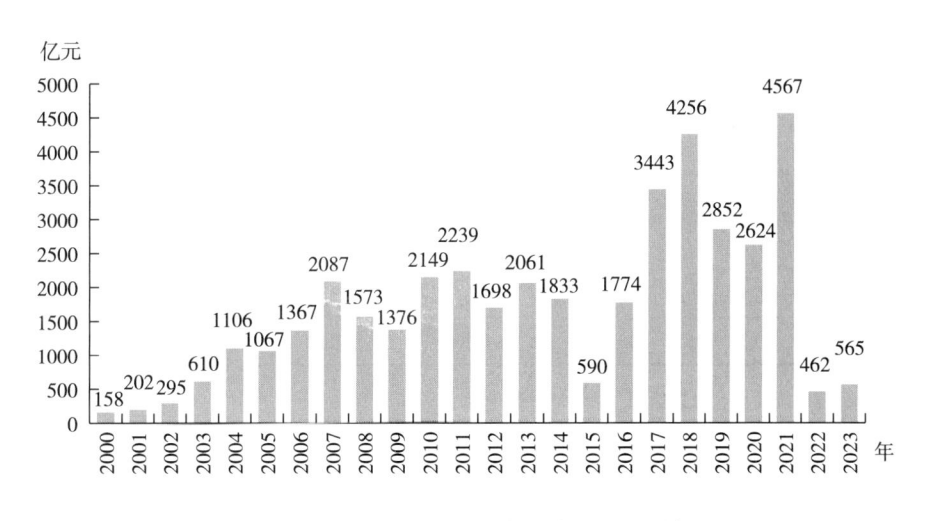

图 4-42　2000—2023 年国内钢铁行业利润情况

（资料来源：Mysteel 钢联数据）

七、中国钢铁供需平衡分析

2023 年，我国钢铁供应小幅增长，但需求疲软，不得不大量出口消化产出。按照国家统计局口径，整体来看，2023 年全国粗钢产量为 10.19 亿吨，同比增加 608 万吨，增幅为 0.6%；全国粗钢表观消费为 9.36 亿吨，同比下降 2580 万吨，降幅为 2.7%。

表 4-8　　2018—2023 年中国粗钢平衡计算　　单位：万吨、%

年份	粗钢产量	钢材出口	钢材进口	钢坯出口	钢坯进口	粗钢表观消费
2018	92826	6934	1317	1	105	87117
2019	99634	6435	1230	3	306	94550
2020	106477	5368	2023	2	1833	104847
2021	103279	6691	1431	3	1371	99387
2022	101300	6746	1057	103	637	96145
2023	101908	9107	765	328	327	93565
绝对量变化						
2018	9654	-610	-13	1	57	10327
2019	6808	-498	-86	2	200	7433
2020	6843	-1067	793	-1	1528	10297
2021	-3198	1323	-592	1	-462	-5460
2022	-1979	55	-374	100	-734	-3242
2023	608	2361	-292	225	-310	-2580
增速变化						
2018	11.6	-8.1	-1.0	123.3	116.4	13.4
2019	7.3	-7.2	-6.6	113.3	189.7	8.5
2020	6.9	-16.6	64.5	-42.4	499.9	10.9
2021	-3.0	24.6	-29.3	50.0	-25.2	-5.2
2022	-1.9	0.8	-26.1	3333.3	-53.5	-3.3
2023	0.6	35.0	-27.6	218.4	-48.7	-2.7

资料来源：国家统计局、海关总署、Mysteel 钢联数据。

据 Mysteel 的下游行业用钢需求模型测算，2023 年国内钢材消费量继续下降，这与供需平衡表所推算的粗钢表观消费表现一致。分行业来看，房地产、机械均呈现下滑态势，汽车、家电、基建、钢结构用钢有所增长。

八、2024 年钢铁产业格局展望

（一）全球经济增长压力较大，中国经济继续慢复苏

2024 年全球经济缓慢下行。结合国际货币基金组织（IMF）、世界银行等权威机构预测，2024 年全球经济增速为 2.7%，较 2023 年回落 0.1 个百分点；其中美国经济增

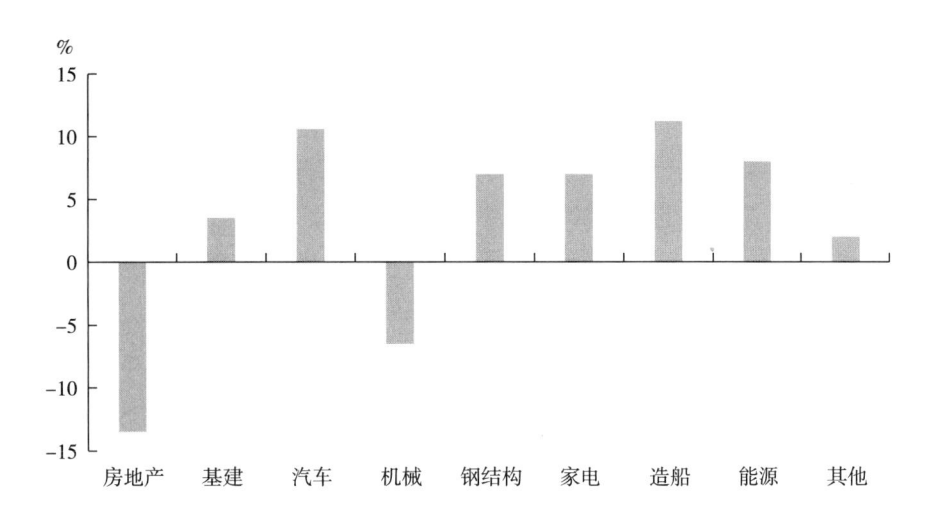

图 4-43　2023 年国内钢材分行业消费增速

（资料来源：Mysteel 钢联数据）

速为 1.4%，同比回落 0.4 个百分点；欧元区经济增速为 1.2%，同比回升 0.6 个百分点；印度经济增速为 6.1%，同比回落 0.2 个百分点；日本经济增速为 0.9%，同比回落 0.6 个百分点；中国经济增速为 5.0%，同比回落 0.5 个百分点。

分重点经济体或区域来看，2024 年美联储加息的长尾效应依然存在，伴随通胀水平下降，消费预计走弱，且美国金融系统在长加息、高利率背景下，脆弱性增强。欧元区经济因能源问题并未彻底解决，且持续加息对金融系统带来压力，经济增长乏力。中国在宽货币叠加积极财政政策下，经济继续维持慢复苏。

（二）钢铁利润难有明显改善，供给小幅缩减

当前钢材行业利润低迷，高炉亏损幅度在 150~400 元/吨之间，电炉亏损幅度在 400~500 元/吨之间，仅华东以及部分沿海地区钢铁企业有盈利，中西部地区钢铁企业大幅亏损，与高峰时期钢铁行业普遍盈利的情况差异悬殊。考虑到 2024 年国内宏观经济仍有增长压力，行业利润或难明显改善，这将抑制生产的释放。预计 2024 年中国粗钢产量为 10.15 亿吨，同比下降 400 万吨，钢铁生产在高成本区域或减量明显。

（三）钢材出口价格优势减弱，叠加海外反倾销力度加大，钢材出口下降

2024 年钢材的高出口预计难以持续，全年出口或回落至 8500 万吨，同比下降 500 万吨左右。一是当前钢材出口价格优势正在减弱，根据 Mysteel 的数据，截至 2023 年 12 月底，中国热卷出口 FOB 价格约 570 美元/吨，较东南亚进口价格高出 7 美元/吨，钢材出口价格已无优势。二是"双反"压力下，我国钢材出口面临一定阻力。三是国内钢铁消费略有好转，使部分出口转为内销。

（四）国内基建、汽车、家电、造船等行业表现亮眼，2024 年整体内需与上年基本持平

房地产：2024 年房地产竣工端仍是发力重心，但新开工以及施工端依然偏弱，整体用钢需求下降，但降幅收窄。2023 年房地产开发企业土地购置金额累计同比下降 5.5%，将拖累 2024 年新开工持续负增长；2024 年房地产竣工在保交房和房企资金改善的情况下，仍将继续增长 8%，新开工面积下降、竣工面积上升，施工面积预计同比下降。预计 2024 年全年施工面积下降 6%，较 2023 年收窄 1.3 个百分点，带动钢材消费下降幅度收窄。

基建：2023 年基建投资同比增速为 5.9%，其中铁路运输业投资增长 25.2%，电力、热力、燃气及水生产和供应业投资增长 23%，水利管理业投资增长 5.2%。用钢量较大的铁路投资增速较高，持续拉动钢材消费。在财政政策不断发力、基建资金充裕的情况下，预计 2024 年基建投资有望发力稳增长，全年基建投资增速将达到 7%。同时，由于 2024 年基建的主要发力方向或将是水利和交通，这将显著带动钢材消费，预计 2024 年基建用钢需求将增加 2.8%。

汽车：2023 年我国汽车产销累计完成 3016.1 万辆和 3009.4 万辆，同比分别增长 11.6% 和 12%，产销量创历史新高。2023 年我国汽车出口量为 491 万辆，同比增长 57.9%，出口对汽车总销量增长的贡献率达到 55.7%，预计 2024 年出口继续带动产量增长。2019 年以来，汽车内销逐渐进入稳定期，内销规模维持 2450 万~2550 万辆之间，目前内销的主要支撑在于汽车相对较低的保有量，我国汽车千人保有量仅为 215 辆，约为美国的四分之一、日本的三分之一，2024 年内销继续保持平稳态势。出口方面，中国汽车具有价格优势和新能源汽车的先发优势，虽然面临贸易壁垒增加的风险，但预计这对 2024 年汽车出口影响不大，全年出口预计达到 550 万辆，同比增长 12%。因此，预计 2024 年汽车产量达到 3075 万辆，同比增长 2%。

家电：2024 年家电消费在房屋竣工面积同比上升 8% 的情况下继续增长。预计 2024 年空调、冰箱、洗衣机消费继续同比增长 4%、1%、3%。出口方面，近年来中国家电产业凭借全球竞争力与电商优势快速发展，形式上有自主品牌、并购品牌、跨境电商、全球化产业链布局，并且从 2023 年下半年开始，欧美家电行业去库存周期结束，迎来订单恢复性增长，预计 2024 年海外家电需求相对旺盛，这有利于中国家电出口。预计 2024 年空调、冰箱、洗衣机、电视机出口分别上升 5%、15%、20%、5%。内外需共振下白电产量预计在 2024 年继续上升，预计空调、冰箱、洗衣机产量同比分别增长 4.2%、10.6%、7.7%。

工程机械：2024 年欧美经济压力仍大、建筑业景气度仍低，但中东、东南亚等地区建筑业有一定回暖迹象。国内房地产逐渐企稳、基建继续高增，工程机械需求预计逐渐企稳。截至2022年末，我国工程机械设备主要品种保有量达1179万台，同比增长8.56%，2015—2022年复合年增长率为8.34%，随着保有量达到较高水平，租赁渗透率不断提高，预计2023年已经达到55%以上，这对新机的购置需求形成一定挤压。由于机械产业处于周期性低谷，预计2024年挖掘机产量、出口和表观消费量分别同比下降5.3%、2.0%和8.0%。

造船：2023年中国造船订单快速增长，造船完工量4232万载重吨，同比增长11.8%；新接订单量7120万载重吨，同比增长56.4%。2024年三重利好支撑中国造船订单继续高增。一是全球低碳要求提高，船东开始提前布局用更多绿色船舶替代传统船舶，整体订单量上升。二是2003年前后我国船队规模迅速扩大，当时生产的船舶至今平均船龄已超过15年，逐步进入替换周期，支撑未来几年需求。三是日本、韩国国内产业结构矛盾加剧、罢工运动增多，产能无法充分释放，导致产业规模萎缩，更多船东转向中国，国外需求结构性增加。当前中国造船企业订单已排至2026—2027年，预计持续满产生产，未来几年造船业用钢需求预计维持高位。

从各下游行业用钢消费来看，2024年房地产行业新开工表现仍难言乐观，将继续拖累用钢需求；基建在2023年较高增速下表现依然亮眼；汽车在新能源市场旺盛需求下，继续保持小幅增长；家电内销有增长，继续带动钢材消费增加；工程机械仍处于周期性底部，行业用钢或仍下滑，造船行业在手持订单增加的情况下，用钢需求继续保持增长。综合来看，2024年整体钢材表观消费或与2023年基本持平。

（五）2024年钢铁原料端整体供应偏宽松，价格重心下移

铁矿石或维持供需宽松局面，在供给明显增加的预期下，铁矿石价格承压，预计2024年均价为110美元/干吨。

2024年铁矿石供应总量偏宽松但结构性偏紧。预计2024年全年全球铁矿石产量将同比增加6200万吨，其中中国产量将增加1500万吨，四大矿山预计增加1000万吨。

在需求端，预计全球生铁产量增加1660万吨，对应铁矿石消费约2650万吨，供应较消费多出3550万吨，铁矿石供应渐显宽松。

考虑到2023年钢厂铁矿石出现大幅去库，进入2024年则会有小幅累库，但铁矿石库存仍将维持低位。在钢铁消费维持的预期下，冶炼端利润有所修复，中高品矿需求增加，中高品矿供应或面临一定程度的短缺，这对矿价有一定的支撑。

煤炭供应紧张将缓解，煤焦重心下移。2024年焦煤进口继续增长，供应仍显宽松。预计2024年焦煤国内产量下降300万吨，进口增加1000万吨，总体供应增加700万吨，而消费与2023年基本持平，焦煤供应偏宽松。然而，海外生铁预计增产2160万吨，对焦炭需求增加显著，预计抬升国际煤价进而影响国内煤价，预计2024年主焦煤均价为2050元/吨，同比下跌2.3%。2024年焦炭产能存在过剩预期，价格偏弱运行。

产能置换逐步完成，随着先进设备和先进技术的投入，焦炭生产能力明显增加，而需求增加有限，仅增加100多万吨，焦炭将面临一定程度的产能过剩，考虑到目前焦化利润偏低（2023年独立焦化企业几乎没有利润），未来焦炭价格更多跟随焦煤，预计2024年焦炭指数均价为2200元/吨，同比下跌3.9%。

2023年废钢经济性整体较弱，亏损严重，短流程生产维持低位。2024年废钢价格预计平稳运行。在供应下滑、消费持稳的局面下，钢材市场存在阶段性上行预期，这将提振废钢市场。供给端建筑业边际回暖，尤其是城中村改造将要大规模推进，预计工地废钢供应有所增加。

（六）预计2024年钢材价格重心将小幅下移

展望2024年，宏观方面仍不乐观，美国金融系统的脆弱性增强，欧元区因能源问题经济发展存在掣肘，中国经济继续维持慢复苏。全球整体经济的下行和潜在衰退风险仍将导致钢价承压。

就钢铁市场而言，预计2024年国内外需求将呈现内稳外降的局面，整体上全球钢铁需求继续下降，钢铁利润在未来一段时期内继续保持低迷状态，压力逐渐向上游传导，铁矿和焦煤供应紧张局面逐渐缓解。

值得指出的是，尽管钢铁行业在宏观面和基本面上并未有太多亮点，但考虑到目前中国工业品库存自2023年9月开始持续被动去库，在2024年上半年或进入主动补库阶段，这将为钢价的阶段性反弹带来机会。

整体来看，预计2024年Myspic普钢绝对价格指数均价为4050元/吨左右，同比下跌3.4%左右，钢材利润合理区间在−200～400元/吨之间。

（撰稿人：上海钢联电子商务股份有限公司　宋　赛　宋小文）

第五章　人工智能在大宗商品期货价格预测中的应用

第一节　前　言

人工智能已经广泛应用于金融投资。

在金融权益和固收领域，Wittkemper H. G. 和 Steiner M.（1996）使用 67 家德企 1967—1986 年的财务报表信息，对比分析多模型对于标的公司价格波动的拟合效果，结果验证了 ARR 相较于经典回归统计算法具有更高的精确度；Panda C. 和 Narasimhan V.（2007）收集了美元和卢比之间的周汇率变化，结果表明，随机游走算法在研究涵盖的全部评价指标上呈现结果显著优于自回归模型；Bekiros S. D. 和 Georgoutsos D. A.（2008）使用递归神经网络对标普 500 指数行情趋势进行拟合分析，研究证实其精度远超传统统计模型。Lachiheb O. 和 Gouider M. S.（2018）聚焦高频交易实证研究，尝试使用 5 分钟交易数据，结果表明神经网络在高频数据上表现更优，胜率超过 70%；Wang G.、Yu G. 和 Shen X.（2020）借助 Python 抓取股民情绪语句，将文本信息转化为结构化指标输入长短期记忆神经网络模型，研究证实了舆情与沪深 300 指数之间的正相关性；Andrés Vidal 和 Kristjanpoller W.（2020）着力于将卷积神经网络与长短期记忆神经网络模型结合，并使用这一系统分析金价，研究证实长短期记忆卷积神经网络系统拟合误差远小于单独使用的模型。

在金融衍生品领域，Yao J.、Li Y. 和 Tan C. L.（2000）分别测试了反向传播模型以及经典 Black-Scholes 模型在 N225 股指期货的期权走势拟合情况，结果发现反向传播模型在波动较剧烈时表现突出，而 Black-Scholes 模型在市场运行较平稳时具有更好的表现；Khazem H. A.（2008）的研究将经典回归分析在能源产品行情趋势上拟合精度低的缺陷暴露出来，并指出这一缺陷能够依靠 ANN 改善，这一研究结论得到了实证支撑。Ji L.、Zou Y. 和 He K.（2019）综合了自回归移动平均模型、卷积神经网络和长短期记忆神经网络三者的优势，尝试搭建综合的神经系统，拟合精度远超三个基本模型。

针对大宗商品市场的分析方法主要包括基本面分析、技术分析、统计计量分析、人工智能等。基本面分析主要依赖于市场人士自身的知识和经验，具有人类认知主观性、片面性及客观信息获取时效性、真实性等诸多局限。而大宗商品数据具有线性和非线性特性，传统的计量模型在面对这类数据时并没有优势，甚至因非平稳等原因无法适用。相反，基于人工智能的分析方法却表现出能够更好地处理非平稳和非线性问题的能力，因此在金融时间序列（包括大宗商品及相关衍生品）数据的分析、处理、预测方面具有较好的效果。

近年来，我们在小波降噪优化 LSTM 模型、基于 CEEMDAN—XGBoost 算法模型、基于卷积神经网络（CNN）识别 K 线图及基于 Stacking 集成多模型方面等做了一些探索。下面我们简要汇报一下部分工作的进展。

第二节　文献综述

一、机器学习在金融领域应用的相关研究

Refenes 等（1997）使用人工神经网络模型进行了金融时间序列预测并计算了预测误差，发现结果优于 ARIMA 模型（整合移动平均自回归模型）和 MLP 模型（多层感知机）。潘维民和沈理（1999）尝试融合神经网络和时间序列探测器搭建 RLNNP 预测系统，在经过多次学习后系统可以实现金融数据行情拟合。安实等（1999）考虑将模糊逻辑推理与反向传播算法融合，实现系统的自调整和自适应。基于这种理念设计了复合模糊反向传播模型，可以利用学者的经验和不断学习规则对数据进行推理。常松和何建敏（2001）认为小波包可以使用比小波更为巧妙的方式筛选和拆分不同规模的信息，研究将小波包和神经网络结合，构造了一种新的混合模型，并使用遗传算法（Genetic Algorithm）对数据进行小波包优化分析，研究结果显示这种混合模型性能远超单一基础模型。方先明等（2003）针对商业银行承担的不同风险设计了 Hopfield 神经网络算法，实现了其对研究风险的客观评价，为神经网络的具体应用拓展了新的方向。王科明等（2004）用 ANN 算法对标的的具体行情趋势进行拟合，设计了依托反向传播算法的投资方案。研究表明，人工神经网络算法在拟合精度和投资表现上均优于其他经典经济学统计模型。李春伟（2005）尝试使用反向传播结构用于行情趋势拟合，并用遗传算法拓展基础框架的内部机制，研究结果证实其原创模型的有效性。滕磊（2010）着眼于分析标的行情的变化情况，采用多层反馈（Multilayer Feedforward）神经网络对美欧货币汇率的每小时高频变动情况进行拟合分析，胜率稳定在 60% 以上。

陈丽（2013）尝试依靠投影追踪算法（Projection Pursuit Algorithm）模型筛选关键维度指标，并用反向传播模型对标的行情趋势进行拟合，提高了单一神经网络模型的准确性。

在结合多模型和算法方面，黄福员（2013）尝试把粗糙集理论和模糊神经网络融合，设计了 RST-FNN 系统，可以实现对原始信息的消冗以及解决 FNN 自身的维度激增问题。杨志民等（2014）以金融空间联系为切入点，研究浙江省内金融空间特性，并结合自组织映射神经网络来辨识金融中心化程度。孙瑞奇（2015）将反向传播模型、递归神经网络以及长短期记忆算法加入中美股指对比拟合过程中，研究表明长短期记忆对于股指期货的拟合表现更为突出。蔺晓（2016）用 CNN 预测了股价走势的转折点，证明将 CNN 与传统分析法结合进行预测更准确。唐寅（2017）将调整后的径向基函数单隐层神经网络、原始的径向基函数算法以及反向传播算法用于固定收益类产品趋势拟合，结果证实调整后的径向基函数单隐层算法表现优秀。黎镭等（2018）使用门控循环单元（Gate Recurrent Unit）门循环算法对我国权益产品行情趋势进行拟合，研究表明评测范围长度是门循环算法的重要影响因素。景楠等（2020）使用基于卷积神经网络的长短期记忆算法对有色金属产品的日内行情趋势进行拟合，并尝试依靠注意力机制对长短期记忆算法升级。李方圆等（2021）提出了一个全新的 HMM-XGBoost 模型，并将提出的模型应用于国内股票市场，实证分析表明，在与其他模型的预测结果对比后，该模型显现出一定的优势。杨晓蓉等（2022）通过非参数符号检验 A 股市场价值/成长风格轮动现象，并将动量效应引入价值/成长风格指数的择时过程。利用 XGBoost 算法构造基于动量效应的价值/成长风格择时策略，并通过实证证明相比于单一价值风格策略和成长风格策略，新构建的策略表现出更强的盈利能力和抗风险能力。周卫华等（2022）使用 2000—2020 年 A 股上市公司数据，构建基于 XGBoost 模型的上市公司财务舞弊预测模型，在准确度、精准率、召回率和模型稳定性上明显胜过诸如 Fscore 模型和 Cscore 模型。

二、LSTM 神经网络在金融时间序列的相关研究

（一）国外相关研究

金融时序研究领域使用神经网络工具的探索始于 20 世纪 80 年代，White（1988）使用反向传播算法推断国际商业机器公司的股票业绩，开创性地将神经网络引入金融产品的趋势跟踪，为趋势研究以及机器学习应用拓展打开了新思路。在 White 之后，研究者又开始将机器学习等前沿技术与传统统计方法的拟合结论进行分析，发现神经网络更适用于拟合金融产品价格、分析金融时间序列。20 世纪 90 年代，Yoon Y.（1991）

在原始的隐含层之上设置了另一个隐含层,并利用新的模型分析了北美权益类市场,分析证明神经网络对北美权益市场具有良好的拟合。之后,德国的 Gen Cay(1996)使用 20 世纪下半叶 25 年的道琼斯工业指数数据测试了前馈(Feedforward)神经网络模型的表现,研究证实前馈神经网络模型在权益类金融产品上的表现优于传统回归模型。Gers F. A.(1999)提出了基于窥视孔的长短期记忆模型(Peephole-LSTM),为时间序列数据与最终模型间的匹配提供了新的解决思路。Kamstra M.(1999)用指数类权益产品构建了多个隐藏层的拟合模型分析标普 500 指数趋势,最终依靠交叉采样弥补数据不足,证实多个隐藏层在金融产品趋势判断上的有效性。Yannopoulos A. 等(2001)构建 ANN 和传统的统计模型分别预测道琼斯工业指数等权益类产品,研究显示人工神经网络模型的拟合精度远超经典统计模型。G. P. Zhang(2003)分别将人工神经网络模型和自回归移动平均模型(Auto-regressive Move-average Model)纳入研究范围,观察二者在金融时间序列上的拟合精度,同样证实人工神经网络模型表现优于自回归移动平均模型。

在大量的神经网络模型和经典统计模型对比研究之后,学者逐渐不满足于相对单一的神经网络结构,开始着力于融合和创造新的神经网络模型,以满足人们对更高的拟合精度以及更贴合实际走势的趋势预测的需求。R. Hassan、B. Nath 和 Michael Kirley(2006)融合 Hidden Markov 模型、人工神经网络(Artificial Neural Network)模型和遗传算法构建了新的拟合系统,得到了超出预期的良好表现。Tsung-Jung Hsieh 等(2011)尝试使用人工蜂群算法(Artificial Bee Colony Algorithm)模型、小波变换以及递归神经网络搭建一个趋势拟合系统。金融产品价格同时受到多方面因素的影响,因此价格数据中存在大量的噪声,这在一定程度上增加了神经网络学习和预测的难度,Tsung-Jung Hsieh 等为提高模型的解析能力和训练效率,尝试对模型进行改进,使用小波分析对原始数据进行降噪处理。

长短期记忆模型是由 Hochreiter S. 和 Schmidhuber J. 为解决时间序列数据长短期记忆分配,基于递归神经网络进一步开发的。相较于反向传播神经网络和循环神经网络,长短期记忆神经网络引入门机制,可以在更好地学习时间序列中蕴含规则时避免信息衰减或信息激增现象,实现有效筛选和信息识别,进而避免递归神经网络模型中的梯度衰减现象。自长短期记忆神经网络模型面世以来,众多学者积极推动长短期记忆模型的研究和实践。Murtaza Roondiwala、Harshal Patel 和 Shraddha Varma(2015)构建了双隐藏层的长短期神经网络模型,得到了小于百分之一的训练集 RMSE 以及 0.0086 的测试集 RMSE,其拟合效果显著优于经典回归方法。Heaton J. B.、Polson N. G. 和 Witte J. H.(2016)借助长短期记忆神经网络模型验证深度学习与经典机器学习理论对 S&P500 的拟合效果,研究证实深度学习的趋势拟合精度更加突出。Di Persio L. 和 Honchar O.(2017)使用 Google 公司的权益的基本面数据,分别测试了递归神经网络、长短期记忆模型和门控循环单元模型的拟合效果，研究验证了长短期记忆神经网络强大的拟合能力。Nelson DMQ 等（2017）使用公司的基本面数据和相关走势指标，凭借长短期记忆神经网络模型拟合行情走势，研究证实 LSTM 对标的价格推断的胜率约为 56%。Nelson 还使用巴西股市行情，验证长短期记忆神经网络以及多层感知机和随机森林（Random Forest）模型对标的行情的拟合精度，研究证实长短期记忆神经网络模型拟合结果优于其他两个模型。Fischer T. 和 Krauss C.（2017）利用 20 世纪、21 世纪交界的二十余年 S&R500 历史走势，研究长短期记忆神经网络与对数线性回归、随机森林模型、Deep 神经网络间的趋势拟合差异，研究证明长短期记忆神经网络模型拟合效果突出。Krishna Kumar（2020）着眼于递归神经网络和长短期记忆神经网络内在机理的共同点，开创性地尝试长短期递归模型。研究验证了这种方法的可行性，二者结合使拟合效果平均提升 5%。

（二）国内相关研究

张健等（1997）利用反向传播算法研究金融权益市场，认为超参数对结果有明显的影响，应采取广泛取值的方式选取最合适的超参数。朱明和杨保安（2001）尝试使用反向传播神经网络构建公司还贷能力分析模型，研究表明反向传播算法对公司还贷能力的评估较为准确。杨一文和杨朝军（2005）借助支持向量机算法对沪市股指行情进行拟合，建立了综合风险的拟合模型，并用该模型得出相对准确的多步预测结果。姚小强和侯志森（2018）认为传统计量统计模型难以实现对金融时间序列数据的有效信息筛选（噪声剔除），他们尝试以核心信息融合为突破，构建类似于树突神经元的长短期记忆模型，并使用标的行情数据对这一拟合系统进行测试，研究证实系统的核心算法具有有效性。文宇（2018）参考卷积算法以及长短时记忆算法融合构建卷积长短时记忆模型，并用于分析股票二级市场行情，研究表明模型在短期和长期都能够实现相对准确的拟合效果。任君等（2018）尝试在 LSTM 算法的基础上融合弹性网机制，并将这一算法用于美国工业指数，研究证实系统核心算法对标的拟合优度优于反向传播算法和递归神经网络。宋刚等（2019）尝试将自适应粒子群优化算法融入长短期记忆，构建出 PSO-LSTM 模型。研究证实这一模型不仅可以提高拟合优度，而且可以提高适用性。黄婷婷和余磊（2019）将视线聚焦于金融时间序列数据的长期依赖性，在长短期记忆算法的基础上加入自编码和堆叠降噪环节，为后续的特征工程处理提供了便利，其研究结论表明 SDAE-LSTM 模型比之基础 RNN 算法具有更高的拟合优度。林培光、周佳倩和温玉莲（2020）认为情绪指标是对传统金融市场影响因素的重要补充，基于投资者情绪指标，研究提出了基于 Conv-LSTM 的情绪分析模型 SCONV，其研究证实了模型在不充足样本集范围内依然可以实现较为理想的拟合。张宁、方靖雯和赵雨宣（2021）尝试将长短时记忆算法用于比特币走势分析，并在基础模型之上设计了多个混合模型，而且添加了样本熵（Sample Entropy）的概念，研究证实混合模型表现优于基础的长短时记忆算法。

三、小波变换相关研究

Mallat S. G. 和 Hwang W. L.（1992）发表了针对多分辨率分析的相关研究。Mikhail V. 和 Sabelkin（2001）详细阐述了软硬阈值、分位数阈值和普遍适用阈值割裂技术，进而运用其优越属性在图像处理方面进行了尝试。M. N. Do 等（2002）将特征提取和相似度衡量二者结合到联合建模分类，并提出了基于小波系数边缘分布的精确建模。Jiun-Jih（2004）设计实验研究了基于小波分析的梯形圆柱模型上游原始热线信号瞬时特性。A. Karimpour 和 S. Rahmatalla（2021）认为准确的全局和局部模式信息是所有结构迭代的核心，研究提出了新的基于扩展经验小波变换的算法，可以利用最小测点数优化求解未知参数和边缘系数。H. Rezvani 和 H. Khodadadi（2022）提出了一种基于进化小波神经网络的电弧炉渣质量评价算法，将神经网络与小波相结合进行训练。

近几年，国内学者在小波应用方面的实践也日趋丰富。褚万霞（2010）讨论分析了金融时序数据在二进小波统计中显示的随机特性，并设计仿真实验对其进行验证。张林（2014）尝试使用小波探索2008年国际金融危机前后市场动力学变化，认为对于金融危机节点的把控可以协助理解二级市场的多形态特征，因此，使用小波变换模极大值算法试图寻找道琼斯工业指数与东京证券交易所指数的隐含金融危机节点，研究结果显示小波变换模极大值模型可以验证分形市场假说并筛选出市场崩塌的重大诱因。刘骏等（2020）使用小波变换构建地产泡沫模型，基于统计数据设计实证实验，为小波与社会科学的交叉领域提供了探索经验。马辉等（2020）设计了一种基于小波的无线语音降噪法，依托小波变换对突变信号进行分析，确定信号奇点，在声音噪声控制领域具有普遍适用性，为小波变换实践提供了参考方案。

四、文献评述

金融市场行情拟合有两大研究方向：一类是基于自回归移动平均模型、广义自回归条件异方差模型等经典统计学预测的研究；另一类是尝试使用机器学习、神经网络等算法工具对趋势行情做拟合分析。

国内外学者往往将各种神经网络模型用于权益类和固定收益类金融领域和金融衍生品领域，然后使用RMSE等评价指标对拟合优度进行评价，同时通过与传统时间序列分析方法或者其他机器学习、神经网络算法对比来验证模型的有效性。

国内神经网络运用于股价、外汇价格预测的较多，但对期货市场的研究不够充分。神经网络中 LSTM 模型对时序信号具有良好的分析能力，已经在金融权益类产品中有较好表现。

由于期货价格受到现货价格、产供销存、宏观经济等多方面因素的影响，期货价格数据中存在大量的噪声，一定程度上增加了神经网络学习和预测的难度。输入数据的质量对于量化模型的预测至关重要。为提高 LSTM 模型的解析能力和训练效率，我们尝试对 LSTM 模型进行改进，提出一种基于小波变换的窥视孔长短期记忆模型（WTP-LSTM）。与传统的降噪方法相比，小波分析能在降噪的同时识别有效信息，最大限度地保留信息价值。而改进后的 WTP-LSTM 模型时序数据经过小波分解，已经呈现为多个小波序列，这为接下来的小波降噪提供了便利。

第三节 理论模型

关于神经网络模型及 LSTM（长短期记忆网络）模型的文献阐述较多，限于篇幅，这里不再赘述。

一、小波降噪

金融时间序列数据具有维度多面、波动信号受噪声影响较大、受事件驱动等特性。针对金融时序数据特性，我们对长短期记忆神经网络模型做相应改进。

（一）时间序列数据常见噪声

时间序列数据中较频繁的噪声是随着趋势信息的演变自然产生的随机噪声、根据数理统计中泊松分布延伸出的泊松噪声，以及根据数理统计中高斯分布延伸出的高斯噪声。

高斯变量 z 可表示为

$$P(z) = \frac{1}{\sqrt{2\pi}\sigma}\exp\left[-\frac{(z-u)^2}{2\sigma^2}\right]$$

式中，z 代表扰动影响深度，σ 是 z 的波动衡量，u 是 z 的期望。在时间序列数据中，添加高斯噪声通常会使数据趋势不明，甚至还会出现无序波动，使数据所含信息质量变差。

根据数理统计中泊松分布延伸出泊松噪声。在随机过程周期中，泊松噪声分布的统计模型是

$$P(k,\lambda) = e^{-k}\lambda^k/k!$$

在经典统计学泊松函数中，k 代表有限步长间指定情况发生频率，λ 不仅作为此特

指情况的期望，而且作为其波动衡量指标。

（二）小波消噪方法及原理

小波变换是在传统傅里叶分析基础上做的改进和升级。小波的测度步长是有限制的，然而其函数能够参照具体细节自适应优化。

定义：如果 $\Psi(t) \in L^2(R)$ 满足容许性条件：

$$C_\Psi = \int_{-\infty}^{\infty} \frac{|\overline{\Psi(\omega)}|^2}{|\omega|} d\omega < \infty$$

小波函数记为

$$\Psi_{ab}(t) = \frac{1}{\sqrt{|a|}} \Psi\left(\frac{t-b}{a}\right)$$

式中，a 是测度指标，b 是推动指标。仅依靠当前的作用区域，能够实现有效讯号和无意义扰动剥离。

定义：设 $f(t) \in L^2(R)$，那么 $\Psi_{ab}(t)$ 的无损耗为

$$W_\Psi f(a,b) = \int_{-\infty}^{\infty} f(t) \overline{\Psi_{a,b}(t)} dt$$

原则上小波变换能够在任何使用傅里叶分析的场合对傅里叶分析进行替换，小波分析能同时在时域和频域对信号的局部信息进行良好观察；并且小波分析能在一定程度上根据信号的数据特征对自身进行调整，然后小波变换通过一定的分散后能形成经典的正交坐标系，这是小波分析的重要部分，也是小波分析特别适用于阶跃信号的主要原因。

常用的小波函数包括 Haar 小波、Mexican 冠形小波、Daubechies 小波等，具体如下。

1. Haar 小波

Haar 小波是作为原始的基础形态被创造出来的。虽然其构造非常简单，但其相关研究为后续小波变换的发展打造了坚实的基础。Haar 小波是初始的基础小波形态，具有垂直特性。在具体有限步长范围内是分段呈现的。

$$\Psi_H = \begin{cases} 1, 0 \leq x \leq \frac{1}{2} \\ -1, \frac{1}{2} \leq x \leq 1 \\ 0, 其他 \end{cases}$$

2. Mexican 冠形小波

Mexican 冠形小波也就是 Maar 小波，Mexican 冠形小波的独特结构在一定步长范围和波动范围内均可实现自适应。其内部逻辑具体呈现为

$$\Psi(t) = (1-t^2)e^{-t^2/2}$$
$$\overset{\wedge}{\Psi}(\omega) = \sqrt{2\pi}\omega^2 e^{-\omega^2/2}$$

3. Daubechies 小波

Daubechies 小波由著名小波科学家 Ingred Daubechies 创建。正是她研究提出了所谓的 Compact Supported Set 小波。Compact Supported Set 小波是小波变换行业的伟大进步，具有划时代的意义。其推动了小波变换从虚拟构建进入具体应用领域。

Daubechies 还可以用 dbN 表示，N 表示其特定的层级量。在指定步长或者非指定步长范围内，它均能够实现一定的稳定性，承托力度以及筛选函数范围为 $2N$，因此可以实现优秀的扩展。

如前所述，傅里叶变换在不限制步长信息剥离中具有局限性，难以实现多维度多属性信号的完整剥离以及保留有效表达。于是我们着眼于通过小波变换来实现，其多维度多属性信号的完整剥离以及保留有效表达是依靠其自己的内部机制实现的：小波由基础运算单位构建而成，能够有效控制信息混乱；其内部机制可以实现多维识别能力。

1992 年，Mallat S. G. 和 Hwang W. L. 联合发表针对多分辨率分析的研究。研究证实了二位学者对于变换分析和剥离重组相关的实践价值。研究表明，若 f_k 是信息的断点连接表达，$f_k = c_{0,k}$，那么原始信息的正交小波变换拆解的具体呈现为

$$\begin{cases} c_{j,k} = \sum_n c_{j-1,n} h_{n-2k} \\ d_{j,k} = \sum_n d_{j-1,n} g_{n-2k} \end{cases} (k = 0,1,2, \sim N-1)$$

重构是小波变换和分解的逆操作，其作用就是将依据波基函数分层处理好的不同属性数据重新转化为原始数据形式。

$$c_{j-1,n} = \sum_n c_{j,n} h_{k-2n} + \sum_n d_{j,n} g_{k-2n}$$

二、研究假设

基于小波变换的窥视孔长短期记忆模型是在 LSTM 模型的基础上，参考 Gers 提出的窥视孔理念，即不只是让 LSTM 模型的闸口实现对于 Cell 状态的选择和加权，而是让 LSTM 的各个门级也受到 Cell 状态输入的影响。我们尝试在窥视孔路径中加入小波变换处理环节，拟将各维度的状态输入分解为若干有独立规律的小波数据，再通过窥视孔路径进入各个门级，进而对时间序列数据在模型训练过程中的有效信息选择和权重配比算法作出优化。

由于商品期货价格同时受到多方面因素的影响，期货价格数据中存在着大量的噪

声,一定程度上增加了神经网络学习和预测的难度。我们由此考虑对价格时间序列数据进行降噪,与传统的降噪方法相比,小波分析能在降噪的同时识别有效信息,最大限度地保留信息的价值。改进后的 WTP-LSTM 模型时序数据经过小波分解,已经呈现为多个小波序列,这为接下来的小波降噪提供了便利。

基于以上分析,提出如下假设。

假设一:WTP-LSTM 模型可以用于期货行情预测,且表现良好(以 RMSE/AVE 测度);

假设二:小波降噪能够提高 WTP-LSTM 模型的预测精度。

第四节 WTP-LSTM 模型构建

我们提出一种基于小波变换的窥视孔长短期记忆模型(WTP-LSTM)。参考 Gers 提出的窥视孔理念,即不只是让 LSTM 模型的闸口实现对 Cell 状态的选择和加权,而是让 LSTM 的各个门级也受到 Cell 状态输入的影响。我们尝试在窥视孔路径中加入小波变换处理环节,拟将各维度的状态输入分解为若干有独立规律的小波数据,再通过窥视孔路径进入各个门级,进而对时间序列数据在模型训练过程中的有效信息选择和权重配比算法作出优化。

从农产品期货、金属期货和股指期货等几大板块中选取交易较为活跃、流动性较强的十余个品种的主力连续合约为研究对象,进行特征工程、数据集制作,以及 WTP-LSTM 模型构建和训练,输出可视化结果。首先直接使用 WTP-LSTM 模型进行训练集学习,对其进行分析和预测并输出结果,而后对数据进行小波降噪并重新学习和预测,以判断小波降噪对神经网络期货价格预测的有效性。

由于商品期货价格受到多方面因素的影响,价格数据中存在大量的噪声,一定程度上增加了神经网络学习和预测的难度。小波降噪技术是局部化时频分析非平稳信号的有力工具。与传统的降噪方法相比,小波分析能在降噪的同时识别有效信息,最大限度地保留信息的价值。而改进后的 WTP-LSTM 模型时序数据经过小波分解呈现为多个小波序列,这为接下来的小波降噪提供了便利。

一、数据获取和清洗

我们选择各大期货板块代表性品种的主力连续合约行情数据,由于本研究标的较多,涵盖商品期货和金融期货各大板块诸多品种,数据量较大,为避免单一渠道来源可能存在的数据缺失,我们选择从东方财富、新浪财经、国泰君安期货等多个主流平台获取。

然后对数据进行整合和清洗，最终梳理成统一标准化的各品种主力合约 csv 文件。

逐股输出_A0.DCE.csv	Microsoft Excel ...	1,429 KB
逐股输出_AG0.SHF.csv	Microsoft Excel ...	636 KB
逐股输出_AL0.SHF.csv	Microsoft Excel ...	1,693 KB
逐股输出_AP0.CZC.csv	Microsoft Excel ...	284 KB
逐股输出_AU0.SHF.csv	Microsoft Excel ...	834 KB
逐股输出_B0.DCE.csv	Microsoft Excel ...	1,013 KB
逐股输出_BB0.DCE.csv	Microsoft Excel ...	446 KB
逐股输出_bcm.INE.csv	Microsoft Excel ...	106 KB
逐股输出_BU0.SHF.csv	Microsoft Excel ...	541 KB
逐股输出_C0.DCE.csv	Microsoft Excel ...	1,090 KB
逐股输出_CF0.CZC.csv	Microsoft Excel ...	1,152 KB
逐股输出_CJ0.CZC.csv	Microsoft Excel ...	201 KB
逐股输出_CS0.DCE.csv	Microsoft Excel ...	472 KB
逐股输出_CU0.SHF.csv	Microsoft Excel ...	1,722 KB
逐股输出_CY0.CZC.csv	Microsoft Excel ...	303 KB
逐股输出_EB0.DCE.csv	Microsoft Excel ...	174 KB
逐股输出_EG0.DCE.csv	Microsoft Excel ...	224 KB
逐股输出_FB0.DCE.csv	Microsoft Excel ...	466 KB
逐股输出_FG0.CZC.csv	Microsoft Excel ...	587 KB
逐股输出_FU0.SHF.csv	Microsoft Excel ...	1,061 KB
逐股输出_HC0.SHF.csv	Microsoft Excel ...	513 KB
逐股输出_I0.DCE.csv	Microsoft Excel ...	517 KB
逐股输出_J0.DCE.csv	Microsoft Excel ...	685 KB
逐股输出_JD0.DCE.csv	Microsoft Excel ...	536 KB
逐股输出_JM0.DCE.csv	Microsoft Excel ...	562 KB
逐股输出_JR0.CZC.csv	Microsoft Excel ...	477 KB
逐股输出_L0.DCE.csv	Microsoft Excel ...	935 KB
逐股输出_LH0.DCE.csv	Microsoft Excel ...	96 KB
逐股输出_LR0.CZC.csv	Microsoft Excel ...	440 KB
逐股输出_lum.INE.csv	Microsoft Excel ...	130 KB
逐股输出_M0.DCE.csv	Microsoft Excel ...	1,355 KB
逐股输出_MA0.CZC.csv	Microsoft Excel ...	505 KB
逐股输出_NI0.SHF.csv	Microsoft Excel ...	478 KB
逐股输出_nrm.INE.csv	Microsoft Excel ...	184 KB
逐股输出_OI0.CZC.csv	Microsoft Excel ...	931 KB
逐股输出_P0.DCE.csv	Microsoft Excel ...	910 KB
逐股输出_PB0.SHF.csv	Microsoft Excel ...	706 KB
逐股输出_PF0.CZC.csv	Microsoft Excel ...	110 KB
逐股输出_PG0.DCE.csv	Microsoft Excel ...	145 KB
逐股输出_PK0.CZC.csv	Microsoft Excel ...	90 KB

图 5－1　原始数据文件

除日期外，每个具体品种的行情数据采用开盘价、收盘价、最高价、最低价、结算价、成交均价、振幅、成交额、成交量、持仓量、持仓量变化 11 个维度。

```python
import akshare as ak

futures_main_sina_hist = ak.futures_main_sina(symbol=KIND, start_date=DATE1, end_date=DATE2)
print(futures_main_sina_hist)
```

```
executed in 667ms, finished 22:45:51 2022-07-02

          日期     开盘价     最高价     最低价     收盘价     成交量    持仓量  动态结算价
0     2008-01-09  230.95  230.99  221.88  223.30  103364  16342    0.00
1     2008-01-10  222.50  222.85  213.70  215.12   87984  23494    0.00
2     2008-01-11  218.00  219.23  215.50  218.10   85418  25424    0.00
3     2008-01-14  218.85  220.25  217.60  220.10   60776  27714    0.00
4     2008-01-15  220.70  224.60  220.30  223.80   88242  29866    0.00
...          ...     ...     ...     ...     ...     ...    ...     ...
3516  2022-06-13  397.72  406.12  396.46  404.22  162941  78049  401.60
3517  2022-06-14  401.00  402.22  396.30  396.90  135012  72780  398.52
3518  2022-06-15  395.86  396.00  393.52  394.46  104836  70940  394.64
3519  2022-06-16  396.22  397.12  393.32  395.76  101969  70145  395.08
3520  2022-06-17  395.48  398.80  395.28  398.58  102250  67768  397.20

[3521 rows x 8 columns]
```

图 5－2　行情数据

其中，成交均价是当天所有成交价和在成交价位上的成交量的加权平均，而结算价是尾盘一段时间的成交均价，此处按照东方财富网标准设置为尾盘半小时。

二、小波变换和降噪

由于数据的采集单位和量纲不同，为避免因输入变量之间较大数量级差异导致影响权重失衡,需要先对数据进行归一化处理。

xprice['OPEN'] = scaler.fit_transform(xprice['OPEN'].values.reshape(-1,1))

xprice['CLOSE'] = scaler.fit_transform(xprice['CLOSE'].values.reshape(-1,1))

归一化可使输入变量的均值保持在零值附近,所有数据在 -1~1 之间波动。可以在避免量纲失衡的同时通过非标准数据的扁平化处理来提升训练和学习的效率。

小波变换是在传统傅里叶基础上做的改进和升级。小波的测度步长有其限制,其函数能够参照具体细节自适应优化。

在进行正式降噪之前需要先确定阈值函数,以及阈值处理。

需要选择使用硬阈值或者软阈值处理,硬阈值留取较大的小波系数,同时将较小的小波系数设为零。

$$\hat{w}_{j,k} = \begin{cases} w_{j,k}, & |w_{j,k}| \geq \lambda| \\ 0 & |w_{j,k}| < \lambda| \end{cases}$$

软阈值将较小的小波系数设为零,另外,将大的系数向零靠拢。

$$\hat{w}_{j,k} = \begin{cases} sign(w_{j,k}), & |w_{j,k}| \geq \lambda| \\ 0 & |w_{j,k}| < \lambda| \end{cases}$$

式中,sign()是符号函数。软硬两种函数分别如图 5-3 所示。

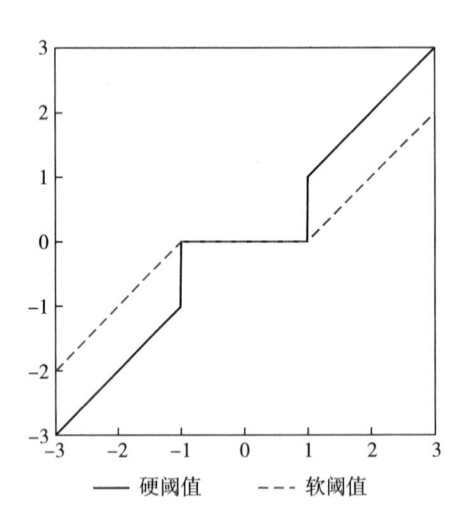

图 5-3 硬阈值和软阈值函数

同样,如果阈值较大,那么就会使小波系数较多消为零,所以在小波域的阈值消噪过程中,如何选择合适的阈值会直接影响滤波效果。展现在各个层次上的小波系数要与同一层小波系数的全局阈值保持一致。

w[i] = pywt.threshold(w[i], thr, mode = 'soft')

软阈值估计得到的小波系数整体连续性较好,使估计信号不会产生附加震荡,更适合针对金融时间序列数据作出预测,因此此处选择软阈值。

为了实现阈值处理,需要对小波进行预分解,以寻找并选取合适的阈值。将需要进行小波降噪的维度数据以循环读取的方式存放到列表中,使用 pywt. wavedec 函数对其进行小波分解:

w = pywt. wavedec(s,'sym7',level = 1)

s 即需要降噪的维度数据存放列表,sym7 是选取的小波基,level 指分解尺度。

表 5 – 1　　　　　　　　　　常见小波函数及其特征

常见小波函数	特征
Haar	函数表达形式为阶跃函数,小波函数是最基本的一种
Daubechies (dbN)	小波的阶数不同则 N 的数值不同,阶数为 1 时即为 Haar 小波,阶数大于 1 时为非对称小波
Symlets (symN)	Symlets 小波具备良好的对称性

实现语句:thr = round(np. sqrt(2 * np. log(N)),4)。

循环结束后,分解后的小波阈值消噪过程也即结束,需要将其重构成原始信号形式:

datarec = pywt. waverec(coeffs,'db8')

重构是小波变换和分解的逆操作,其作用就是将依据波基函数分层处理好的不同属性数据重新转化为原始数据形式。

三、WTP-LSTM 模型构建过程

WTP-LSTM 模型需要使用 torch 模块,这是一个开源的深度学习框架:

import torch

import torch. nn as nn

我们选择 Python 中的机器学习开源框架 sklearn 以及深度学习开源框架 torch 作为模型搭建主体,这样可以轻松处理庞大数据,另外,内部搭建深度神经网络工具。其间涉及数据处理的过程选择导入 pandas 和 numpy 等工具进行处理。通过划分数据集、设置网络层级结构、激活函数、优化器等,构建出具有较强预测性的模型。

这里基础预测模型的搭建使用的是日频数据,通过比例划分训练集和测试集,其中训练集占比为 80%,测试集占比为 20%。

我们选取 11 个特征变量作为价格预测模型输入变量,分别为开盘价、收盘价、最高价、最低价、结算价、成交均价、振幅、成交额、成交量、持仓量、持仓量变化,因此基本模型输入时间序列数据的维度为 11。

在模型构建过程中,我们选用最常用的 Sigmoid 函数及 tanh 函数作为激活函数。即

将 LSTM 层的 activation 参数设置为"tanh",将 recurrent_activation 设置为"Sigmoid"。在模型中的损失函数中选择均方误差(MSE),均方误差对预测值与目标值间差值的平方和求平均,以此衡量其误差,公式如下:

$$mse = \frac{1}{m} \sum_{i=1}^{m} (y_i - \hat{y}_i)$$

四、模型超参数优化和训练

在初始化训练时,将批次 batch_size 设置为 20,将周期(epoch)设置为 100 次。

在 LSTM 模型层级结构设计方面,考虑到在 LSTM 模型层数过多时,收敛变缓、效率下降,且容易产生过拟合现象,我们将 LSTM 层数设为双层。对于隐藏层神经元数目,其参数与训练结果需要进行不断的尝试以获取最优参数。我们将隐藏层神经元数目和模型每次训练时传入的批次数 batch_size 分别初始化为 30 和 20。待优化参数在一定可取的合理范围内依次输入基本模型框架,输出结果,生成热力图,选择合适参数。

第五节 基于 WTP-LSTM 模型的期货价格预测结果分析

首先选择初始超参数组合,完成首批训练,观察损失函数变化情况,以期在有限的训练次数下得到效果合格的预测模型。

其中,损失函数即训练集原始数据和训练集预测结果标准化处理后的均方误差。选定范围内参数组合,然后输出 RMSE 热力图,根据图示选择最优参数组合用以预测。

由于 WTP-LSTM 神经网络的预测模型训练过程基本类似,我们选取豆一为例详细阐述模型训练及其预测和评价过程,后续几大品种仅以图表形式列示重要参数和结果。

一、模型训练及预测过程(以豆一主力连续合约为例)

首先选择初始超参数组合尝试训练模型,这一步的目的是观察模型训练过程中损失函数的变化。

初始超参数设置:隐藏层神经元数目 hidden_dim 和模型每次训练时传入的批次数 batch_size 分别初始化为 30 和 20,训练周期设置为 100 次。

```
import pandas as pd
import numpy as np
```

```
import datetime as dt
import seaborn as sns
```

在初始超参数组合下，对模型进行初始训练。

Epoch　0 MSE：0.11801770329475403

Epoch　1 MSE：0.08096873760223389

Epoch　2 MSE：0.09322619438171387

Epoch　3 MSE：0.07313936203718185

Epoch　4 MSE：0.063473179936409

Epoch　5 MSE：0.05857555940747261

……

Epoch　95 MSE：0.002338435035198927

Epoch　96 MSE：0.0023329041432589293

Epoch　97 MSE：0.002327009104192257

Epoch　98 MSE：0.0023230339866131544

Epoch　99 MSE：0.0023196155671030283

绘制损失函数如图5-4所示。

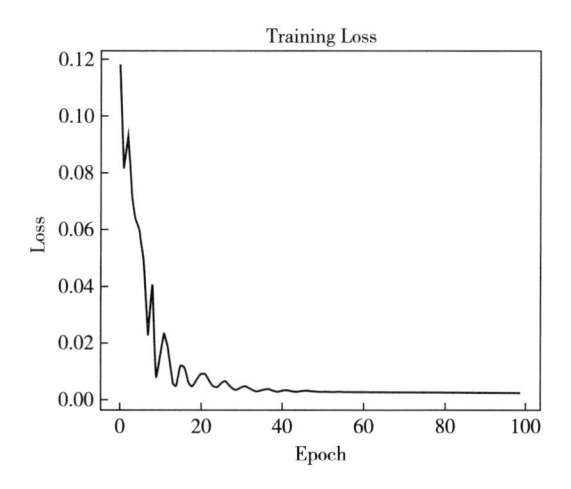

图5-4　初始损失函数（豆一）

根据训练结果，可知随着训练过程的进行，标准化损失函数随训练次数 Epoch 的增加而逐渐减小，在训练次数达到40次以后已经可以将训练集的标准化损失函数控制在0.01以下。因此，100次的训练次数可以满足基本模型的预测需要。

初始模型框架和结果确定后，需要正式定义训练函数。

设置超参数合理取值范围：隐藏层神经元数目 hidden_dim 和模型每次训练时传入的批次数 batch_size 分别为20～40和10～30，按照不同超参数组合逐个训练，并输出训练评价结果。

RMSE（root mean squared error，均方根误差）的公式为

$$rmse = \sqrt{mse} = \sqrt{\frac{1}{m}\sum_{i=1}^{m}(y_i - \hat{y}_i)}$$

RMSE 本质上是在 MSE 上开方，以求评估值的量纲与初始数据保持一致。

最终模型结果以均方根误差 RMSE 为评判标准，每个参数组合生成的模型在训练成熟后首先会循环输出 RMSE 数值，然后以所有模型的 RMSE 结果生成 Dataframe 结构化数据，并以此绘制 Heatmap 热力图。

```
adjustA0 = pd.DataFrame(columns=list(range(20,40)),index=list(range(10,30)))
for i in range(20,40):
    for j in range(10,30):
        result = recharttest(price,i,j)
        adjustA0[i][j] = result
adjustA0.to_csv('adjustA0.csv')
adjustA0
```

```
executed in 5h 31m 27s, finished 22:30:25 2022-09-21
Train Score: 111.01 RMSE
Test Score: 373.10 RMSE
Train Score: 117.45 RMSE
Test Score: 336.29 RMSE
Train Score: 113.85 RMSE
Test Score: 410.03 RMSE
Train Score: 114.38 RMSE
Test Score: 331.46 RMSE
Train Score: 113.18 RMSE
Test Score: 265.94 RMSE
```

图 5-5　循环训练过程

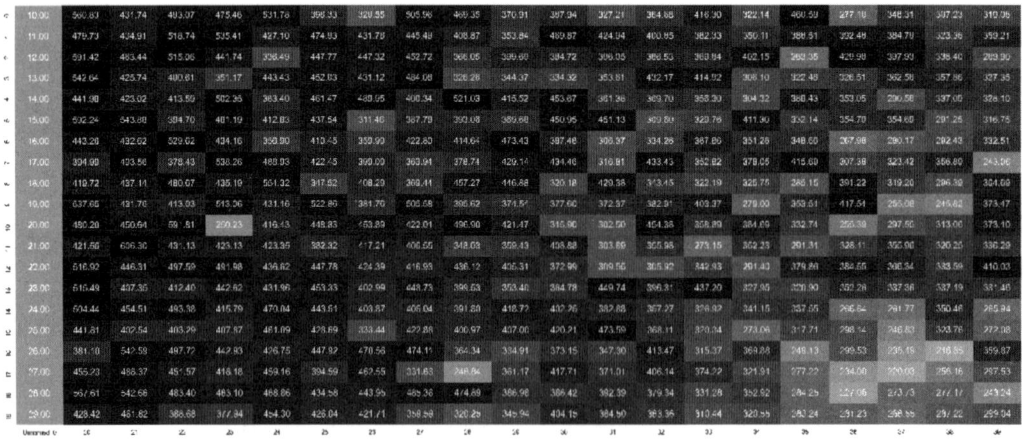

图 5-6　预测结果 RMSE 热力图（豆一）

图 5-6 是豆一在不同超参数组合之下的预测结果均方根误差热力图，根据设置，颜色随均方差数值增大而加深，因此颜色越浅表示效果越精准。其他品种期货商品也

将采用这一规则,在此不再赘述。

根据图示色彩的变化可以很明显地观察到,在测试范围内横向参数即隐藏层神经元数目 hidden_dim 从小变大的过程中,由 RMSE 测度的模型预测效果也逐步提升。然而每多设置一层隐藏层,其带给计算机的负荷增长是不成正比的,受限于计算机算力,设置隐藏层神经元个数为 37,单次训练输入批次数 batch_size 设置为 27。然后依据此参数组合进行更为详尽的测试。

图 5-7 为指定超参数组合条件下模型预测豆一每日收盘价 MSE 的变化,可以看到随着训练次数的增加,预测模型的精准度也在逐渐上升,当模型训练 40 次以后已基本稳定在 0.003 以下。

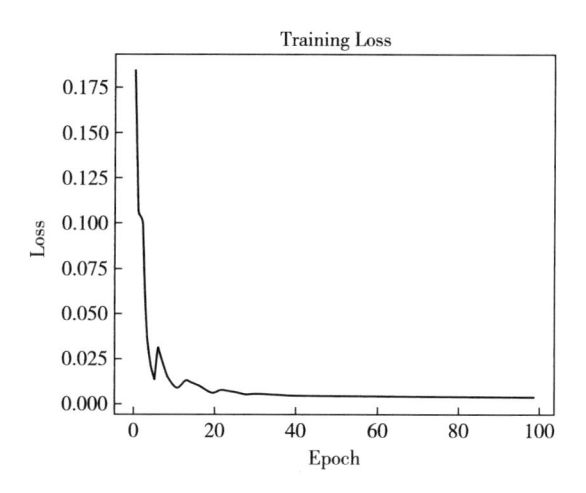

图 5-7 调参后损失函数变化(豆一)

图 5-8 为预测每日收盘价与实际收盘价的走势对比曲线图。由于训练集设定比例为 80%,因而剩余尾部 20% 曲线为系统预测值,图 5-9 单独绘制了预测部分。从大体走势上来看,前段预测效果较为理想,但仍有优化空间,在后面 2020 年底到 2021 年初一段上升行情中,预测效果较差,以至于后面的趋势跟踪失败。

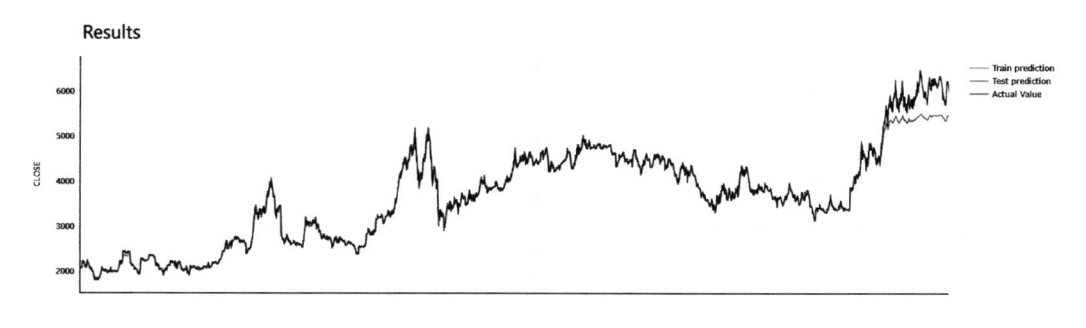

图 5-8 预测走势对比曲线(豆一)

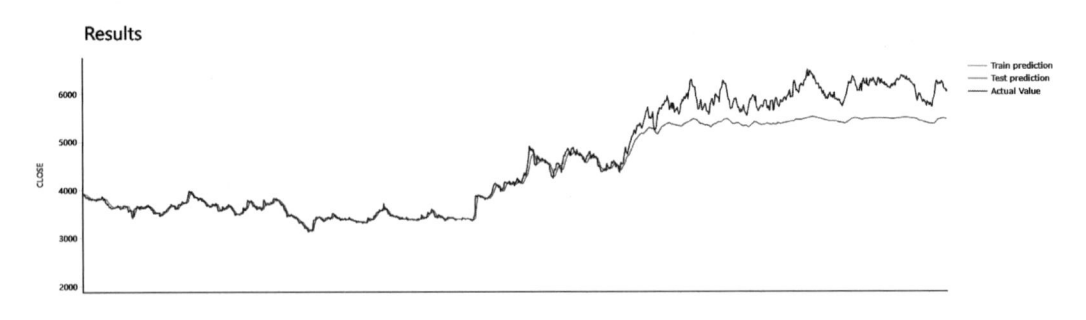

图 5 - 9　预测走势对比曲线（豆一，测试集）

以上结果是未经过降噪处理的预测结果。加入降噪环节后再次进行训练，可见训练效率和结果都有了较大提升。

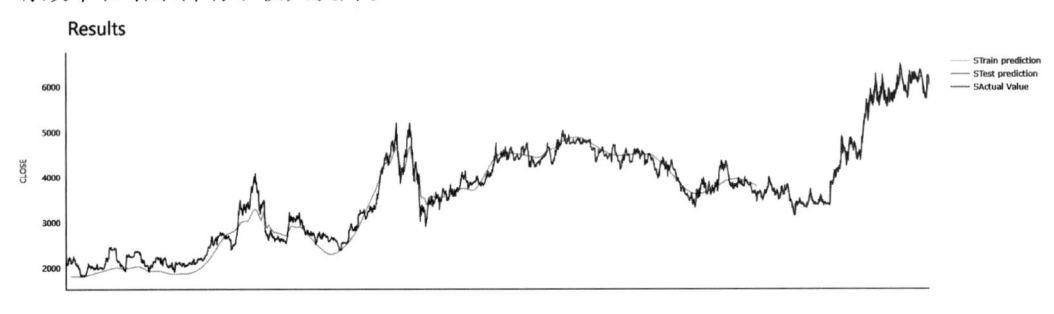

图 5 - 10　预测走势对比曲线（豆一降噪）

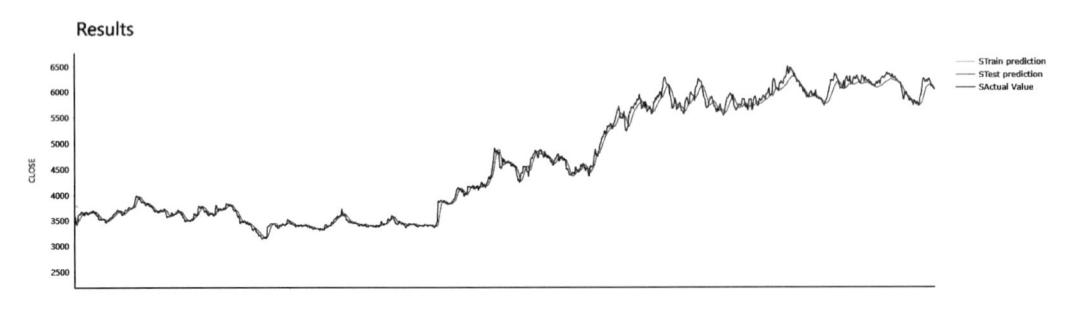

图 5 - 11　预测走势对比曲线（豆一降噪，测试集）

经过降噪处理以后，模型在训练过程中学习到的数据较为平滑，在测试集中表现出色，几乎可以跟踪到每一次趋势。以 RMSE 衡量的误差也由 220.03 下降到了 165.67。

S Train Score：15.63 RMSE

S Test Score：165.67 RMSE

同样地，我们对其他品种合约进行了测试（结果见本节第二部分），发现降噪有效性随行情数据波动剧烈程度变化而变化。当价格波动剧烈时，未进行降噪环节的模型难以准确刻画行情走势，而加入降噪过程后可以较为理想地改善这一缺陷；当价格起伏较平稳时，增加降噪环节的意义较为有限。综合各大板块实证结果，我们提出的两大假设均得到验证，即 WTP-LSTM 模型可以用于期货行情预测，且表现良好；小波降噪能够提高 WTP-LSTM 模型的预测精度。

这一现象验证了金融时序数据噪声的存在以及小波降噪对 WTP-LSTM 预测模型的有效性。当行情波动剧烈时，商品价格受多方因素影响，市场投资者情绪不稳定，更易作出非理性决策。此时市场行情比之稳定时掺杂更多的噪声，故而降噪的有效性更加明显。

二、多板块商品期货训练结果

本部分列示各大板块代表性品种的主力连续合约结果，超参数组合中第一个数字代表模型的隐藏层数，第二个数字代表每次输入批次数。金属期货中分类方式多样，常见的分类有基础金属和贵金属，以及有色金属和黑色金属等。其中有色金属通常指除黑色金属（铁、铬、锰）以外的所有金属。

（一）农产品

在农产品板块，我们选择了大豆、玉米、棉花等活跃品种进行预测。降噪前后，尤其从大豆、棉花的预测结果来看有较为明显的提升。

豆一品种上市时间长、交易量大、品种成熟，同时也是受多方噪声影响较大的品类。相比豆二的改善效果乏善可陈，仅有近9%。豆一是仅包含国内非转基因大豆的期货合约，而豆二包含美国和南美的转基因大豆。因此，豆一受国内供需影响和补贴政策影响较大，相应地，豆二主要受外盘大豆期价走势的影响。在国内大豆市场，某些行为主体如中粮等拥有独特的市场影响力，其行为对整个市场行情产生较大影响。使用降噪后数据训练模型，RMSE 改善效果逾30%。

同样是交易量大、成熟、交易活跃的品种，玉米却比大豆具有更明显的趋势性，其波动通常较为沉稳。因此表现在数据上的降噪效果很有限，仅提升3.7%。

对于棉花市场而言，从数据上看，降噪后对郑棉趋势的预测更加准确，RMSE 改善23%。

表5－2　　　　　　　　　　农产品预测结果

农产品	数据量	参数	RMSE（降噪前）	RMSE（降噪后）	AVE	RMSE/AVE（降噪前）	RMSE/AVE（降噪后）
豆一	5732	(37, 27)	220.03	165.67	4846.73	0.04540	0.03418
豆二	4297	(33, 27)	119.92	110.33	3848.43	0.03116	0.02859
玉米	4357	(33, 19)	90.06	86.84	2367.23	0.03804	0.03668
郑棉	4438	(34, 28)	303.41	246.07	15548.20	0.01951	0.01583
白糖	4045	(35, 20)	61.15	54.31	5502.56	0.01111	0.009870

(二) 有色金属

在有色金属板块，我们选择了铜、铅、锌、铝和镍品种。降噪前后，大部分有色金属品种改善效果相对于其他板块来说表现一般（提升20%左右）。国际铜、铅、镍等品种改善效果提升明显（提升30%左右）。

表 5-3　　　　　　　　　　　　有色金属预测结果

有色金属	数据量	参数	RMSE（降噪前）	RMSE（降噪后）	AVE	RMSE/AVE（降噪前）	RMSE/AVE（降噪后）
沪铜	6661	(36, 22)	1423.20	1207.58	54849.51	0.02595	0.02202
国际铜	430	(34, 14)	2589.52	2071.62	58213.29	0.04448	0.03559
沪铅	2778	(35, 17)	288.10	210.18	15111.77	0.01906	0.01391
沪锌	3752	(35, 23)	575.38	492.10	21225.07	0.02711	0.02318
沪铝	6668	(39, 21)	510.65	420.71	15811.92	0.03230	0.02661
镍	1806	(36, 16)	19177.41	13980.74	160947.78	0.11915	0.08687

(三) 黑色金属

在黑色金属板块，我们选择了铁矿石、螺纹钢、不锈钢和焦炭。降噪前后，螺纹钢和焦炭的改善效果分别提升23%和24%左右；铁矿石和不锈钢的改善效果分别提升13%和15%。从图5-12可以直观地看到预测趋势的拟合效果有较为明显的提升。

表 5-4　　　　　　　　　　　　黑色金属预测结果

黑色金属	数据量	参数	RMSE（降噪前）	RMSE（降噪后）	AVE	RMSE/AVE（降噪前）	RMSE/AVE（降噪后）
铁矿石	2158	(36, 14)	66.32	58.63	877.23	0.07560	0.06684
螺纹钢	3262	(33, 26)	179.2	145.56	4347.18	0.04122	0.03348
不锈钢	706	(38, 12)	607.39	528.67	18177.99	0.03341	0.02908
焦炭	2764	(38, 29)	190.67	154.07	2775.25	0.06870	0.05552

(四) 贵金属

在贵金属板块，我们选择了黄金和白银。降噪前后，从数据上看黄金和白银的改善效果有限，分别提升16%和18%，但在行情趋势的拟合精确度上有了明显提升。黄金曲线拟合改善对比见图5-13。

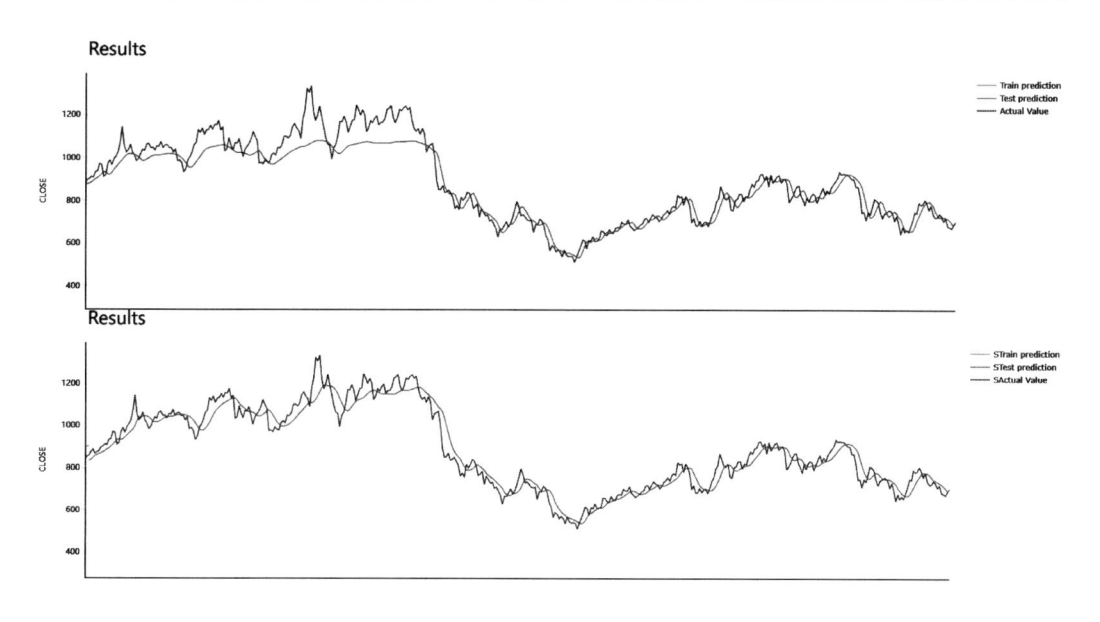

图 5-12 预测走势改善效果（铁矿石，测试集）

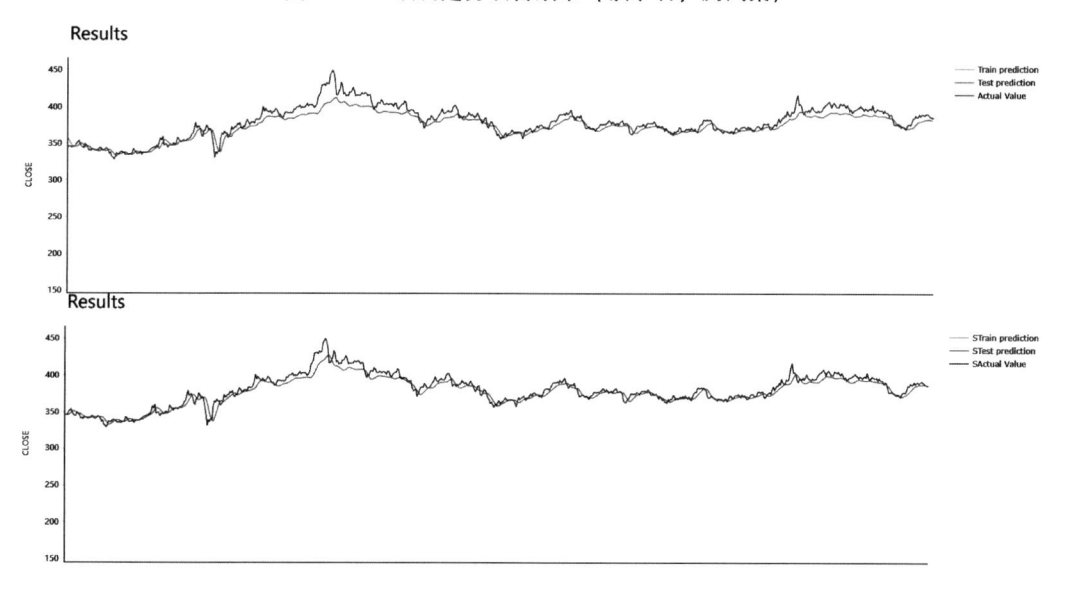

图 5-13 预测走势对比曲线（黄金，测试集）

表 5-5 贵金属预测结果

贵金属	数据量	参数	RMSE（降噪前）	RMSE（降噪后）	AVE	RMSE/AVE（降噪前）	RMSE/AVE（降噪后）
沪金	3571	(38, 27)	9.56	8.23	379.63	0.02518	0.02168
沪银	2516	(32, 28)	227.14	192.48	5067.03	0.04482	0.03799

(五) 股指期货

我们选择了上证 50 和沪深 300 两种股指期货主力连续合约。降噪前后，改善效果分别提升 19% 和 25%。如图 5-14 所示，同样是在行情趋势拟合的表现上效果提升明显。

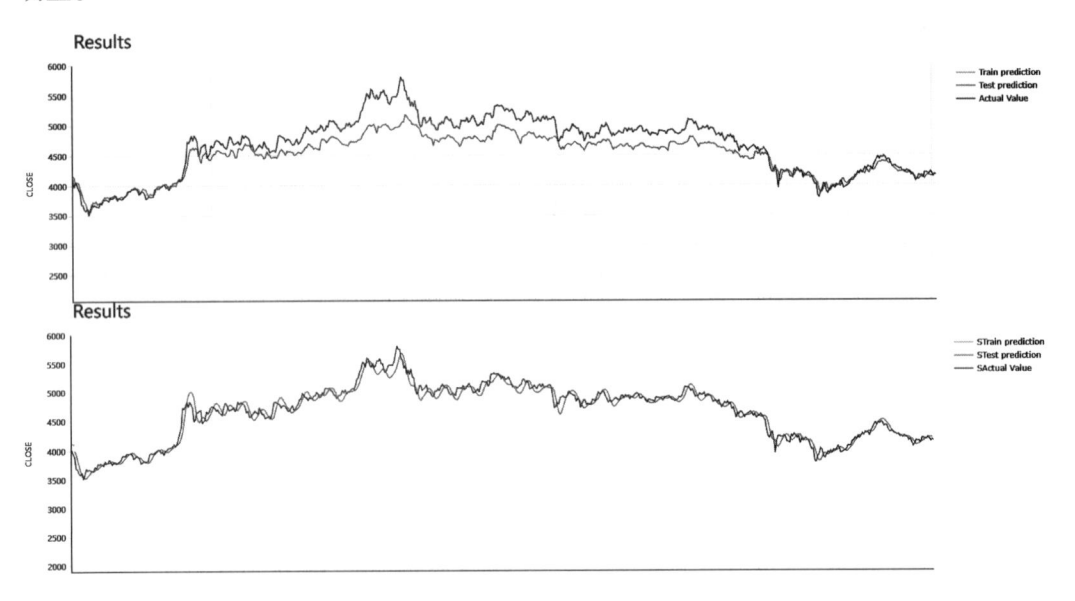

图 5-14　预测走势对比曲线（沪深 300，测试集）

表 5-6　　　　　　　　　　股指期货预测结果

股指期货	数据量	参数	RMSE（降噪前）	RMSE（降噪后）	AVE	RMSE/AVE（降噪前）	RMSE/AVE（降噪后）
上证 50	1793	(37, 10)	77.59	65.14	3196.16	0.02428	0.02038
沪深 300	3004	(35, 29)	154.57	123.19	4621.74	0.03344	0.02665

第六节　WTP-LSTM 小波降噪小结

我们从农产品、金属以及股指期货等几大板块中选取交易较为活跃、流动性比较强的 19 个品种的主力连续合约为研究对象，首先使用 WTP-LSTM 模型对其进行分析和预测并输出结果，然后对数据进行小波降噪并重新预测，以判断小波降噪对神经网络期货价格预测的有效性。

研究表明：

(1) 单独使用 WTP-LSTM 网络预测期货行情能取得较为理想的效果，正常波动范围内可以实现良好预测,测试品种误差(RMSE/AVE)全部控制在8%以下。

(2)小波降噪对WTP-LSTM模型的预测效果具有显著的提升作用,误差普遍缩小10%~30%。从各大板块的结果对比可以发现,降噪模型对农产品、有色金属以及股指期货的改善效果较好,拟合更优。

(3)降噪有效性会随行情数据波动剧烈程度的变化而变化。当价格波动剧烈时,未进行降噪环节的模型难以准确刻画行情走势,而加入降噪过程后能较为理想地改善这一缺陷。当价格起伏较平稳时,增加降噪环节的意义较为有限。这一现象验证了金融时序数据噪声的存在以及小波变换和降噪对WTP-LSTM预测模型的有效性。当行情波动剧烈时,商品价格受多方影响,如市场投资者情绪波动、政策影响以及个别机构的市场行为等,此时的市场行情比之稳定时掺杂着更多的噪声,故而降噪的有效性更加明显。

第七节 CEEMDAN—XGBoost黄金期货价格预测模型实证

在本部分的研究中,首先,我们利用CEEMDAN算法对被解释变量P_H与P_L进行降噪处理,在这一过程中需要使用完全集合经验模态分解得到被解释变量数个本征模态分量;其次,利用小波阈值去噪法去除噪声较多的本征模态分量;再次,将降噪后的分量重构,得到新的解释变量P_{H_dn}与P_{L_dn};最后,将P_{H_dn}与P_{L_dn}代入XGBoost模型中,重复上一部分的研究过程。

在使用小波阈值去噪法时,有两种形式的阈值函数,分别为"hard"模式与"soft"模式。"hard"模式会直接把所有小于阈值的数据变为0,之后不做任何处理;而"soft"模式在把所有小于阈值的数据变为0后,再将其他数据减去阈值的数,从而保留原数据的差异度。本次研究中我们选择"soft"模式。

黄金期货主连合约的价格是市场不断博弈形成的动态结果,因此,我们选择较为保守的无偏风险估计阈值。

CEEMDAN分解的结果如图5-15和图5-16所示。

通过观察各分量分解图的效果可以看出,两个被解释变量都是前两个分量的噪声较多,因此对前两个分量进行降噪,之后对被解释变量进行重构。重构后的数据与原始数据的对比如图5-17所示。

接下来利用XGBoost算法构建解释变量对降噪后的被解释变量进行预测,并记录实际值、预测值、测试集的平均绝对误差(MEA)、每个模型的决定系数(R^2)以及准确度(ACC)。模型的调参也是每周进行一次。

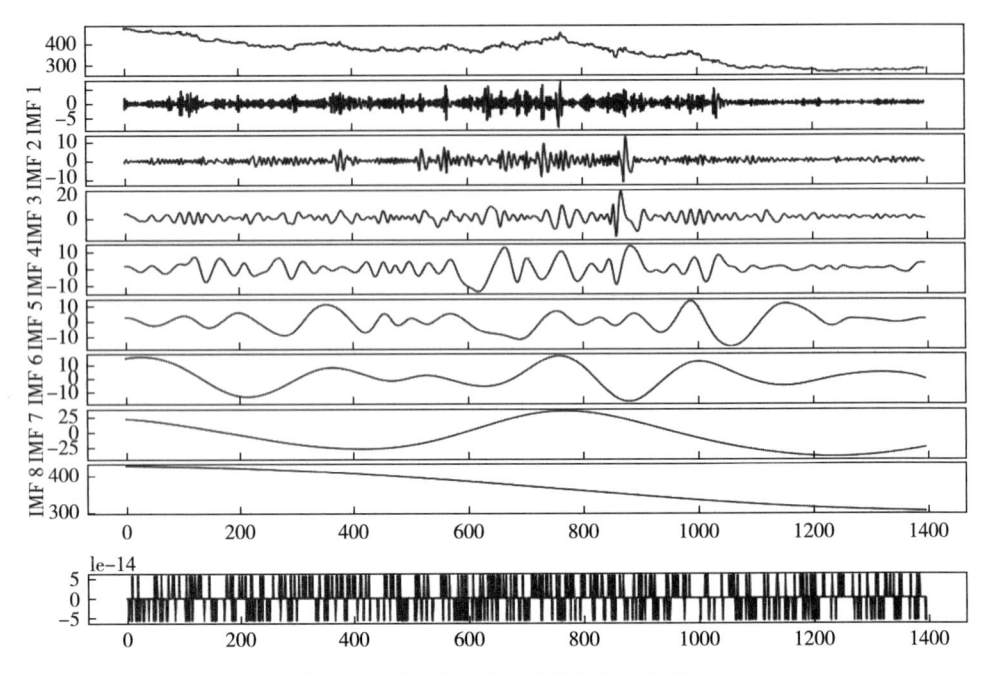

图 5–15　黄金期货主连合约最低价分解图

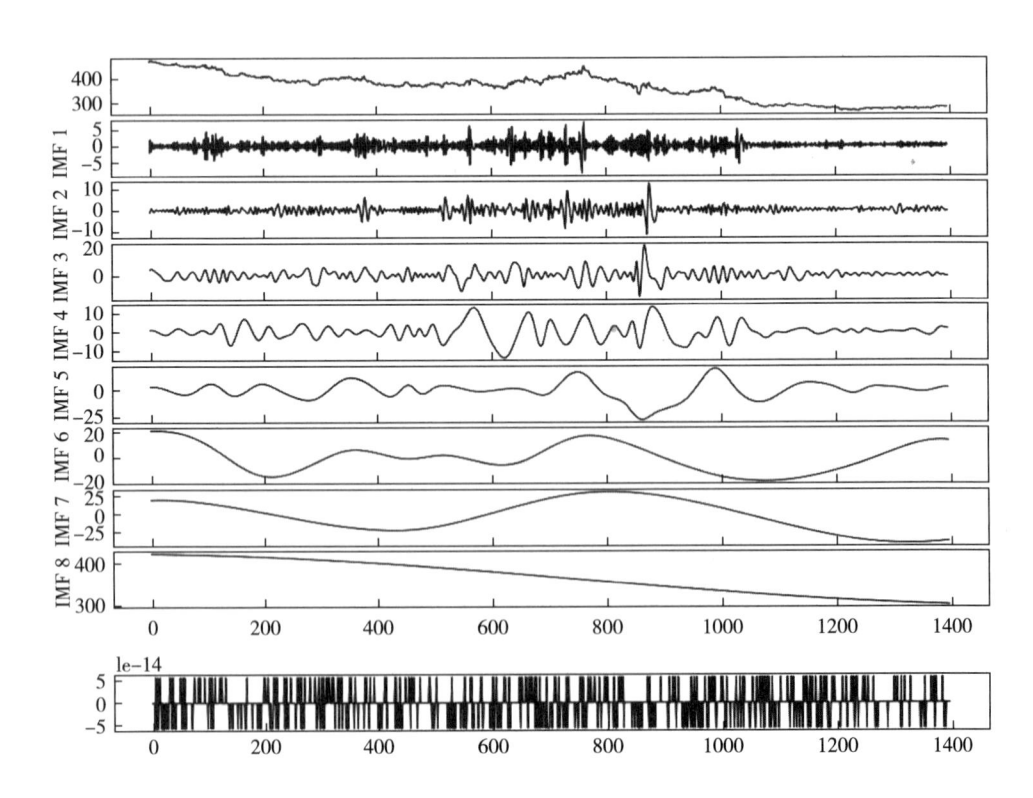

图 5–16　黄金期货主连合约最高价分解图

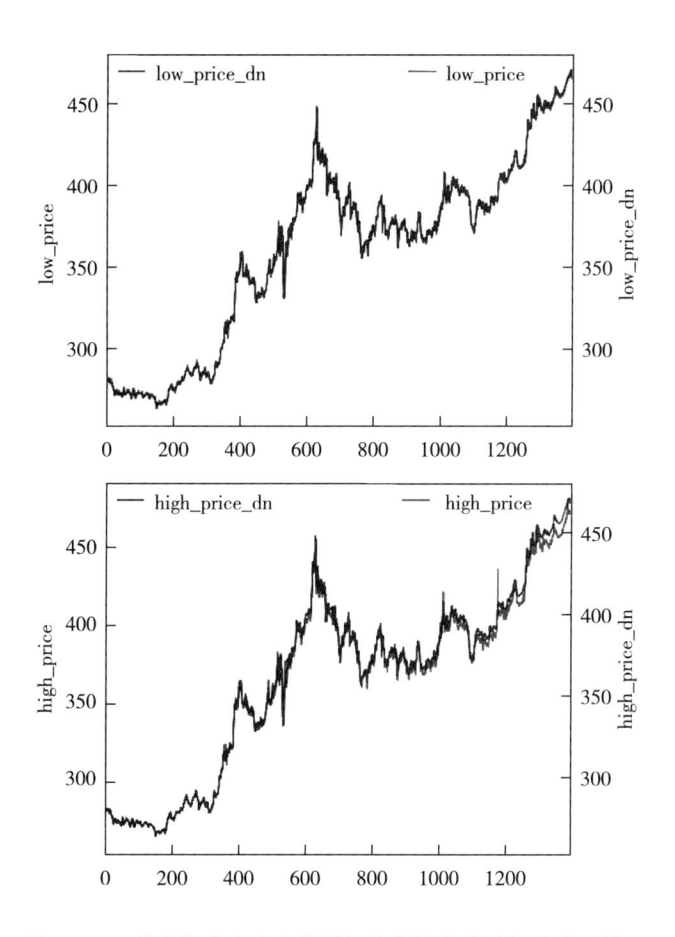

图 5 – 17　黄金期货主连合约最低价与最高价分解降噪重构图

每次调参后的被解释变量特征重要性如图 5 – 18 所示。

通过解释变量特征重要性降噪前后的对比，我们可以发现在降噪之后最为明显的一个变化是上海期货交易所黄金主连合约（Au888）当日最高价（high_price）对价格预测模型的贡献度大大降低了，这说明降噪过程中除去了较多反映在当日最高价中的噪声。

将降噪前后的结果与评价指标进行对比，有以下发现：

一是降噪后，最低价预测模型的测试集平均绝对误差的平均值、最大值与最小值分别从 1.7363、1.9346、1.4816 降至 1.6385、1.8725、1.4489。三个数值分别下降 5.63%、3.21% 和 2.21%。最高价预测模型的测试集平均绝对误差的平均值、最大值与最小值分别从 1.6941、1.8788、1.4870 降至 1.5623、1.7404、1.3921。从这三个统计量来看，两组预测模型测试集的偏差度都有明显下降。两组模型的平均绝对误差标准差从 0.094829 和 0.091469 变为 0.096610 和 0.073230，最低价预测模型的预测效果稳定性略有下降，而最高价预测模型的预测效果稳定性有明显提升。

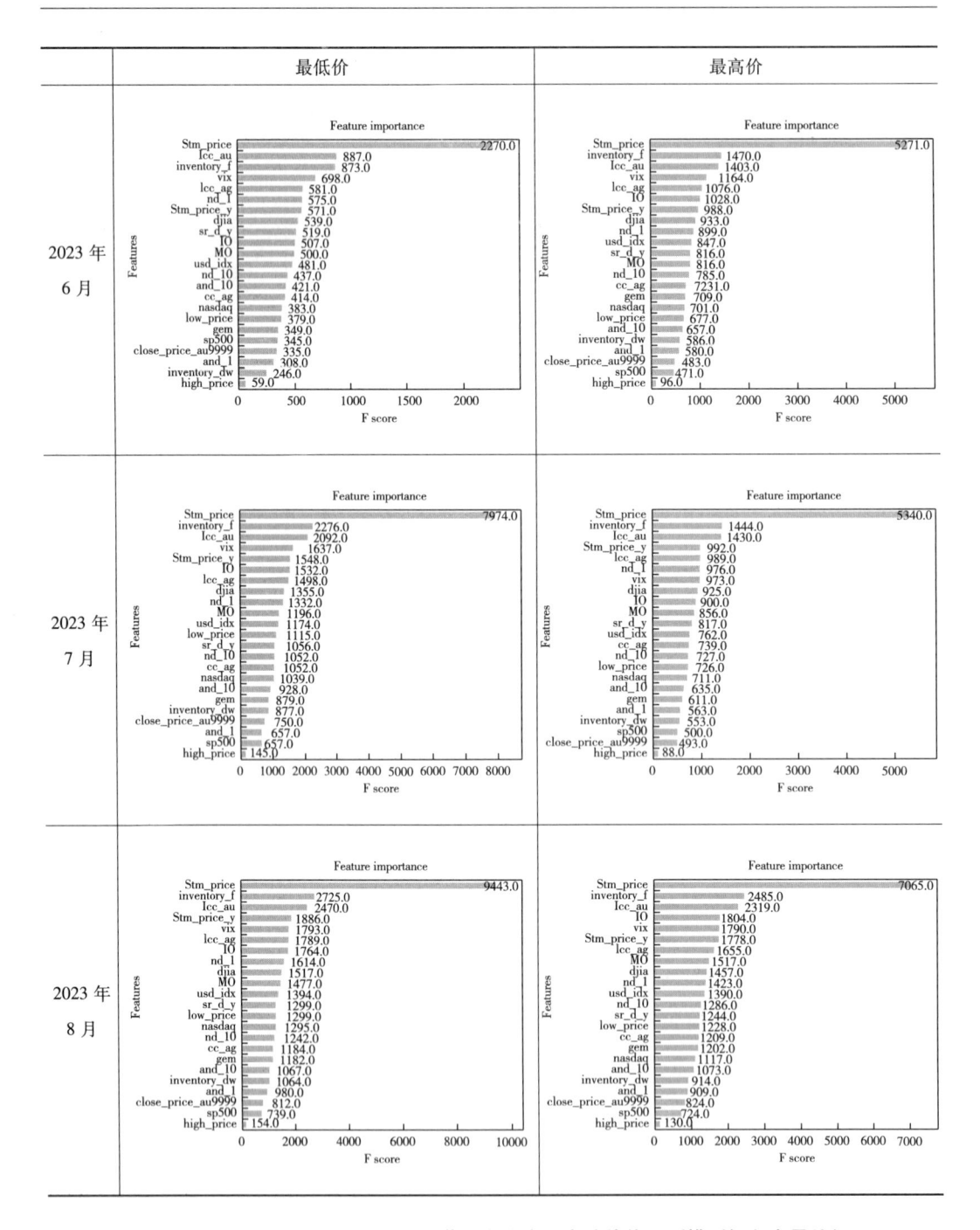

图 5-18　CEEMDAN—XGBoost 黄金期货主连合约价格预测模型解释变量特征

二是降噪之后，最低价预测模型的 R^2 值的平均值、最大值与最小值分别从 0.997617、0.998579、0.996488 变为 0.997828、0.998563、0.996736。除最大值略有下降外，整体而言，该组模型的拟合程度是略优于降噪前的。而在最高价预测模型方面，平均值、最大值与最小值分别从 0.997828、0.998577、0.997579 变为 0.998032、

0.998608、0.996596。在 R^2 的最小值上略有下降,最大值和平均值略有提升。这说明模型整体的拟合程度有所提升,但是一些极值上的表现略显不佳。

三是降噪之后,模型的准确度的平均值、最大值与最小值分别从 0.995231、0.995874、0.994692 与 0.995388、0.995961、0.994895 变为 0.995498、0.995981、0.994860 与 0.995751、0.996261、0.995346。在原先准确度已经很高的前提下,整体上模型的准确度仍略有提升。

第八节 结 论

近年来,我们在小波降噪优化 LSTM 模型、基于 CEEMDAN—XGBoost 算法模型、基于卷积神经网络识别 K 线图及基于 Stacking 集成多模型方面等做了一些探索。其中基于卷积神经网络识别 K 线图及基于 Stacking 集成多模型的研究正在积极推进,限于篇幅,这里暂不展开。

2024 年 4 月 8 日,特斯拉 CEO 埃隆·马斯克预测称:"到明年或 2026 年,人工智能(AI)可能会比最聪明的人类更聪明。不管怎么说,人工智能的时代到了。"

我们要么积极拥抱人工智能,要么被人工智能取代。

参考文献

[1] 文新辉,陈开周,焦李成. 神经网络在金融业务中的应用及实现 [J]. 系统工程与电子技术,1994(4):48-55.

[2] 石山铭,刘豹. 神经网络模型用于多变量综合预测 [J]. 系统工程学报,1994(1):91-99.

[3] 张健,陈勇,夏罡,何永保. 人工神经网络之股票预测 [J]. 计算机工程,1997(2):52-55.

[4] 安实,马天超,尹缙瑞. 基于模糊逻辑推理的 BP 神经网络及其应用 [J]. 哈尔滨工业大学学报,1999(4):96-99.

[5] 潘维民,沈理. 基于神经网络的时间序列动态预测器的调整学习算法 [J]. 电子学报,1999(11):2-5.

[6] 常松,何建敏. 小波包与神经网络相结合的股票价格预测模型 [J]. 东南大学学报(自然科学版),2001(5):90-95.

[7] 朱明,杨保安. 基于 BP 的企业还款能力分析 [J]. 系统工程理论方法应用,2001(2):125-127.

[8] 袁修贵,侯木舟. 小波分析在证券分析中的应用 [J]. 中南工业大学学报(自然科学版),2002(1):103-106.

［9］夏毅．基于神经网络和遗传算法的技术分析投资系统开发［D］．北京：清华大学，2003．

［10］何芳，陈收．基于扩展 Kalman 滤波的神经网络学习算法在股票预测中的应用［J］．系统工程，2003（6）：75－79．

［11］方先明，唐德善．基于 Hopfield 网络的商业银行信用风险评价系统［J］．重庆工学院学报，2003（6）：86－88．

［12］李亚静，朱宏泉，彭育威．基于 GARCH 模型族的中国股市波动性预测［J］．数学的实践与认识，2003（11）：65－71．

［13］王科明，杨建刚，周炜彤．利用人工神经网络技术预测期货行情［J］．计算机工程与设计，2004（7）：1164－1166＋1169．

［14］杨一文，杨朝军．基于支持向量机的金融时间序列预测［J］．系统工程理论方法应用，2005（2）：176－181．

［15］李春伟．基于神经网络与遗传算法的股票智能预测［D］．西安：西北工业大学，2005．

［16］孙延风，梁艳春，张文力，吕英华．RBF 神经网络最优分割算法及其在股市预测中的应用［J］．模式识别与人工智能，2005，18（3）：374－379．

［17］韩文蕾，王万诚．概率神经网络预测股票市场的涨跌［J］．计算机应用与软件，2005（11）：135－137．

［18］秦洪元，郑振龙．基于多维动态模型的中国股指相关性预测研究［J］．商业研究，2008（5）：28－32．

［19］葛黎辉，周宏．基于加权最小二乘支持向量机的金融时间序列预测［J］．商场现代化，2009（12）：358－359．

［20］滕磊．基于市际信息的外汇市场神经网络预测模型［D］．成都：电子科技大学，2010．

［21］褚万霞．金融数据二进小波随机特性分析［J］．科学技术与工程，2010（5）：5．

［22］陈丽．基于 PP－BPNN 的黄金价格预测模型［J］．计算机仿真，2013，30（7）：354－357．

［23］黄福员．金融风险预警的 RST－FNN 模型研究［J］．电脑知识与技术，2013，9（31）：7078－7082＋7095．

［24］蒋瑛琨．ETF 期权交易策略及其应用［R］．国泰君安金融工程，2013．

［25］张林．基于小波的金融危机时点探测与多重分形分析［J］．管理科学学报，2014，17（10）：12．

［26］杨志民，化祥雨，叶娅芬，邵元海．金融空间联系与 SOM 神经网络中心等级识别——以浙江省县域为例［J］．经济地理，2014，34（12）：93－98．

［27］劳伦斯·G. 麦克米伦．期权投资策略［M］．王琦，译．北京：机械工业出版社，2023．

［28］孙瑞奇．基于 LSTM 神经网络的美股股指价格趋势预测模型的研究［D］．北京：首都经济贸易大学，2016．

［29］蔺晓．基于卷积神经网络的股票交易反转点与异常点检测［D］．武汉：华中科技大学，2016．

［30］唐寅．改进的 RBF 神经网络在可转化债券定价中的应用研究［D］．北京：首都经济贸易

大学，2017.

[31] 陈羽南. 基于连续和离散小波分析的我国股市汇市传染效应研究 [J]. 当代经济，2017 (12)：40-41.

[32] 文宇. 基于CNN-LSTM网络分析金融二级市场数据 [J]. 电子设计工程，2018，26 (17)：75-79+84.

[33] 任君，王建华，王传美，王建祥. 基于正则化LSTM模型的股票指数预测 [J]. 计算机应用与软件，2018，35 (4)：44-48+108.

[34] 黎镭，陈蔼祥，李伟书，梁伟琪，杨思桐. GRU递归神经网络对股票收盘价的预测研究 [J]. 计算机与现代化，2018 (11)：103-108.

[35] 杨丽，吴雨茜，王俊丽，刘义理. 循环神经网络研究综述 [J]. 计算机应用，2018，38 (S2)：1-6+26.

[36] 姚小强，侯志森. 基于树结构长短期记忆神经网络的金融时间序列预测 [J]. 计算机应用，2018，38 (11)：3336-3341.

[37] 谢尔登·纳坦恩伯格. 期权波动率与定价 [M]. 大连商品交易所，译. 北京：机械工业出版社，2018.

[38] 朱学红，邹佳纹，韩飞燕，谌金宇. 引入外部冲击的中国铜期货市场高频波动率建模与预测 [J]. 中国管理科学，2018，26 (9)：52-61.

[39] 黄婷婷，余磊. SDAE-LSTM模型在金融时间序列预测中的应用 [J]. 计算机工程与应用，2019，55 (1)：142-148.

[40] 宋刚，张云峰，包芳勋，秦超. 基于粒子群优化LSTM的股票预测模型 [J]. 北京航空航天大学学报，2019，45 (12)：2533-2542.

[41] 彭燕，刘宇红，张荣芬. 基于LSTM的股票价格预测建模与分析 [J]. 计算机工程与应用，2019，55 (11)：209-212.

[42] 景楠，史紫荆，舒毓民. 基于注意力机制和CNN-LSTM模型的沪铜期货高频价格预测 [J/OL]. (2020-08-13). [2022-11-23]. 中国管理科学：1-13. https://kns.cnki.net/kcms/detail/11.2835.G3.20200813.1428.005.html.

[43] 马辉，白海涛，杜娟，等. 一种基于小波的无线语音降噪装置及方法：CN110931039 A [P]. 2020.

[44] 林培光，周佳倩，温玉莲. SCONV：一种基于情感分析的金融市场趋势预测方法 [J]. 计算机研究与发展，2020，57 (8)：1769-1778.

[45] 刘骏，赵魁，张平. 基于小波分析的中国房地产泡沫测算 [J]. 统计与决策，2020 (3)：4.

[46] 贺毅岳，李萍，韩进博. 基于CEEMDAN-LSTM的股票市场指数预测建模研究 [J]. 统计与信息论坛，2020，35 (6)：34-45.

[47] 耿晶晶，刘玉敏，李洋，赵哲耘. 基于CNN-LSTM的股票指数预测模型 [J]. 统计与决策，2021，37 (5)：134-138.

[48] 张宁，方靖雯，赵雨宣. 基于LSTM混合模型的比特币价格预测 [J]. 计算机科学，2021，

48（S2）：39－45．

［49］Holland J B, Holland J, Holland J H, et al. Adaption in Natural and Artificial Systems［J］. Ann Arbor, 1975, 6（2）：126－137.

［50］Rumelhart D, Hinton G. & Williams R. Learning Representations by Back-propagating Errors. Nature, 1986, 323, 533－536.

［51］White. Economic Prediction Using Neural Networks：the Case of IBM Daily Stock Returns［C］// International Conference on Neural Networks. IEEE, 1988.

［52］Y. Yoon, G. Swales. Predicting Stock Price Performance：A Neural Network Approach［C］// Proceedings of the Twenty-Fourth Annual Hawaii International Conference on System Sciences, Vol. 4, IEEE, 1991：156－162.

［53］Mallat S G, Hwang W L. Singularity Detection and Processing with Wavelets［J］. IEEE Transaction on Information Theory, 1992, 38（2）：617－643.

［54］Bengio Y, Simard P, Frasconi P. Learning Long-term Dependencies with Gradient Descent is Difficult［J］. IEEE Transactions on Neural Networks, 1994, 5（2）：157－166.

［55］Donoho D L, JohnstoneJ M. Ideal Spatial Adaptation by Wavelet Shrinkage［J］. Biometrika, 1994, 81（3）：425－455.

［56］Gen Cay R. Non-linear Prediction of Security Returns with Moving Average Rules［J］. Journal of Forecasting, 1996, 15（3）：43－46.

［57］Hans-Georg Wittkemper, Manfred Steiner. Using Neural Networks to Forecast the Systematic Risk of Stocks［J］. European Journal of Operational Research, 1996（3）.

［58］Hochreiter S, Schmidhuber J. Long Short-term Memory［J］. Neural Computation, 1997, 9（8）：1735－1780.

［59］L Yann, L Bottou, Y Bengio, P. Haffner. Gradient-based Learning Applied to Document Recognition［J］. Proceedings of the IEEE, 1998（11）.

［60］Hoffmann M. On Nonparametric Estimation in Nonlinear AR（1）-models［J］. Statistics & Probability Letters, 1999, 44（1）：29－45.

［61］Felix A Gers, Jürgen Schmidhuber, Fred A Cummins. Learning to Forget：Continual Prediction with LSTM［J］. Neural Computation, 2000, 12（10）：2451－2471.

［62］Donaldson R G, Kamstra M. Neural Network Forecast Combining with Interaction Effects［J］. Journal of the Franklin Institute, 1999, 336（2）：227－236.

［63］Wang, H., Xue, L., Du, W., Chen, L., Ma, H. The Effect of Online Investor Sentiment on Stock Movements：An LSTM Approach.［J］. Studies in Computational Intelligence, 2021, 985：1－14.

［64］Yao J, Li Y, Tan C L. Option Price Forecasting Using Neural Networks［J］. Omega, 2000, 28（4）：455－466.

［65］Kanas A, Yannopoulos A. Comparing Linear and Nonlinear Forecasts for Stock Returns［J］. International Review of Economics & Finance, 2001, 10（4）：383－398.

［66］Mikhail, V, Sabelkin. Wavelet Coefficient Thresholding for Radar Image Compression［J］. Telecommunications and Radio Engineering, 2001, 56 (6): 9.

[67] Do M N, Vetterli M. Wavelet-based Texture Retrieval Using Generalized Gaussian Density and Kullback-Leibler Distance [J]. IEEE Trans Image Process, 2002, 11 (2): 146 – 158.

[68] G. Peter Zhang. Time Series Forecasting Using a Hybrid ARIMA and Neural Network Model [J]. Neurocomputing, 2003 (50): 159 – 175.

[69] Jiun-Jih, Miau, Shiang-Jie, et al. Low-Frequency Modulations Associated with Vortex Shedding from Flow over Bluff Body [J]. AIAA Journal, 2004, 42 (7): 1388.

[70] Armano G, Marchesi M, Murru A. A Hybrid Genetic-neural Architecture for Stock Indexes Forecasting [J]. Information Sciences, 2005, 170 (1): 3 – 33.

[71] Md. Rafiul Hassan, Baikunth Nath, Michael Kirley. A Fusion Model of HMM, ANN and GA for Stock Market Forecasting [J]. Expert Systems with Applications 2006, Volume 33, Issue 1: 171 – 180.

[72] Chakradhara Panda, V. Narasimhan. Forecasting Exchange Rate Better with Artificial Neural Network [J]. Journal of Policy Modeling, 2006 (2).

[73] Kim, H j, Shin K S. A Hybrid Approach Based on Neural Networks and Genetic Algorithms for Detecting Temporal Patterns in Stock Markets [J]. Applied Soft Computing, 2006.03.004: 569 – 576.

[74] Conlon T, Crane M, Ruskin, H C J. Wavelet Multiscale Analysis for Hedge Funds: Scaling and Strategies [J]. Physica A: Statistical Mechanics and Its Applications, 2008, 387 (21): 5197 – 5204.

[75] Khazem H A. Using Artificial Neural Networks to Forecast the Futures Prices of Crude Oil [M]. Nova Southeastern University, 2008.

[76] Stelios D. Bekiros, Dimitris A. Georgoutsos. Non-linear Dynamics in Financial Asset Returns: The Predictive Power of the CBOE Volatility Index [J]. The European Journal of Finance, 2008 (5).

[77] Tomas Mikolov, Martin Karaat, Lukas Burget, et al. Recurrent Neural Network Based Language Model [C] // Interspeech, Conference of the Internationall Speech Communication Association, Makuhari, Chiba, Japan, September. DBLP, 2015.

[78] Hsieh T, Hsiao H, Yeh W. Forecasting Stock Markets Using Wavelet Transforms and Recurrent Neural Networks: an Integrated System Based on Artificial Bee Colony Algorithm [J]. Applied Soft Computing Journal, 2011, 11 (2): 2510 – 2525.

[79] John H. Cochrane. Presidential Address: Discount Rates [J]. The Journal of Finance, 2011 (4).

[80] Shian-Chang Huang. Wavelet-based Multi-resolution GARCH Model for Financial Spillover Effects [J]. Mathematics and Computers in Simulation, 2011 (11).

[81] Graves A. Long Short-Term Memory [M]. Springer Berlin Heidelberg, 2012: 37 – 45.

[82] Paulo Rotela Junior, Fernando Luiz Riêra Salomon, Edson de Oliveira Pamplona. ARIMA: an Applied Time Series Forecasting Model for the Bovespa Stock Index [J]. Applied Mathematics, 2014 (21).

[83] Murtaza Roondiwala, Harshal Patel, Shraddha Varma. Predicting Stock Prices Using LSTM [J]. International Journal of Science and Research, 2015: 2319 – 7064.

[84] Pablo Moya-Martínez, Roman Ferrer-Lapena, Francisco Escribano-Sotos. Interest Rate Changes

and Stock Returns in Spain: a Wavelet Analysis [J]. Business Research Quarterly, 2015 (2).

[85] Di Persio L, Honchar O. Artificial Neural Networks Architectures for Stock Price Prediction: Comparisons and Applications [J]. International Journal of Circuits, Systems and Signal Processing, 2016, 10: 403 - 413.

[86] Heaton J B, Polson N G, Witte J H. Deep Learning in Finance [J]. Ar Xiv preprint ar Xiv: 1602. 06561, 2016.

[87] Carlo Altavilla, Domenico Giannone, Michele Modugno. Low Frequency Effects of Macroeconomic News on Government Bond Yields [J]. Journal of Monetary Economics, 2017, Vol 92 (c): 31 - 46.

[88] Nelson DMQ, Pereira ACM, Oliveira RAD. Stock Market's Price Movement Prediction with LSTM Neural Networks [C] // International Joint Conference on Neural Networks. IEEE, 2017.

[89] Fischer T, Krauss C. Deep Learning with Long Short-term Memory Networks for Financial Market Predictions [J]. Fau Discussion Papers in Economics, 2017.

[90] Selvin S, Vinayakumar R, Gopalakrishnan E. A, et al. Stock Price Prediction Using LSTM, RNN and CNN-sliding Window Model. International Conference on Advances in Computing, Communications and Informatics (ICACCI) [J]. IEEE, 2017: 1643 - 1647.

[91] Ahmed Mohamed Dahir, Fauziah Mahat, Nazrul Hisyam Ab Razak, A. N. Bany-Ariffin. Revisiting the Dynamic Relationship Between Exchange Rates and Stock Prices in BRICS Countries: a Wavelet Analysis [J]. Borsa Istanbul Review, 2018 (2).

[92] Oussama Lachiheb, Mohamed Salah Gouider. A Hierarchical Deep Neural Network Design for Stock Returns Prediction [J]. Procedia Computer Science, 2018. 07. 260: 264 - 272.

[93] Yujin Baek, Ha Young Kim. ModAugNet: a New Forecasting Framework for Stock Market Index Value with an Overfitting Prevention LSTM Module and a Prediction LSTM Module [J]. Expert Systems with Applications, 2018, Vol. 113: 457 - 480.

[94] Lei Ji, Yingchao Zou, Kaijian He, Bangzhu Zhu. Carbon Futures Price Forecasting Based with ARIMA-CNN-LSTM Model [J]. Procedia Computer Science, 2019 (162).

[95] Vidal Andrés, Kristjanpoller Werner. Gold Volatility Prediction Using a CNN-LSTM Approach [J]. Expert Systems with Applications, 2020, Vol. 157: 113481.

[96] Lee J, Kang J. Effectively Training Neural Networks for Stock Index Prediction: Predicting the S&P 500 Index without Using Its Index Data [J]. PLoS ONE, 2020, 15 (4): e0230635.

[97] Tiwari A K, Adewuyi A O, Awodumi O B, et al. Relationship Between Stock Returns and Inflation: New Evidence from the US Using Wavelet and Causality Methods [J]. International Journal of Finance & Economics, 2022 (12): 4515 - 4540.

[98] Chacon H D, Kesici E, Najafirad P. Improving Financial Time Series Prediction Accuracy Using Ensemble Empirical Mode Decomposition and Recurrent Neural Networks [J]. IEEE Access, 2020 (8).

[99] Kumar K, Haider M. Enhanced Prediction of Intra-day Stock Market Using Metaheuristic Optimization on RNN-LSTM Network [J]. New Generation Computing, 2020 (10): 1 - 42.

[100] Karimpour A, Rahmatalla S. Extended Empirical Wavelet Transformation: Application to Struc-

tural Updating [J]. Journal of Sound and Vibration, 2021, 500: 116026.

[101] Rezvani H, Khodadadi H. Designing Evolutionary Wavelet Neural Network for Estimating Foaming Slag Quality in Electric Arc Furnace Using Power Quality Indices [J]. Journal of Electric Power and Energy Systems, 2022 (4): 008.

(撰稿人：上海对外经贸大学战略性大宗商品研究院
丁　明　吴仲楠　仰　炬　高赫鸿　李亿成　秦明雷　杨晨光　叶子青)